David Joyce

Das große Buch vom Pflanzenschneiden

David Joyce

Das große Buch vom
Pflanzenschneiden

Fachliche Beratung: Christopher Brickell

Otto Maier Ravensburg

Die Deutsche Bibliothek – CIP-Einheitsaufnahme

Das grosse Buch vom Pflanzenschneiden / David Joyce.
[Übers.: Isabel Schmidt ...]. – Ravensburg: Maier, 1993
Einheitssacht.: Pruning & training plants <dt.>
ISBN 3-473-46176-8
NE: Joyce, David; EST

4 3 2 1 96 95 94 93

Ein Buch von Mitchell Beazley Publishers, London
Originaltitel: PRUNING & TRAINING PLANTS

Übersetzung: Isabel Schmidt, Maria Gurlitt-Sartori
(Seite 9–15) und Markus Fenker (Seite 120–128)
Fachliche Beratung: Markus Fenker
Umschlaggestaltung: Ekkehard Drechsel BDG
Satz: Satzstudio Weishaupt, Meckenbeuren
Gesamtherstellung: Mandarin Offset, Hongkong
Printed in Hongkong

Gedruckt auf chlorfrei gebleichtem Papier

ISBN 3-473-46176-8

INHALT

Vorwort von Christopher Brickell **9**

Einleitung 10

Zierpflanzen 16

Rosen 18
- Moderne Buschrosen 22
- Wild- und Strauchrosen 26
- Kletterrosen 29
- Stammrosen 34
- Schaurosen 36
- Rosenhecken-Verjüngung 37

Rosen von A bis Z 38

Bäume 40
- Stammbüsche 46
- Hochstämme 49
- Erhaltungsschnitt 52

Sträucher 56
- Sommergrüne Sträucher 60
- Immergrüne Sträucher 74
- Verjüngungsschnitt 78

Kletttersträucher und -pflanzen 80
- Hedera 84
- Clematis 85
- Glyzinen 90
- Ceanothus 93
- Chaenomeles und Pyracantha 94

Hecken 96
- Geformte Hecken 98
- Baumwände 106
- Lauben und Laubengänge 108
- Verjüngungsschnitt bei geformten Hecken 109
- Formlose und naturnahe Hecken 110

Formschnitt 112
- Geometrische Formen 116
- Figurenschnitte 118

Zierpflanzen von A bis Z 120

Pinzieren 129
- Gartenchrysanthemen 130
- Fuchsien 132
- Buntnesseln 133
- Pelargonien 134
- Verschiedene Zierpflanzen 135

Obstgehölze 136

Kernobst 138
- Büsche und Hochstämme 141
- Spindelbüsche 144
- Schnurbäume 145
- Spalierformen 148
- Zwergpyramiden 150
- Fächer, Bögen und Laubengänge 152

Pflaumen 154
- Pyramidenkrone bei Pflaumen 156
- Fächerspaliere und Pflaumen 157

Süss- und Bastardkirschen 159

Sauerkirschen 162

Pfirsiche 166
- Pfirsiche als Fächerspaliere 168

Aprikosen 171

Feigen 173

Obstgehölzverjüngung 175

Andere Obstgehölze 177
- Zitrusfrüchte 178
- Quitten und Mispeln 180
- Maulbeeren 182
- Holunder 183
- Hasel- und Lambertsnüsse 184
- Walnüsse, Pekannüsse, Edelkastanien 185
- Ölbäume 186
- Kaki und Granatäpfel 187

Beerenobst und Wein 188

Stachelbeeren 190

Johannisbeeren 193

Schwarze Johannisbeeren 196

Himbeeren 197

Brombeeren 200

Heidel- und Preiselbeeren 203

Reben 204

Passionsfrucht 211

Die Kiwi 212

Werkzeug und Zubehör 214

Glossar 216

Register 218

Weiterführende Literatur 222

Bildnachweis 223

VORWORT

Das Schneiden und Formen von Pflanzen gehört zu den erfreulichsten Gartenarbeiten; bei sachgemäßer Ausführung unterstützt es die volle Entfaltung der Pflanzen und bewirkt üppige Blütenpracht, reichen Fruchtbehang oder dekorativen Blattschmuck. Enttäuschende Mißerfolge bleiben jedoch nicht aus, wenn diese Arbeiten vernachlässigt oder nur laienhaft ausgeführt werden.

Schnitt und Formung zählen zu den wichtigsten praktischen Fertigkeiten, die jeder Gärtner beherrschen sollte; aber leider sind diese Arbeiten für viele noch immer ein Buch mit sieben Siegeln, ganz unnötigerweise, wie David Joyce mit bewundernswerter Klarheit und Präzision erläutert.

Das Schneiden von Pflanzen ist, auch wenn es vielen kompliziert erscheinen mag, im Grunde nicht schwieriger als jede andere Gartenarbeit; sein Erfolg hängt hauptsächlich von aufmerksamer Beobachtung, etwas gesundem Menschenverstand und der Kenntnis der spezifischen Eigenschaften von Wuchs, Blüte und Frucht ab.

Ebenso verwirrend erscheinen oft die für das Formen von Pflanzen im Hinblick auf bestimmte Situationen und Verwendungszwecke erforderlichen Methoden. Wie läßt sich aus einem bewurzelten Steckling ein Fuchsienhochstämmchen ziehen oder aus einer jungen Eibe oder einem Buchsbaum eine kunstvolle Formpflanze? Und wie veranlaßt man wildwuchernden Blauregen, alljährlich zuverlässig und üppig zu blühen?

Diese und zahlreiche andere Fragen werden von David Joyce in seinen leichtverständlichen Ausführungen klar und sachkundig beantwortet. Fotografien und Skizzen veranschaulichen und ergänzen seine präzisen Anleitungen und helfen sowohl dem erfahrenen Gärtner als auch dem Anfänger, die Regeln des Pflanzenschnitts zu verstehen und anzuwenden.

Christopher Brickell
Generaldirektor der Royal Horticultural Society

EINLEITUNG

Die Steuerung des Wachstums und die Gestaltung von Pflanzen durch Schneiden und Erziehen gelten oft als die komplizierteste aller Gartenarbeiten. Bedauerlicherweise begnügen sich viele Gartenfreunde eher damit, wahllos herumzuschneiden oder radikal wegzuschneiden, als daß sie bereit wären, die relativ einfachen, für das Gedeihen der Pflanzen oft so wichtigen Fertigkeiten zu erlernen.

Die Verfasser dieses Buchs hoffen, daß die leichtverständlichen und auf eigener beruflicher Erfahrung basierenden Erklärungen zur Ausführung von Schnitt und Gestaltungsmaßnahmen einen größeren Kreis von Gartenfreunden ermutigen, diese wertvollen Fähigkeiten zu erwerben. In Textpassagen, Skizzen und Fotografien werden zum einen die wichtigsten Techniken des Schneidens und Formens erläutert, zum anderen die spezifischen Bedürfnisse von Zierpflanzen, Obstbäumen und Beerenobst – unter besonderer Berücksichtigung der für gemäßigte Breiten geeigneten Pflanzen.

Die Zeichnungen und Fotografien stellen eine wertvolle Ergänzung zum Text dar. Bedient man sich ihrer als Orientierungshilfe, sollte man jedoch beachten, daß es zwischen einzelnen Exemplaren einer Pflanzenart große Unterschiede geben kann. Das Alter des Holzes ist oft ein für die Schnittführung entscheidender Faktor, in den Zeichnungen wurden daher verschiedene Grüntöne verwendet, um das Alter des jeweiligen Triebteils deutlich zu kennzeichnen.

Viele, ja die meisten der in diesem Buch beschriebenen Verfahren können vom Hobbygärtner selbst ausgeführt werden, sofern dieser mit dem richtigen Werkzeug ausgestattet ist. Umfangreiche Schnittmaßnahmen werden auf den Seiten 43–45 ausführlicher beschrieben. Anfänger seien jedoch eindringlich davor gewarnt, etwa baumchirurgische Eingriffe selbst vornehmen zu wollen. Sobald stärkere Äste entfernt werden müssen und größere Schnittmaßnahmen anstehen, für die Motorwerkzeuge und Leitern gebraucht werden, sollten Fachleute hinzugezogen werden.

Schneiden, Formen und Pflanzenwuchs

Schneidet ein Gärtner einen Trieb oder Ast zurück, so greift er in den ureigenen Stoffwechsel der Pflanze ein, um so ihre Entwicklung zu beeinflussen. Bei den meisten Gehölzen endet der Trieb mit einer Terminal- oder Endknospe. Darunter sind weitere Knospen in einem für die jeweilige Pflanzenart typischen Muster angeordnet, wobei die Position der Knospe darüber entscheidet, wo Verzweigungen gebildet werden. Die Knospen können wechselständig, gegenständig oder schraubig angeordnet sein.

Die Endknospe ist gleichzeitig der Vegetationspunkt des Sprosses; sie behauptet ihre Vorrangstellung durch die Produktion einer Substanz, die das Wachstum der darunter befindlichen Knospen hemmt. Wenn die Endknospe entfernt wird – sei es durch Schneiden, Entspitzen (Pinzieren) oder Ausbrechen –, wird die Versorgung mit einer den Wuchs hemmenden Substanz unterbrochen. Der relativ rasche Wuchs der Seitentriebe, das „Durchbrechen", wird deutlich am Beispiel eines Halbstrauchs, einer Fuchsie etwa, deren Triebspitze entfernt wurde. Das gleiche Ergebnis, ein buschiger Wuchs, wird durch das wiederholte Entfernen von Triebspitzen beim Heckenschnitt erzielt.

In der Praxis werden viele Schnittmaßnahmen mit Blick auf eine bestimmte Knospe oder ein Knospenpaar unterhalb der

Rechts: Schnitt- und Erziehungstechniken sind für Pflanzen in Treibhaus und Garten gleichermaßen wichtig. Bei dieser Hochstammfuchsie 'Flying Cloud' wurde ein einzelner Leittrieb senkrecht gezogen und die am weitesten oben liegenden Seitentriebe pinziert, um eine buschige Krone zu erhalten.

Rechts: Äpfel und Birnen, die als Fächerspaliere gezogen werden, müssen beim Einpflanzen sorgfältig geschnitten werden. Der Sommerschnitt erfolgt nach dem Lorette-Schnitt (siehe S. 145–147).

Sproßspitze vorgenommen. Die Kunst der erfolgreichen Formgebung einer Vielzahl von Zierpflanzen, fruchttragenden Büschen und Bäumen besteht darin, eine in der bevorzugten Position wachsende Knospe – gewöhnlich von der Pflanzenmitte ausgehend – auszuwählen und den Trieb unmittelbar darüber zurückzuschneiden.

Alle Schnitte müssen mit scharfem, sauberem Werkzeug vorgenommen werden (siehe S. 214/215), denn verletzte oder gequetschte Stämme und ausgerissene Ränder sind Angriffsflächen für Krankheiten.

Erwähnt sei ferner, daß Gehölze auf Wunden – auch auf die durch Schneiden verursachten – mit einer Mobilisierung ihrer Abwehrkräfte reagieren. Inzwischen weiß man, daß der früher übliche stammparallele Schnitt, bei dem große Äste aus Bäumen und Sträuchern entfernt wurden, die pflanzeneigenen Abwehrkräfte zerstört, und, selbst wenn die Wunde einen Kallus bildet, zu schwerwiegenden Infektionen führen kann.

Das Ausmaß des Rückschnitts ist ebenfalls ein das Wachstum der Pflanze beeinflussender Faktor. In der Regel wirkt Schneiden wachstumsstimulierend, dies gilt insbesondere für den Winterschnitt. Es ist wichtig, den scheinbaren Widerspruch zu begreifen, daß starker Rückschnitt bei schwachem Wuchs einen beträchtlichen Wachstumsschub auslöst, starker Wuchs aber am besten durch zurückhaltendes Schneiden gebremst wird. Der mehrfache radikale Rückschnitt einer unentwegt über den ihr zugedachten Rahmen hinauswachsenden Pflanze wird sie zu noch unbändigerem Wuchs anregen.

Eine weitere Grundregel, auf der viele Prinzipien des Schneidens und des Formens aufbauen, lautet: Nahezu horizontal ausgerichtete Äste wachsen langsamer als vertikal ausgerichtete. Diese Wuchshemmung fördert jedoch die Produktion von Blütenknospen. Beim Ziehen einiger Zierpflanzen (Kletterrosen beispielsweise blühen am üppigsten, wenn ihre Triebe horizontal gezogen werden) und vieler Obstbäume hat man sich diese Erkenntnis bereits zunutze gemacht.

Gründe für das Schneiden und Formen von Pflanzen

Mitunter wird die Meinung vertreten, es sei überflüssig, Pflanzen im Garten zu schneiden, da wildwachsende Pflanzen ja schließlich auch nicht geschnitten würden. Tatsächlich untersteht eine Wildpflanze normalerweise einem ständigen Prozeß der Erneuerung, bei dem sie Blüten, Blätter und Zweige und, etwas seltener, auch Äste abwirft. Ferner ist der Garten nicht einfach ein unveränderter Teil der Natur, sondern ein vom Menschen angelegter Kulturbereich, in dem mittels ausgewählter Pflanzen eine bestimmte dekorative Wirkung geschaffen oder, im Fall von Obstbäumen, reiche Ernte erzielt werden soll.

Auch wer Schneiden als notwendig erachtet, glaubt oft, der Zweck dieser Maßnahme bestehe lediglich darin, zu groß gewordene Pflanzen zu reduzieren – eine Vorstellung, die bisweilen mit dem unbestimmten Gefühl assoziiert ist, daß zu einer bestimmten Zeit im Jahr alle Pflanzen einmal ausgeputzt werden müssen. Wer Triebe und Äste lediglich aus Platzgründen oder zur Aufrechterhaltung einer willkürlichen Ordnung zurückschneidet, setzt diese Technik relativ unbesonnen ein. Obwohl viele Pflanzen gelegentlich gelichtet werden müssen und man einige um einer bestimmten Wirkung willen regelmäßig schneidet (bei den Eukalyptusarten wie etwa *Eucalyptus gunnii* versucht man z. B. wegen ihres attraktiven Blattwerks die Jugendphase zu erhalten), sind die meisten Pflanzen, deren Wuchs nur durch starken Rückschnitt gezügelt werden kann, ganz einfach für ihren Standort ungeeignet. Und da der Schnitt das Wachstum fördert, verewigt sich das Problem gewissermaßen.

Die Notwendigkeit drastischer Eingriffe läßt sich durch gut geplante Pflanzung vermeiden. Bäume und Sträucher sollten

Links: Viele Ziersträucher und -bäume wie Zierkirschen (Prunus) entwikkeln auch bei geringem Schnitt eine beeindruckende Blütenpracht. Wegen des Risikos einer Bleiglanzinfektion durch offene Wunden sollte der Rückschnitt auf ein Minimum reduziert werden.

Rechts: Der Obstbaumschnitt reguliert das Gleichgewicht zwischen Wachsen und Fruchten und garantiert eine gute Ernte.

sowohl nach ihrer Wuchskraft als auch nach ihrem dekorativen Charakter ausgewählt werden. Bei Obstbäumen empfiehlt es sich, der Unterlage genausoviel Aufmerksamkeit zu widmen wie den Vorzügen des Edelreises, weil sie die Wuchskraft der Pflanze insgesamt bestimmt. Schneiden und Erziehen, das nur dazu dient, Pflanzen in ihrer Größe zu reduzieren, ist strikt abzulehnen; diese Technik soll vielmehr die dekorative Wirkung der Pflanze zur Geltung bringen oder den größtmöglichen Ertrag fördern.

Schnittwunden an Jungpflanzen verheilen schnell, und meist läßt sich ein „Gerüst" aus nicht zu dicht stehenden Ästen schon dadurch bilden, daß man ein paar ungünstig gewachsene oder schwache Triebe entfernt. Auch Kletterpflanzen und Sträucher, die im Schatten einer Mauer wachsen, zieht man am besten, solange die Triebe jung, biegsam und noch nicht verholzt sind. Einige Obstbäume benötigen möglicherweise während ihrer gesamten Lebensdauer eine Stütze. Zierbäume sollten jedoch nur in den ersten ein bis zwei Jahren locker an einen Pfahl gebunden werden; später muß sich der allmählich stärker werdende Stamm ungehindert entwickeln können.

Je naturferner die angestrebte Form, die der Pflanze zugedacht ist, desto radikaler müssen auch die Eingriffe im Anfangsstadium sein. Es kann mehr als vier oder fünf Jahre dauern, bis das Astgerüst eines am Spalier wachsenden Apfel- oder eines als Fächer gezogenen Birnbaums geschaffen ist, und sogar noch länger, bis man sich einer dichten Hecke, einer kunstvoll geschnittenen Pflanze oder etwa einer formierten Lindenallee erfreuen darf. Viel schneller läßt sich aus einem Halbstrauch, etwa einer Fuchsie, ein Hochstämmchen oder eine Pyramide ziehen, wobei die Triebspitzen bei einer sehr wuchsfreudigen Pflanze entsprechend häufiger pinziert werden müssen. Auf kleinstem Raum wachsende Pflanzen müssen im allgemeinen selbst im ausgewachsenen Zustand noch zurückgeschnitten werden. Apfel- und Birnbäume, die beispielsweise als Schnurbaum (= Kordon) oder auch in anderer Form gezogen werden, benötigen einen jährlichen Sommerschnitt. Hecken und Formpflanzen müssen mindestens einmal, zuweilen auch mehrmals pro Wachstumsperiode gestutzt werden.

Selbst völlig frei stehende Obstbäume und Beerensträucher sollten einmal im Jahr geschnitten werden, damit sie gesund bleiben und reichen Ertrag liefern. Das jährliche Ausschneiden von altem Holz ist auch für die Entwicklung vieler Ziersträucher, einschließlich der Rosen, unerläßlich; die meisten Sorten blühen nach einem Schnitt viel üppiger und bringen größere Blüten am jungen Holz hervor. Das gleiche gilt für einige Sträucher mit besonders schönem Blattwerk oder farbenprächtigen Trieben. Grundsätzlich kann ein Erneuerungsschnitt auch einfach im jährlichen Zurückschneiden von Pflanzen wie Lavendel und Santolina bestehen, die dadurch kompakt und frisch bleiben.

Grundlegendes Prinzip allen Schneidens sollte die Gesunderhaltung der Pflanze sein. Abgestorbene, verletzte oder kranke Triebe und Äste müssen bis ins gesunde Holz zurückgeschnitten und verbrannt werden. Dadurch wird der Garten von möglichen Infektionsquellen befreit, und die Pflanze kann sich durch einen sauberen Schnitt an der richtigen Stelle in Kürze erholen und wieder ihre Abwehrkräfte sammeln.

Der richtige Schnitt allein genügt jedoch nicht, um eine Pflanze gesund zu erhalten, ihr Gedeihen hängt auch von einer ausreichenden Nährstoff- und Wasserversorgung ab. Ebenso wichtig ist es, ihre Vorliebe für einen sonnigen oder schattigen Standort, feuchten oder trockenen Boden zu berücksichtigen. Regelmäßiges Düngen und Wässern ist für Pflanzen, die jedes Jahr zurückgeschnitten werden, ganz besonders bedeutsam.

Einige Maßnahmen dienen auch der Bekämpfung von Schädlingsbefall und Krankheiten. Die Wirksamkeit der früher allge-

Links: Glyzinen sind wüchsige Kletterpflanzen, die eine Kletterhilfe benötigen, wenn sie an Gebäuden oder an Pergolen gezogen werden. Die Blüte wird durch einen jährlichen Kurztriebschnitt gefördert.

Rechts: Starker Schnitt im Frühjahr kann das Blattwerk vieler bunter und purpurfarbiger Sträucher noch verschönern. Die Echte Lamberthasel *Corylus maxima* 'Purpurea', wird oft nicht wegen ihrer Nüsse, sondern allein wegen ihres Blattwerks angepflanzt.

mein befürworteten Verwendung von Wundverschlußmitteln an allen Schnittstellen von mehr als 5 cm Durchmesser wird inzwischen angezweifelt; diese Präparate werden nur zum Schutz vor ganz speziellen Krankheiten wie Bleiglanz eingesetzt.

Der richtige Schnittzeitpunkt

Manche Pflanzen können zu jeder Jahreszeit geschnitten werden, aber das ist keineswegs die Regel, und oft ist der richtige Zeitpunkt entscheidend, wenn ein bestimmtes Ergebnis erzielt werden soll.

Als beste Schnittzeit für viele Pflanzen, einschließlich Rosen, Beerenobst und einer Reihe von Obstbäumen, gilt die Knospenruhe vom späten Herbst bis zum zeitigen Frühjahr. Der Winterschnitt fördert das Wachstum, während der Sommerschnitt es eher eindämmt. Die meisten Schnittmaßnahmen, die die Bildung von Fruchtholz bei Kordon- oder Spalierobstbäumen fördern sollen, werden nach dem Lorette-Schnitt im Spätsommer durchgeführt, um so ein unkontrolliertes Wachstum zu verhindern; bei Apfel- und Birnbäumen wird der kurze Fruchtholzschnitt am häufigsten angewendet.

Viele im Frühjahr blühenden Sträucher, darunter Forsythien, entfalten ihre verschwenderische Blütenpracht am einjährigen Holz. Entfernt man die ältesten Triebe unmittelbar nach der Blüte, so fördert man gleichzeitig die Bildung neuer Triebe, die im darauffolgenden Jahr blühen. *Buddleja davidii* und andere auf diesjährigen Trieben blühende Sträucher und Kletterpflanzen schneidet man am besten im zeitigen Frühjahr, wobei das Holz vom Vorjahr bis auf ein niedriges Astgerüst aus Ästen zurückgeschnitten wird.

Bei einigen für bestimmte Krankheiten besonders anfälligen Pflanzen kann die Infektionsgefahr verringert werden, wenn man sie in der Zeit, in der sie relativ krankheitsunempfindlich sind, schneidet. Bleiglanz ist eine ernstzunehmende Pilzkrankheit, die bei Pflaumen, anderen Steinobstarten und auch bei Ziergehölzen auftritt. Die durch den Wind übertragenen Sporen dringen über frische Wunden in die Pflanze ein und werden zwischen Frühherbst und Spätfrühling aus den Fruchtkörpern des Pilzes wieder freigesetzt. Beim Sommerschnitt ist das Infektionsrisiko im allgemeinen geringer, insbesondere wenn unmittelbar nach dem Schnitt ein Wundverschlußmittel aufgetragen wird.

Einige Pflanzen, insbesondere die laubabwerfenden, neigen zum Bluten, wenn sie verletzt oder mitten im Winter bzw. im zeitigen Frühjahr geschnitten werden; auch hier heißt es, den Zeitpunkt des Schneidens gut abzustimmen. Saftverlust ist nicht zwangsläufig problematisch, zumal er aufhört, sobald die Pflanze austreibt. Wenn viel Saft ausfließt, kann dies allerdings zu Schwächung und Absterben des betroffenen Sproßteils führen. Anfällige Pflanzen wie Weinreben und, unter den Bäumen und Sträuchern, Birken *(Betula)* und Ahorn *(Acer)* schneidet man besser im Spätsommer, im Herbst oder zu Beginn der kalten Jahreszeit, als im späten Winter oder zu Frühlingsbeginn.

Frost und schneidender Wind schaden jungen Trieben ebenfalls; deshalb sollte man den Zeitpunkt des Schnitts sorgfältig wählen. Die infolge des Frühjahrsschnitts stark austreibenden Sprosse können durch Kälte vernichtet werden. Am Ende der Vegetationsperiode bringen Pflanzen, die im Spätsommer überreich mit Nährstoffen versorgt und geschnitten wurden, zarte, nicht mehr vor Kälteeinbruch reifende Triebe hervor.

Oben: Kletterrosen benötigen eine Kletterhilfe und müssen angebunden werden. 'Pink Perpétue' hat einen kräftigen Wuchs und eignet sich für die Erziehung an einem Pfahl, einem Dreibein oder einem Bogen. Der zweite Blütenansatz im Frühherbst wird begünstigt, wenn verwelkte Blüten im Sommer entfernt werden.

Rechts: Pflanzenschnittmaßnahmen können bei einer Reihe von Halbsträuchern und sogar bei krautigen Pflanzen wie diesen Strauchmargeriten angewandt werden.

Links: Die Clematis zählen zu den am weitesten verbreiteten blühenden Kletterpflanzen, bilden aber, wenn sie nicht richtig geschnitten werden, oft nur ein wirres Dickicht von Trieben. 'Mme Julia Correvon' ist eine großblumige Sorte, die in der zweiten Sommerhälfte blüht. Wie alle Clematisarten verträgt sie es am besten, wenn sie im späten Winter oder zu Frühjahrsbeginn kräftig zurückgeschnitten wird.

ZIERPFLANZEN

Die im ersten Teil des Buches besprochenen Gehölze stellen ausgesprochen wichtige Elemente eines jeden Gartens dar. Zu ihnen gehören Bäume, Sträucher und Kletterpflanzen, die wegen ihres Blattwerks, ihrer Blüten, Früchte und Triebe entweder solitär oder als Bestandteil gemischter Bepflanzungen ausgewählt werden. Weitere Strukturelemente eines Gartens sind Beetrosen, Hecken und Formbäume, die durch gezielte Schnittmaßnahmen geformt wurden.

Der Schnitt und die Erziehung solcher Gehölze sind weniger schwierig, als der Anfänger oft glaubt. Das Geheimnis besteht vielmehr darin, den richtigen Schnittzeitpunkt und die richtige Technik zu wählen. So liegt es in Ihrer Hand, Ihren Garten in ein Blütenmeer zu verwandeln. Eine falsche und unbedachte Vorgehensweise kann aber auch den gegenteiligen Effekt zur Folge haben und beträchtliche Schäden anrichten.

Um die Anwendung der hier beschriebenen Techniken zu optimieren, finden Sie in den angefügten Pflanzenlisten – Rosen auf den Seiten 38 – 39 und andere Zierpflanzen auf den Seiten 120 – 128 – Querverweise auf die entsprechenden Kapitel. Bei der Auswahl der aufgeführten Pflanzen wurde besonderer Wert auf diejenigen Pflanzen gelegt, die in den gemäßigten Zonen gedeihen, wobei regionale Unterschiede in bezug auf die Winterhärte auftreten können.

Im letzten Kapitel (S. 129 – 135) werden die Techniken des Pinzierens vorgestellt. Dieses findet beim Schnitt und der Erziehung von Halbsträuchern wie Fuchsien, mehrjährigen Pflanzen wie Kaskadenchrysanthemen und Stämmchen Anwendung.

Oben: *Hydrangea paniculata* 'Grandiflora': Wie bei vielen auf dem Holz der laufenden Wachstumsperiode blühenden Sträuchern ist hier ein kräftiger Frühjahrsschnitt vorteilhaft. Im allgemeinen werden sie mit wenigen Gerüstästen gezogen, aber auch eine Stammerziehung ist möglich.

Ganz links: Goldregen und viele andere kleine Bäume mit hängendem Blütenstand oder Früchten kommen in der Regel als Kronenbäume am besten zur Geltung. Bei dieser Erziehung vermeidet man, daß untere Äste beim Rasenmähen beschädigt werden. Allerdings muß sorgfältig darauf geachtet werden, daß der Stamm keinen Schaden nimmt.

Links: Bei vielen schönen Zierhölzern sind nur wenige Schnittmaßnahmen nötig. *Magnolia x soulangeana* braucht, wie die meisten Bäume und Sträucher dieser Gattung, unter Umständen einen schwachen Formierungsschnitt, doch bei voll ausgebildeten Exemplaren ist es nur selten notwendig, über das Entfernen von totem und beschädigtem Holz hinauszugehen.

Links: Wenn ein einheitliches Bild erwünscht ist, wie bei den meisten streng formierten Hecken und Alleen, wie diese mit *Quercus virginiana* bepflanzte, sind Pflanzenwahl und -erziehung gleichermaßen bedeutend. Sollen Wachstum, Habitus und Farbgebung gleichförmig sein, müssen Pflanzen derselben Abstammung gewählt werden.

Rechts: *Cornus stolonifera* 'Flaviramea', ist ein Beispiel für Sträucher, die wegen ihrer attraktiv gefärbten Triebe angepflanzt werden. Da das Jungholz die intensivste Farbgebung hat, sollte man diese Sträucher jedes Jahr im Frühling zurückschneiden.

ROSEN

Rosen ließen sich auch zusammen mit anderen Sträuchern und Kletterpflanzen behandeln, doch stellen sie an sich eine so bedeutende Kategorie von Zierpflanzen dar, daß es uns geeigneter erscheint, sie gesondert zu beschreiben. Es gibt starke Unterschiede in den Wachstums- und Blüheigenschaften der großen Zahl von Rosenzüchtungen: sie reichen von weit ausladenden, sehr großen bis hin zu zwergwüchsigen Sorten. Einige blühen nur im Hochsommer, die Blütezeit anderer dauert bis zu vier Monate oder länger. Die besten Ergebnisse zeigen sich erfahrungsgemäß, wenn man den Schnitt und Erziehungsschnitt gemäß der jeweiligen Gruppe vornimmt, zu der die fragliche Rose gehört.

Drei Hauptgruppen sind besonders hervorzuheben. Die wichtigste, weil häufigste, ist die der modernen Buschrosen. Hierher gehören vor allem Teehybriden (große, gefüllte Blüten) und Floribundarosen (viele kleine Blüten), aber auch Polyantharosen und die immer beliebter werdenden Zwergrosen. Strauchrosen und ältere Rosensorten bilden eine heterogenere Gruppe. Zu ihnen zählen Wildrosen, alte Gartenrosen, wie zum Beispiel Alba-, Bourbon- und Damaszenerrosen und die modernen Strauchrosen. Rosen, die eine Kletterhilfe benötigen, das heißt die Kletterrosen, sind ebenfalls eine Mischgruppe. Sie umfassen Rosenarten und artnah stehende Sorten, einige alte Gartenrosen, wie beispielsweise kletternde Teerosen und Noisettekletterrosen, sowie viele moderne Kletterrosen, von denen einige wiederholt blühen. Eine Auswahl von Rosen nach diesen Gruppen finden Sie auf den Seiten 38–39 aufgelistet.

Rechts: Beetrosen eignen sich besonders für Flächenbepflanzungen, da sie lange blühen. In geschützten Lagen können Stammrosen mit passender Unterpflanzung kultiviert werden. Hier abgebildet ist die Sorte 'Dearest' in zartem Lachsrosa über dem Blau von Lavendel.

Oben: Die meisten der starkwüchsigen kletternden Wildrosen und ihre nächsten Verwandten, wie die Sorte 'Seagull', müssen nur wenig geschnitten werden und eignen sich am besten, um Bäume oder stabile Gerüste zu überwachsen.

Rechts: Viele Rosenzüchtungen sind oft unbekannter Abstammung, so daß es schwierig ist, sie korrekt zu klassifizieren. 'Perle d'Or', die im Jahr 1883 eingeführt wurde, wird im allgemeinen als Polyantharose betrachtet. Wegen ihres zarten Wuchses muß sie weniger stark beschnitten werden, als einige der „alten", öfter blühenden Rosen.

Rückschnitt und Erhaltungsschnitt bei Rosen
Wildwachsende Rosen produzieren an der Basis regelmäßig neue starke Triebe, um abgeblühtes Holz zu ersetzen. Mit zunehmendem Alter der Triebe nehmen Wuchs und Blühpotential ab, bis ganze Sproßteile schließlich absterben. Das Zurückschneiden von Zuchtrosen ist damit lediglich eine beschleunigte und kontrollierte Version dieses natürlichen Vorgangs von Verjüngung und Absterben.

Leider sind viele der beliebten Rosensorten wesentlich krankheitsanfälliger als die Wildformen. Beim Rück- bzw. dem Erhaltungsschnitt, der zu einem lockeren Sproßaufbau führt, wird die Belichtung verbessert und das Abtrocknen der Blätter beschleunigt, was die Infektionsgefahr durch Pilzkrankheiten vermindert. Bei korrekt ausgeführtem Rückschnitt wird ein Gleichgewicht zwischen altem und jungem Holz erreicht, so daß die Rose optimal blüht und dabei bei langer Lebenszeit gesund bleibt. Rückschnitt und Erhaltungsschnitt sind ebenfalls unerläßlich, wenn man starkwüchsige Rosen möglichst vorteilhaft zur Schau stellen und kontrolliert an Spalieren hinaufranken lassen möchte.

Auch wenn der fachmännisch ausgeführte Rückschnitt und die richtige Erziehung an sich wichtig sind, ist es notwendig, diese durch eine gute Pflege zu ergänzen, wozu Düngung und Pflanzenschutz zählen. Bereits wenn Sie den Standort für Ihre Rosen auswählen, sollten Sie in Betracht ziehen, daß ein guter Zugang die Pflege und den Rückschnitt erleichtern, vor allem, wenn Sie die Rosen mit anderen Pflanzen kombinieren.

Unten: Starkwüchsige Strauchrosen mit biegsamen Trieben und Kletterrosen können horizontal geführt werden, um die Entwicklung von blühenden Seitentrieben zu fördern. Hier liefert eine steinerne Balustrade die ideale Stütze für die moderne Strauchrose 'Wilhelm'.

Rosenschnitt im Zeitplan

Die traditionelle Pflanzzeit für ballenlose Rosen beginnt Mitte Herbst und reicht bis in den Frühjahrsbeginn. Frühes Einpflanzen wird empfohlen, so daß sich vor dem Austreiben der Pflanzen das Wurzelsystem gut ausbilden kann. Wenn das Einpflanzen sich verzögert, kann der Schnitt sofort vorgenommen werden.

Seit es Containerkulturen gibt, ist es möglich, fast zu jeder Zeit des Jahres zu pflanzen, doch wird die traditionelle Saison noch immer bevorzugt. Der Formierschnitt sollte bei Pflanzen, die nach dem Frühjahr verkauft werden, bereits durchgeführt worden sein. Container-Rosen sind ballenlose Rosen, die getopft wurden um den Verkaufszeitraum zu verlängern.

Die Zeit zwischen Herbst- und Frühlingsmitte ist die Hauptsaison für den Rosenschnitt. In der Regel wird in Regionen mit mildem Klima früh, in Regionen mit harten Wintern, spät geschnitten. Das Entwicklungsstadium der Knospen ist ein nützlicher Anhaltspunkt für die Festlegung des Schnittzeitpunkts: in der Regel schneidet man, wenn diejenigen Knospen, die sich etwa auf halber Höhe der kräftigen Triebe befinden, beginnen zu schwellen. Im Falle eines Kälteeinbruchs nach dem Schnitt müssen vor allem Rosen, die im Herbst oder Frühwinter geschnitten wurden, zu Frühjahrsbeginn noch einmal überprüft werden und abgestorbenes Holz bis auf ein gesundes Auge zurückgeschnitten werden.

AUFBAU DER ROSE

A Veredelungsstelle
B Blatt mit üblicherweise 5 oder 7 Einzelblättchen
C Blindtrieb
D Blütenstand
E Hagebutte
F Aststummel
G Wildtrieb

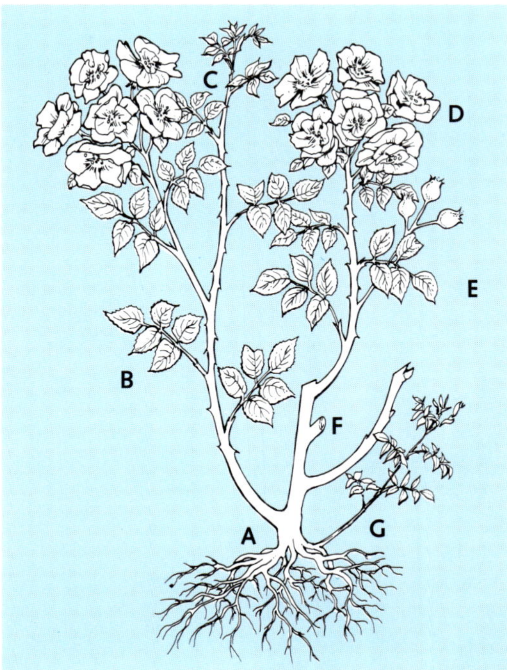

Als Zeitraum für den Hauptschnitt für viele Sorten wird der Spätwinter bis Frühlingsanfang empfohlen. In den kühlen und gemäßigten Zonen bedeutet dies, daß erst geschnitten wird, wenn das Risiko starker Frostschäden ausgeschlossen ist und bevor die Rosen ihre Energiereserven in Triebe investieren, die dann doch entfernt werden müßten. Herbstschnitt wird für Kletterrosen empfohlen, um das Risiko von Windschäden bei rauhem Wetter herabzusetzen. Das Pinzieren langer Triebe an Strauch- und Buschrosen dient dem gleichen Zweck.

Bei Rosen, die an, auf oder über Stützvorrichtungen gezogen werden, müssen die Leittriebe während der Vegetationsperiode angebunden werden. Das Triebgerüst sollte vor Beginn der Vegetationsperiode gut befestigt und im Herbst die Befestigungen überprüft werden, um auszuschließen, daß Winterstürme lose Triebe beschädigen.

Das Entfernen abgeblühter Rosenblüten im Sommer ist im Prinzip mit einem Schnitt vergleichbar, es fördert einen zweiten Blütenflor. Die Pflanze wird so daran gehindert, ihre Energie in die Samenproduktion zu investieren und man beseitigt abgestorbene Blüten als mögliche Infektionsquellen. Um das Wachstum der Triebe zu beenden, sollten im Spätsommer abgestorbene Blüten nicht mehr entfernt werden. Es ist sehr unwahrscheinlich, daß späte Triebe vor Wintereinbruch noch einmal blühen. Daher besteht die Gefahr von Frostschäden. Außerdem können die Hagebutten einiger Rosen sehr hübsch aussehen.

Rosenschnitt

Der richtige Schnitt garantiert eine schnelle Heilung der Wunde, verringert die Infektionsgefahr und fördert das Wachstum in der gewünschten Richtung. Die Techniken der Grundschnitte sind für alle Rosensorten gleich.

1. Verwenden Sie scharfes Werkzeug um saubere Schnitte zu erzielen. Im allgemeinen ist es einfacher Gartenscheren zu benutzen als Messer, allerdings ist ein scharfes Messer hilfreich, um Schnitte zu glätten. Bei kräftigen Trieben sollten Sie Astscheren oder eine kleinzähnige Säge mit gebogenem Sägeblatt verwenden.

2. Sie sollten immer bis ins gesunde lebendige Holz zurückschneiden, bei dem das Mark noch weiß oder grünlich-weiß und nicht verfärbt ist.

3. Schneiden Sie schräg, indem Sie etwa 1 cm oberhalb eines Auges, das heißt einer Triebknospe ansetzen und den Schnittwinkel von der Knospe weg in Richtung Triebbasis führen, so daß Wasser vom Auge weg ablaufen kann. Ein Schnitt, der zu nahe am Auge liegt, beschädigt es, liegt er

zu hoch, ist ein Absterben des ganzen Triebs möglich.

4. Schneiden Sie bis auf ein Auge zurück, das in die Richtung weist, in der Wachstum erwünscht ist. In den meisten Fällen handelt es sich um ein Auge, das aus der Mitte der Busch- oder Strauchrose herauszeigt. Vor allem bei Rosen mit ausladendem Wuchs ist es nützlich, auf nach innen gerichtete Augen zurückzuschneiden, was einen aufrechteren Wuchs bewirkt.

Schnittgrundlagen

In den folgenden Empfehlungen wird nach den Hauptkategorien der Rosen unterschieden. Bei allen Kategorien sollten jedoch vor dem Hauptschnitt, der zwischen Herbst und Frühjahrsbeginn stattfindet, die nachfolgend beschriebenen Schnitte vorrangig durchgeführt werden. Sollten Sie nicht wissen, zu welcher Kategorie eine Rose gehört, so sorgen Sie dafür, daß wenigstens die vorrangigen Schnitte vorgenommen werden, auch wenn sonst kein Schnitt erfolgt.

1. Schneiden Sie abgestorbene, kranke oder beschädigte Triebe wenn nötig bis zur Veredelungsstelle heraus oder im Fall von Seitentrieben bis zum Haupttrieb. Abgestorbenes Holz ist braun und spröde, krankes Holz im allgemeinen verfärbt.

2. Schneiden Sie schwache oder dünne Triebe bis auf die Veredelungsstelle oder auf die Verzweigung zu einem kräftigen Trieb zurück.

3. Wenn zwei Triebe aneinanderreiben oder sich kreuzen, nehmen Sie einen heraus, indem Sie ihn bis auf den Haupttrieb zurückschneiden. Wenn die Pflanzenmitte noch immer nicht genügend gelichtet erscheint, entfernen Sie einen oder zwei Triebe, um so eine verbesserte Belichtung und Durchlüftung zu erreichen.

4. Wenn nach dem Schnitt aus einem Auge zwei oder mehr Triebe wachsen, schneiden Sie alle bis auf einen heraus.

5. Schnittholz sollte verbrannt werden, um die Ausbreitung von Krankheiten zu verhindern.

TRIEBREDUZIERUNG
Einige Rosen, vor allem wuchsstarke moderne Sorten, entwickeln nach dem Schnitt aus einem Auge mehr als einen Trieb. Entfernen Sie alle Triebe bis auf einen. Solange sie noch jung sind, geht das problemlos. Pinzieren Sie die überflüssigen Triebe so früh wie möglich oder reißen Sie sie ab.

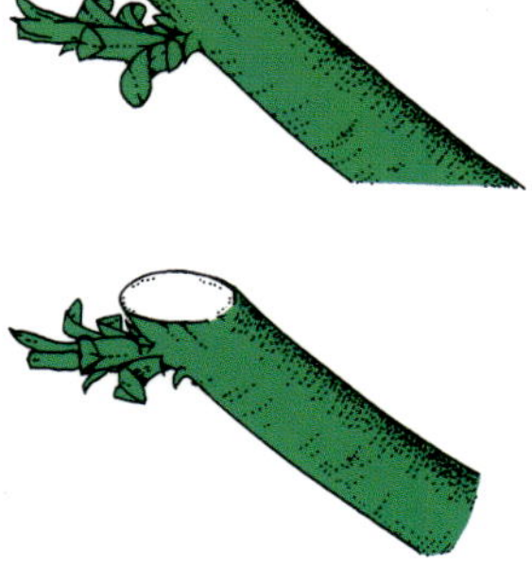

SCHNITTE

1 Verwenden Sie scharfes Werkzeug. Garten- und Astscheren sind einfacher zu handhaben als Messer. Wenn die Rinde an der Schnittwunde grün und Holz und Mark weißlich bis grünlich sind, wurde weit genug geschnitten.

2 Schneiden Sie auf ein Auge zurück, aus dem ein Trieb in der gewünschten Richtung wächst. Damit die Pflanze in der Mitte luftig bleibt, sollte auf ein Auge zurückgeschnitten werden, das nach außen weist.

3 Den Schnitt stets schräg ausführen, wobei etwa 1 cm über einem Auge angesetzt und der Schnitt schräg in Richtung Triebbasis geführt wird.

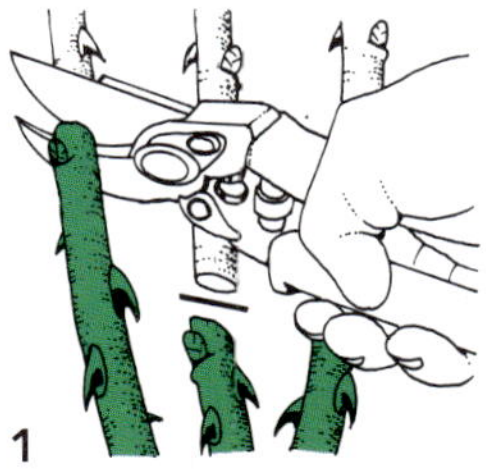
1

2

3

Entfernen von Wildtrieben

Bei den meisten in Baumschulen gekauften Rosen handelt es sich um Edelsorten, die auf einer ausgewählten Unterlage okuliert werden. Die Veredelungsstelle zwischen dem Wurzelstock und der Edelsorte sitzt im allgemeinen in Bodennähe, bei Hochstammrosen hingegen liefert die Unterlage den Stamm, auf den die Edelsorte veredelt wird. Jeder Trieb, der aus dem Wurzelstock unterhalb der Veredelungsstelle wächst, tritt in Konkurrenz zur Edelsorte und muß entfernt werden, wenn er diese nicht verdrängen soll.

Die verbreitete Ansicht, daß sich der Wildtrieb und die Edelsorte zuverlässig durch die Zahl der Fiederblättchen unterscheiden lassen, ist nicht immer zutreffend, obwohl ihre Blätter und Stacheln sich in der Regel unterscheiden.

Sobald ein Wildtrieb aus der Erde kommt, muß der Boden um ihn herum entfernt werden, um den Punkt freizulegen, an dem er aus der Wurzel austreibt. Reißen Sie ihn mit einem kräftigen Ruck ab und bedecken Sie die Stelle wieder mit Erde. Werden Wildtriebe nur oberhalb der Erde abgeschnitten, wird lediglich die Entwicklung weiterer Wildtriebe gefördert. Triebe, die aus Stämmen von Hochstammrosen unterhalb der Veredelungsstelle austreiben, können Sie abreißen oder mit einem scharfen Messer abschneiden.

Wasserschosse

Triebe, die keine Blütenknospen tragen, werden Wasserschosse genannt. Sie entstehen an manchen Sorten von Teehybriden, Floribunda- und Kletterrosen. Zur Förderung der Entwicklung kräftig blühender Triebe werden diese bis auf ein Auge zurückgeschnitten.

Oben: In den meisten Fällen wird auf nach außen weisende Augen geschnitten, um sicherzustellen, daß die Rosenmitte nicht zu dicht wird. Gartenscheren müssen scharf sein, damit ein sauberer Schnitt erfolgt und die Pflanze nicht gequetscht wird.

Moderne Buschrosen

ROSENSCHNITT

1 Kaufen Sie Pflanzen mit drei oder vier starken Trieben und einem gut entwickelten Wurzelwerk. Kürzen Sie lange oder beschädigte Wurzeln ballenloser Rosen oder von Containerrosen ein. Wenn die Rosen im Herbst oder Anfang Winter gepflanzt werden, sollten beschädigte oder nichtverholzte Triebe zurückgeschnitten werden. Warten Sie mit dem eigentlichen Pflanzschnitt neuer Pflanzen bis in den späten Winter oder bis zu Frühjahrsbeginn.

1

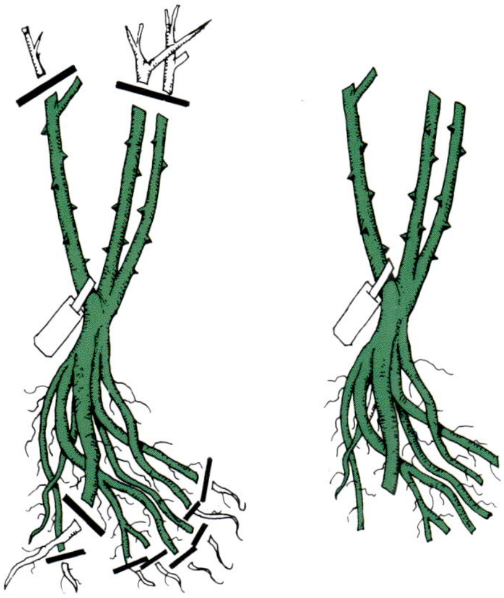

2 Beim Pflanzschnitt sollten schwache oder beschädigte Triebe eingekürzt werden. Schneiden Sie die Triebe auf nach außen weisende Augen in etwa 15 cm Höhe zurück. Aus diesen entwickeln sich dann im späten Frühjahr oder Frühsommer neue Triebe.

2

TEEHYBRIDEN (EDELROSEN)

Teehybriden, auch „großblumige Buschrosen" genannt, sind laubabwerfende, stachelige Sträucher, die vom Sommer bis in den Frühherbst mehrmals blühen. Die Büsche tragen regelmäßig einige Blüten zwischen den ausgeprägten Blühperioden, von denen die erste im Hochsommer, die zweite im Spätsommer und Frühherbst stattfindet. Es bestehen große Unterschiede bezüglich der Wuchshöhe der zahlreichen Sorten, die seit der Einführung der ersten als Teehybride anerkannten Rose 'Brown's Superb Blush' im Jahr 1815 gezüchtet wurden. 'Gloria Dei' kann eine Wuchshöhe von 1,50 m erreichen, die meisten werden zwischen 90 cm und 120 cm hoch. Sie wachsen meist kräftig und aufrecht, ihre großen Blüten erfreuen sich auf Grund ihrer Eleganz zunehmender Beliebtheit.

Das Ziel des Schnitts liegt meistens in einem dekorativen Garten, wobei die Büsche entweder in Beete gepflanzt oder mit anderen Zierpflanzen gemischt werden. Die Teehybriden stellen die auf Rosenschauen am stärksten vertretene Gruppe dar. Ein guter Schnitt (siehe S. 36) ist die Voraussetzung, um Ausstellungsqualität zu erreichen. Für den Schnitt von Teehybriden, die als Stammrosen gezogen werden, und den der kletternden Mutanten der Edelrosen siehe S. 32, 34 und 35.

Die von uns empfohlene zurückhaltende Schnittführung eignet sich besonders für starkwüchsigere Teehybriden.

3 Beginnen Sie mit dem regelmäßigen Schnitt im späten Winter oder zu Frühjahrsbeginn, indem Sie totes, krankes oder schadhaftes Holz und schwache Triebe entfernen. Wenn Triebe aneinanderreiben oder sich kreuzen, entfernen Sie einen davon. Bei vollentwickelten Pflanzen werden ein oder zwei Haupttriebe des ältesten Holzes bis zur Triebbasis zurückgeschnitten.

4 Kürzen Sie nach dem Grundschnitt die verbleibenden Triebe bis auf die Augen, die sich 15 – 25 cm oberhalb der Erdoberfläche befinden.

3

4

Sorten wie 'Gloria Dei' sollten weniger geschnitten werden, wobei die Triebe bis auf 60 – 90 cm eingekürzt werden. Als Grundregel kann gelten, daß bei ungünstigen Wuchsbedingungen auch die Schnitteingriffe schwächer sein sollten.

Pflanzschnitt
Pflanzen werden oft schon in der Baumschule oder beim Transport leicht verletzt. Vor dem Einpflanzen sollte daher das gesamte beschädigte oder nicht ausgereifte Holz entfernt werden. Ein Schnitt im Spätwinter oder zu Frühjahrsbeginn fördert zusätzlich die Entwicklung kräftiger Triebe.

Unerfahrenen Gartenfreunden widerstrebt es oft, bereits im ersten Jahr kräftig zu stutzen. Der Preis, den sie später zahlen müssen, wenn sie diesen Eingriff unterlassen, ist ein nur schwach ausgebildeter und entwickelter Busch. Im allgemeinen verbleiben an den Trieben, die auf etwa 15 cm eingekürzt wurden, zwei bis vier Augen.

Jährlicher Rückschnitt
Mitte Herbst, spätestens Ende Herbst ist es üblich, unreife Triebe zu schneiden und solche, die bereits Blüten getragen haben, zu pinzieren. In ungeschützten, windgefährdeten Lagen sollten die Triebe etwa um ein Drittel eingekürzt werden.

Nach der Durchführung des Grundschnitts werden die verbleibenden Triebe auf eine Länge von 15 – 25 cm oberhalb des Erdreichs gekürzt. Schneiden Sie schwache Triebe stärker zurück als kräftige und entfernen Sie einen oder zwei alte Triebe an ihrer Basis.

Sommerbehandlung
Die Fähigkeit der Teehybriden zur mehrmaligen Blüte wird mit einsetzender Samenproduktion stark herabgesetzt, da die Pflanze hierfür viel Energie benötigt. Ein weiterer Grund, verwelkte Blüten zu entfernen, ist, daß vermodernde Blütenblätter einen Infektionsherd darstellen können. Zwischen Früh- und Hochsommer sollten verwelkte Blüten regelmäßig entfernt werden, indem bis auf das erste Auge oder den ersten Trieb unter dem Blütenstand zurückgeschnitten wird.

REMONTANTROSEN
Diese Buschrosen, direkte Vorläufer der Teehybriden, wachsen im allgemeinen wie diese und werden auch so geschnitten. Um jedoch eine größere Fülle zu erreichen und zu verhindern, daß sie nur am Triebende Blütenknospen entwickeln, kann man den Trieb nach unten binden, wodurch er reicher blüht und die Blüten sich gleichmäßiger über die Pflanzen verteilen (siehe S. 35).

Oben: Die eiförmigen Knospen der meisten Teehybriden öffnen sich zu gefüllten Blüten. Im Gegensatz hierzu trägt 'Mrs Oakley Fisher' über einen langen Zeitraum einfache Blüten, wenn die verwelkten regelmäßig entfernt werden.

Links: Vom Früh- bis in den Hochsommer sollten verwelkte Blüten bis auf das erste gutplazierte Auge oder den ersten gutplazierten Trieb unterhalb des Blütenstandes zurückgeschnitten werden.

SOMMERBEHANDLUNG
Sofern ein Sommerschnitt durchgeführt wird, entfernen Sie nicht unnötig Blätter, aber es sollte immer auf einen in die gewünschte Richtung weisenden Trieb oder Auge zurückgeschnitten werden.

1 Floribundarosen werden zwischen Herbst und Frühjahrsbeginn gepflanzt, wobei die Wurzeln zurückgeschnitten werden. Wenn im Herst gepflanzt wird, schneiden Sie die Haupt- und Seitentriebe leicht zurück.

2 Im späten Winter oder zu Frühjahrsbeginn werden alle neu gepflanzten Floribundarosen kräftig zurückgeschnitten, auch die, die im Herbst zuvor eingepflanzt worden sind. Entfernen Sie schwache Triebe vollständig. Schneiden Sie die Triebe bis auf eine Höhe von 15 – 20 cm auf die nach außen gerichteten Augen zurück. Rosen, die so geschnitten werden, entwickeln bereits innerhalb der nächsten zwei Monate neue Triebe.

3 In den darauffolgenden Jahren sollten im späten Winter oder Frühherbst sich kreuzende, nach innen wachsende, kranke und schwache Triebe entfernt werden. Kürzen Sie junge Basistriebe um ein Drittel und schneiden Sie Seitentriebe auf 10 – 15 cm Länge zurück. Älteres Holz sollte bis auf 15 – 20 cm über dem Erdreich eingekürzt werden.

1

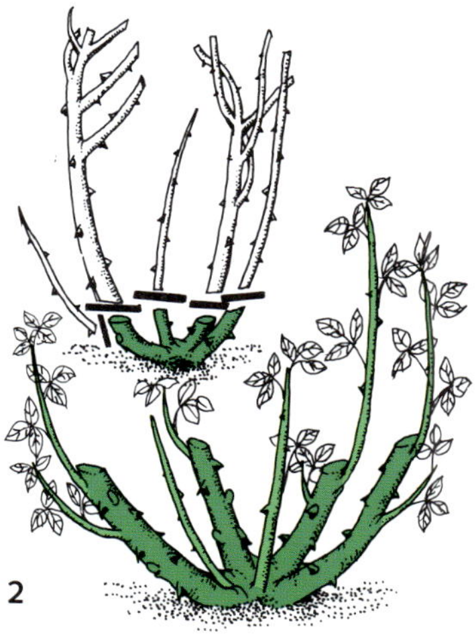
2

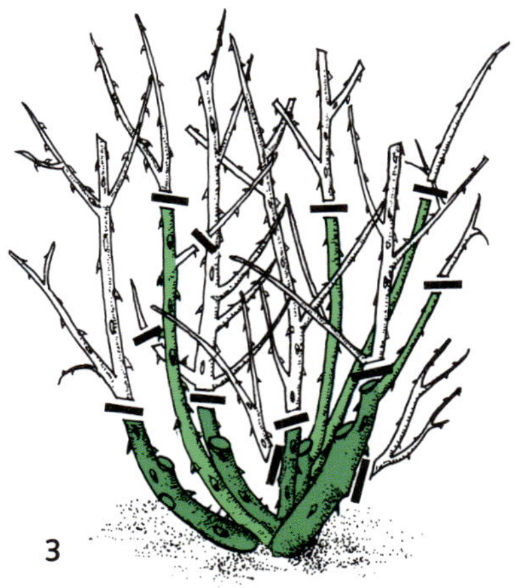
3

FLORIBUNDAROSEN

Floribundarosen, auch „büschelblütige Buschrosen" genannt, gelten im allgemeinen als starkwüchsiger, kräftiger und gesünder als die Teehybriden. Wie diese wachsen auch sie im allgemeinen gerade und aufrecht, wobei die meisten Sorten einen Busch von etwa 90 cm Höhe bilden. Die einzelnen Blüten wirken weniger elegant und sind kleiner als die der Teehybriden, die Anzahl der Blüten ist jedoch sehr groß, und sie blühen lange und kontinuierlich. Floribundarosen eignen sich hervorragend für Beete, werden aber auch gerne in gemischten Rabatten gepflanzt.

Die sogenannten „Compactarosen" liegen in ihrer Wuchsstärke zwischen den Miniatur- und Floribundarosen. Beim Schnitt werden sie am besten wie schwachwüchsige Floribundarosen behandelt.

4 Zwischen Früh- und Hochsommer sollten abgeblühte Blüten rasch entfernt werden, so wird für neues Wachstum und weitere Blüten gesorgt. Entfernen Sie nicht nur einzelne Blüten, sondern schneiden Sie den ganzen Blütenstand über dem nächstliegenden gutplazierten Auge ab.

4

Pflanzschnitt

Beim Pflanzen im Herbst sollten die Wurzeln, wenn nötig, zurückgeschnitten und die Triebe leicht gekürzt werden. Beim Pflanzen gegen Winterende oder zu Frühjahrsbeginn ist dagegen ein starker Rückschnitt auf eine Länge von 15 – 20 cm über der Erdoberfläche notwendig. Auf diese Weise eingekürzte Triebe weisen noch zwischen drei und fünf Augen auf. Entfernen Sie alle schwachen Triebe an der Triebbasis.

Winterschnitt

Gegen Ende der Wachstums- und Blütezeit ist es üblich, nicht ausgereiftes Holz herauszuschneiden und die Haupttriebe einzukürzen. Dieser Schnitt Mitte Herbst empfiehlt sich besonders in exponierten Gärten.

Eine kontinuierliche Blüte ist am ehesten gewährleistet, wenn die für Teehybriden empfohlenen Schnitte durchgeführt werden. Am Ende des Winters und zu Beginn des Frühjahrs sollten Sie

Ganz links: Man kann viele der stärker wachsenden Miniatur- und Compactarosen wie 'Pretty Polly' so behandeln wie kleine Floribundarosen. Sie müssen jedoch öfter ausgelichtet werden.

POLYANTHAROSEN
Diese Rosen können wie Floribundarosen behandelt werden, sollten aber schwächer zurückgeschnitten werden. Im späten Winter und zu Beginn des Frühjahrs, beim Pflanzschnitt und in den Jahren danach, sollten Sie schwache Triebe herausschneiden und die Haupttriebe um etwa ein Drittel einkürzen. Lichten Sie die Buschmitte aus, indem Sie schwaches und etwas altes Holz entfernen.

zunächst die vorrangigen Schnitte vornehmen (siehe S. 21), indem, wo nötig, Holz entfernt wird, das schwach und nicht gesund ist.

Anschließend kürzen Sie kräftige Triebe um etwa ein Drittel. Schneiden Sie stets bis auf ein gut plaziertes Auge zurück.

Mit der Zeit besitzen die Büsche auch älteres Holz, das auf eine Höhe von 15 – 20 cm über dem Erdboden zurückgeschnitten werden muß. Bei einem Busch mit zahlreichen Trieben werden ein oder zwei Triebe an der Basis entfernt und alle Seitentriebe bis auf 10 – 15 cm eingekürzt.

Bei starkwüchsigen Sorten erreicht man im allgemeinen durch einen schwächeren Schnitt bessere Blühleistungen. 'Schneewittchen' und 'Pink Parfait' wachsen zum Beispiel weniger kräftig als die meisten Floribundarosen. Auf 1,20 m Höhe gezogen, sind sie auch als Solitäre sehr attraktiv.

Sommerbehandlung
Die einzige Maßnahme, die im Sommer durchgeführt werden muß, ist die Entfernung verblühter Rosen. Zur Bildung neuer Triebe und wenn die Rose den ganzen Sommer über blühen soll, muß der gesamte Blütenstand entfernt werden, der Schnitt darf sich nicht auf Einzelblüten beschränken.

POLYANTHAROSEN
Diese Rosen, die Stammformen der Floribundarosen sind, erreichen im allgemeinen eine Höhe von 60 – 90 cm. Oft sind sie von schwachem Wuchs. Sie können behandelt werden wie Floribundarosen, doch am besten bekommt es ihnen, wenn sie etwas schonender zurückgeschnitten werden. Sowohl beim Pflanzschnitt als auch beim Erhaltungsschnitt der darauffolgenden Jahre müssen die Haupttriebe um ein Drittel eingekürzt werden. Altes Holz sollte unter Umständen entfernt werden, um einen gleichmäßigen Pflanzenaufbau zu erhalten.

MINIATURROSEN
Zwischen Compactarosen und Miniaturrosen besteht kein wesentlicher Unterschied. Beim Pflanzschnitt der kleinwüchsigeren, zarteren Miniaturrosen (im allgemeinen unter 60 cm Höhe) werden starke Triebe auf eine Höhe von 10 – 15 cm über der Erde zurückgeschnitten und schwache Triebe entfernt.

Wird der vorrangige Schnitt mehrere Jahre hintereinander im Winter oder zu Frühjahrsbeginn vorgenommen, sollte vorrangig auf krankes Holz oder auf abgestorbene Triebe geachtet werden. Schwache Triebe sind zu entfernen und starke Triebe auf eine Länge von 10 – 15 cm über der Erde einzukürzen. Sobald die Blüten im Sommer verwelkt sind, sollten sie entfernt werden.

Einige Miniaturrosen bringen enorm kräftige Triebe hervor, die herausgeschnitten werden sollten.

Wild- und Strauchrosen

GRUPPE 1
Beinhaltet Wildrosen und ihre Hybriden; die meisten blühen nur einmal.

Wild- und Strauchrosen werden oft als für Beete ungeeignet beschrieben, auch wenn es sich bei ihnen nicht um Kletterrosen handelt. Diese bedeutende Kategorie von Zierpflanzen umfaßt drei umfangreiche Gruppen: die ihren Eltern ähnlichen einmalblühenden Wildrosen; die „alten Rosen", daß heißt die Sorten, die bereits vor der Einführung der Teehybriden im späten 19. Jahrhundert kultiviert wurden; und die modernen Strauchrosen, die nicht zu den Beetrosen zu zählen sind und im 20. Jahrhundert gezüchtet wurden.

Allgemeiner Schnitt

Obwohl in Größe, Wuchs und Blühverhalten große Unterschiede bestehen, gibt es Schnittempfehlungen, die für alle Strauchrosen gleichermaßen angewendet werden können: ein wesentlich schwächerer Schnitt als bei Teehybriden, mehrmals blühenden Hybriden oder Floribundarosen bringt im allgemeinen die besten Ergebnisse.

Beim Einpflanzen sollten die Wurzeln gekürzt, aber die Triebe dürfen nicht zu stark eingekürzt werden; der Schnitt dient hier lediglich dazu, beschädigte und nichtausgereifte Triebspitzen zu entfernen.

Nach dem vorrangigen Schnitt zwischen Herbstmitte und Frühjahrsbeginn, bei dem nichtverholzte Triebe als eine mögliche Infektionsquelle entfernt werden, wird durch leichtes Einkürzen starker Triebe die Bildung von im folgenden Jahr blühenden Seitentrieben angeregt.

Wenn Rosen an exponierten Standorten wachsen, sollten sehr lange Triebe im Herbst eingekürzt werden, um das Risiko von Windschäden einzuschränken. Im Sommer empfiehlt es sich, die verwelkten Blüten zu entfernen, es sei denn, daß man die Früchte verwenden möchte.

Dieses Pflegeprogramm kann den Bedürfnissen der jeweiligen Rose angepaßt werden. Drei Hauptgruppen sollen hier genannt sein. Wenn Zweifel bestehen, welcher Gruppe Ihre Strauchrose zuzuordnen ist, befolgen Sie die Anweisungen für Gruppe 1.

Einige starkwüchsige Sorten bieten vielseitige Möglichkeiten, und man kann sie wie aufrecht wachsende Kletterrosen an Gerüsten erziehen (siehe S. 33).

GRUPPE 1

Zu dieser Gruppe zählen die Wildarten und ihre Hybriden, darunter auch die Burnett-Rosen, die alle von *Rosa pimpinellifolia (R. spinosissima)* abstammen. Sie vertragen nur einen geringen Schnitt.

Starkwachsenden Rosensorten wie beispielsweise *R. moyesii* sollte genügend Raum für die Entwicklung ihres natürlichen Wuchsbildes mit den typischen gebogenen Trieben gelassen werden. Bei vollentwickelten Exemplaren erreicht man durch das Entfernen des dürftig blühenden Holzes die Bildung kräftiger Triebe von der Basis. Vor allem die Formen von *R. rugosa* profitieren von gelegentlichem rigorosem Auslichten.

Gallica-Sorten und Moschata-Hybriden, die nur schwer in eine Gruppe einzuordnen sind, passen noch am ehesten in diese Gruppe. Die Gallica-Sorten bilden oft kurzes Seitenholz, das gegen Frühjahrsbeginn beim vorrangigen Schnitt ausgelichtet werden muß. Um eine reiche Blüte bei Moschata-Hybriden zu fördern, müssen die Seitentriebe im späten Winter oder zu Frühjahrsbeginn eingekürzt und verblühte Rosen entfernt werden. Moschatahybriden entwickeln manchmal extrem lange Triebe, die stark zurückgeschnitten werden können.

Oben links: *Rosa moyesii* wird vor allem wegen ihrer sehr dekorativen Hagebutten angepflanzt. Verblühte Blüten sollten daher nicht entfernt werden.

Links: Zahlreiche Wildrosen und Wildrosenhybriden, von denen 'Canary Bird' eine frühblühende Art ist, werden zu dichten Sträuchern mit hängenden Trieben.

GRUPPE 2

In dieser Gruppe kann beim Pflanzen der Rosen genauso vorgegangen werden wie bei den anderen Strauchrosen. Nachdem die Pflanzen sich voll entwickelt haben, wird im späten Winter oder zu Frühjahrsbeginn geschnitten, wobei bis zu einem Drittel der kräftigen vorjährigen Triebe entfernt werden. Gleichzeitig sollten die an älterem Holz wachsenden Seitentriebe bis auf etwa 15 cm eingekürzt werden. Übermäßiger Rückschnitt der einjährigen Triebe führt dazu, daß sie sich nicht mehr biegen lassen, was wiederum auf Kosten des Blütenreichtums geht.

Die Blüten vieler „alter Sorten", der Albasorten, Centifoliasorten, Moosrosen und der meisten Damaszenersorten, die zu dieser Gruppe gehören, werden im Sommer an Seitenholz von zwei- und mehrjährigen Trieben entwickelt. Die langen Triebe können von dem Gewicht der Blüten, die sie tragen, heruntergezogen werden und Sie sollten sie daher einkürzen. Glücklicherweise erzeugen diese Rosen, und fast alle modernen einmalblühenden Strauchrosen, von selbst Basistriebe. Wenn diese sich entwickeln, sollte altes Holz, das nur noch einzelne Blüten trägt, entfernt werden.

Oben: 'Constance Spry' ist eine moderne Strauchrose, die im Hochsommer phantastisch blüht, allerdings nur einmal. Wegen ihres sehr starken Wuchses sollte in der Ruheperiode moderat zurückgeschnitten werden. Wie viele andere der höheren Strauchrosen kann man sie auch als Kletterrose erziehen.

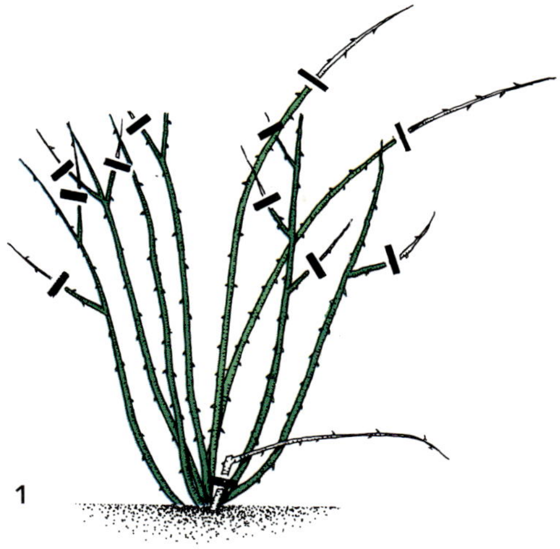

1

GRUPPE 2
Umfaßt die meisten einmalblühenden „alten Rosen" einschließlich der Centifolia-, Alba-, Damaszener- und Moosrosen sowie moderne einmalblühende Strauchrosen.

SCHNITT

1 Im späten Winter oder zu Frühjahrsbeginn den Grundschnitt vornehmen. Totes und krankes Holz sowie schwache und schlechtplazierte Triebe entfernen. Lange neue Basistriebe auf ein Drittel einkürzen und Seitentriebe an Langtrieben, die bereits geblüht haben, auf 10 – 15 cm zurückschneiden.

2 In der Herbstmitte oder im Spätherbst die sehr langen Triebe zurückschneiden, vor allem wenn die Rosen sich an exponierten Standorten befinden.

3

3 Ausgewachsene Pflanzen im späten Winter oder zu Frühjahrsbeginn schneiden, wie unter Punkt 1 empfohlen. Schneiden Sie ein oder zwei Triebe, die wenig Blüten ansetzen, an der Basis heraus.

GRUPPE 3

Eine Abwandlung des für die Rosen aus Gruppe 2 empfohlenen Schnitts ist für eine Anzahl von Rosen geeignet, die über den Sommer und Herbst mehrmals blühen. Zu ihnen gehören die meisten Bourbon- und Chinasorten sowie viele moderne Strauchrosen. Starkwüchsige Teehybriden und Remontantrosen wie die Teehybride 'Alexander' können mit Erfolg solitär angepflanzt und am besten nach der für die Gruppe 3 beschriebenen Methode geschnitten werden. Neben vielen modernen Strauchrosen gehören auch viele erst kürzlich eingeführte Sorten, die als „Bodendeckerrosen" bezeichnet werden, zu dieser Gruppe. Das sind relativ niedrigwüchsige, dichte Strauchrosen. Diese müssen häufig nur im Winter ausgelichtet werden.

GRUPPE 3
Umfaßt „alte Rosen", die öfterblühend sind, wie die China- und viele Bourbonrosen, und moderne öfterblühende Strauchrosen.

SCHNITT
1 Im späten Winter oder zu Frühjahrsbeginn ist der Grundschnitt durchzuführen. Vorjährige lange Triebe um bis zu einem Drittel einkürzen. Seitentriebe auf 10 bis 15 cm einkürzen und alle querwachsenden Triebe entfernen. Bei vollentwickelten Pflanzen, deren Blühwilligkeit nachgelassen hat, ein oder zwei alte Triebe an der Basis entfernen.

2 Im Früh- und Hochsommer alle verblühten Blütenstände entfernen.

3 Wenn Rosen an exponierten Standorten wachsen, sehr lange Triebe in der Herbstmitte stutzen, um Windschäden vorzubeugen.

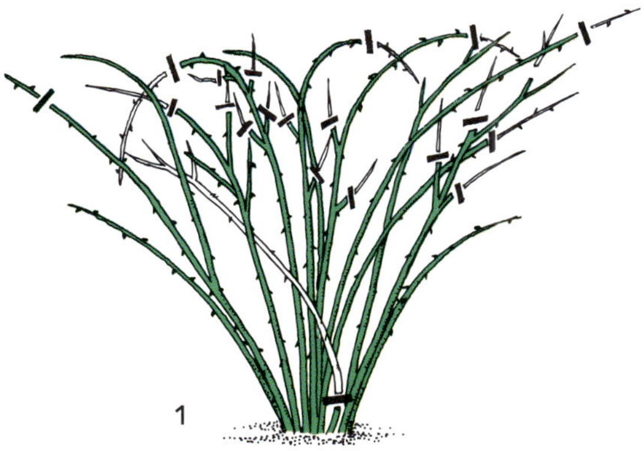
1

2

3

Oben: Bodendeckende Rosen wie 'Essex' sind in Wirklichkeit dichte, schwachwüchsige moderne Strauchrosen.

Rechts: 'Nevada' ist eine moderne Strauchrose, die nur leicht zurückgeschnitten werden sollte.

Rosen, die zur Gruppe 3 gehören, blühen an Seitentrieben von zweijährigen oder kräftigen neuen Trieben, die sich während der Blütezeit entwickeln. Die meisten bringen eine Vielzahl kurzer Triebe hervor: diese sollten Sie in der Wachstumszeit, wenn die verwelkten Blüten entfernt werden, nur leicht auslichten.

Wie schon bei den der Gruppe 2 zugeordneten Rosen müssen in der Hauptschnittzeit sehr lange Triebe bis zu einem Drittel eingekürzt werden, Seitentriebe bis auf etwa 15 cm. Im allgemeinen erzielt man jedoch mit einem relativ schwachen Schnitt die besten Ergebnisse.

Kletterrosen

Zu den Kletterrosen gehören Sorten unterschiedlichsten Charakters. Hierzu zählen zum einen kletternde Wildrosen, einige sind starkwüchsig genug, um einen Baum bis in 15 m Höhe zu erklettern, und zum anderen die klassischen Kletterrosen, die biegsame Triebe aufweisen und im Sommer eine verschwenderische Blütenpracht zeigen. Es gibt unter ihnen auch eine Anzahl Sorten, die öfterblühend und relativ krankheitsunempfindlich sind.

Es muß eingeräumt werden, daß viele dieser Rosen auch dann blühen, wenn sie nicht intensiv gepflegt werden. Manche sprechen auf Schnittmaßnahmen eher ausgesprochen schlecht an. Für die meisten Sorten sind solche Eingriffe aber die einzige Möglichkeit, ihre Wuchshöhe zu steuern und sie in Kulturgärten einzupassen. Durch Erziehung an einem Spalier wird es auch möglich, die Triebe zu biegen und horizontal zu führen. Die Folge dieser einfachen Maßnahme ist, daß diese Triebe nicht nur an den Spitzen, sondern über ihre ganze Länge Blüten ansetzen.

Unter dem Gesichtspunkt der günstigsten Schnitt- und Erziehungsmaßnahmen lassen sich wiederum fünf Gruppen unterscheiden.

Unten: Viele Kletterrosen sind Mutanten von Buschrosen, die nach zu starkem Pflanzschnitt die Neigung haben, wieder in ihre ursprüngliche Wuchsform zurückzufallen. Die Buschform der 'Pompon de Paris' wurde im 19. Jahrhundert oft als Topfpflanze gepflanzt, heutzutage ist sie bekannter als Kletterrose.

Ganz unten: 'Chaplin's Pink' ist eine starkwüchsige Kletterrose, bei der die Triebe im Herbst bis auf Ersatzleittriebe zurückgeschnitten werden.

Links: Kletterrosen benötigen eine Kletterhilfe und einen gut belüfteten Standort. Kletterhilfen können Spaliere, Dreibeine und andere freistehende Stützen sein. In einem großen Garten kann man mit aufeinanderfolgenden Bögen für herrliche Blütenpracht im Sommer sorgen.

GRUPPE 1
Umfaßt Kletterrosen mit weichen, biegsamen Trieben, die von *Rosa wichuraiana* abstammen und nur einmal im Sommer blühen, hauptsächlich an vorjährigen Trieben.

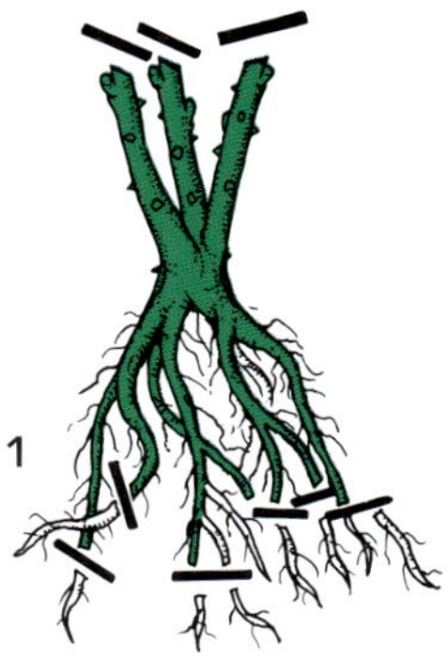
1

GRUPPE 1
1 Bei der Herbstpflanzung Triebe auf 20 bis 40 cm zurückschneiden und alle derben und langen Wurzeln kürzen.

2 Während der Vegetationsperiode entwickeln sich an der Basis und unterhalb der Schnittstellen kräftige Triebe. Diese sollten möglichst waagerecht gebunden werden. Im ersten Jahr sind noch keine Blüten zu erwarten.

3 Im Spätsommer oder Herbst sollten alle oder die meisten Langtriebe, die am Seitenholz Blüten getragen haben, zurückgeschnitten werden. Diese Triebe können dann verbleiben, wenn es an adäquatem Nachwuchs fehlt. Alle Seitentriebe auf 10 bis 15 cm einkürzen.

GRUPPE 1

Die Kletterrosensorten mit biegsamen Trieben bilden regelmäßig vom Boden aus neue Langtriebe, die erst im zweiten Jahr blühen. Da altes Holz nicht mehr so schnell wächst und auch weniger blüht, bestehen Schnitt und Erziehung im Idealfall darin, die Langtriebe, die bereits geblüht haben, zu entfernen und neue als Ersatz waagerecht zu binden. Bei weniger starkem Schnitt werden alle oder die meisten der alten Triebe erhalten und nur die kurzen Blütentriebe jährlich auf 10 – 15 cm zurückgeschnitten, eine einfache Maßnahme, durch die sich oft sehr gute Ergebnisse erzielen lassen.

'Dorothy Perkins' und die meisten anderen Sorten dieser Gruppe sind sehr mehltauanfällig und benötigen daher einen gutdurchlüfteten Standort. Aus diesem Grund sollten sie nicht an Wänden oder Zäunen gezogen werden.

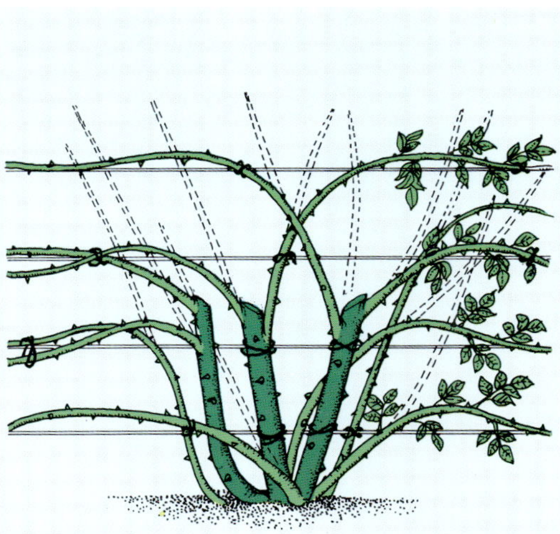
2

3

Pflanzschnitt und Erziehung

Pflanzen, die zwischen Herbst und Frühjahr erhältlich sind, sollten drei oder vier Triebe und einen gutentwickelten Wurzelstock aufweisen. Vor dem Pflanzen müssen kräftige Wurzeln gekürzt und die Triebe auf 20 – 40 cm zurückgeschnitten werden. Triebe werden oft bereits vor dem Versand gekürzt. Sollte dies der Fall sein, überprüfen Sie die Schnitte und korrigieren Sie, wo nötig. Die im ersten Jahr austreibenden Triebe sollten angebunden werden. An ihnen entwickeln sich erst im zweiten Jahr Blüten.

Erhaltungsschnitt und Erziehung älterer Rosen

Im zweiten und in den darauffolgenden Jahren blühen die Kletterrosen im Hochsommer, manche Sorten auch erst im Spätsommer. Binden Sie die Langtriebe, die sich von der Basis aus entwickeln, möglichst waagerecht an. Im Spätsommer oder Frühherbst, wenn die Blütezeit vorbei ist, schneiden Sie die Triebe, die bereits geblüht haben, bis auf einige wenige an der Basis heraus. An den verbleibenden sollten die Seitentriebe auf 10 – 15 cm eingekürzt werden.

GRUPPE 2

Die in dieser Gruppe zusammengefaßten Kletterrosen, wie beispielsweise 'Albertine', unterscheiden sich von der ersten Gruppe dadurch, daß sie nur einmal blühen. Ein weiteres Unterscheidungsmerkmal ist, daß sie nur wenige Erneuerungstriebe entwickeln. Kräftige Erneuerungstriebe müssen an einem Gerüst von älteren Sproßteilen gezogen werden. Es ist von Vorteil, Triebe, die bereits Blüten hervorgebracht haben, nach dem Abblühen auf einen starken jungen Trieb zurückzuschneiden. Beim Pflanzen und beim Waagerechtbinden der Triebe geht man genauso vor wie bei den Rosen aus Gruppe 1.

Erhaltungsschnitt und Erziehung entwickelter Pflanzen

Im Spätsommer oder Frühherbst sollten diejenigen Triebe entfernt werden, die blühende Seitentriebe hervorgebracht haben, wobei bis zu einem kräftigen neuen Ersatzlangtrieb zurückgeschnitten werden sollte. Wenn Langtriebe ersetzt oder eingekürzt werden, muß ein Teil des alten Holzes erhalten bleiben, und die Seitentriebe sollten auf etwa 15 cm Länge zurückgeschnitten werden. Alle Langtriebe sind möglichst waagerecht festzubinden. Ein Rückschnitt der ältesten Triebe regt bei vollentwickelten Pflanzen bis auf eine Höhe von 30 – 40 cm die Bildung neuer basisnaher Langtriebe an.

GRUPPE 2
1 Pflanzschnitt durchführen wie bei den Rosen der Gruppe 1.
Nach und nach die Leittriebe und alle Basistriebe am Gerüst anbinden und sie so waagerecht wie möglich führen. Diese Rosen beginnen erst im zweiten Jahr zu blühen. Bei vollausgewachsenen Pflanzen junge Triebe während der Vegetationsperiode anbinden. Nach dem Schnitt alle neuen Triebe, die die herausgeschnittenen Triebe ersetzen sollen, an dem Gerüst anbinden.

1

Gruppe 2
Umfaßt Kletterrosen mit weichen, biegsamen Trieben, die nur einmal im Sommer blühen, vor allem an einjährigen Trieben, die sich aus einem Gerüst alter Triebe entwickelt haben.

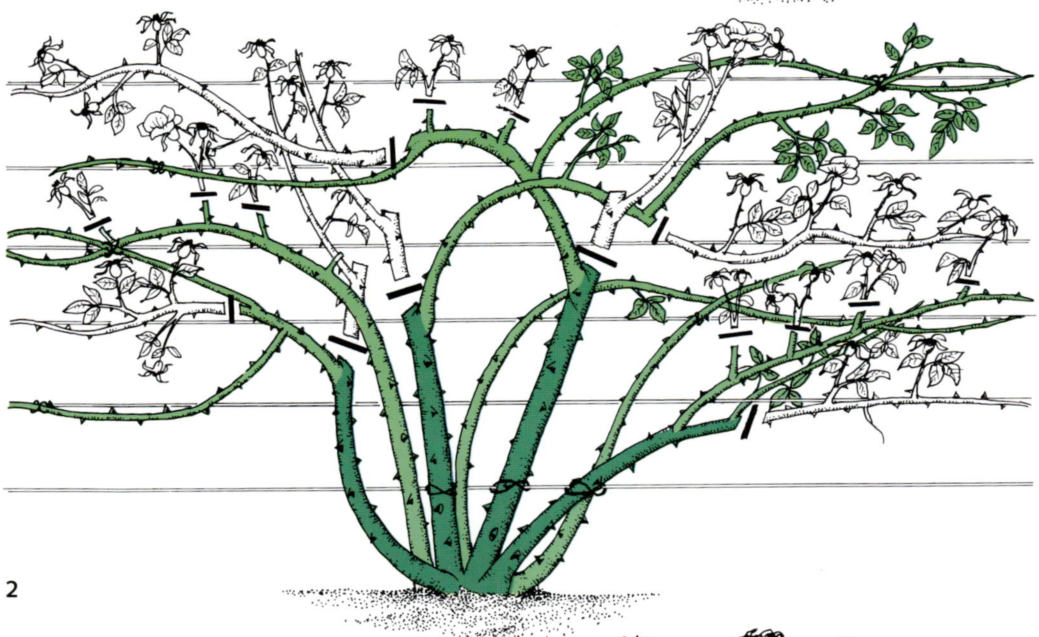
2

2 Im Spätsommer oder Frühherbst wird das Holz zurückgeschnitten, das bereits geblüht hat, bis auf eine Stelle, an der sich ein starkwüchsiger junger Leittrieb entwickelt. Schwache Leittriebe und Seitentriebe, die bereits Blüten getragen haben, aber stehenbleiben sollen, auf etwa 15 cm zurückschneiden.

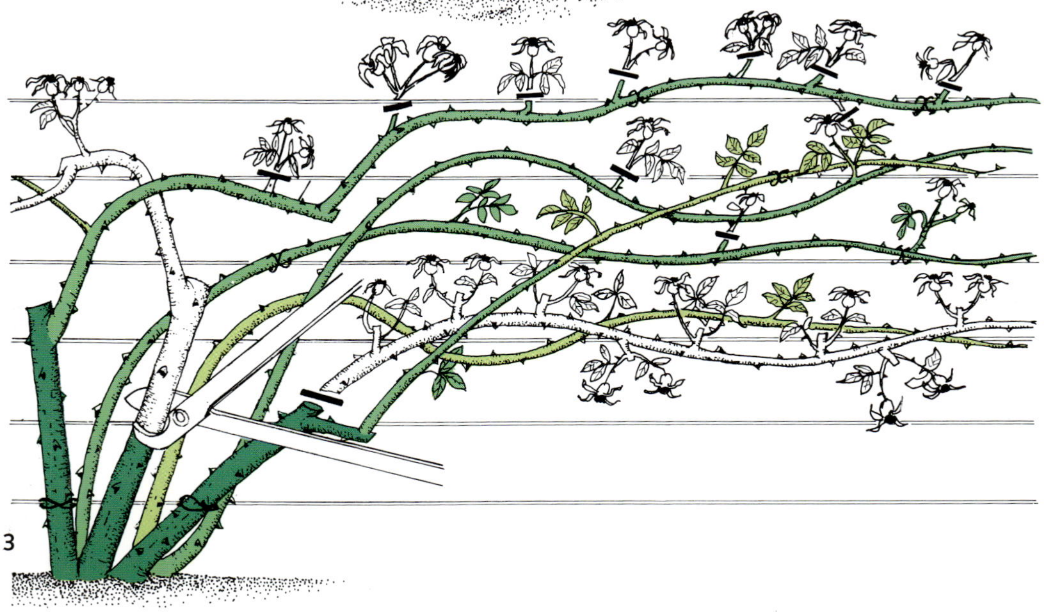
3

3 Zur Förderung starkwüchsiger junger Basistriebe an vollausgebildeten Pflanzen schneidet man ein oder zwei alte Triebe beim Spätsommer- oder Frühherbstschnitt auf 30 – 40 cm zurück.

GRUPPE 3
Umfaßt Kletterrosen, hauptsächlich öfterblühende Sorten, wobei sich die Blüten an Seitentrieben entwickeln, die aus einem bleibenden Astgerüst hervorgehen.

1
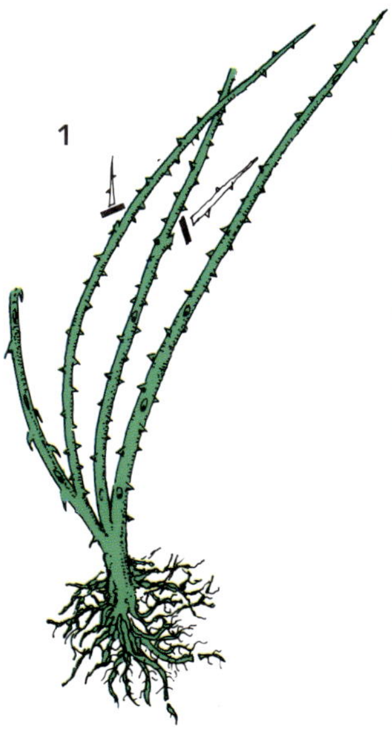

GRUPPE 3
1 Beim Pflanzschnitt kräftige Wurzeln stutzen, aber bei Trieben nur schadhafte Spitzen, unreife Triebe und schwache Seitentriebe entfernen. Langtriebe möglichst waagerecht ziehen.

2 Langtriebe, die sich im ersten und in den folgenden Sommern entwickeln, waagerecht binden. Verblühte Rosen entfernen. Zwischen Mitte Herbst und Frühlingsanfang alle Seitentriebe, die Blüten getragen haben, auf etwa 15 cm einkürzen und totes, krankes oder schwaches Holz entfernen. Wenn die Pflanze voll entwickelt ist, Triebe, die nur schwach blühen, an der Basis herausschneiden.

GRUPPE 3

Hierbei handelt es sich um eine vielseitige Gruppe, die auch die kletternden Mutanten von Teehybriden und Floribundarosen einschließt. Viele sind öfterblühend und relativ unempfindlich gegen Erkrankungen. Die gesündesten Kletterrosen eignen sich am besten, um sie an Mauern und Zäunen zu ziehen.

Rosen der Gruppe 3 blühen an kurzen Seitentrieben. Starkwüchsige junge Triebe wachsen selten von der Basis aus, sondern treiben meistens weiter oben an der Pflanze aus älterem Holz aus.

Pflanzschnitt

Die meist bis zu 1,20 – 1,50 m langen Langtriebe sollten nicht zu stark zurückgeschnitten werden, sonst kann bei den kletternden Mutanten die Pflanze wieder in ihren buschigen Wuchs zurückfallen. Schneiden Sie lange Wurzeln zurück und kürzen Sie nur die beschädigten Triebenden, nichtausgereifte Triebe sowie schwache Seitentriebe ein. Beginnen Sie mit der Erziehung, sobald die Rose gepflanzt ist. Die Triebe sind geneigt oder waagerecht zu binden. Bei unbiegsamen Trieben sollte nie Gewalt angewendet werden.

Schnitt und Erziehung ausgewachsener Pflanzen

Der Grundschnitt sollte zwischen Herbstmitte und Frühjahrsbeginn durchgeführt werden (siehe S. 19 und 20). Seitentriebe, die bereits geblüht haben, sind auf etwa 15 cm einzukürzen. Es ist nur wenig Rückschnitt erforderlich, aber Leittriebe sollten auf starkwüchsigen Neuwuchs zurückgeschnitten und alte Leittriebe von Zeit zu Zeit ganz entfernt werden, um die Entwicklung neuen, basisnahen, Wuchses zu fördern. Erneuerungstriebe sollten so gezogen werden, daß sie Lücken füllen und sich nicht mit anderen Zweigen reiben. Im Sommer müssen abgeblühte Blütenstände entfernt werden.

2

GRUPPE 4

Diese Gruppe ist eine Spielart von Gruppe 3: hierzu gehören die aufrecht wachsenden Kletterrosen, kurzwüchsige, aufrechte Kletterrosen, die selten eine Höhe von über 3 m erreichen. Beispiele hierfür sind 'Aloha' und 'Pink Perpétue'.

Manchmal werden diese Rosen an „Gerüsten" in Form von Baumstämmen erzogen, die etwa 2,5 bis 3 m hoch sind und fest in der Erde verankert werden. Um das Anbinden zu erleichtern, werden oft Aststummel an den Baumstämmen belassen. Es muß darauf hingewiesen werden, daß diese Stämme im Winter, wenn sie nicht von Blüten oder Blattwerk verdeckt werden, sehr kahl wirken können. Dreibeine aus rustikalen Pfählen oder Metallrahmen sind ebenfalls geeignete Kletterhilfen, die zur Gruppe 4 gehörenden Rosen können aber auch gut an Mauern gezogen werden. Bei allen Rosensorten mit biegsamen Trieben sollten Sie diese spiralförmig um die Kletterhilfe führen.

Pflanzschnitt und Erziehung

Beim Pflanzen sollten die Empfehlungen für den Schnitt von Kletterrosen der Gruppe 3 befolgt werden, also Triebe nur dort schneiden, wo es notwendig zum gleichmäßigen Aufbau der Pflanze ist! Da die meisten Rosen der Gruppe 4 von aufrechtem Wuchs sind, sollten Sie nicht versuchen, sie waagerecht zu ziehen, sondern sie nur an der Stützvorrichtung anbinden.

Erhaltungsschnitt und Formierung ausgewachsener Pflanzen

Im Sommer sollten alle jungen Triebe an der Kletterhilfe angebunden und die verwelkten Blütenstände entfernt werden. Im Spätherbst empfiehlt es sich Seitentriebe, die bereits geblüht haben, zu kürzen und tote, kranke oder schwache Triebe herauszuschneiden. Manchmal ist es nötig, Leittriebe und starkwüchsige Seitentriebe zu entfernen, um ein gleichmäßiges Wachstum zu gewährleisten. Der Rückschnitt der weniger starkwüchsigen Triebe um zwei Drittel fördert das Wachstum neuer Basistriebe. Alle Triebe müssen angebunden werden.

GRUPPE 4
Umfaßt öfterblühende Kletterrosen. Die Blüten sitzen auf Seitentrieben, die aus einem kompakten Gerüst bleibender Triebe sprießen.

Links: Metallrahmen, hölzerne Dreibeine sowie Baumstämme mit Aststummeln sind als Kletterhilfen für einige der schwächerwüchsigen Kletterrosen geeignet. Viele dieser Rosen haben wie 'Pink Perpétue' eher feste Haupttriebe und erreichen eine Höhe von etwa 3 Metern.

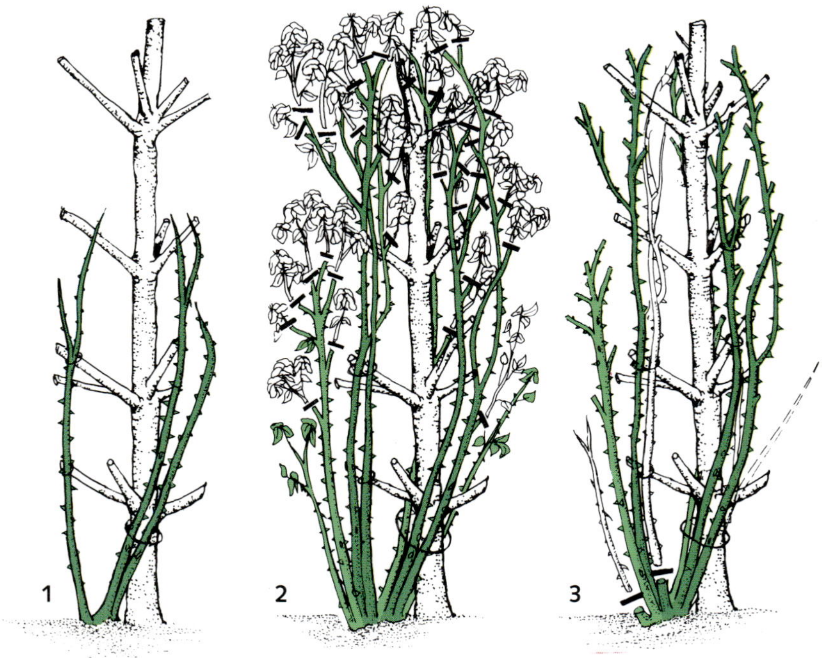

GRUPPE 4
1 Beim Pflanzen sollten die Rosen drei oder vier kräftige Triebe aufweisen, im allgemeinen mit einer Länge zwischen 70 und 120 cm. Lange Wurzeln und unreifes Holz, beschädigte Triebspitzen und schwache Triebe zurückschneiden, jedoch keinesfalls zu stark. Ausreichend biegsame Triebe an die Kletterhilfen binden.

2 Verblühte Blütenstände im Sommer entfernen, um die Blütenbildung anzuregen. Neuwuchs anbinden. Im Spätherbst oder im frühen Winter Seitentriebe einkürzen, die bereits geblüht haben.

3 Gleichzeitig krankes und totes Holz sowie schwache Triebe herausschneiden. Es kann eventuell nötig sein, neue Leittriebe zurückzuschneiden, um so ein ausgewogenes Wachstum zu gewährleisten. Wenn die Triebe zu dicht stehen, einen oder zwei der ältesten an der Basis herausschneiden. Überprüfen Sie, ob alle Triebe gebunden sind.

GRUPPE 5

Viele Kletterrosen und Wildrosenhybriden sind sehr wuchskräftig. Das klassische Beispiel hierfür ist *Rosa filipes* 'Kiftsgate', die eine Höhe von über 9 m und mehr erreichen kann. Am besten läßt man sie in Bäume hinaufwachsen, wo sie mehr oder weniger sich selbst überlassen bleibt. Ein alter, kräftiger Obstbaum kann zum Beipiel eine gute Kletterhilfe sein. Es ist häufig nicht möglich, die Rose zu schneiden, aber entfernen Sie tunlichst totes und krankes Holz.

Pflanzen Sie die Rose etwa 1,50 m vom Baum entfernt, und führen Sie die biegsamen Triebe an Bambusstäben entlang in den Baum. Jungpflanzen verlangen kaum Schnitteingriffe beim Pflanzen: bei ihnen sollte nur beschädigtes Holz entfernt werden.

GRUPPE 5
Umfaßt außergewöhnlich starkwüchsige Wildrosen und deren Hybriden, die zum Beispiel in Bäume klettern können.

Links: 'Bobby James' ist ein typisches Beispiel für die starkwüchsigen Wildrosen und Wildrosenhybriden. Sie benötigt sehr viel Raum, um sich frei entwickeln zu können. Es ist häufig problematisch, die vollentwickelten Rosen von Gruppe 5 zu schneiden oder zu formieren, aber totes oder krankes Holz sollte unbedingt entfernt werden.

Stammrosen

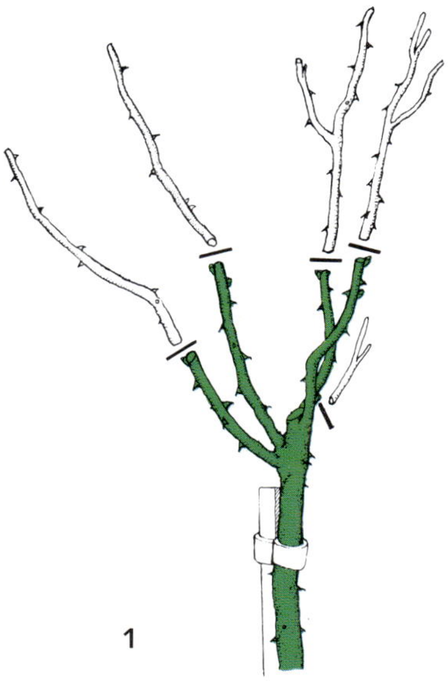

1

Werden Rosen als Stammrosen erzogen, liefert die Unterlage, im allgemeinen *Rosa rugosa*, den tragenden Stamm. Die Edelsorte wird hierauf veredelt, wobei vorzugsweise zwei oder drei Augen eingesetzt werden, so daß eine gleichmäßige Krone entstehen kann. Stammrosen sind für exponierte Standorte ungeeignet und benötigen auf Dauer einen Stützpfahl. Der Pfahl sollte bis zur Veredelungsstelle reichen. Alle Wurzelsprosse müssen entfernt werden, damit sie nicht in Konkurrenz zur veredelten Sorte geraten (siehe S. 21).

Busch- und Strauchrosen als Hochstämmchen
Teehybriden und Floribundarosen, die am weitesten verbreiteten Stammrosen, werden als Hochstämme mit einer Höhe von 90 – 110 cm oder als Halbstämme mit Stämmen von 70 – 80 cm Höhe im Handel angeboten. Einige Rosenschulen bieten kleinere Floribundarosen, die Compactarosen, in Form von Viertelstämmen und einer Stammhöhe von 40 – 50 cm an. Die Miniaturstammrosen erreichen im allgemeinen eine Höhe von nur 30 cm.

Im allgemeinen wird bei Hochstammrosen der gleiche Schnitt durchgeführt, wie er für die entsprechende Busch- oder Strauchsorte bereits beschrieben wurde. Die hier abgebildete Teehybride dient dafür als Beispiel. Bei Floribundarosen wird das ältere Holz auf etwa 15 cm Länge zurückgeschnitten, jüngere Triebe auf etwa 25 cm Länge. Bei allen Hochstammrosen ist es wichtig, die Krone so gleichmäßig wie möglich zu halten. Die wenigen Strauchrosen, die als Hochstämme gezogen werden, sind am empfindlichsten. Ihre natürliche Wuchsform geht bei starkem Schnitt verloren, aber im allgemeinen ist etwas Rückschnitt notwendig, um die Krone schön zu erhalten.

TEEHYBRIDEN ALS STAMMROSEN
1 Beim Pflanzen den Hochstamm an einen Stützpfahl binden, einmal unter der Veredelungsstelle und einmal auf halber Höhe des Stamms. Im späten Winter oder zu Frühjahrsbeginn die Haupttriebe auf 15 cm einkürzen und schwache Triebe entfernen.

2 Um das Risiko von Windschäden zu verringern, ist es ratsam, die Rosenkrone im Herbst durch Einkürzen der Haupttriebe zu verkleinern. Prüfen Sie, ob das Bindematerial fest genug, aber nicht zu fest sitzt.

3 Den Grundschnitt im späten Winter oder zu Frühjahrsbeginn durchführen. Wenn Sie starkwüchsige Triebe auf etwa 15 cm zurücknehmen und Seitentriebe des verbleibenden Holzes auf 10 – 15 cm kürzen, dürfen Sie die Gesamtform der Krone nicht außer acht lassen. Bei vollentwickelten Stammrosen müssen unter Umständen einige alte Triebe bis zur Veredelungsstelle zurückgeschnitten werden.

2

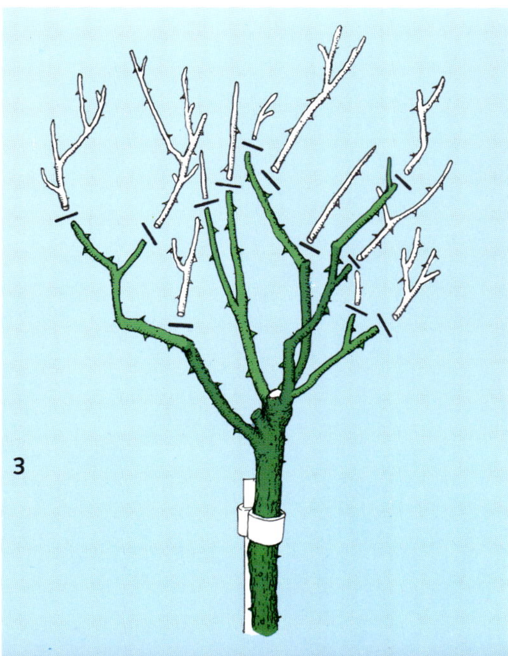

3

Oben: Eine Trauerrose erhält man, indem man eine Kletterrose mit weichen, biegsamen Trieben auf einen Hochstamm okuliert. 'Wedding Day' ist starkwüchsig und nicht ganz leicht in Form zu halten.

Oben rechts: Die Remontantrose 'Ulrich Brunner Fils' blüht an den heruntergebundenen Trieben.

Links: 'Ballerina', eine Moschatahybride, hält ihre Form sehr gut, wenn sie als Hochstammrose gezogen wird.

Trauerrosen

Werden Kletterrosen mit biegsamen Trieben (im allgemeinen von Gruppe 1 auf S. 30) auf einen Stamm von 1,40 – 1,80 m Höhe gepfropft, entwickeln sie sich zu attraktiven Trauerrosen. Wenn man schirmförmige Drahtgestelle verwendet, breiten sich die Triebe gleichmäßig aus.

Trauerrosen blühen auf zweijährigem Holz. Im Spätsommer oder Frühherbst sollten alle oder die meisten Triebe, die Blüten getragen haben, bis zur Veredelungsstelle zurückgeschnitten werden. Manche läßt man stehen, wenn die Erneuerungstriebe fehlen. Bei diesen schneidet man das Seitenholz der älteren Triebe bis auf 15 cm zurück. Manchmal werden auch Kletterrosen der Gruppe 2 als Trauerrosen gezogen. Bei diesen kann einiges altes Holz im Spätsommer oder Frühherbst herausgeschnitten werden, ansonsten werden die Seitentriebe bis auf etwa 15 cm eingekürzt.

Bodendecker

Einige Rosen, vor allem Remontantrosen, neigen dazu, wenn sie sich als Busch entwickeln, nur an den Spitzen ihrer Langtriebe Blüten anzusetzen. Werden diese Triebe jedoch horizontal geführt, entwickeln sich fast über ihre gesamte Länge blühende Seitentriebe. In der Zeit, in der Remontantrosen auf dem Höhepunkt ihrer Beliebtheit standen, wurden ihre Triebe an Stäbe gebunden (wie hier abgebildet) oder an einem Drahtgerüst befestigt, das etwa 30 cm über der Erde angebracht wird. Die Wirkung kann spektakulär sein, aber diese Art der Pflanzenerziehung ist sehr arbeitsintensiv, und sowohl die Entfernung verwelkter Blüten als auch das Jäten von „Unkraut" kann erschwert sein. Zu starkes Biegen der Triebe kann auch dazu führen, daß Seitentriebe abbrechen. Die beste Art und Weise, dies zu vermeiden, ist, die gebogenen Triebe mit Stäben zu befestigen, die schräg in die Erde gesteckt werden.

HERUNTERBINDEN

1

1 Im Herbst werden bei ein Jahr lang buschförmig gezogenen Rosen, wie zum Beispiel Remontantrosen, Triebe, die bereits geblüht haben, herausgeschnitten. Entspitzen Sie die verbleibenden starkwüchsigen Basistriebe; Blüten und schwache Triebe entfernen.

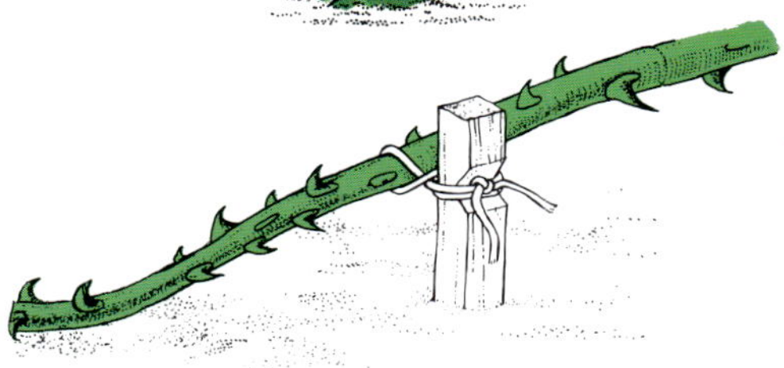

2

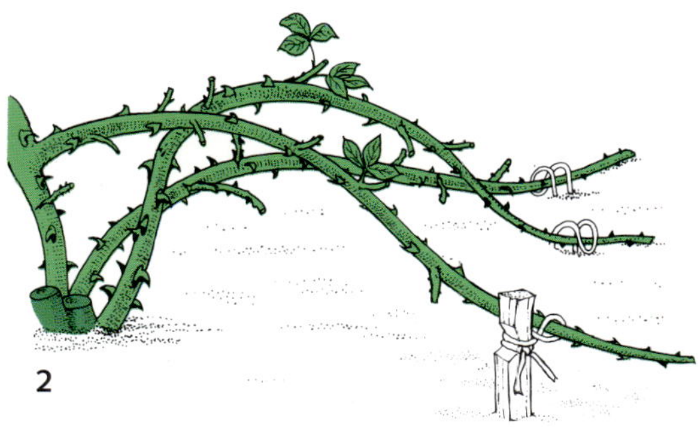

2 Diese Triebe vorsichtig bis knapp über den Boden herunterbiegen und an Pfosten oder Drahtgerüsten anbinden oder am Boden anheften. Alle Seitentriebe auf 10 – 15 cm einkürzen.

3

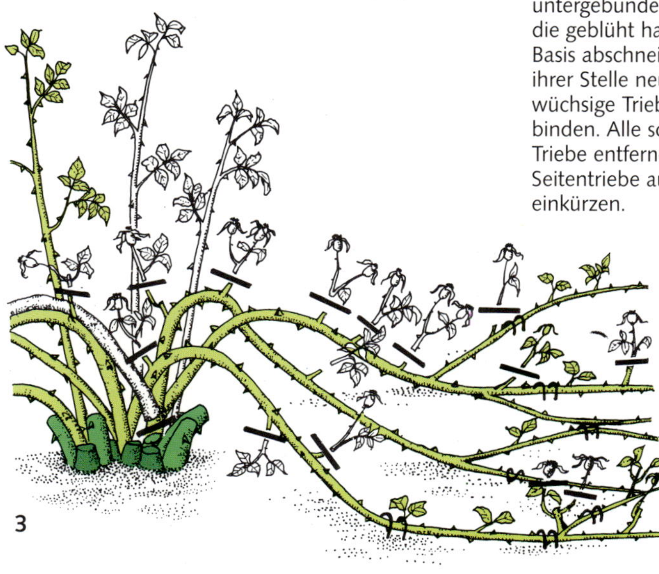

3 In den Folgejahren etwa die Hälfte der heruntergebundenen Triebe, die geblüht haben, an der Basis abschneiden und an ihrer Stelle neue starkwüchsige Triebe herunterbinden. Alle schwachen Triebe entfernen und die Seitentriebe auf 10 – 15 cm einkürzen.

Schaurosen

SCHNITT
Damit Teehybriden Blüten entwickeln, die für Ausstellungen groß und schön genug sind, darf an jedem Trieb nur eine Blüte verbleiben. Seitenknospen und Seitentriebe, die Blütenknospen tragen, werden entfernt.

Wenn Sie daran interessiert sind, selber an Rosenausstellungen teilzunehmen, informieren Sie sich zunächst über die jeweiligen Vereinsstatuten, in denen die Vereinsvorschriften festgeschrieben sind. Das Ziel ist hier nicht, eine Gebrauchsanleitung zu liefern, die alles erklärt und die im allgemeinen hohen Anforderungen für Ausstellungen berücksichtigt, sondern es geht vielmehr darum, die Art des geplanten Beschnitts zu umreißen, dem der Teilnehmer von Ausstellungen folgen muß, um Blüten von gewünschter Größe zu erzeugen.

Erfahrene Aussteller ziehen im allgemeinen eine ganze Reihe von zuverlässigen und wetterbeständigen Exemplaren der Sorte, die sie ausstellen möchten. Die klassische Ausstellungsrose ist die Teehybride, aber Floribundarosen und Miniaturrosen sowie andere Rosenkategorien erfreuen sich zunehmender Beliebtheit. Normalerweise blühen Teehybriden 13 – 18 Wochen nach dem Schnitt, aber lokale Wachstumsbedingungen, Witterungseinflüsse und Sortenunterschiede können Verschiebungen mit sich bringen. Der Zeitplan für den Schnitt ist darauf abgestimmt, daß die Rosen zum Zeitpunkt der wichtigsten Ausstellungen blühen. Als Absicherung staffeln viele Aussteller ihren Rosenschnitt, wobei bis zu 30 Prozent der Rosen jeder Kategorie 10 – 15 Tage später zurückgeschnitten werden als der Rest. Für Ausstellungen kultivierte Rosen werden im allgemeinen stark geschnitten, so daß sie zwar weniger, dafür aber umso größere Blüten entwickeln, als durch zurückhaltenden Schnitt bei Gartenbepflanzungen erreicht werden. Teehybriden werden im allgemeinen auf 2,5 – 5 cm zurückgeschnitten. Die älteren Triebe bei Floribundarosen sollten Sie auf die gleiche Länge eingekürzen, die Triebe des Vorjahrs jedoch auf 20 – 30 cm.

Bei Teehybriden beginnt man mit dem Entfernen überschüssiger Rosenknospen im Frühsommer. Durch Entfernen der Seitenknospen und der Seitentriebe, die Blütenknospen ansetzen, schafft man für die Terminalknospe die besten Voraussetzungen, daß sie sich zu einer Blüte von Ausstellungsqualität entwickeln kann. Bei Floribundarosen wird die Endknospe des Blütenstands in einem frühen Stadium entfernt.

Soll ein schöner Blütenansatz für später in der Saison stattfindende Ausstellungen erreicht werden, müssen Sie alle verwelkten Blüten sofort entfernen. Blüten, die sich zwischen den Ausstellungen öffnen würden, werden oft im Knospenstadium entfernt. Dies dient zusammen mit dem Entfernen verblühter Rosen dazu, die Energiereserven der Pflanze zu schonen.

Oben: 'Precious Platinum' ist eine Teehybride, die manchmal für Ausstellungen gezogen wird. Nicht alle Teehybriden lohnen die Mühe, um in Ausstellungen gezeigt zu werden: Selbst gute Pflege und starkes Rückschneiden führen nicht automatisch zu Blüten in Ausstellungsqualität.

Rechts: Strauchrosen wie die Moschatahybride 'Penelope' sorgen für wirkungsvolle sommerliche Blütenwände, wenn sie auf einem Drahtgestell gezogen werden.

Rosenhecken-Verjüngung

Hecken
Obwohl Rosen im Winter keinen Sichtschutz bilden, kann man aus ihnen sehr attraktive Naturhecken ziehen. Die hierfür geeignetsten Rosen sind an der Basis gut belaubt, öfterblühend und müssen nur wenig geschnitten werden. Die *Rosa rugosa*-Sorten wie 'Roseraie de l'Hay' und 'Scabrosa' sind hierzu sehr gut geeignet.

Wenn man Rosen zur Anlage einer Hecke aussucht, ist es wichtig, ihnen ausreichend Platz zum Wachsen zur Verfügung zu stellen. Eine *Rosa rugosa*-Hecke der 'Roseraie de l'Hay' kann bis zu 1,80 m Höhe und 1,50 m Breite erreichen. Wenn Sie Heckenrosen schneiden, sollte der für die Sorte angemessene Schnitt gewählt werden. Versuchen Sie nicht, der Rose eine unnatürliche Form aufzuzwingen.

Eine Alternative zur Naturhecke ist eine Rosenwand, die sich über ein Gerüst aus Pfosten und Drähten rankt. Auch wenn hier die Erziehung zeitaufwendiger ist, hat die Rosenwand den großen Vorteil, schmaler zu sein. Man kann natürlich Kletterrosen wählen, die in der üblichen Weise gezogen und geschnitten werden, wobei Moschatahybriden wie 'Buff Beauty', 'Cornelia' und 'Penelope' hierfür besonders gut geeignet sind.

Verjüngung vernachlässigter Rosen
Auch wenn einige Rosen, selbst wenn sie vernachlässigt werden, von alleine weiterblühen, läßt die Blütenpracht bei den meisten Rosen, die nicht regelmäßig zurückgeschnitten werden, nach. Manchmal, wenn eine Rose zu einer wuchernden, kreuz und quer wachsenden Masse von Ruten geworden ist, die kaum mehr blühen, ist die einzig vernünftige Vorgehensweise, sie ganz zu entfernen. Viele Rosen verfügen jedoch über eine erstaunliche Fähigkeit, sich zu erholen, und fangen oft wieder von selbst an zu blühen – vorausgesetzt, daß sie streng zurückgeschnitten, gut gedüngt und gewässert werden.

Drastische Verjüngungsschnitte können innerhalb einer Saison erfolgen, sie können aber auch über mehrere Jahre gestaffelt werden. Wir empfehlen, den Schnitt auf zwei Jahre zu verteilen, so daß der Gartenfreund ein relativ rasches Ergebnis erzielt und der Rose gleichzeitig die Möglichkeit gibt, ihre Wuchskraft zu verbessern. Es ist äußerst wichtig, die Rose nach einem strengen Schnitt zu mulchen und zu düngen und sie während der gesamten Wachstumsperiode gut zu wässern. Wenn die Rose nach dem ersten strengen Schnitt keine neuen starkwüchsigen Basistriebe entwickelt, ist es sinnlos, mit dem Verjüngungsschnitt fortzufahren.

1

VERJÜNGUNGSSCHNITT
1 Im späten Winter oder zu Frühlingsanfang des ersten Jahres wird abgestorbenes Holz entfernt, ebenso schwache und querwachsende Triebe. Schneiden Sie etwa die Hälfte der Haupttriebe heraus und lassen Sie nur die kräftigsten stehen. Verbleibende Seitentriebe auf etwa 15 cm einkürzen.

2 Wenn alte Triebe beim Verjüngungsschnitt der Rose entfernt werden, ist es oft notwendig, Zweihandscheren zu verwenden. Bleiben Aststummel zurück, sollten diese mit einem scharfen Messer ganz entfernt werden.

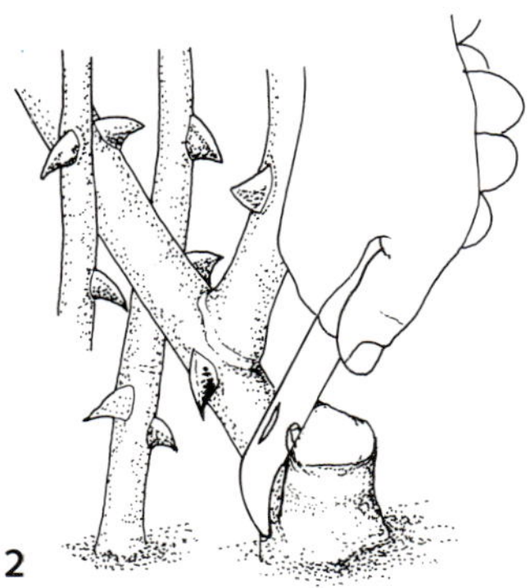

2

3

3 Im späten Winter oder zu Frühjahrsbeginn des zweiten Jahres werden die Haupttriebe, die bei der ersten Auslichtung verblieben sind, entfernt. Kürzen Sie Seitentriebe an Langtrieben der vorherigen Vegetationsperiode auf etwa 15 cm ein.

ROSEN VON A BIS Z

MODERNE BUSCHROSEN
Die folgende Liste enthält Teehybriden (TH), Remontantrosen (Rem), Floribundarosen (Fl), Polyantharosen (Pol) und Miniaturrosen (Min). Alle unten aufgeführten Rosensorten sind in gewissem Grad öfterblühend. Schnitt- und Erziehungshinweise finden Sie für die Teehybriden und Remontantrosen auf S. 22 und 23, für Floribundarosen auf den S. 24 – 25 und für Polyantha- und Miniaturrosen auf S. 25.

'Admiral Rodney', TH
'Alec's Red', TH
'Alexander', TH oder Strauchrose G3
'Amazing Grace', TH
'Amber Queen', Fl
'Angela Rippon', Min
'Anna Ford', Pol
'Anne Harkness', Fl
'Apricot Silk', TH
'Arthur Bell', Fl
'Baby Darling', Min
'Baby Gold Star', Min
'Bad Nauheim', TH
'Bambino', Min
'Baroness Rothschild', Rem
'Bianco', Fl
'Blessings', TH
'Bloomfield Abundance' (*R. chinensis*-Hybride), Pol.
'Bobby Charlton', TH
'Bobolink', Min
'Bright Smile', Fl.
'Brown Velvet', Fl
'Caribia', TH
'Cécile Brunner', Pol
'Cheshire Life', TH
'Chicago Peace', TH
'Cinderella', Min
'City of Belfast', Fl
'City of Leeds', Fl
'Clarissa', Pol
'Colorama', TH
'Daily Sketch', Fl
'Dainty Dinah', Fl
'Dearest', Fl
'Deep Secret', TH
'Diorama', TH
'Dresden Doll', Min
'Duftwolke', TH
'Easter Morning', Min
'Elina', TH
'Elizabeth Harkness', TH
'Elizabeth of Glamis', Fl
'Ena Harkness', TH
'English Miss', Fl
'Ernest H. Morse', TH
'Europeana', Fl
'Evelyn Fison', Fl
'Evening Star', TH
'Eyepaint', (*R. moschata*-Hybride), Fl
'Fairy Changeling', Pol
'Fragrant Delight', Fl
'Frau Karl Druschki', Rem
'Frensham', Fl
'Friesia', Fl
'Général Jacqueminot', Rem
'Gentle Touch', Fl
'Georg Arends', Rem
'Glad Tidings', Fl
'Glenfiddich', Fl
'Gloria Dei', TH oder Strauchrose G3
'Gloria Mundi', Pol
'Grandpa Dickson', TH
'Gypsy Jewel', Min
'Hannah Gordon', Fl
'Harvest Fayre', Fl
'Honey Bunch', Fl
'Hula Girl', Min
'John Waterer', TH
'Josephine Bruce', TH
'Just Joey', TH
'King's Ransom', TH
'Lady Sylvia', TH
'Landora', TH
'Lilac Charm', Fl
'Lilli Marlene', Fl
'Lincoln Cathedral', TH
'Little Buckaroo', Min
'Little Flirt', Min
'Little Prince', Fl
'Little White Pet', (R. chinensis-Hybride), Min
'Lover's Meeting', TH
'Mainzer Fastnacht', TH
'Margaret Merril', Fl
'Masquerade', Fl
'Matangi', Fl
'Minijet', Min
'Mischief', TH
'Monique', TH
'Mountbatten', Fl
'Mrs John Laing', Rem
'Münchner Kindl', Fl
'My Choice', TH
'Natalie Nypels', Pol
'New Penny', Min
'News', Fl
'Orange Sensation', Fl
'Paddy McGredy', Fl
'Papa Meilland', TH
'Paprika', Fl
'Para Ti', Min
'Pascali', TH
'Paul Crampel', Pol
'Paul Neyron', Rem
'Paul Shirville', TH
'Peek-a-Boo', Min
'Peer Gynt', TH
'Perla de Montserrat', Min
'Perle d'Or', Pol
'Picasso', Fl
'Piccadilly', TH
'Pink Parfait', Fl Strauchrose G3
'Plentiful', Fl
'Polarstern', TH
'Queen Elizabeth', Fl (als Strauchrose G3)
'Red Devil', TH
'Red Imp', Min
'Red Rascal', Fl
'Reine des Violettes', Rem
'Rob Roy', Fl
'Robin Redbreast', Fl
'Roger Lambelin', Rem
'Rose Gaujard', TH
'Rosemary Harkness', TH
'Rosemary Rose', Fl
'Rouletti', Min
'Royal William', TH
'Schneewittchen', Fl oder Strauchrose G3 'Iced Ginger', Fl
'Sheri Anne', Min
'Silver Jubilee', TH
'Southampton', Fl
'Souvenir du Docteur Jamain', Rem
'Stacey Sue', Min
'Starina', Min
'Super Star', TH
'Sweet Dream', Fl
'Sweet Magic', Fl
'Sylvia', TH
'Tangi', Fl
'The Fairy', Pol
'Tip Top', Fl
'Topsi', Fl
'Trumpeter', Fl
'Ulrich Brunner Fils', Rem
'Vick's Caprice', Rem
'Violet Carson', Fl
'Virgo', TH
'Wee Jock', Fl
'Wendy Cussons', TH
'Whisky Mac', TH
'Wishing', Fl
'Yellow Doll', Min
'Yvonne Rabier', Pol

STRAUCHROSEN
In der folgenden Zusammenstellung sind Wildrosen (einschließlich einiger wildrosenähnlicher Hybriden) und alte Rosen , die aus Hybriden vor der Züchtung der Teehybriden und modernen Strauchrosen hervorgegangen sind, enthalten. Ein „R" steht für remontierende, d. h. öfterblühende Sorten. Einige der stärkerwachsenden Sorten, besonders unter den Bourbonrosen und modernen Strauchrosen, können auch erfolgreich als niedere Kletterrosen bei einer Erziehung wie die Kletterrosen (Gruppe 4, S. 33) kultiviert werden. Hinweise zum Schnitt und der Erziehung finden Sie auf folgenden Seiten: Gruppe 1 (G1) S. 26; Gruppe 2 (G2) S. 27; Gruppe 3 (G3) S. 28.

'Adam Messerich' (Bourbon), G3, R
'Agnes' (R. rugosa-H.), G1, R
'Alain Blanchard' (R. gallica-H.), G1
'Alba Maxima' (Alba), G2
'Alba Semiplena' (Alba), G2
'Aloha' (moderne Strauchrose), G3, R
'Angelina' (moderne Strauchrose), G3, R
'Austrian Briar', siehe *R. foetida*
'Austrian Copper' siehe *R. foetida* 'Bicolor'
'Ballerina' (R. moschata-H.), G1, R
'Belinda' (R. moschata-H.), G1, R
'Belle Amour' (Alba), G2
'Belle de Crécy' (R. gallica-H.), G1,
'Berlin' (moderne Strauchrose), G3, R
'Blanc Double de Coubert' (R. rugosa-H.), G1, R
'Blush Damask' (Damaszenerrose), G2
'Bonn' (moderne Strauchrose), G3, R
'Boule de Neige' (Bourbon), G3, R
'Buff Beauty' (R. moschata-H.), G1, R
'Butterfly Wings' (moderne Strauchrose), G3, R
'Californica Plena' (Wildrose), G1
'Camaieux' *(R. gallica-H.)*, G1
'Canary Bird' (Wildrose-H.), G1
'Canina x gallica Andersonii' (Wildrose-H.), G1
'Cantabrigiensis' (Wildrose-H.), G1
'Captain John Ingram' (Moosrose), G2
'Cardinal de Richelieu' (R. gallica-H.), G1, R
'Céleste' (Alba-H.), G2
'Celsiana' (Damaszenerrose), G2
'Chapeau de Napoléon' (Centifolia), G2
'Charles de Mills' (R. gallica-H.), G1
'Chinatown' (moderne Strauchrose), Schnitt als Fl, R
'Clair Matin' (moderne Strauchrose), G3, R
'Commandant Beaurepaire' (Bourbon), G2
'Complicata' (R. gallica-H.), G1
'Comte de Chambord' (Portlandrose), G3, R
'Comtesse de Murinais' (Moosrose), G2
'Comtesse du Cayla' (China), G3, R
'Conrad Ferdinand Meyer' (R. rugosa-H.), G1, R
'Constance Spry' (moderne Strauchrose), G2
'Cornelia' (*R. moschata*-H.), G1, R
'Coupe d'Hébé' (Bourbon), G2
'Danae' (*R. moschata*-H.), G1, R
'De Meaux' (Centifolia), G2
'Dortmund' (moderne Strauchrose), G3, R
'Du Maitre d'Ecole' (*R. gallica*-H.), G1
'Duc de Fitzjames' (*R. gallica*-H.), G1
'Duc de Guiche' (*R. gallica*-H.), G1
'Dupontii' (Wildrose), G1
'Ecae' (Wildrose), G1
'Elmshorn' (moderne Strauchrose), G3, R
'English Garden' (moderne Strauchrose), G3, R
'Erfurt' (moderne Strauchrose), G3, R
'Fantin Latour' (Centifolia), G2
Farreri persetosa (Wildrose), G1
'Fedtschenkoana' (Wildrose), G1, R
'Felicia' (R. moschata-H.), G1, R
'Félicité Parmentier' (R. alba-H.), G2
'Fellemberg' (R. chin.-H.), G3, R
'Ferdinand Pichard' (Rem.), G3, R
'Fimbriata' (R. rugosa-H.), G1
'Fisherman's Friend' (moderne Strauchrose), G3, R
Foetidia bicolor (Wildrose), G1
Foetida spec. (Wildrose), G1
'Fontaine' (moderne Strauchrose), G3, R
'Francofurtana' (R. gallica-H.), G1
'Frau Dagmar Hartopp' siehe 'Fru Dagmar Hastrup'
'Fred Loads' (moderne Strauchrose), Schnitt wie Fl, R
'Fritz Nobis' (mod. Strauchr.), G3
'Fru Dagmar Hastrup' (R. rugosa-H.), G1, R

'Frühlingsanfang' (Wildrose), G1
'Frühlingsduft' (Wildrose), G1
'Frühlingsgold' (Wildrose), G1
'Frühlingsmorgen' (Wildrose), G1, R
Gallica officinalis (R. gallica-H.), G1
'Général Kléber' (Moosrose), G2
'Gloire des Mousseux' (Moosrose), G2
'Golden Chersonese' (Wildrose), G1
'Golden Wings' (Wildrose), G1, R
'Graham Thomas' (moderne Strauchrose), G3, R
'Great Maiden's Blush' (R. alba-H.), G2
'Grootendorst Supreme' (R. rugosa-H.), G1, R
'Grouse' (moderne Strauchrose), G3
'Gruß an Heidelberg' (moderne Strauchrose), G3, R
'Henri Martin' (Moosrose), G2
'Heritage' (moderne Strauchrose), G3, R
'Hermosa' (R. chin.-H.), G3, R
'Honorine de Brabant' (Bourbon), G3, R
Hugonis x xanthina siehe 'Canary Bird'
Hugonis (Wildrose), G1
'Ispahan' (Damaszenerrose), G2
'Jacques Cartier' (Damaszenerrose), G3, R
'Jenny Duval' (R. gallica-H.), G1
'Juno' (Centifolia), G2
'Kathleen Ferrier' (moderne Strauchrose), Schnitt als Fl, R
'Königin von Dänemark' (R. alba-H.), G2
'La Noblesse' (Centifolia), G2
'Lavender Lassie' (moderne Strauchrose), G3, R
'Leda' (Damaszenerrose), G2
'Louise Odier' (Bourbon), G3, R
'Maiden's Blush' (R. alba-H.), G2
'Marguerite Hilling' (moderne Strauchrose), G3, R
'Mary Rose' (moderne Strauchrose), G3, R
'Max Graf' (R. rugosa-H.), G3, R
'Mme de la Roche-Lambert' (Moosrose), G2
'Mme Ernest Calvat' (Bourbon), G3, R
'Mme Hardy' (Damaszenerrose), G2
'Mme Isaac Pereire' (Bourbon), G3, R
'Mme Legras de St.-Germain' (R. alba-H.), G2
'Mme Pierre Oger' (Bourbon), G3, R
'Mme Plantier' (*R. alba*-H.), G2
'Moonlight' (*R. moschata*-H.), G1, R
'Moosrose' siehe 'R. x centifolia 'Muscosa Alfred de Dalmas' (Moosrose), G2
Moyesii geranium (Wildrose), G1
Moyesii (Wildrose), G1
'Mutabilis' (R. chin.-H.), G3, R
'Nevada' (moderne Strauchrose), G3, R
'Nova Zembla' (R. rugosa-H.), G1, R
'Nozomi' (moderne Strauchrose), G3, R
'Nuits d'Young' (Moosrose), G2
'Nur Mahal' (*R. moschata*-H.), G1, R
'Nymphenburg' (moderne Strauchrose), G3, R
'Old Blush' (R. chin.-H.), G3, R
'Othello' (moderne Strauchrose), G3, R
'Partridge' (moderne Strauchrose), G3
'Paul Ricault' (Rem.), G2
'Paulii' (Wildrose), G1
'Pax' (*R. moschata*-H.), G1, R
'Penelope' (*R. moschata*-H.), G1, R
'Petite de Hollande' (Centifolia), G2
'Petite Lisette' (Damaszenerrose), G2
'Pheasant' (moderne Strauchrose), G3
'Pink Grootendorst' (R. rugosa-H.), G2, R
'Pink Prosperity' (*R. moschata*-H.), G1, R
Pomifera (Wildrose), G1
'Pompon de Paris' (R. chin.-H.), G3
'Président de Sèze' (R. gallica-H.), G1
'Prosperity' (R. moschata-H.), G1, R
'Quatre Saisons' (*R. damascena semperflorens*), G1, R
'Queen of Bourbons' (Bourbon), G3, R
R. rubra (*R. rugosa*-H.), G1, R
R. scabrosa (*R. rugosa*-H.), G1, R
'Raubritter' (moderne Strauchrose), G3
'Reine Victoria' (Bourbon), G3, R
'Robert le Diable' (Centifolia), G2
'Rosa Mundi' (R. gallica-H.), G1
'Roseraie de l'Hay' (*R. rugosa*-H.), G1, R
Rubrifolia (Wildrose), G1
Rugosa alba (*R. rugosa*-H.), G1, R
'Sarah van Fleet' (*R. rugosa*-H.), G1, R
'Scarlet Fire' (*R. gallica*-H.), G1
'Schneezwerg' (*R. rugosa*-H.), G1, R
Sericea pteracantha (Wildrose) G1
'Serratipetala' (R. chin.-H.), G3, R
'Slater's Crimson China' (R. chin.-H.), G3, R
'Souvenir de la Malmaison' (Bourbon), G3, R
'Spong' (Centifolia), G2
'Stanwell Perpetual' (Wildrose), G3, R
'Surpasse Tout' (*R. gallica*-H.), G1
'Surrey' (moderne Strauchrose), G3, R
'Swany' (moderne Strauchrose), G3, R
'The Bishop' (*R. gallica*-H.), G2
'The Countryman' (moderne Strauchrose), G3, R
'Thisbe' (*R. moschata*-H.), G1, R
'Three-penny-bit-Rose' siehe *R. farreri persetosa*
'Tuscany Superb' (*R. gallica*-H.), G1
'Tour de Malakoff' (Centifolia), G2
'Uncle Walter' (moderne Strauchrose), Schnitt als TH., R
'Unique Blanche' (Centifolia), G2
'Vanity' (*R. moschata*-H.), G1, R
'Variegata de Bologna' (Bourbon), G3, R
'Versicolor' (Damaszenerrose), G2
'Viridiflora' (R. chin.-H.), G3, R
'Wilhelm' (moderne Strauchrose), G1, R
'Will Scarlet' (R. moschata-H.), G1, R
'William Lobb' (Moosrose), G2
'William Shakespeare' (moderne Strauchrose), G3, R
'Winchester Cathedral' (moderne Strauchrose), G3, R
x centifolia 'Bullata' (Centifolia), G2
x c. 'Cristata' siehe 'Chapeau de Napoléon'
x c. 'Muscosa' (Moosrose), G2
x c. 'Parvifolia' (Centifolia), G2
x harisonii 'Harison's Yellow' (Wildrose), G1

KLETTERROSEN

Öfterblühende Rosen sind durch ein „R" gekennzeichnet. Die meisten Sorten der Gruppe 4 können als Solitärpflanzen gezogen werden. In diesem Fall sollten sie als Strauchrosen der Gruppe 3 (S. 28) behandelt werden. Empfehlungen für Schnitt und Formgebung als Kletterrosen finden Sie für Rosen der Gruppe 1 (G1) auf S. 30; Gruppe 2 (G2) auf S. 31; Gruppe 3 (G3) auf S. 32; Gruppe 4 (G4) und Gruppe 5 (G5) auf S. 33.

'Adélaïde d'Orléans', G1
'Albéric Barbier', G2 (im Winter schneiden), R
'Albertine', G2
'Alister Stella Gray', G3, R
'Allen Chandler', G3, R
'Allen's Fragrant Pillar', G3
'Aloha', G4, R
'Altissimo', G3, R
'American Pillar', G1
'Auguste Gervais', G3
Banksiae banksiae, G5
banksiae 'Lutea', G5
'Bantry Bay', G3 oder G4, R
'Blairii Nr. 2', G3, R
'Blush Noisette', G3, R
'Bobbie James', G5
'Breath of Life', G3, R
'Breeze Hill', G2
'Brenda Colvin', G5
brunonii 'Mortola', G5
'Casino', G4, R
'Céline Forestier', G3 oder G4, R
'Chaplin's Pink Climber', G2
'Climbing Allgold', G3,R
'Climbing Cécile Brunner', G3, R
'Climbing Duftwolke', G3, R
'Climbing Ena Harkness', G4, R
'Climbing Ernest H. Morse', G3, R
'Climbing Etoile de Hollande', G3, R
'Climbing Josephine Bruce', G3, R
'Climbing Lady Hillingdon', G3, R
'Climbing Lady Sylvia', G3, R
'Climbing Masquerade', G4, R
'Climbing Mme Butterfly', G3, R
'Climbing Mme Caroline Testout', G3, R
'Climbing Mme Edouard Herriot', G4, R
'Climbing Mrs. Herbert Stevens', G3, R
'Climbing Mrs. Sam McGredy', G3, R
'Climbing Ophelia', G3, R
'Climbing Schneewittchen', G3, R
'Climbing Shot Silk', G4, R
'Compassion', G4, R
'Copenhagen', G4, R
'Coral Dawn', G4, R
'Crimson Shower', G1
'Danse du Feu', G4, R
'Débutante', G1
'Desprez à Fleur Jaune', G3, R
'Dorothy Perkins', G1
'Dortmund', G4, R
'Dr. W. van Fleet', G3
'Dublin Bay', G4, R
'Easlea's Golden Rambler', G3
'Elegance', G3
'Emily Gray', G1
'Excelsa', G1
'Félicité et Perpétue', G1
filipes 'Kiftsgate', G5
'François Juranville', G1
'Galway Bay', G3, R
gigantea, G5
'Gloire de Dijon', G3, R
'Golden Showers', G4, R
'Goldfinch', G1
'Grand Hotel', G3, R
'Guinée', G3, R
'Händel', G4, R
helenae, G5
'Hiawatha', G1
'Jaune Desprez' siehe 'Desprez à Fleur Jaune'
'Kathleen Harrop', G4, R
'Kew Rambler', G1
'Kiftsgate' siehe 'R. filipes Kiftsgate'
'Lady Waterloo', G3, R
laevigata, G5
'Lavinia', G4, R
'Lawrence Johnston', G3, R
'Leverkusen', G4, R
longicuspis, G5
'Maigold', G4, R
'Maréchal Niel', G3, R
'Meg', G3
'Mermaid', G3 (minimaler Schnitt), R
'Mme Alfred Carrière', G3, R
'Mme Grégoire Staechelin', G3
'Mme Sancy de Parabère', G3
mulliganii, G5
'New Dawn', G3 oder G4, R
'Parade', G3, R
'Parkdirektor Riggers', G3, R
'Paul's Himalayan Musk Rambler', G5
'Paul's Scarlet Climber', G3
'Phyllis Bide', G3, R
'Pink Perpétue', G4, R
'Rambling Rector', G5
'Ramona', G3
'Rêve d'Or', G3, R
'Ritter von Barmstede', G3, R
'Rosy Mantle', G4, R
'Royal Gold', G4, R
'Sander's White Rambler', G1
'Schoolgirl', G3, R
'Schwanensee', G4, R
'Seagull', G5,
'Souvenir de Claudius Denoyel', G3, R
'Souvenir du Docteur Jamain', G3 oder G4, R
'Summerwine', G3, R
'Sympathie', G3, R
'The Garland', G2
'Veilchenblau', G1
'Wedding Day', G5
'White Cockade', G4, R
'William Allen Richardson', G3, R
'Zéphirine Drouhin', G3, R

BÄUME

Auch wenn es manchmal schwierig ist, eine genaue Trennung vorzunehmen, unterscheidet man bei Gehölzen zwei Gruppen: Bäume und Sträucher. Die meisten Bäume besitzen einen Stamm, der ein Astgerüst trägt, während Sträucher, die im allgemeinen kleiner sind, manchmal nur 7 – 10 cm hoch werden, und mehrere Triebe haben, die mehr oder weniger hoch wachsen.

Im folgenden werden zwei Schnitt- und Erziehungsmethoden für Ziergehölze beschrieben, das heißt für Bäume, die nicht dazu dienen, Nutzholz oder Obst zu liefern. Auf der einen Seite gibt es spezielle Methoden, Bäume einem Formschnitt zu unterwerfen und so lebendige Architektur mit Hecken, Formbäumen und Baumwänden zu schaffen. Diese Techniken, die auf S. 96 – 119 beschrieben werden, sind für den Gartenliebhaber zwar wichtig, können aber nur auf eine recht begrenzte Zahl von Pflanzen angewandt werden.

Die zweite Methode können Sie bei den meisten Zierbäumen praktizieren. Sie fördert den natürlichen Wuchs der Pflanzen, das Laubwerk, die Blüten, Früchte, Rinde und Zweige, deretwegen die Bäume eingesetzt werden. Bäume, die für die jeweils geeigneten Standorte richtig ausgewählt wurden, müssen meist nur leicht geschnitten werden, und wenn dieser Schnitt unter Berücksichtigung des charakteristischen Baumwuchses durchgeführt wird, unterstützt er die Entfaltung des Baums und beugt Erkrankungen vor. Schnitte hingegen, die den Bedürfnissen des Baums nicht oder nur ungenügend entsprechen, können diesen schlimmstenfalls sehr verunstalten.

Oben: Wenn der Stamm hoch genug ist, muß die Kirsche *Prunus subhirtella* 'Pendula' nur noch wenig geschnitten werden.

Rechts: Die Stechpalme *Ilex x altaclarensis* 'Camelliaefolia' bildet auch ohne Schnitt eine Pyramidenkrone.

Ganz links: Linden *(Tilia)* werden oft als Alleen oder als Solitäre gepflanzt. Sie sind jedoch auch der klassische Baum für Baumwände (siehe S. 106), wobei ihre biegsamen Triebe zu luftigen Wänden und schattigen Dächern von Laubengängen gezogen werden.

Links: Die *Magnolia soulangeana* ist sowohl als großer Strauch als auch als kleiner Baum erhältlich. Wie die meisten Magnolien treibt sie aus, wenn in das alte Holz zurückgeschnitten wird. Allerdings sollte man große Schnitte vermeiden, da das Kernholz zur Fäulnis neigt, wenn die Abwehrmechanismen des Baums durchbrochen werden.

Links: Bei vielen Bäumen vergißt man beim Kauf leicht, wie hoch und breit sie tatsächlich werden. Die Libanonzeder *(Cedrus libani)* wird zu einem majestätischen, ausladenden Baum, der traurig aussieht, wenn man ihn auf einen begrenzten Raum zurückstutzt.

BÄUME STÜTZEN
Viele Bäume müssen ein, zwei Jahre gestützt werden, bis das Wurzelwerk gut entwickelt ist. Sie dürfen aber nicht völlig starr stehen, wenn sich ihr Stamm kräftigen soll. Daher einen kurzen Pfahl benutzen, der ein Drittel der Baumhöhe nicht überschreiten sollte. Mit einem breiten Band den Stamm direkt unterhalb des oberen Pfahlendes befestigen.

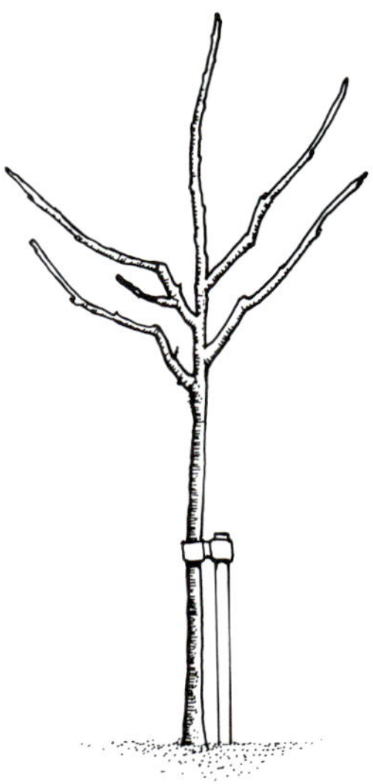

Auch wenn es im Detail große Unterschiede gibt, kann man grob zwischen zwei Wachstumsformen unterscheiden. Viele Bäume, vor allem große Waldbäume, besitzen einen dominierenden Mitteltrieb. Diese Dominanz kann während der gesamten Lebenszeit des Baums erhalten bleiben, doch viele Bäume entwickeln im Laufe der Jahre eine ausladende Krone. Solche Bäume können als Stammbüsche gezogen werden, bei denen die Äste fast bis zum Boden reichen, aber auch als Pyramiden mit deutlich sichtbarem Stamm. Eine Reihe anderer Bäume haben ein Astsystem, bei dem es keinen dominierenden Leittrieb gibt. Sie bilden buschige Kronen auf Hochstämmen.

Wird der natürlichen Wuchsform Rechnung getragen, gestalten sich Schnitt und Erziehung relativ einfach. In den ersten fünf bis zehn Jahren ist es vorrangig, ein starkes, dauerhaftes und ausgewogenes Kronengerüst zu schaffen. Dazu kann es ausreichen, für kurze Zeit den Baum zu stützen, schlechtplazierte Triebe herauszuschneiden und, bei manchen Bäumen, einen starken Leittrieb zu erhalten. Je weiter der Kronenaufbau voranschreitet, desto weniger muß regelmäßig geschnitten werden. Allerdings sollten Sie weiterhin beschädigtes, totes oder krankes Holz entfernen, und manchmal gibt es auch Stockaustriebe und Adventivsprosse, die am Stamm aus sogenannten „schlafenden Augen" sprießen.

Leider werden viele Bäume immer wieder an Standorten gepflanzt, an denen sie nicht genug Platz haben, sie ihre endgültige Größe also nicht erreichen können. Manchmal ändert sich auch die Nutzungsart des Grundstücks, so daß voll entwikkelte Bäume entfernt oder zurückgeschnitten werden müssen.

Bestimmte Schnitteingriffe sowie das Fällen von Bäumen sind größere Unternehmen, die von Hobbygärtnern allein nicht durchgeführt werden sollten. Die meisten Arbeiten, für die der Gärtner eine Leiter benötigt, bei denen gefällt wird und bei denen eine Kettensäge eingesetzt werden muß, sollten aus Sicherheitsgründen nur von Fachleuten durchgeführt werden. Bedauerlicherweise gibt es viele Leute, die sich zuviel Fertigkeiten zutrauen, und die einen Baum in einem schlechteren Zustand zurücklassen als er vorher war. Wenn Sie jemanden mit Ihrer Baumarbeit beauftragen, wählen Sie daher eine vom Bund Deutscher Baumschulen oder einer vergleichbaren Organisation zugelassene oder empfohlene Firma.

Bäume stützen

Der beste Schutz des Baums gegen starken Wind sind ein gutentwickeltes Wurzelsystem und kräftiges, gesundes Holz. Nach dem Umpflanzen eines Baums kann es ein bis zwei Jahre dauern, bis er wieder genügend Stabilität erlangt hat. Für diese Übergangszeit ist es sinnvoll, vor allem Bäume an exponierten Standorten an einen Stützpfahl zu binden oder durch Baumbänder zu fixieren. Etwas Bewegungsfreiheit muß jedoch erhalten bleiben.

Stützpfähle sollten nicht zu lang sein, jedoch auf keinen Fall höher als ein Drittel der Höhe des zu stützenden Baums. Der Baum sollte möglichst weit oben am Pfahl befestigt werden. Wenn der Baum durch zwei oder drei längere Bänder fixiert wird, sollten diese weit unten am Stamm angebracht werden. Bänder sind oft die Ursache schwerer Schäden am Stamm, da Wunden entstehen, durch die Krankheitserreger und Schädlinge eindringen können. Wählen Sie breite, gutgepolsterte Bänder, zum Beispiel aus Gummi, die leicht gelockert oder festergezurrt werden können. Sie sollten nicht zu locker und nicht zu fest sitzen, so daß der Stamm ungehindert wachsen kann. Überprüfen Sie daher alle Befestigungen daraufhin, ob sie genügend Spielraum lassen und es dem Baum in der nächsten Wachstumsperiode ermöglichen, ungestört weiterzuwachsen. Dies gilt auch für den Befestigungsdraht von Etiketten, die man leicht beim Größerwerden des Baums übersieht.

Unten und ganz unten: Biegsame Ersatzleittriebe an einen Bambusstab binden.

Links: Wenn ein großer Baum umgepflanzt wird, ist es oft besser, den Stamm an drei Punkten zu fixieren, statt ihn an einen Pfahl zu binden. Sobald die Stützen stehen, unten am Baum breite Bänder befestigen.

Auch lange, biegsame Stämme wachsen stabil aufrecht, wenn sie auf sich gestellt sind. In manchen Fällen jedoch, wenn zum Beispiel ein Ersatzleittrieb herangezogen werden soll, ist es von Nutzen, lange Triebe im ersten Jahr an einen Bambusstock zu binden.

Baumschnitt

Baumwunden jeder Art, egal ob durch Schnitt, Holzbruch bei Sturm oder durch mutwillige Zerstörung verursacht, können Krankheitserregern Zugang verschaffen. Der Baum reagiert auf Verwundungen durch Abkapselung der schadhaften Stelle. Er schafft so eine Schutzzone, durch die er sich sehr gut gegen das Eindringen von Krankheitserregern schützt. Beim Baum- oder Strauchschnitt müssen die Schnitte so geführt werden, daß die Wunde möglichst schnell verheilt. Im Gegensatz zu großen Wunden an erwachsenen und alten Bäumen ist es unwahrscheinlich, daß kleine Schnitte, vor allem an jungen Bäumen, zum Problem werden.

Der richtige Schnittwinkel ist ebenfalls von großer Bedeutung. Beim stammparallelen Schnitt, der bis vor kurzem sehr empfohlen wurde und noch immer üblich ist, wird der Trieb so nahe wie möglich am Stamm oder Ast, aus dem er abzweigt, abgeschnitten. Es war früher allgemein üblich, die Wunde zu vergrößern, indem man die Rinde am Rande abtrug oder nachschnitt und Wundverschlußmittel auftrug, in der Annahme, daß das korkige Kallusgewebe, welches sich nach dieser Behandlung oft schnell entwickelt, ein Zeichen der Heilung ist. Oft schreitet die Fäulnis aber nach einem solchen großen Eingriff fort, da die natürliche Abwehrzone des Baums unterbrochen wurde.

Den besten Anhaltspunkt für die Schnittführung liefert der Astansatz, der auf dem Stamm als erhabene, manchmal auch rauhe, von der Verzweigung zwischen Ast und Stamm ausgehende Linie sichtbar ist. Seine genaue Lage ist von Gattung zu Gattung und von Art zu Art unterschiedlich. Der Schnitt sollte die wichtige Barriere, die hierdurch markiert wird, das heißt den Astring, intakt lassen. Der Winkel sollte so gewählt werden, daß direkt außerhalb des Astrings angesetzt, und dann der Schnitt nach unten und leicht nach außen geführt wird, allerdings ohne daß ein Aststummel zurückbleibt, der nur zurücktrocknen würde.

Der Schnittwinkel ist im großen und ganzen immer gleich, egal wie groß der Ast ist, der entfernt werden soll. Alle Schnitte müssen sauber geführt werden, eine scharfe Gartenschere und

Unten: Der Judasbaum *(Cercis siliquastrum)* ist ein laubabwerfender kleiner Baum, der sich hauptsächlich wegen seiner dekorativen erbsenähnlichen Blüten großer Beliebtheit erfreut.

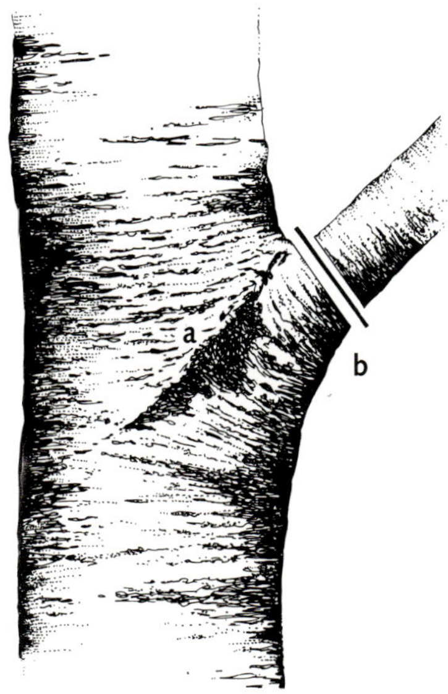

SCHNITTWINKEL
Wenn der Baum nach Entfernen eines Asts gesund bleiben soll, muß möglichst nahe am Stamm geschnitten werden. Der Schnitt wird so geführt, daß er sich außerhalb des Astansatzes (a) und des Astrings (b) befindet.

eine Astschere sind dazu geeignet, kleine Äste zu entfernen. Für Äste, die einen Durchmesser von über 2,5 cm haben, verwenden Sie eine scharfe Säge (S. 214–215). Das Entfernen von großen und ungünstig plazierten Hauptästen birgt eine Reihe Gefahren in sich und sollte nur von einem Fachmann ausgeführt werden. Manchmal können jedoch tiefsitzende, nicht zu große Äste auch von Laien problemlos entfernt werden. Äste mit einem Durchmesser von über 5 cm entfernt man am besten in mehreren Abschnitten, so daß die Beseitigung des Reststummels leicht zu bewerkstelligen ist. Bringen Sie beispielsweise einen Schnitt an der Astunterseite in etwa 30–40 cm Entfernung von der Verzweigung an, wobei Sie etwa ein Viertel tief vorschneiden. Vervollständigen Sie den Schnitt von oben, indem Sie 5 cm weiter vom Stamm entfernt ansetzen als beim Unterseitenschnitt. Anschließend entfernt man den verbleibenden Aststummel, wobei man, wie eben beschrieben, einen Winkelschnitt anbringt: erst einen Schnitt von unten, der durch einen Schnitt von oben ergänzt wird.

Kleine Äste entfernen
Eine Klappsäge ist sehr nützlich, um kleine Äste zu entfernen. Wie große Hauptäste werden auch diese am besten abschnittsweise geschnitten. Erst erfolgt der Unterschnitt (Bild rechts oben) in etwa 30 cm Entfernung vom Stamm, bei dem ein Viertel bis ein Drittel des Asts durchtrennt wird. Dann folgt etwa 2,5 cm weiter vom Stamm entfernt der Oberschnitt (2. Bild von oben). Durch den Unterschnitt verhindert man, daß die Rinde beim Abtrennen des Astes reißt (oben). Auch beim abschließenden Schnitt den Unterschnitt nicht vergessen (2. Bild von unten). Er muß nahe genug am Stamm geführt werden und von außerhalb des Astansatzes schräg verlaufen, so daß der Astring intakt bleibt (unten links).

Der richtige Schnittzeitpunkt

Als Faustregel gilt, daß laubabwerfende Bäume in der Ruhezeit zurückgeschnitten werden und immergrüne Bäume im Frühling, wenn der Austrieb gerade begonnen hat. Kirschen *(Prunus)* werden im Hochsommer geschnitten, um die Gefahr von Moniliainfektionen zu reduzieren. Ahornbäume *(Acer)* und Birken *(Betula)* sind typische Vertreter einiger meist laubabwerfender Arten, bei denen starker Saftfluß auftritt, wenn sie im späten Winter oder zu Frühjahrsbeginn geschnitten werden. Es ist sehr schwierig, diesen zu stoppen, da er sich im allgemeinen fortsetzt, bis der Baum ausschlägt. Großer Saftverlust kann dem Baum jedoch schaden. Daher sollten Baumarten wie Koniferen, die leicht bluten, im Spätherbst oder frühen Winter geschnitten werden.

Wildtriebe

Das Veredeln bzw. Okulieren von Bäumen auf verträgliche Unterlagen dient vorwiegend dazu, die Baumschulproduktion zu beschleunigen. Manchmal ist es auch beabsichtigt, die Wuchskraft des Baumes zu beeinflussen oder eine besondere Wuchsform zu erreichen, wie bei Trauerbäumen. Die Veredelungsstelle zwischen Unterlage und Baum (Edelreis) ist normalerweise deutlich als Verdickung direkt über dem Erdreich sichtbar. Sitzt die Veredelungsstelle oben am Stamm, spricht man von „Kronenveredelung". Wildtriebe, das heißt Triebe, die aus der Veredelungsunterlage sprießen, schwächen den Baum und werden möglicherweise mit der Zeit dominant. Einige Unterlagen neigen besonders zur Wildtriebbildung. Eine Ursache hierfür kann auch eine Verletzung der Wurzel sein. Wildtriebe sollten entfernt werden, am besten, wenn sie voll im Laub stehen. Bei kleinen Sträuchern kann man sie einfach herausreißen. Bei großen Stäuchern und Bäumen wird die Stelle freigelegt, an der der Wildtrieb aus der Unterlage wächst. Dieser wird dann an seiner Basis abgeschnitten.

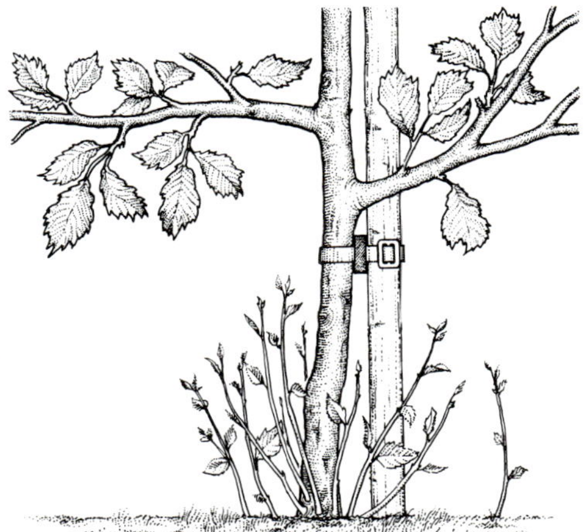

WILDTRIEBE (links) UND ADVENTIVSPROSSE (ganz links)
Manchmal entwickeln sich Wildtriebe im Wurzelbereich veredelter Bäume. Wenn der Baum kronenveredelt ist, können sich unterhalb der Veredelungsstelle am Stamm Wildtriebe entwickeln. Um deren Entstehung und damit eine Schwächung des Baums zu verhindern, sollten sie sobald wie möglich abgerissen werden. Wenn man sie nur abschneidet, bilden sich aller Wahrscheinlichkeit nach noch mehr neue. Aus Adventivknospen am Stamm oder aus Hauptästen wachsende Büschel von Trieben hingegen entstehen im allgemeinen durch eine Verwundung oder eine andere Belastung des Baums. Diese Triebe sollte man jährlich zwischen Spätherbst und Frühjahrsbeginn zurückschneiden.

Adventivsprosse

Bei Bäumen, die verwundet wurden oder anderen Belastungen unterworfen sind, bilden sich oft kräftige Triebe aus Adventivknospen am Stamm oder den Hauptästen. Es kommt durchaus häufig vor, daß Triebe aus großen stammparallelen Schnitten oder aus Stümpfen geköpfter Bäume wachsen. Sie entwickeln sich seltener an Bäumen, die über einen guten Gesundheitszustand verfügen und denen größere Schnitteingriffe erspart blieben, weil der Kronenschnitt korrekt durchgeführt wurde. Solche Triebe werden nicht gerne gesehen. Außerdem entziehen sie dem Baum Reservestoffe, die an anderer Stelle gebraucht werden. Am besten schneidet man sie zurück, solange sie voll im Laub stehen. Es ist jedoch notwendig, dies jährlich zu wiederholen.

Es sollte auch erwähnt werden, daß diese Triebe nur schwach mit dem Baum verbunden sind und eine potentielle Gefahr darstellen, wenn sie sich zu großen Ästen weiterentwickeln, wie es bei Linden *(Tilia)* oder Pappeln *(Populus)* vorkommt (siehe Kappen S. 54).

Bäume und die Rechtslage

Die meisten Gartenfreunde haben nie Grund, über die rechtlichen Aspekte des Baumbestandes ihres Gartens nachzudenken. Dennoch ist es gut, sich darüber im klaren zu sein, daß eine rechtliche Seite existiert. Der beste Weg, Problemen aus dem Weg zu gehen, ist, die Bäume in gutem Zustand zu halten und alle Schwierigkeiten, die dadurch entstehen, daß der Baum über die Grundstücksgrenzen hinauswächst, gutnachbarlich zu lösen.

Das Kappen oder Fällen von Bäumen sollte nie unüberlegt unternommen werden, und bevor darüber entschieden wird, empfiehlt es sich, zuerst alle gesetzlichen Vorschriften hierüber einzusehen.

Große Äste entfernen
Falls ein Ast sicher von einem Hobbygärtner entfernt werden kann, sollte er in handliche Stücke gesägt werden (oben links). Jeder Schnitt muß durch einen Schnitt von unten, bis zu einem Viertel des Durchmessers, begonnen werden. Danach wird von oben, ca. 3 cm weiter vom Stamm entfernt, geschnitten. Beim Entfernen des letzten Stücks (unten links und oben rechts) muß der Astring erhalten bleiben (unten rechts) (siehe S. 43).

Stammbüsche

STAMMBÜSCHE
1 Baum im Winter pflanzen. Mit in der Länge anpaßbarem Band an einem kurzen Stützpfahl festbinden.

2 Mitte oder Ende Herbst des ersten Jahres Basistriebe und schlechtplazierte oder beschädigte Seitentriebe entfernen. Andere Seitentriebe nicht zurückschneiden.

3 Da der Baum im zweiten Frühjahr und Sommer weiterwächst, Befestigung überprüfen und notfalls lockern.

4 Zwischen Herbstmitte und Spätherbst des zweiten Jahres alle schwachen Seitentriebe an der Basis, schadhaftes, krankes oder totes Holz entfernen.

5 Ab dem dritten Jahr sollte der Baum ohne Stütze frei stehen können. Alle Seitentriebe entfernen, die in der Wachstumsperiode mit dem Haupttrieb konkurrieren.

Viele laubabwerfende Bäume bilden von sich aus einen starken Leittrieb, der mehr oder weniger symmetrisch über seine gesamte Länge verteilt Äste trägt. Typische Baumarten für diese Wuchsform der „Stammbüsche" sind die Sandbirke *(Betula pendula)*, der Amberbaum *(Liquidambar styraciflua)* und der Tulpenbaum *(Liriodendron tulpifera)*.

Es ist verhältnismäßig einfach, Stammbüsche zu erziehen, und im allgemeinen erfordern sie nur geringe Schnitteingriffe. Der Leittrieb wird beim Pflanzschnitt nicht eingekürzt. Der Baum sollte insgesamt maximal über einen Zeitraum von zwei oder drei Jahren gestützt werden.

Es ist wichtig, zu beobachten, ob nicht starkwüchsige Triebe das typische Wachstumsmuster junger Bäume gefährden. Manchmal bilden Jungpflanzen starke Basistriebe. Normalerweise sollten diese in der Herbstmitte oder im Spätherbst entfernt werden. Unter gewissen Umständen kann es jedoch wünschenswert sein, daß sich der Basistrieb weiterentwickelt und sich so ein verzweigter Baum bildet.

Der Entwicklung eines Konkurrenten zum Leittrieb sollte sofort begegnet werden, denn ein steiler Astabgangswinkel schwächt den ausgebildeten Baum ganz entscheidend. Wenn sich in der Verzweigung ein Rindenwulst bildet, deutet dies auf eine weitere Schwächung hin.

Rechts: Die meisten Birken bilden von sich aus Stammbüsche. *Betula ermanii* 'Grayswood Form' ist nur ein Beispiel von vielen mit schöner Rinde, die bei Hochstammformen am besten zur Geltung kommen. Der Schnitt sollte im Spätsommer oder Herbst durchgeführt werden, da Birken sonst stark bluten.

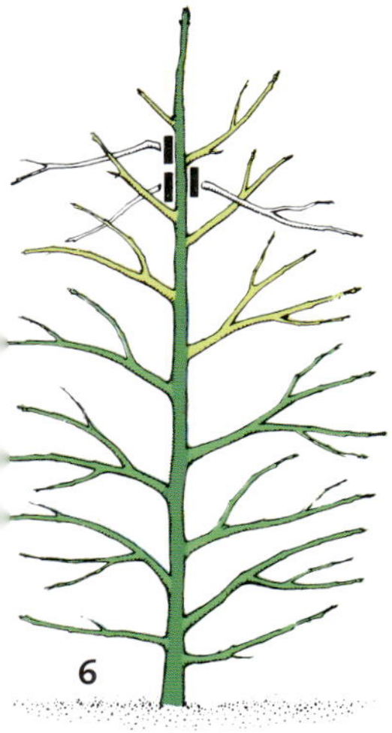

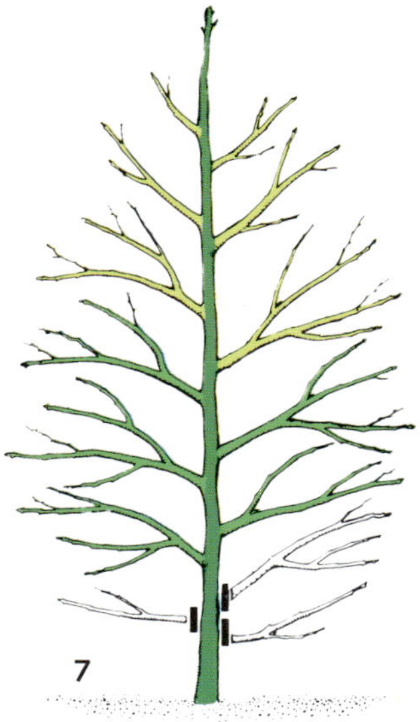

6 Zwischen Herbstmitte und Spätherbst des dritten Jahres alle schwachen und schlechtplazierten Triebe herausschneiden, die die Ausgewogenheit der Baumform stören.

7 Im vierten und den darauffolgenden Jahren ab Herbstmitte schneiden. Für einen astfreien Stamm die untersten Seitentriebe bis in die gewünschte Höhe entfernen.

Um dem vorzubeugen, wird der schwächere der beiden Triebe entfernt. Manchmal bildet sich an der Spitze des Haupttriebs ein Büschel kleiner Triebe. In diesem Fall ist es am besten, auf eine Knospe oder einen Seitentrieb unterhalb des Büschels zurückzuschneiden und anschließend einen Ersatzleittrieb zu ziehen. Der Mitteltrieb verliert mit zunehmendem Alter oft seine Dominanz, wobei sich eine ausladende Krone entwickelt.

In der Regel müssen die Seitentriebe von Stammbüschen nicht zurückgeschnitten werden. Sie nehmen auch so nicht zuviel Raum ein. Befinden sich die Seitentriebe jedoch zu nahe am Leittrieb und sind zu starkwüchsig, konkurrieren sie mit ihm. Sie müssen in der Herbstmitte oder im Spätherbst gezielt ausgelichtet werden. Der gewünschte Abstand zwischen den Ästen des Hauptgerüsts an einem voll ausgebildeten Baum hängt von der jeweiligen Art oder der Sorte ab, aber im allgemeinen sollten die Äste nicht weiter als 30 cm voneinander entfernt stehen, und ein Ast darf einen anderen nicht direkt überschatten. Wenn entschieden werden muß, welche Seitenäste zu schneiden sind, sollte man die steil abgehenden entfernen. Bei Bäumen mit aufrechtem Wuchs gibt es allerdings oft zahlreiche steile Äste mit geringem Durchmesser, zum Beispiel bei der Italienischen Pyramidenpappel (*Populus nigra* 'Italica'). Die hohe Verzweigungsdichte und der steile Astabgangswinkel an der Hauptachse bereiten jedoch in der Regel keine Probleme. Schwache Seitenäste im unteren Kronenbereich können im dritten oder vierten Standjahr entfernt werden. Man erhält dadurch einen kurzen, deutlich sichtbaren Stamm.

Oben: Viele Sorbusarten, wie der hier abgebildete *S. commixta*, bilden von sich aus, auch ohne großen Erziehungsschnitt, eine dominante Stammverlängerung.

Immergrüne Laubbäume

Eine Anzahl von immergrünen Gehölzen, zum Beispiel die Steineiche *(Quercus ilex)*, vertragen einen strengen Heckenschnitt und können auch zu Kunstformen erzogen werden. Wenn sie als Solitäre gepflanzt werden, behandelt man sie am besten wie Stammbüsche. Stechpalmen weisen die unterschiedlichsten Wuchsformen auf, wobei manche, wie zum Beispiel *I. x altaclarensis*, steiler wachsen als andere. Bei allen sollte versucht werden, einen dominanten Haupttrieb so lange wie möglich zu halten und, wenn er beschädigt sein sollte, einen Ersatztrieb zu ziehen.

Oben: Viele Kiefern, wie *Pinus sylvestris*, werden sehr groß, so daß sie unter Umständen nur noch vom Spezialisten geschnitten werden können.

Ganz oben rechts: Man kennt eine Reihe blaugrüner Stechfichten *(Picea pungens)*. Sie haben im allgemeinen einen starken Mitteltrieb und quirlständige Äste, die regelmäßig kegelförmig sind.

Koniferen

Ältere Koniferen neigen manchmal dazu, ausladende Kronen zu bilden. Dies ist bei Zedern *(Cedrus)* der Fall. Junge Bäume haben jedoch meistens nur einen einzigen Mitteltrieb. Die Äste stehen entweder schraubig oder spiralig in Etagen; wenn sie sich normal entwickeln, sind sie kegelförmig.

Die Formerziehung von Koniferen gleicht der von sommergrünen Stammbüschen, wobei vor allen Dingen ein einzelner dominanter Mitteltrieb erhalten bleiben muß. Es ist wichtig, daß junge Koniferen von allen Seiten viel Licht erhalten, da sonst möglicherweise ganze Astpartien absterben.

Wenn die Terminalknospe eines jungen, starkwüchsigen Baums beschädigt ist, übernimmt im allgemeinen ein Trieb aus dem oberen Astquirl die Rolle als Leittrieb. Diesen neuen Leittrieb kann man unterstützen, indem man ihn an einem Bambusstab senkrecht anbindet und alle Konkurrenztriebe entfernt.

Mit Ausnahme der Eibe entwickeln Koniferen im allgemeinen keine neuen Triebe, wenn sie auf älteres Holz zurückgenommen werden, da es an den kahlen Stellen sehr wenig schlafende Augen gibt. Der Schnitt voll ausgebildeter Bäume sollte sich auf das Entfernen toten Holzes beschränken. Erweist es sich als notwendig, in gesundes Holz zurückzuschneiden, sollte dies im Winter geschehen.

Hochstämme

Im Ziergarten sind Hochstämme wesentlich häufiger anzutreffen als Stammbüsche. Vor allem für kleinere Gärten mit geringem Standraum sind sie geeignet. Sie haben einen astfreien Stamm von mindestens 1,80 m Höhe und bieten so einen viel offeneren Anblick als Bäume, deren Astwerk bis auf den Boden reicht. Im allgemeinen lassen sie im Garten mehr Bewegungsfreiheit als Stammbüsche, die oft einzeln im Rasen stehen und hier das Risiko der Beschädigung der Rinde beim Mähen besteht. Wenn Hochstämme mit Sträuchern und blühenden, krautigen Pflanzen unterpflanzt werden, können sie mit zu dem Schönsten zählen, was ein Garten zu bieten hat.

Rechts: Viele Hochstämme mit Pyramidenhohlkrone wachsen recht ausladend. Bei *Sorbus x thuringiaca* 'Fastigiata' bilden zahlreiche aufrechte Äste eine dichte, ovale Krone.

Der Hochstamm mit einer dominanten Hauptachse

Es handelt sich hier um einen Stammbusch, bei dem die unteren Seitenzweige bis zu einer Höhe von etwa 1,50 – 2 m entfernt worden sind. Die schönsten freistehenden Exemplare dieser Art findet man in der freien Natur, bei denen das Vieh die unteren Triebe abgefressen hat.

Die unteren Seitentriebe sollten nicht alle auf einmal entfernt werden, da sie auch die Funktion haben, die Hauptachse zu schützen und zu stärken. Üblicherweise werden sie im ersten Jahr, wenn sie etwa 20 – 30 cm gewachsen sind, etwa um die Hälfte eingekürzt, im Spätherbst oder frühen Winter dann am Stamm entfernt. Man kann jedoch den Schnitt dieser Seitentriebe flexibel handhaben, und wenn man ihn an einem schwachwüchsigen Jungbaum vornimmt, ist es sinnvoll, die gekürzten Seitentriebe drei bis vier Jahre zu belassen.

STAMMHÖHE
Der Hochstamm mit einer Hauptachse ist ein Stammbusch mit bis auf ca 1,80 m Höhe astfreiem Stamm.

Hochstamm mit Pyramidenhohlkrone

Diese Form eignet sich für viele kleine Bäume, zum Beispiel für Zierkirschen *(Prunus)* und Zieräpfel *(Malus)*. Eichen *(Quercus)* und viele andere Waldbäume entwickeln üblicherweise Pyramidenhohlkronen, wenn sie voll ausgebildet sind. Allerdings sollten diese großen Bäume nicht als Hochstämme mit Pyramidenhohlkronen erzogen werden, statt dessen sollte der Aufbauschnitt die Dominanz des Mitteltriebs aufrechterhalten.

Ziel bei der Erziehung eines Hochstamms mit Pyramidenhohlkrone ist es, einen astfreien Stamm von etwa 1,30 – 1,80 m Höhe zu erreichen. Wächst der Baum auf eigener Wurzel oder ist er in Bodennähe veredelt, muß der Stamm zwei oder drei Jahre in die Höhe erzogen werden, und erst wenn er genügend Höhe erreicht hat, kann man ihn zurückschneiden, um so das Wachstum von Seitentrieben zu fördern, die dann die Krone bilden sollen.

HOCHSTÄMME MIT PYRAMIDENHOHL-KRONE

In den ersten Jahren werden sie genauso gezogen wie Hochstämme mit Pyramidenkrone (siehe S. 46).

1 Zwischen Herbstmitte und Spätherbst des dritten Jahres sollten Sie die Stammverlängerung etwa 30 – 50 cm über dem astfrei gewünschten Abschnitt bis auf eine starke Knospe oder einen Seitentrieb abschneiden.

2 Ab dem vierten Sommer muß der Baum normalerweise nicht mehr gestützt werden. Seitenäste und Seitenzweige fördert man durch den Schnitt.

3 Zwischen Herbstmitte und Spätherbst des vierten Jahres wird die Krone ausgelichtet. Dadurch soll ein Gerüst mit drei bis fünf Seitenästen entstehen. Alle kräftigen aufrechten Triebe entfernen, die sich zu neuen Leittrieben entwickeln könnten.

4 Zwischen Herbstmitte und Spätherbst des fünften und der darauffolgenden Jahre so schneiden, daß eine offene Krone entsteht. Alle Triebe am Stamm entfernen.

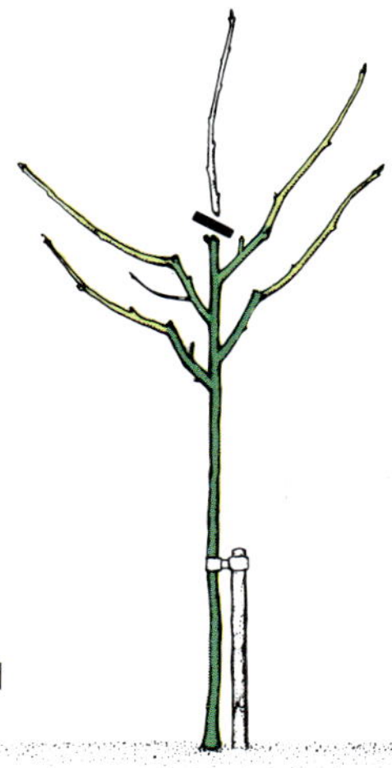
1

2

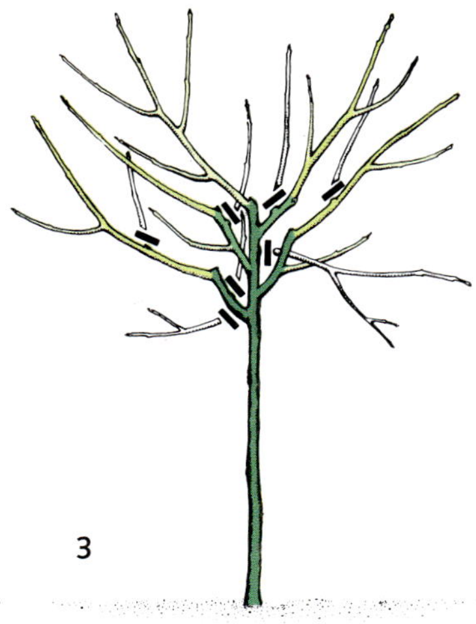
3

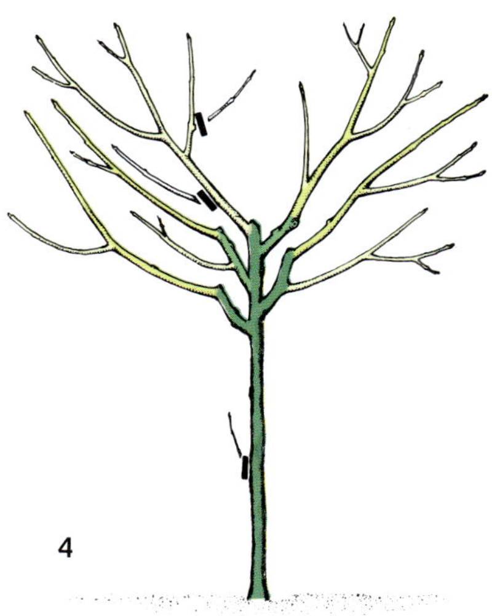
4

Der Pflanzschnitt ist mit dem eines Hochstamms mit einer dominanten Hauptachse vergleichbar, wobei die eingekürzten Seitentriebe am Stamm die ersten zwei, drei Jahre erhalten bleiben, um zu dessen Schutz und Kräftigung beizutragen. Die Stammverlängerung muß auf einen starken Trieb oder ein gutentwickeltes Auge zurückgeschnitten werden, das sich etwa 40 – 60 cm über der Stelle befindet, an der der unterste Ast gewünscht wird. Im allgemeinen läßt man bei drei bis fünf günstig verteilten Seitentrieben zu, daß sie sich entwickeln und so das Kronengerüst bilden.

Der Aufbauschnitt von Pyramidenhohlkronen wird oft bereits in der Baumschule vorgenommen. In manchen Fällen ist der Baum kronenveredelt, das heißt, die Edelsorte wird auf den von der Unterlage gebildeten Stamm veredelt. Die Veredelungsstelle ist direkt unter dem niedrigsten Ast klar sichtbar. Bei diesen Bäumen sollten Austriebe am Stamm der Unterlage abgerissen werden, sobald sie sich bilden.

Voll ausgebildete Bäume mit Pyramidenhohlkrone müssen manchmal ausgelichtet und überflüssiges Astwerk entfernt werden, um eine gutbelichtete Krone zu erhalten.

Trauerbäume
Viele Trauerhochstämme sind kronenveredelte Hochstämme mit Pyramidenhohlkrone. Die Hängekätzchenweide *(Salix caprea* 'Pendula') wird zum Beispiel gerne auf die Küblerweide *Salix smithiana* veredelt. Bei kronenveredelten Bäumen müssen sämtliche Triebe, die aus dem Stamm austreiben, entfernt werden.

Die Krone des Trauerbaums bildet oft eine dichte Decke aus hängenden Ästen über der Veredelungsstelle. Will man erreichen, daß die Krone lockerer ist, muß der oberste Leittrieb als Stammverlängerung an einem Stab 30 – 50 cm hochgezogen werden, so daß die Seitentriebe, die von ihm abzweigen, eine höhere Astlage bilden können.

Die weidenblättrige Birne *Pyrus salicifolia* 'Pendula' ist typisch für viele Bäume mit Hängecharakter, die von gelegentlichem drastischem Auslichten des inneren Astgewirrs, das während mehrerer aufeinanderfolgender Vegetationsperioden gebildet wurde, profitieren.

Die Trauerweiden *Salix alba* 'Tristis' und *Salix babylonica* sowie eine Reihe anderer großer Trauerbäume wachsen normalerweise auf eigenem Wurzelwerk. Bei ihnen sollte die Stammverlängerung so lange wie möglich erhalten bleiben.

Oben: Bei den meisten Trauerstämmen, die auf ihrem eigenen Wurzelstock wachsen, sollte der Mitteltrieb hoch genug werden, damit sich die Hängeäste voll entwickeln können. Dies gilt auch für die Hängetraueresche (*Fraxinus excelsior* 'Pendula').

Ganz links: Die meisten Kirschen und Zierkirschen, auch die gefüllt blühende Süßkirsche (*Prunus avium* 'Plena'), bilden von alleine eine Rundkrone.

Links: Viele der blühenden Wildäpfel, auch der Japanische Zierapfel *(Malus floribunda)*, geben ihren aufrechten Wuchs leicht auf. Sie bilden attraktive Rundkronen und passen auch in kleine Gärten.

Erhaltungsschnitt

Bäume müssen oft viele Jahre nur wenig geschnitten werden. Oft kann der Hobbygärtner tote, schadhafte und kranke Äste gefahrlos entfernen, womit die Hauptschnittarbeit bereits getan ist. Im allgemeinen ist der Baumschnitt durch den Einsatz von Leitern und mechanischen Hilfsmitteln jedoch riskant. Das Fällen von Bäumen sowie der Rückschnitt nach Sturm- oder Schneebruch kann nicht vom Boden aus erfolgen, und alle Baumarbeiten, in der Nähe von Stromleitungen, sollten nur von erfahrenen Fachleuten verrichtet werden.

Die folgenden Informationen dienen dazu, dem Hobbygärtner eine Grundlage zu vermitteln, die ihn befähigt, zu entscheiden, wie beim Erhaltungsschnitt erwachsener Bäume vorgegangen werden soll.

Ganz oben und oben: Das Heben der Krone, das heißt das Entfernen der unteren Äste für einen astfreien und höheren Stamm, wird am besten bei jungen Gehölzen durchgeführt.

Anheben der Baumkrone

Beim Aufbauschnitt von Hochstämmen werden alle Äste unterhalb einer bestimmten Höhe entfernt (siehe S. 49–51). Die Schaffung einer astfreien Zone unterhalb der Krone wird am besten bereits am jungen Baum vorgenommen. Bei älteren Bäumen kann aber auch die Gefahr bestehen, daß sie durch das Gewicht ihrer unteren Äste zu Fall gebracht werden. Es gilt, dies zu verhindern und eine Reihe von weiteren Problemen zu beheben, beispielsweise, daß ein Baum zuviel Schatten spendet oder die Sicht versperrt.

Das Stauchen der Krone durch Befreien der Hauptachse von tieferliegenden Seitenästen ist oft eine wirksame Methode, auch wenn es für den Baum schädlich sein kann, wenn zuviel Blattmasse vom unteren Bereich entfernt wird. Außerdem kann dieses Vorgehen dazu führen, daß große Hauptäste entfernt werden müssen, was große Wunden zur Folge hat. Daher empfiehlt es sich, bei ausgewachsenen Bäumen den Schnitt auf zwei oder drei Jahre zu verteilen.

Hobbygärtner können durchaus in der Lage sein, diese Arbeit durchzuführen, indem sie die Hauptäste abschnittweise entfernen (siehe S. 45). Umfangreiche Arbeiten sollten jedoch immer von einem Fachmann durchgeführt werden vor allem, wenn andere Menschen oder Einrichtungen gefährdet werden könnten.

Den Umfang der zu erwartenden Arbeiten schätzt man am besten in der zweiten Sommerhälfte ab, wenn der Baum voll im Laub steht. Die Arbeit selbst kann entweder dann gleich oder alternativ dazu im Winter durchgeführt werden. Versuchen Sie, dem Baum eine ausgewogene Form zu geben, auch wenn Äste nur auf einer Seite im Weg sind – außer wenn das zu großer Substanzverlust bedeutet.

Kronenreduktion

Der einfachste Weg, die Kronenausdehnung und -höhe zu vermindern, ist der, die in Frage kommenden Äste bis auf schwächeres Holz zurückzuschneiden. Der natürliche Wuchscharakter sollte dabei erhalten bleiben. Der Schnitt hat ein verstärktes Triebwachstum zur Folge, wodurch regelmäßig weitere Rückschnitte, manchmal alle vier Jahre, erforderlich sind, um die gewünschte Kronengröße zu erhalten. Auch diese Arbeiten sollten vom Fachmann vorgenommen werden, da nicht vom Boden aus geschnitten werden kann und eine gewisse Erfahrung in der Schnittführung erforderlich ist.

Nicht alle Bäume reagieren gleich gut auf diese Behandlung. Birken *(Betula)* und Pappeln *(Populus)* neigen beispielsweise zur Fäulnis am verletzten Gewebe. Manche Bäume tolerieren starken Rückschnitt nicht. Die Rotbuche *(Fagus sylvatica)* sollte nicht mehr als 10 % zurückgeschnitten werden. Im allgemeinen vertragen junge Bäume mit schwachem Astwerk den Schnitt besser als ausgewachsene Exemplare. Ein scharfer Rückschnitt kann durch ein frühzeitiges Einsetzen, d. h. vor dem Ausfüllen des Standraumes, der Pflegemaßnahmen vermieden werden.

REDUZIERUNG DER KRONE
Man braucht sehr viel Geschick, um die Seitentriebe an tiefsitzenden Ästen und Hauptästen zurückzuschneiden, ohne dabei die natürliche Baumform zu zerstören. Der Rückschnitt muß in regelmäßigen Abständen wiederholt werden, so daß der Baum die gewünschte Höhe behält.

Links und ganz links: Bei diesem jungen *Sorbus* (ganz links) wurde die stark verzweigte Krone ausgelichtet, um eine bessere Lichtversorgung und Luftzirkulation zu erreichen.

Links: Zum Auslichten der Krone gehört das Entfernen von kleinen Ästen und Zweigen, vor allem von solchen, die andere kreuzen.

Kronenauslichtung

Bei der Kronenauslichtung handelt es sich um eine sehr anspruchsvolle Technik für den Schnitt erwachsener, vor allem laubabwerfender Bäume, mit der ein Teil der kleinen Äste und Zweige entfernt wird. Durch sie wird die Baumhöhe und -breite nicht reduziert. Sie ist nicht Bestandteil der normalen Schnitt- und Erziehungsmaßnahmen, kann aber in Einzelfällen sehr sinnvoll sein. Im allgemeinen sollte das Verkleinern der Krone durch einen Fachmann erfolgen, denn abgesehen davon, daß große Sachkenntnis und Erfahrung notwendig sind, um eine ausgewogene Krone zu schaffen, muß auch in luftiger Höhe gearbeitet werden.

In der Regel wird die Krone ausgelichtet, damit mehr Licht und Luft in diejenigen Baumkronen gelangt, die zuviel dünne Äste mit einer zu geringen Zahl von Seitentrieben hat. So werden sie angeregt, gesündere und stärkere Triebe zu bilden. Bäume mit einem schwachen Ast- und Wurzelaufbau sind außerdem nach Auslichten der Krone weniger anfällig für Sturmschäden. Das Auslichten der Krone bietet sich auch dann an, wenn der Baum zuviel Schatten spendet oder anderen Pflanzen zuviel Licht nimmt. Es kann auch sein, daß der Baum ein interessantes Verzweigungsmuster hat, das durch dichtes Blattwerk verdeckt würde.

Die Kronenauslichtung kann im Winter und im Hochsommer vorgenommen werden. Solange an den Ästen noch kein Laub vorhanden ist, bereitet der Schnitt weniger Mühe, aber ein Sommerschnitt kann sofort für besseren Lichteinfall sorgen.

Oben: Beim Auslichten der Krone des auf der vorherigen Seite abgebildeten *Sorbus* wurden Äste herausgeschnitten, die zu steile Abgangswinkel bildeten.

Der Experte wird mit dem Schnitt zunächst einmal oben beginnen und die ganze Arbeit in einem Zug fertigstellen. Wenn aber ein Hobbygärtner einen Baum schneiden will, sollte er in zwei oder drei Schritten vorgehen. Es empfiehlt sich, damit zu beginnen, totes, krankes und schadhaftes Holz zu entfernen. Dann schneidet man die Äste heraus, die sich an anderen reiben oder sich kreuzen, die in die Baummitte hineinwachsen und die steile Abgangswinkel bilden. Sollte danach noch mehr ausgelichtet werden, muß entschieden werden, welche Äste stehenbleiben. Richtlinie ist, je nach Wuchsstärke der Pflanze und den Wachstumsbedingungen mindestens zwei Drittel der Äste zu erhalten.

Kappen

Das Kappen der Seitenäste und des Haupttriebs sind grobe Mittel, um Bäumen Höhe zu nehmen, die für ihren Standraum zu groß geworden sind. Vor allem unqualifizierte Gärtner, die fälschlicherweise vorgeben, qualifiziert zu sein, greifen zu solchen Methoden.

Das Kappen kann als Schnittechnik nicht ruhigen Gewissens empfohlen werden: es zerstört die natürliche Wuchsform des Baums und verursacht zudem zahlreiche Probleme. Die großen Wunden, die entstehen, führen oft zur Fäulnis des Holzes, was zu Beginn in der Regel unbemerkt bleibt. Außerdem sind Adventivsprosse, die hierdurch am Stamm austreiben, nur schwach mit diesem verbunden und brechen daher bei Wind sehr leicht herunter, vor allem in Städten, wo die Windgeschwindigkeit durch Gebäude gesteigert werden kann.

Wenn in einem neu erworbenen Garten ein solchermaßen verstümmelter Baum steht, muß überlegt werden, wie weiter vorzugehen ist. Sollte sich herausstellen, daß der Baum in der Substanz nicht gesund ist, bleibt zu erwägen, ob er nicht durch einen Baum oder Strauch ersetzt werden soll, für den der vorhandene Raum groß genug ist, so daß er seine volle Größe erreichen kann. Dies ist meist dem Rückschnitt auf gesundes Holz vorzuziehen. Gesunde Bäume profitieren von einem Kronenrückschnitt, da er das Risiko von Sturmschäden verringert. Soll der Baum eine ausgewogenere, naturgemäßere Krone erhalten, ist es sinnvoll, diese auszulichten.

GROSSE SCHNITTE
Nach dem Entfernen großer Äste sprießen oft starke Triebe aus schlafenden oder Adventivaugen am Stamm. Sie sollten vorzugsweise während der Winterruhe entfernt werden.

Oben: Linden und Platanen in Städten werden oft auf einer bestimmten Höhe gehalten, indem sie in regelmäßigen Abständen bis auf Stummel zurückgeschnitten werden. Wenn man damit einmal begonnen hat, muß man regelmäßig schneiden, da diese Bäume nur noch lange, schwach mit dem Hauptstamm verbundene Äste bilden können.

Bäume köpfen oder Auf-die-Stöcke-Setzen
Dies ist eine traditionelle Methode der Holzbewirtschaftung. Hierbei werden Bäume regelmäßig fast bis zum Boden oder auf die passende Höhe zurückgeschnitten, beispielsweise bei Weiden, um ein Abfressen durch Vieh zu vermeiden. Manchmal werden auch Zierpflanzen auf diese Art geschnitten. Bei bestimmten Weidenarten *(Salix)* entstehen nach einer solchen Behandlung immer wieder junge, interessant gefärbte Triebe. Die Methode eignet sich ebenfalls dazu, große Bäume strauchartig zu erziehen (siehe auch S. 72).

Die Methode des Bäumeköpfens wird gerne dazu verwendet, Stadtbäume auf einer bestimmten Höhe zu halten. Neue Triebe werden hier alle zwei oder drei Jahre bis auf Stumpen zurückgeschnitten. Typische Stadtbäume sind die Platane *(Platanus x hispanica)* und die Linde *(Tilia)*. Bei Platanen, die diese Art der Behandlung noch am besten vertragen, bleiben verdickte, bizarr geformte Aststummel zurück.

Das Köpfen ist für Platanen und Linden zwar nicht empfehlenswert, aber wenn man in einem neu erworbenen Garten solchermaßen behandelte Bäume vorfindet, sollte man am besten im Winter zurückschneiden. Es ist schwierig, Kopfbäumen eine natürliche Form zu geben. Am empfehlenswertesten ist es, lange, dünne Äste über einen Zeitraum von mehreren Jahren auszulichten und zu kürzen.

Oben: Die Triebe der Weißweide (*Salix alba* 'Chermesina') sind im Winter intensiv gefärbt. Der regelmäßige Rückschnitt der Kopfweiden sorgt dafür, daß sich immer wieder Jungtriebe bilden, die eine stärkere Farbgebung aufweisen als ältere.

Links: Durch den regelmäßigen Schnitt von Linden und Platanen entstehen die charakteristischen Verstümmelungen.

STRÄUCHER

Sträucher, die gute Wachstumsbedingungen vorfinden, müssen in der Regel kaum geschnitten werden und können weitgehend sich selbst überlassen werden. Meist ist es nur notwendig, totes, verletztes oder krankes Holz so früh wie möglich zu entfernen. Auch sollten Triebe, die die Gesamtform und Harmonie der Pflanze stören könnten, entfernt werden. Bei einigen Sträuchern führt ein regelmäßiger, auf die Form der Pflanze abgestimmter Schnitt dazu, daß sich mehr und schönere Blüten sowie dekorativeres Blattwerk entwickeln.

Auf den nachfolgenden Seiten werden die Sträucher nach adäquater Schnittechnik in sechs Gruppen unterteilt. Vier davon enthalten vor allem laubabwerfende und zwei immergrüne Gehölze. Weitere Schnittbeispiele finden Sie im Kapitel über „Kettersträucher und -pflanzen“ (siehe S. 80–95).

Schnitt und Erziehung allein gewährleisten jedoch noch lange keine optimalen Ergebnisse. Nur wenn der Garten gut geplant und vernünftig bewirtschaftet wird, gedeihen Sträucher und andere Pflanzen optimal. Die Versorgung mit genügend Wasser und Nährstoffen muß stets gewährleistet sein, vor allem wenn Gehölze häufig stark geschnitten werden. Es empfiehlt sich, immer zu Frühjahrsbeginn einen Volldünger zu geben und mit organischen Stoffen eine dicke Mulchschicht aufzutragen.

Rechts: Im allgemeinen bleiben immergrüne Laubsträucher, so auch Kamelien, formschön und buschig, wenn sie nur minimal geschnitten werden. Nur schwache Solitäre benötigen einen Aufbauschnitt.

Oben rechts: Viele laubabwerfende Sträucher blühen auf jungem Holz praktisch von selbst. Bei den Sorten von *Hydrangea x macrophylla* stimuliert das Herausschneiden von altem Holz im Frühling die Bildung junger Triebe.

Mitte rechts: Gemischte Strauchbepflanzungen benötigen zwar wenig Pflege, müssen aber jährlich leicht zurückgeschnitten werden.

Links: Es gibt eine Reihe Sträucher, die relativ schlecht auf Schnittmaßnahmen reagieren. Einige davon haben eine verhältnismäßig kurze Lebenserwartung. Wenn Arten des *Cytisus* und seiner Hybriden (Ginster) zu verkahlen beginnen, ersetzt man sie am besten durch neue.

Unten: Der dekorative Wert einiger Sträucher wird durch den Schnitt erhöht. Junge Triebe verschiedener *Cornus*-Arten, zum Beispiel *C. stolonifera* 'Flaviramea' sind kräftig eingefärbt, wobei sie sich am schönsten entwickeln, wenn sie jedes Jahr scharf zurückgeschnitten werden.

UNGLEICHMÄSSIGES WACHSTUM AUSGLEICHEN
1–4 Starkwüchsige Triebe sowie leichte und schwache Triebe stark zurücknehmen. (1) Scharfer Schnitt fördert starkes Wachstum. (2) Durch starken Rückschnitt kräftiger starkwüchsiger Triebe und leichtes Einkürzen schwacher Triebe (3) erhält man daher einen unausgewogenen Wuchs.

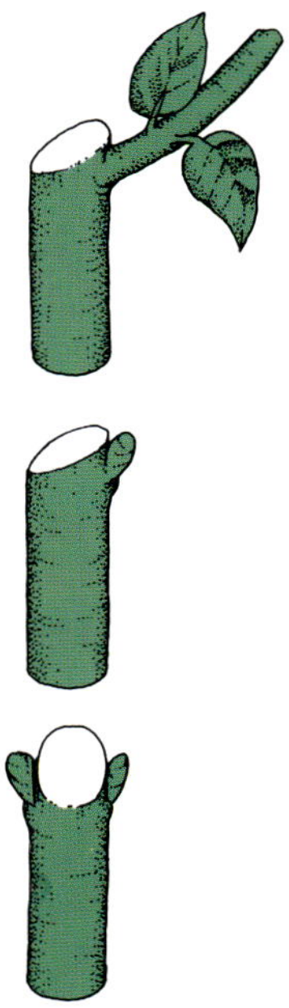

SCHNITTFÜHRUNG
Ein bis drei Schnitte schräg direkt oberhalb eines Triebs (1), einer Knospe (2) oder bei Pflanzen mit gegenständigen Knospen über kräftigen Knospenpaaren anbringen. Auf Triebe oder Knospen zurückschneiden, die in die gewünschte Richtung weisen – normalerweise aus der Strauchmitte heraus.

Auswahl und Kauf von Pflanzen

Viele der Probleme, die Gartenfreunde zu lösen versuchen, indem sie „wild" herumschneiden, entstehen erst durch eine schlecht durchdachte Pflanzung. In manchen Fällen ist dies darauf zurückzuführen, daß schlechte Ware eingekauft wurde, die anschließend nur durch Schnittmaßnahmen korrigiert werden kann. Wenn Sie also Sträucher einkaufen, wählen Sie buschige, wohlgeformte Exemplare. Gute Baumschulware hat ein kräftig entwickeltes Wurzelwerk, allerdings entwickeln sich Pflanzen, die zu lange im Container verblieben sind, nicht mehr richtig.

Containerpflanzen, bei denen die Wurzeln bereits aus den Entwässerungsöffnungen oder oben aus dem Topf herausragen, müssen mit Skepsis betrachtet werden. Man sollte darauf achten, daß die Baumschule korrekt geführt wird, denn oft verdirbt gute Ware nur, weil Kleinigkeiten nicht beachtet wurden. Pflanzen, die durch falsches Wässern und durch Unkrautwuchs beeinträchtigt worden sind, entfalten sich normalerweise langsam, sind krankheits- und schädlingsanfällig und erholen sich vielleicht nie.

Falsches Pflanzen ist oft nur eine Frage des falschen Standorts, an dem die Pflanze ganz einfach nicht genügend Raum hat, sich auszudehnen, oder wo die Wachstumsbedingungen allgemein nicht stimmen und die Lichtansprüche nicht erfüllt werden. Auch ein Schnitt bewirkt nicht mehr viel, wenn die Jungpflanze nicht in den Garten paßt oder sich nicht optimal entwickeln kann.

An manchen Stellen des Gartens ist die Bepflanzung problematischer als an anderen, aber es gibt so viele verschiedene Sträucher, daß es immer möglich sein wird, Pflanzen zu finden, die entsprechende Ansprüche und die passende Wuchsform haben.

Sträucher eng zu pflanzen ist eine durchaus legitime Methode, um früh den Eindruck einer geschlossenen Bepflanzung zu erwecken. Allerdings muß dann auch rechtzeitig ausgelichtet werden. Bei zu dicht bepflanzten Gärten, in denen nicht ausgelichtet wurde, setzen sich meist starkwüchsige, große Sträucher durch. Wenn Sie einen bereits angelegten Garten übernehmen, bei dem die Bepflanzung so dicht ist, daß die Sträucher zurückgeschnitten werden müssen, beginnen Sie zunächst damit, unerwünschte Pflanzen zu entfernen.

Aufbauschnitt

Bei den meisten Sträuchern erfolgen Schnitt und Erziehung vor allem in den ersten Jahren nach dem Pflanzen. Zur Schaffung eines ausgewogenen Astgerüsts ist es oft nötig, überflüssige und schlechtplazierte Triebe herauszuschneiden. Vor allem bei Sträuchern, die mit zunehmendem Alter selten neue Basistriebe erzeugen, wie Magnolien und Zaubernuß *(Hamamelis)*, ist es wichtig, daß dies bereits in einem frühen Stadium geschieht.

Ein schlecht ausgeführter Schnitt kann bei Pflanzen jeden Alters ein Absterben oder Krankheiten verursachen. Wird auf die Haupttriebe zurückgeschnitten, sollte so knapp geschnitten werden, daß keine Stummel zurückbleiben. Müssen große Äste entfernt werden, so befolgen Sie die für Bäume auf S. 40 – 55 gegebenen Ratschläge. Alle anderen Schnitte sollten direkt über einer Einzelknopse oder einem Einzeltrieb erfolgen (oder über einem Knospen- oder Triebpaar, sofern sie gegenständig sind), der in die Richtung weist, in der Wachstum erwünscht ist.

Selbst an exponierten Standorten müssen nur sehr wenige Sträucher gestützt werden. Andere Schutzmethoden sind zu Beginn sinnvoller. So kann eine Schutzmatte die Kraft des Windes brechen und zudem das Austrocknen der Pflanze verhindern.

Der Schnitt ausgewachsener Sträucher

Der üblichste Erhaltungsschnitt bei ausgewachsenen Sträuchern dient der Korrektur ihrer äußeren Form. Oft neigt man spontan dazu, die längsten Triebe drastisch zu kürzen, allerdings fördert kräftiger Rückschnitt nur starkes Wachstum. Der einzige Weg, eine ausgewogenere Form zu schaffen, ist, schwache Triebe stark zurückzuschneiden, starkwüchsige dagegen nur leicht zu kürzen.

Bei manchen Sträuchern können Wildtriebe Probleme bereiten. Viele Sträucher wachsen auf ihrem eigenen Wurzelstock, aber es kommt auch vor, daß sie auf Unterlagen veredelt werden.

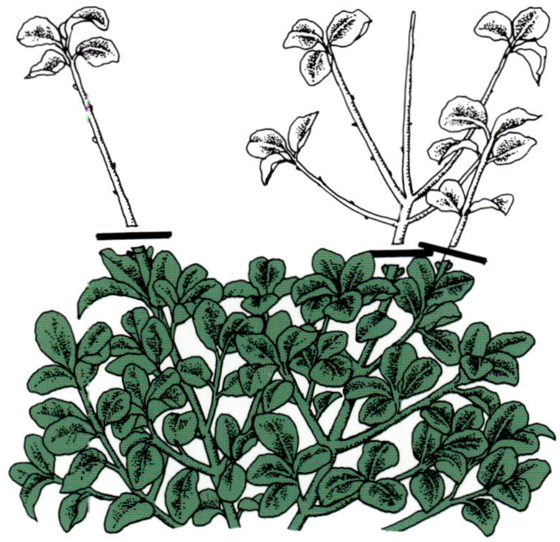

FORMERHALTUNG
Viele Sträucher besitzen von Natur aus eine klare Form, die man leicht erhalten kann, indem Triebe entfernt werden, die aus ihr herausragen.

Links: *Elaeagnus pungens* 'Maculata' kann neben den farbigen auch grünblättrige Triebe entwikkeln, wie dies übrigens auch bei einer Reihe anderer Pflanzen der Fall ist. Triebe, die wieder in ihre alte Farbgebung zurückfallen, sollten sofort ausgeschnitten werden, da sie sonst bald dominieren. Sie wachsen in der Regel stärker als die restliche Pflanze.

Sträucher, bei denen die Bildung von Wildtrieben normal ist, selbst wenn sie nicht veredelt sind, werden besser auf ihrem eigenen Wurzelstock belassen. *Sarcococca* ist ein Beispiel für einen guten Bodendecker, wenn mehrere nebeneinander gepflanzt werden. Sollten sich jedoch aus der Unterlage einer veredelten Pflanze Wildtriebe entwickeln, müssen diese umgehend beseitigt werden.

Viele Sträucher, die wegen ihres bunten Blattwerks angepflanzt werden, bilden Triebe, an denen das Laub wieder die urprüngliche grüne Färbung aufweist. Beläßt man sie an der Pflanze, beginnen sie im allgemeinen zu dominieren, da sie starkwüchsiger sind als die bunten. Schließlich bleibt keiner der Ziertriebe übrig. Schneiden Sie daher alle grünbelaubten Triebe vollständig heraus und achten Sie darauf, daß sich keine weiteren entwickeln.

Sommergrüne Sträucher

GRUPPE 1
Erwachsene sommergrüne Sträucher müssen nur noch wenig geschnitten werden. Spätere Triebe wachsen meist im Bereich eines ständigen Astgerüsts.

GRUPPE 1

Ausgewachsene sommergrüne Sträucher und Magnolienhybriden müssen wie die meisten Sträucher nur geringfügig geschnitten werden. Jedoch sollte man bei ihnen und den anderen zu dieser Gruppe gehörenden Sträuchern sanft eingreifen, damit sie ein wohlausgewogenes Astgerüst entwickeln können.

Aufbauschnitt und Erziehung

Beim Pflanzen zwischen Spätherbst und Frühlingsmitte ist es bei zahlreichen Exemplaren dieser Gruppe in der Regel nicht notwendig, zu schneiden, allerdings sollten schwache und kreuzende Triebe entfernt werden. Im Frühjahr des zweiten Jahrs ist unter Umständen dann ein zusätzlicher Korrekturschnitt notwendig, wenn Seitentriebe oder überschüssige Triebe zu eng beieinandersitzen.

1

2

3

Erhaltungsschnitt und Erziehung erwachsener Pflanzen

Im dritten und den darauffolgenden Jahren ist fast nur der Routineschnitt erforderlich, bei dem totes und krankes Holz sowie schwache Triebe entfernt werden. Sträucher aus Gruppe 1 bringen manchmal neue starkwüchsige basale Triebe hervor. Diese können manchmal als Ersatztriebe mit in die Erziehung einbezogen werden. Wenn dies jedoch nicht möglich ist, sollten sie an ihrer Basis herausgeschnitten werden, um zu verhindern, daß das Astgerüst zu dicht wird.

MAGNOLIA STELLATA

1 Beim Pflanzen zwischen Spätherbst und Frühlingsmitte sollten schlechtplazierte und schwache Triebe entfernt werden.

2 Zwischen Mitte und Ende Frühling des zweiten Jahres muß nur wenig geschnitten werden, außer wenn die Triebe zu nahe beieinanderstehen.

3 Ab dem dritten Jahr ist es im allgemeinen nur noch notwendig, totes, krankes und beschädigtes Holz herauszuschneiden.

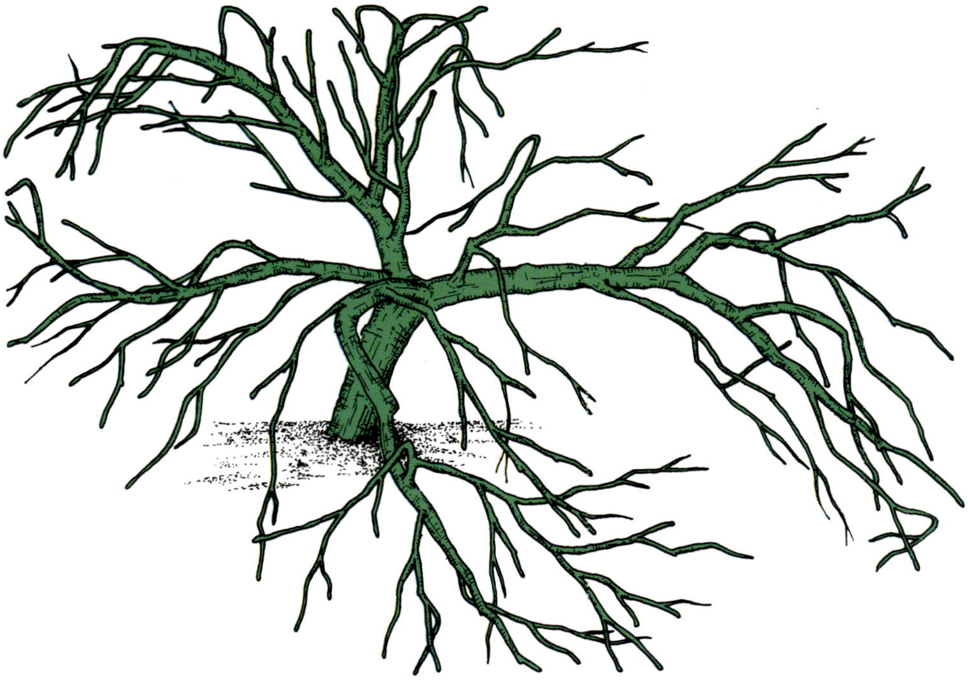

ACER PALMATUM
Das Wachstumsmuster des Japanischen Ahorns *(Acer palmatum)* ist recht kompliziert. Der Charakter der Pflanze geht verloren, wenn sich kreuzende Äste herausgeschnitten werden.

Oben links: *Acer palmatum dissectum* 'Atropurpureum' ist eine der häufigsten Sorten des Japanischen Ahorns. Im Frühstadium kann ein leichter Schnitt notwendig sein, anschließend muß jedoch nur noch minimal geschnitten werden.

Links: Der abgestufte Wuchs ist typisch für *Viburnum plicatum* 'Mariesii'. Er sollte beim Schnitt erhalten bleiben. Von Zeit zu Zeit empfiehlt es sich, alte Äste herauszuschneiden, so daß junge Triebe nachwachsen können.

Oben: *Magnolia stellata* gehört zu den beliebtesten Gartengehölzen. Wenn sich das Astgerüst einmal gebildet hat, muß es kaum geschnitten werden. Wie die meisten Magnolien entwickelt diese Art im allgemeinen starkwüchsige junge Triebe, wenn sie bis ins alte Holz zurückgeschnitten werden.

GRUPPE 2
Umfaßt Sträucher, die am einjährigen Holz blühen und jährlich nach der Blüte geschnitten werden müssen.

GRUPPE 2

Bei vielen sommergrünen Sträuchern, die im Frühjahr oder Frühsommer blühen, wachsen die Triebe, die Blütenknospen ansetzen, in der vorherigen Wachstumsperiode. Diese Sträucher neigen dazu, viele Quertriebe zu bilden, wenn sie nicht geschnitten werden. Vernachlässigte Pflanzen blühen oft nur spärlich. Das jährliche Auslichten von Holz, welches bereits Blüten getragen hat, fördert das Wachstum von Ersatztrieben an der Strauchbasis, und auch wenn alles andere unverändert bleibt, blühen diese kräftigen Triebe im darauffolgenden Jahr von selbst. Durch den jährlichen Schnitt behält der Strauch seine kompakte Form. Es ist allerdings entscheidend, daß unmittelbar nach der Blüte geschnitten wird, so daß dem jungen Holz genügend Zeit bleibt, vor dem Einbruch des Winters zu reifen und sich zu entwickeln.

DEUTZIE
1 Beim Pflanzschnitt beschädigte und schwache Triebe entfernen und alle Haupttriebe auf kräftige Knospenpaare zurücknehmen. Sträucher mit gegenständigen Blättern auf nach außen weisende Knospen einkürzen.

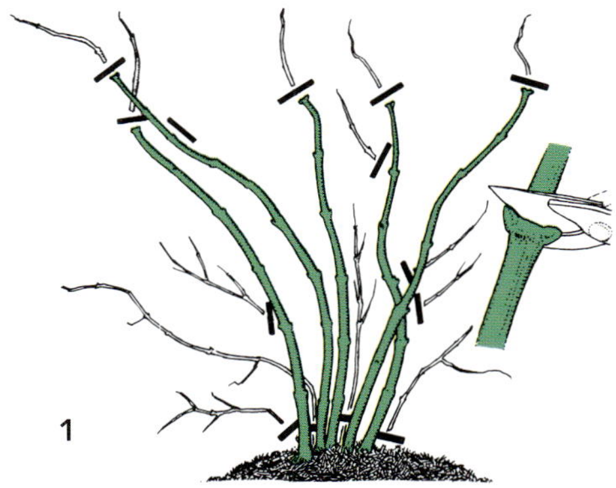
1

Rechts: *Forsythia x intermedia* und andere Forsythien tragen zu Frühjahrsbeginn reiche Blüte. Wenn sie weiterhin so schön blühen sollen, müssen Teile des Holzes, das bereits Blüten getragen hat, im späten Frühling oder Frühsommer entfernt werden.

2

3

2 Im ersten Herbst werden bei einem leichten Schnitt schwache Triebe und solche, die die Wuchsform stören, entfernt.

3 Im Hochsommer des zweiten Jahres sollten die Triebe direkt nach der Blüte auf junge, kräftige, vom Haupttrieb abzweigende Basistriebe zurückgeschnitten werden. Alle schwachen und nicht zur Form des Strauchs passenden Triebe sind zu entfernen. Diese Maßnahme jährlich wiederholen und das älteste Holz herausschneiden, wenn die Pflanze zu dicht wird.

Aufbauschnitt
Während der ersten ein bis zwei Jahre in der Baumschule und des ersten Jahres im Garten dient der Aufbauschnitt dazu, ein starkes, ausgewogenes Astgerüst zu schaffen. Nach dem Einpflanzen müssen verletzte und schwache Triebe herausgeschnitten werden. Zur Förderung des Wachstums sollten Haupttriebe um maximal 15 cm bis auf eine starke Knospe oder auf ein Knospenpaar eingekürzt werden. Wenn sich in der ersten Vegetationsperiode nach dem Pflanzen Blüten entwickeln, sollte der Erhaltungsschnitt fortgesetzt und das Holz, das bereits geblüht hat, bis auf starke Triebe zurückgeschnitten werden. Im darauffolgenden Herbst entfernt man dann schwache und schlechtplazierte Triebe und korrigiert die Pflanzenform, wo nötig.

Verjüngungsschnitt
Bei den meisten Sträuchern der Gruppe 2 tritt im zweiten Jahr nach der Pflanzung ein Wachstumsschub auf. Wenn sie anfangen zu blühen, beginnen sich unterhalb des blühenden Holzes neue Triebe zu entwickeln. Im allgemeinen sind die Triebe am kräftigsten, die sich am weitesten unten befinden, und so ist es empfehlenswert, sie beim Schnitt nach der Blüte als Ersatztriebe stehenzulassen. Dieser Rat gilt allerdings nicht immer uneingeschränkt, da auch die gewünschte Pflanzenform eine Rolle spielt.

Der Verjüngungsschnitt reicht jedoch nicht immer aus. So kann es erforderlich werden, Triebe radikaler herauszuschneiden. Wenn die erwachsene Pflanze zu dicht wird, kann bis zu einem Viertel des alten Holzes entfernt werden.

Oben: Die Kolkwitzie *(Kolkwitzia amabilis)* kann bis zu 3 m hoch werden. Im späten Frühjahr und Frühsommer trägt sie an ihren gebogenen Trieben reichlich feinschattierte Blüten. Älteres Holz nach der Blüte in der gesamten Länge herausschneiden.

Oben: *Deutzia x elegantissima* entwickelt ihre duftenden Blüten an Kurztrieben, die auf einjährigem Holz wachsen. Wenn sie nach der Blüte zurückgeschnitten wird darauf achten, daß die Buschform ausgewogen bleibt.

Ranunkelstrauch
1 Beim Pflanzen im Herbst oder zu Frühjahrsbeginn schwache Triebe entfernen, kräftige Triebe samt Seitenverzweigungen aber stehenlassen.

2 In der Wachstumsperiode wachsen neue Triebe und Wildtriebe von der Basis nach. Nach der Blüte Holz, das geblüht hat, bis zum Boden oder auf junge, starkwüchsige, weit unten auf kräftigen Ästen sitzende Triebe zurückschneiden.

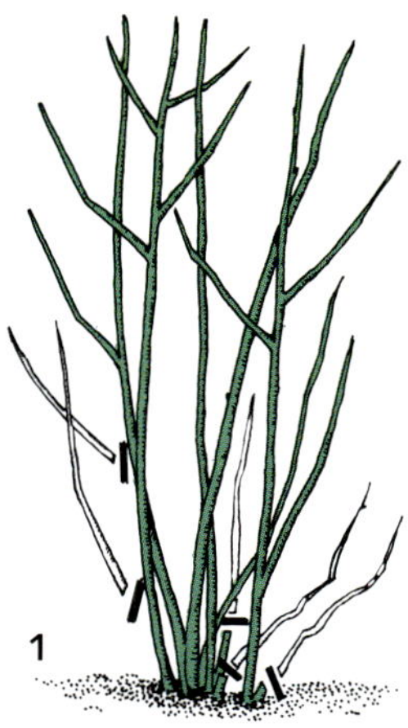
1

2

VARIANTEN VON GRUPPE 2

Es gibt eine Reihe von Sträuchern, die der zweiten Gruppe zugeordnet werden, aber leicht abweichend von dieser geschnitten werden müssen. Ranunkelsträucher *(Kerria)*, Gartenhortensien *(Hydrangea x macrophylla)* und Ginster sind die bekanntesten Sträucher dieser Kategorie.

Ranunkelsträucher

Der weitverbreitete Ranunkelstrauch bildet die meisten Triebe an der Basis. Im allgemeinen stirbt Holz, das bereits geblüht hat, spätestens im Winter ab. Am besten ist es, dieses gleich nach dem Abblühen zu entfernen. Dies fördert das Wachstum neuer Triebe und steigert die Attraktivität der Pflanze.

Hortensien *(Hydrangea)*

Die beliebten Gartenhortensien (Sorten von *Hydrangea x macrophylla*) blühen oft auch ohne oder mit nur geringem Schnitt. Es ist besser, sie lieber etwas zuwenig als jedes Frühjahr zuviel zu schneiden, in der stillen Hoffnung, daß neue Triebe am Ende der Wachstumsperiode blühen werden. Auch wenn die Hortensie spät blüht, bilden sich die Knospen, aus denen blühende Triebe hervorgehen, während der vorherigen Vegetationsperiode. Eine Pflanze, die im Frühjahr scharf zurückgeschnitten wird, wird daher im Sommer nur wenig oder gar nicht blühen. Erwachsene Pflanzen erzeugen wiederum zahlreiche dünne Zweige, und es ist daher sinnvoll, einen Teil des älteren Holzes zu entfernen. Starkwüchsige Ersatztriebe blühen in der darauffolgenden Wachstumsperiode. Stehen sie hell und luftig, fördert das die Blüte.

Rechts: 'Générale Vicomtesse de Vibraye', eine Sorte der Gartenhortensie *Hydrangea x macrophylla*, die am besten im Frühjahr geschnitten wird. Das Wachstum kräftiger Ersatztriebe wird durch das Entfernen eines Teils des alten Holzes unterstützt.

Ganz rechts: *Kerria japonica* 'Pleniflora' blüht im Frühling reichlich, allerdings stirbt ein Großteil des Holzes, das Blüten getragen hat, im Winter ab, wenn es nicht zurückgeschnitten wird. Alle Triebe, die geblüht haben, daher im Früh- oder Hochsommer entfernen.

Ginster

Ginster *(Cytisus scoparius)* und seine Hybriden werden meist nicht geschnitten. Er neigt allerdings dazu, unten kahl zu werden, welches auch durch das Zurücknehmen auf altes Holz nicht behoben werden kann. Beginnen Sie mit dem Verjüngungsschnitt im ersten Jahr, in dem der Ginster blüht, und schneiden Sie auf junge, kräftige Triebe an der Strauchbasis zurück.

Oben: Die verwelkten Blütenstände der Hortensien sollte man den Winter über an der Pflanze lassen. Sie können recht hübsch aussehen und bieten jungen Trieben einen gewissen Schutz.

Oben rechts: Eine Gartenhortensie zu Frühjahrsbeginn vor (oben rechts) und nach (ganz oben rechts) dem Entfernen des alten Holzes.

1

GINSTER
Ginster wird zwischen Früh- und Hochsommer unmittelbar nach der Blüte geschnitten. Holz, das geblüht hat, auf junge Basistriebe zurückschneiden.

2

HYDRANGEA X MACROPHYLLA
1 Bei erwachsenen Pflanzen ein Viertel bis ein Drittel der alten Triebe herausschneiden. Bei den verbleibenden die alten Blütenstände auf starke Knospenpaare zurücknehmen. Alle schwachen Triebe ebenfalls entfernen.

2 Die Hortensie blüht im Spätsommer und Frühherbst. Die meisten Blüten sitzen auf einjährigen oder älteren Trieben. Einige der kräftigsten nach dem Frühjahrsschnitt entstandenen Triebe blühen noch im selben Jahr.

GRUPPE 3
Umfaßt sommergrüne Sträucher, die auf jungen Trieben blühen und zu Frühjahrsbeginn geschnitten werden.

SOMMERGRÜNER CEANOTHUS
1 Beim Pflanzen schwache, beschädigte und schlechtplazierte Triebe entfernen und die Haupttriebe einkürzen. Triebe auf nach außen gerichtete Knospen zurückschneiden.

2 Zwischen Frühjahrsbeginn und Frühjahrsmitte des zweiten Jahres alle einjährigen Triebe bis auf kräftige, nach außen weisende Knospen zurücknehmen. Schwache Triebe entfernen.

3 Triebe mehrere Jahre nacheinander zwischen Frühjahrsbeginn und Mitte Frühjahr einkürzen. Nicht mehr als ein bis zwei Augen an den einjährigen Trieben stehenlassen.

GRUPPE 3

Zu dieser Gruppe zählen eine Reihe von Sträuchern, die im Sommer oder Herbst auf jungem Holz blühen. Sie werden zu Beginn des Frühjahrs scharf zurückgeschnitten, um so das Wachstum zu fördern. Sollten sie nicht geschnitten werden, besteht die Gefahr, daß sie über dichtwachsendem Holz neue Triebe bilden. Wenn sie blühen, so nur an den Spitzen der obersten Äste. Außerdem werden die Blüten im Laufe der Jahre immer kleiner. Scharfer Rückschnitt allein genügt aber nicht, wenn man kräftiges Wachstum und schöne Blüten erreichen will. Um optimale Ergebnisse zu erzielen, müssen den Pflanzen auch genügend Feuchtigkeit und Nährstoffe zur Verfügung stehen. Eine zur Schnittzeit aufgebrachte Mulchschicht hilft, die gewünschten Wachstumsbedingungen zu schaffen.

Gruppe 3 umfaßt starkwüchsige Pflanzen, zum Beispiel *Buddleja davidii*, aber auch Pflanzen mit schwächerem Astwerk, wie die widerstandsfähigen Fuchsien und die Blauraute *Perovskia*. Im Folgenden finden Sie drei Beispiele für den Schnitt von Sträuchern verschiedener Wüchsigkeit.

Aufbauschnitt

Beim Pflanzen zwischen Spätherbst und Frühjahrsbeginn werden schwache, beschädigte und schlechtplazierte Triebe entfernt. Der Frühjahrs-

schnitt im ersten Jahr sollte auf den Triebrückschnitt beschränkt werden; je starkwüchsiger die Pflanze, desto schärfer der Rückschnitt.

Buddleja-Triebe können um etwa drei Viertel eingekürzt werden, aber bei der Blauraute müssen die Triebe bis auf ein kräftiges Knospenpaar gekürzt werden. Die meisten dieser Sträucher blühen bereits im ersten Sommer.

Erhaltungsschnitt

Der jährliche Schnitt sollte zwischen Frühjahrsbeginn und Frühjahrsmitte vorgenommen werden. So bleibt den Pflanzen Zeit, im Frühling und Sommer Triebe zu bilden. Bei stark- und mittelstarkwachsenden Sträuchern werden beim jährlichen Schnitt die Triebe auf ein mehr oder weniger dauerhaftes Astgerüst eingekürzt. Bei Halbsträuchern wie *Perovskia* können die Triebe fast bis zur Erde zurückgenommen werden. Aber auch bei Halbsträuchern kann man eine kurze Holzbasis zurücklassen, die der Pflanze bei Randstandorten nützliche zusätzliche Höhe vermittelt.

Wenn das Astgerüst zu dicht wird, was im allgemeinen bei erwachsenen Buddlejen der Fall ist, sollte man beim jährlichen Schnitt altes Holz herausschneiden. Bei exponierten Gärten kann es jedoch ratsam sein, Triebe, die im Spätherbst geblüht haben, einzukürzen, um das Risiko von Windschäden zu reduzieren.

1

2

PEROVSKIA

Beim Pflanzen die Triebe auf kräftige Knospenpaare zurückschneiden.

1 Zwischen Frühjahrsbeginn und Frühjahrsmitte des zweiten Jahres Triebe auf kräftige Knospenpaare kurz über dem Boden einkürzen.

2 Ab dem dritten Jahr den Schnitt des zweiten Jahres wiederholen. Keine Stummel stehenlassen, die in der nachfolgenden Wachstumsperiode nur zurücktrocknen.

Links: *Hydrangea paniculata* entwickelt schöne Blütenstände auf jungem Holz. Die Triebe jährlich wegschneiden; dabei ein niedriges Astgerüst stehenlassen.

Rechts oben und unten: Beim herkömmlichen Schnitt von *Perovskia* alle Triebe zwischen Frühjahrsbeginn und Frühjahrsmitte bis kurz über dem Erdreich zurücknehmen. Man kann auch eine kurze Basis belassen, um zusätzlich an Höhe zu gewinnen.

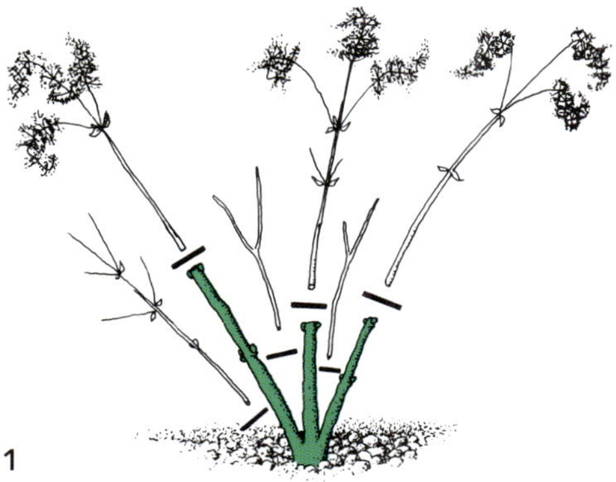
1

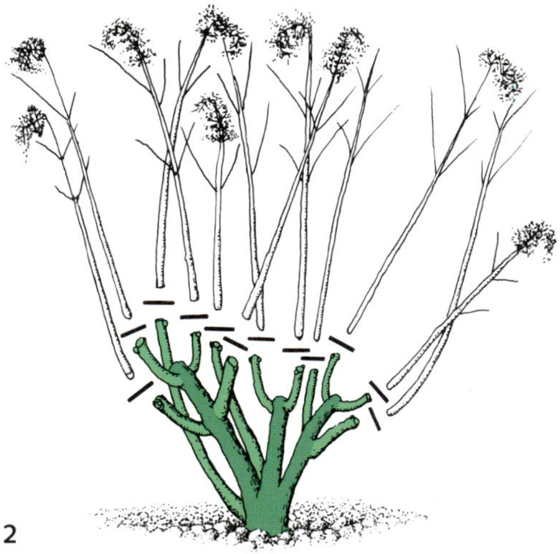
2

Oben: *Ceratostigma willmottianum* wird geschnitten wie *Perovskia*: Mitte Frühling werden alle Triebe bis knapp über der Erdoberfläche eingekürzt.

Rechts: *Buddleja davidii, B. fallowiana* und deren Hybriden, wie die hier gezeigte 'West Hill', sind starkwüchsige Sträucher, die jedes Frühjahr auf ein permanentes Astgerüst zurückgeschnitten werden.

3

BUDDLEJA DAVIDII

1 Zwischen Anfang und Mitte Frühjahr des ersten Jahres schwache Triebe vollständig herausschneiden und die Haupttriebe um die Hälfte bis drei Viertel kürzen. Dabei auf kräftige Knospen oder Triebe einkürzen. Lange Triebe, die sich während der Vegetationsperiode entwickeln, blühen im Spätsommer.

2 Zwischen Anfang und Mitte Frühjahr des zweiten Jahres basale Triebe des vorherigen Sommers an die Höhe des Astgerüsts anpassen. Bereits abgeblühte Triebe auf ein oder zwei Augen innerhalb des Gerüsts einkürzen.

3 An exponierten Standorten die Haupttriebe Mitte Herbst etwa um ein Drittel zurücknehmen, um Windschäden vorzubeugen.

Links: *Buddleja davidii nanhoensis* ist schlanker als die meisten Buddlejen. Hier sieht man einen in der Frühlingsmitte durchgeführten Schnitt, bei dem die Vorjahrestriebe auf kräftige Knospen und Triebe eingekürzt werden.

4

5

4/5 Bei ausgewachsenen Exemplaren zwischen Anfang und Mitte Frühling wie gewöhnlich schneiden. Wenn das Astgerüst zu dicht wird, einige alte Äste ganz entfernen und neue basale Triebe nach Bedarf einbeziehen.

GRUPPE 4
Umfaßt Sträucher, die im Frühjahr scharf geschnitten werden, wodurch Laub oder Rinde besonders zur Geltung kommen.

GRUPPE 4

Durch scharfen Frühjahrsschnitt und reichliche Düngung kann die Blattgröße von Sträuchern, die hauptsächlich wegen ihres schönen Blattwerks angepflanzt werden, verbessert werden. Sorten des Schwarzen Holunders *(Sambucus nigra)*, die goldene, gesprenkelte oder fein gezähnte Blätter tragen, sprechen hierauf gut an. Dies gilt auch für den Rotblättrigen Perückenstrauch *Cotinus coggygria* 'Rubrifolius'. Größere Blätter können auch wie bei *Rhus typhina* zu intensiverer Herbstfärbung führen. Wenn man im Frühling Sträucher mit schönen farbigen Trieben stark zurückschneidet, bilden sie Jahr für Jahr neue, die im Winter höheren Zierwert haben als die älteren Triebe. Die rot-grünen Hartriegel *Cornus alba* und *Cornus stolonifera* 'Flaviramea' gehören zu den Sträuchern, bei denen man so vorgeht. Auch bei Brombeeren mit weißem Astwerk, zum Beispiel *Rubus cockburnianus*, wird der Ziereffekt am besten durch scharfen jährlichen Rückschnitt erreicht. Nach dem ersten Winter verlieren die Triebe allerdings ihre weiße Farbe.

Da die meisten Sträucher der Gruppe 4 auf einjährigem Holz blühen, muß man auf die Blüten verzichten, wenn man im Frühjahr scharf zurückschneidet. In den meisten Fällen tröstet die Schönheit der Blätter allerdings leicht über den Verlust der Blüte hinweg. Außerdem ist es so möglich, in relativ kleinen Gärten eine größere Zahl schöner Pflanzen zu kultivieren, welches nicht denkbar wäre, wenn diese ihre volle Größe entfalten würden.

Aufbauschnitt

Einige Sträucher dieser Gruppe, wie die weißstämmigen Brombeeren, neigen zur Bildung von Wildtrieben und bilden keine Holzbasis. Im Frühjahr des ersten Jahrs werden alle Triebe bis zum Boden zurückgeschnitten. Hartriegel und Weiden schneidet man im allgemeinen bis auf 7,5 – 10 cm Höhe zurück, so daß ein niedriges Holzgerüst oder ein Stumpf entsteht. Starkwüchsigere Sträucher wie *Cotinus coggygria* werden auf drei bis vier Triebe von etwa 30 – 50 cm Länge zurückgeschnitten. Bei Sträuchern, die ein Astgerüst bilden, kann die Schnitthöhe entsprechend dem Standort variiert werden. Weiden werden zum Beispiel oft als Kopfweiden gezogen, wobei sich über zwei oder drei Jahre nur ein einziger Stamm entwickeln darf, der dann zurückgeschnitten wird.

Erhaltungsschnitt

Sträucher, die kein Astgerüst bilden, werden zwischen Frühjahrsbeginn und Frühjahrsmitte bis zum Boden zurückgeschnitten. Im allgemeinen kürzt man bei anderen Sträuchern die Vorjahrestriebe sobald sie austreiben bis fast an das Gerüst. Manchmal bringt jedoch ein weniger drastischer Schnitt mehr, vor allem bei Pflanzen, die wegen

COTINUS COGGYGRIA
Bei Zuchtsorten wie *C. c.* 'Rubrifolius', die vorwiegend wegen ihres Blattwerks gesetzt werden, ist ein jährlicher scharfer Schnitt empfehlenswert. Danach entwickeln sich allerdings keine Blüten mehr.

1 Beim Pflanzen zwischen Anfang und Mitte Frühjahr alle schwachen Triebe an der Basis abschneiden. Verbleibende starke Triebe auf 30 – 40 cm einkürzen. Starkwüchsige Triebe tragen dann in der warmen Jahreszeit intensiv gefärbte Blätter.

2 In den darauffolgenden Jahren jeweils zu Frühjahrsbeginn die Vorjahrestriebe auf ein bis zwei Augen, 2,5 – 5 cm entfernt vom Astgerüst, scharf zurückschneiden.

1

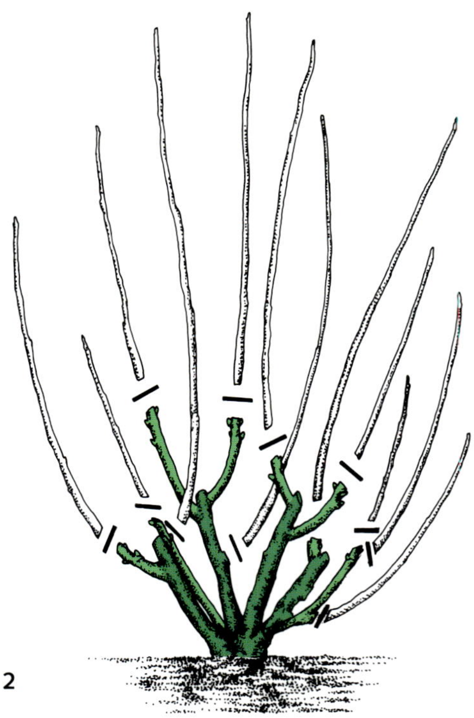

2

ihres dekorativen Laubs angepflanzt werden. Bei Holunder sollten in einem Jahr nur 50 % der Triebe bis zum Gerüst zurückgenommen werden. In dem darauffolgenden Frühjahr empfiehlt es sich, all die Triebe, die im Vorjahr nur wenig eingekürzt wurden, bis knapp aufs Grundgerüst zu entfernen.

2

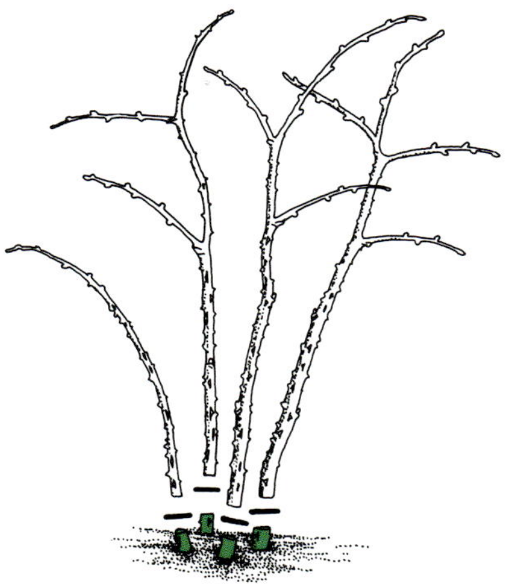

1

3

RUBUS COCKBURNIANUS

1 Beim Pflanzen Anfang bis Mitte Frühjahr alle Triebe an der Basis abschneiden.

2 Ab dem ersten Jahr bilden die Pflanzen in der Wachstumsperiode neue Triebe, die selbst ohne Blätter attraktiv sind.

3 Ab dem zweiten Jahr werden zwischen Anfang und Mitte Frühjahr alle Triebe bis knapp oberhalb der Erdoberfläche gekürzt.

Ganz links: Die bläulich bereiften Triebe unter dunkelrosa Blüten sind bei *Rubus cockburnianus* vor allem im Herbst und Winter sehr dekorativ. Jedes Jahr entstehen neue Triebe, nachdem die alten in der ersten Frühlingshälfte entfernt worden sind.

Links: Das Laubwerk von *Cotinus coggygria* 'Flame' nimmt im Herbst eine leuchtende Färbung an. Diese Wirkung wird durch einen jährlichen Frühjahrsschnitt noch verstärkt, allerdings auf Kosten der rosaroten Blüte. Auf diese Art geschnittene Exemplare sollten gründlich gemulcht und gedüngt werden.

Rechts: Wird *Cornus alba* 'Sibirica' jährlich zurückgeschnitten, entwickeln sich kräftige Triebe, die auch im Winter durch ihre leuchtend scharlachrote Farbe attraktiv sind.

Kopfformen und auf Stöcke gesetzte Bäume

In der Schnittmethode, die in erster Linie die Zierwirkung von Laub und Rinde erhöhen soll, sind in erster Linie zwei traditionelle Techniken der Waldpflege vereint. Das Köpfen oder Kappen der Bäume und das Auf-den-Stock-Setzen wurde beispielsweise bei der Edelkastanie *(Castanea sativa)* zur Feuer- und Nutzholzproduktion eingesetzt. Diese Methode kann ebenfalls bei Bäumen angewendet werden, die farbige Triebe aufweisen und normalerweise sehr hoch werden. Beispiele hierfür sind Sorten von *Salix alba* und der Götterbaum *(Ailantus altissima)*, der zudem ein ausgesprochen üppiges Blattwerk hat. Eukalyptus gehört auch dazu, wobei er, im Gegensatz zu den restlichen Gehölzen dieser Gruppe, immergrün ist. Wenn sie strauchgroß gehalten werden, behalten sie das attraktive Blattwerk der Jungpflanze.

CORNUS ALBA

1 Beim Pflanzen zwischen Anfang und Mitte Frühjahr alle Triebe bis auf eine Basis von 5 – 10 cm scharf zurückschneiden. Die biegsamen Triebe, die sich im Laufe der warmen Jahreszeit entwickeln, nehmen im Herbst und Winter eine intensive Färbung an.

2 Ab dem zweiten Jahr zwischen Anfang und Mitte Frühjahr alle schwachen Triebe entfernen und die Haupttriebe bis auf 5 – 8 cm Höhe einkürzen.

1

2

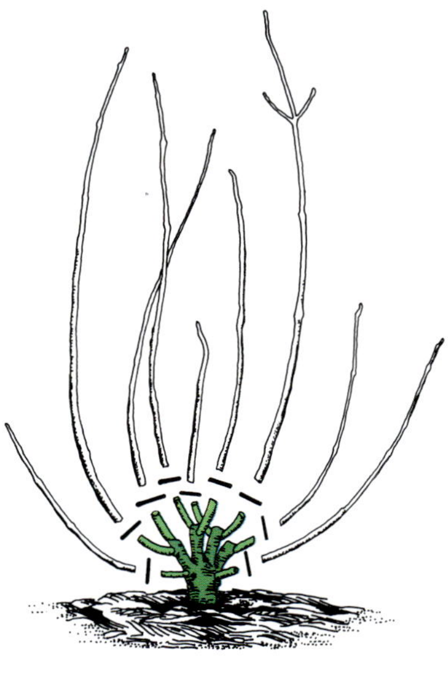

Oben, ganz oben rechts und links: In nassen und feuchten Böden entwickelt *Cornus stolonifera* 'Flaviramea' Wildtriebe, das heißt eine dichte Masse leuchtend hellgrüner Triebe (oben).

Die Färbung ist auf jungem Holz intensiver, daher alle Triebe im Frühjahr an der Basis abschneiden (links und rechts oben).

Links: Viele Weiden besitzen ein dekoratives Astwerk, das im Winter ausgesprochen hübsch aussieht. Diese auf die Stöcke gesetzte *Salix irrorata* entwickelt auf den stark bereiften purpurnen Trieben weiße Blüten.

Links: Bei jungen Trieben von *Salix irrorata* (oben links) fällt vor allem die Färbung auf. Beim jährlichen Schnitt im Frühjahr soll das Wachstum von jungem Holz gefördert werden. Dabei die ältesten Äste bis zur Basis entfernen!

Links: Wenn das alte Holz entfernt wird (oben links), gleichzeitig einige neue Basistriebe als Ersatztriebe zur Förderung der Verzweigung einkürzen. Einige der älteren Triebe sollten völlig entfernt werden.

EUKALYPTUS
(ganz oben und oben)
Eucalyptus kann im Frühjahr gekappt oder auf die Stöcke gesetzt werden (oben). Dies ist eine Technik, die vor allem bei Arten mit besonders attraktivem Blattwerk wie *E. gunnii* Anwendung findet. Beim Auf-die-Stöcke-Setzen wird die Pflanze bis fast zum Boden zurückgeschnitten, beim Kappen bleibt ein Stamm in gewünschter Höhe stehen; anschließend werden die Triebe einmal im Jahr bis auf diesen Stamm eingekürzt. Eine andere Möglichkeit, die buschige Form zu halten (siehe oben), ist, den Leittrieb direkt unterhalb der gewünschten Größe einzukürzen und die Pflanze in den Folgejahren konsequent auf dieser Höhe zu halten, das heißt, aufrechtstehende Triebe zwischen Frühjahrsbeginn und Frühjahrsmitte zurückzunehmen.

Immergrüne Sträucher

GRUPPE 1
Umfaßt immergrüne Sträucher, die kaum geschnitten werden müssen.

KAMELIEN
1 Zur Förderung des buschigen Wachstums wird bei hochgewachsenen Exemplaren Mitte bis Ende Frühjahr der Leittrieb oberhalb einer kräftigen Knospe zurückgeschnitten.

2 Zwischen Früh- und Hochsommer den obersten Seitentrieb als Ersatzleittrieb ziehen.

Oben: Auch wenn Kamelien im Wachstum variieren, kann man davon ausgehen, daß sie nur wenig geschnitten werden müssen. Ein früher Schnitt führt zu reicher Blüte.

Rechts: Bei Rhododendren sollten abgeblühte Blütenstände sofort entfernt werden, außer wenn Samen zur Vermehrung benötigt werden. Hierdurch entstehen, im Gegensatz zu dem abgebildeten Exemplar, starkwüchsige neue Triebe.

GRUPPE 1

Die meisten immergrünen Laubsträucher müssen nur sehr wenig zurückgeschnitten und erzogen werden. Wenn sie gute Bedingungen und genügend Raum vorfinden, entwickeln die meisten eine natürliche buschige und regelmäßige Form. Haben junge immergrüne Pflanzen, wie etwa Kamelien, schwache Leittriebe, schafft ein Korrekturschnitt das nötige Gleichgewicht. Durch Kürzung des Leittriebs um 5 – 8 cm fördert man die Entwicklung von Seitentrieben, so daß der oberste zu einem Ersatzleittrieb erzogen werden kann.

Bei allen Sträuchern wird es von Zeit zu Zeit notwendig sein, totes, krankes oder schadhaftes Holz sowie sich kreuzende Äste zu entfernen. Die Triebe, die die Pflanzenform stören, sollten ebenfalls ausgeschnitten werden.

Auch wenn die meisten Arbeiten zu jeder Jahreszeit durchgeführt werden können, sollten wachstumsfördernde Schnitte nur in der zweiten Frühlingshälfte vorgenommen werden. Früher Schnitt führt zu vorzeitigem Austrieb und erhöht so die Gefahr von Frost- und Windschäden. Wird später in der Wachstumsperiode geschnitten, reifen die Triebe vermutlich nicht vor Wintereinbruch und könnten zurückfrieren.

Die Samenproduktion verbraucht Energie, welche sonst in die Bildung neuer Triebe und Blütenknospen gesteckt würde. Daher sollte man wenn möglich bei immergrünen Sträuchern wie Rhododendren, die viel Samen erzeugen, die Blütenstände entfernen, sobald sie abgeblüht sind.

Zwergkoniferen

Einige der sogenannten „Zwergkoniferen" erreichen eine Endhöhe von 1,80 m, aber selbst sie sind kompakte, langsam wachsende Sträucher. Angepflanzt werden sie wegen ihrer interessanten Form, der schönen Färbung und Benadelung. Solange sie gesund sind, ist kein Schnitt notwendig. Werden aber Triebe entfernt, läuft man Gefahr, das Charakteristische der Pflanze zu zerstören. Durch Pinzieren der oberen Hälfte der kerzenförmigen Knospen im Frühjahr, wenn die Nadeln anfangen länger zu werden, kann man eine kompaktere Form erreichen.

Wenn Triebe, vor allem Basistriebe, absterben, sind meist benachbarte Pflanzen, die dem Strauch das Licht nehmen, die Ursache. Es ist unwahrscheinlich, daß sich neue Triebe aus altem, eingekürztem Holz entwickeln.

Oben: Bei jedem Koniferenschnitt muß dem Wachstumsverhalten der Art oder Sorte Rechnung getragen werden.

Links: Die meisten Koniferen, vor allem Zwergarten und langsam wachsende Arten und Sorten, sollten nur ganz gering zurückgenommen werden. *Picea glauca* 'Conica' bildet von sich aus eine klare Pyramidenform.

GRUPPE 2
Umfaßt sommergrüne Laubsträucher oder Halbsträucher, die scharf zurückgeschnitten werden, damit sie ihre kompakte Form behalten oder schöner blühen.

GRUPPE 2

Eine Reihe von kleinen immergrünen Sträuchern neigt dazu, einzugehen, wenn sie sich selbst überlassen bleiben. Sie setzen dann immer weniger Blüten an und verkahlen an der Basis. Einige vertragen es, eher grob behandelt zu werden. Heiligenkraut *(Santolina)* kann man zum Beispiel im Frühjahr fast bis zum Boden zurückschneiden. Am besten verfährt man jährlich so, obwohl auch schwächer geschnitten werden kann. Einige Sträucher werden als Bodendecker gepflanzt, zum Beipiel das Johanniskraut *(Hypericum calycinum)* und die Gewöhnliche Mahonie *(Mahonia aquifolium)*. Hier sollten die alten Triebe im Frühjahr zurückgeschnitten werden.

Lavendel

Aus Lavendelholz wachsen nicht ohne weiteres neue Triebe nach. Daher müssen diese Sträucher von Anfang an buschig gehalten werden. Jungpflanzen sollten im ersten Jahr hart zurückgeschnitten und in den darauffolgenden Jahren Mitte Frühling, sobald der Austrieb beginnt, geschnitten werden. Es ist zwar möglich, verwelkte Blütenstände im Herbst zu entfernen, allerdings ist es in kalten Regionen sinnvoll, sie den Winter hindurch zu belassen. Erst beim Frühjahrsschnitt werden sie entfernt, so daß ihre Blätter vor strengem Frost geschützt bleiben.

LAVENDEL
1 Mitte Frühjahr des ersten Jahres neu gepflanzten Lavendel scharf einkürzen, so daß sich kräftiges, buschiges Wachstum entwickelt.

2 Wenn erwachsene Pflanzen ihre kompakte Form behalten und kräftig wachsen sollen, sollten jedes Jahr zur Frühlingsmitte verblühte Blütendolden und 2 – 5 cm des Vorjahrholzes entfernt werden.

1

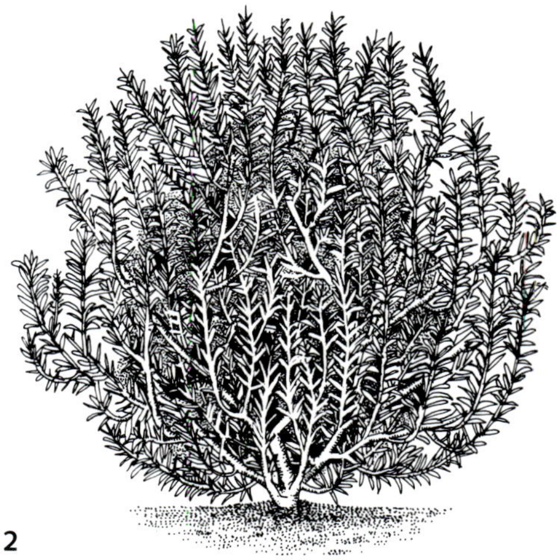

2

Rechts: Abgestorbene Lavendelblütenstände schützen Triebe vor Frost im Winter. Man sollte sie, außer in milden Klimazonen, erst Mitte Frühjahr entfernen.

Ganz rechts: Lavendel Mitte Frühling schneiden. Nicht ins alte Holz zurückschneiden und die runde, buschige Form erhalten.

Oben: Die zahlreichen Sorten von *Calluna vulgaris*, wie auch 'H. E. Beale', gehören zu den Heidekrautgewächsen, die in die Höhe schießen, wenn sie nicht im Frühjahr eingekürzt werden.

Oben: Die meisten Lavendelarten, auch der recht kompakte *Lavandula angustifolia* 'Hidcote', verkahlen an der Basis, wenn sie nicht jährlich geschnitten werden. Anschließend ist eine Verjüngung auch durch Schnitt ins alte Holz nicht mehr möglich.

VERBLÜHTE BLÜTENSTÄNDE ENTFERNEN
Auch im Winter behalten die abgeblühten Blütenstände bei vielen im Sommer und Herbst blühenden Heidekrautarten ihre Attraktivität. Sie werden erst in der Frühjahrsmitte entfernt, indem man sie direkt unter dem Blütenstand abschneidet.

Heidekraut

Die verschiedenen Heidekrautarten werden recht unterschiedlich behandelt. Bei manchen müssen lediglich die verblühten Blüten pinziert werden, ansonsten werden sie nicht oder kaum geschnitten. Das im Sommer und Herbst blühende Heidekraut (*Calluna vulgaris, Daboecia cantabrica, Erica ciliaris, E. vagans* und ihre Zuchtsorten) verkahlen und blühen immer weniger, wenn sie nicht regelmäßig im Frühjahr zurückgeschnitten werden. Einige Arten behalten auch im Winter ihr dekoratives Blattwerk.

Verjüngungsschnitt

Rechts: Im allgemeinen blüht Flieder *(Syringa vulgaris)* jahrelang schön, vor allem wenn abgeblühte Blütenstände entfernt werden.

FLIEDER VERJÜNGEN
1 Wenn ein Flieder an der Basis verkahlt, wird zwischen Spätherbst und Winterende ein drastischer Verjüngungsschnitt vorgenommen. Alle Haupttriebe bis auf 60 cm Höhe einkürzen und die Triebe entfernen, die aus der Pflanzenform herausragen. Schwache Triebe ebenfalls herausschneiden.

2 In der Herbstmitte desselben Jahrs pro Haupttrieb nur zwei bis drei der am besten plazierten und kräftigsten Triebe stehen lassen. Alle anderen entfernen.

1

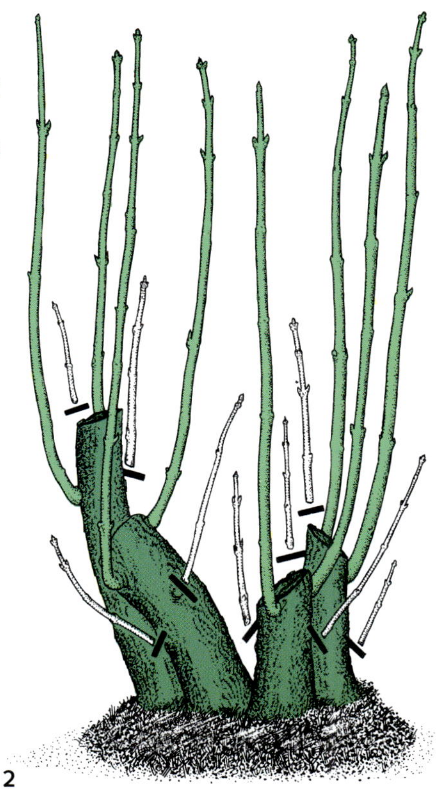

2

Will man einen vernachlässigten Strauch oder einen Strauch, der für seinen Standort zu groß geworden ist, verjüngen, ist ein scharfer Rückschnitt am geeignetsten. Allerdings ist dies kein Allheilmittel, und bei weniger verbreiteten Gehölzen sollte man auch andere Lösungen in Erwägung ziehen. Vielleicht ist es möglich, eine Nachbarpflanze zu opfern. Es ist sicher empfehlenswert, seltene Pflanzen vor großen Schnitten erst zu vermehren. Die Wahrscheinlichkeit, daß sich der Strauch nach dem Rückschnitt gut erholt, wird erhöht, wenn er ausreichend gedüngt und gewässert wird. Besonders kritisch und daher entscheidend ist die erste Wachstumsperiode nach dem Schnitt.

Sommergrüne Sträucher

Flieder und viele andere sommergrüne Sträucher können in einem einzigen Arbeitsgang in der Ruhezeit scharf zurückgeschnitten werden. Dabei werden alle Haupttriebe auf 30 – 60 cm eingekürzt und nur gesundes, gutplaziertes Holz als Basis der verjüngten Pflanze belassen. In der folgenden Vegetationsperiode wachsen aus den Stummeln zahlreiche Triebe. Im zweiten Winter müssen diese ausgelichtet werden, wobei zwei oder drei starke Triebe pro Stummel stehenbleiben.

Bei einigen sommergrünen oder laubabwerfenden Sträuchern mit lockerem Astgerüst kann man den scharfen Schnitt über zwei Jahre verteilen. Dies gilt zum Beispiel für *Deutzia* und *Philadelphus*. Im ersten Winter sollte nur etwa die Hälfte des alten Holzes herausgeschnitten werden, das verbleibende alte Holz in der darauffolgenden Ruhezeit. Bis dahin müssen sich bereits neue, kräftige Basistriebe gebildet haben. Die Blüte ist zwei Jahre eingeschränkt, im dritten Sommer dann wieder normal.

Immergrüne Sträucher

Rhododendren und Kirschlorbeer *(Prunus laurocerasus)*, die normalerweise wenig geschnitten werden müssen, sind typische Beispiele für starkwüchsige immergrüne Sträucher, die schließlich zu groß werden können. Die meisten davon reagieren gut, wenn sie auf 60 cm über Bodenhöhe eingekürzt werden. Wenn sich der Strauch gleichmäßig entwickeln soll, wird der scharfe Schnitt am besten im späten Frühjahr oder zu Sommeranfang in einem Zug durchgeführt. Rhododendren können direkt nach der Blüte geschnitten werden. Mit dem Schnitt von Lorbeer sollte man jedoch bis in den frühen Sommer warten, denn er ist, wie alle *Prunus*, bleiglanzanfällig oder kann vom Rindenbrand befallen werden.

1

2

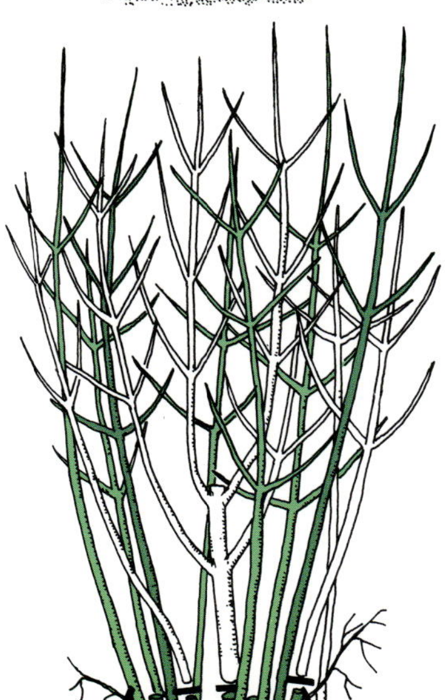

3

DEUTZIEN VERJÜNGEN (links)

1 Wenn eine *Deutzia* alt und dicht wird, muß zwischen Spätherbst und Winterende ein drastischer Verjüngungsschnitt vorgenommen werden. Im ersten Winter alle schwachen Triebe an der Basis entfernen. Kräftige Basistriebe stehenlassen. Etwa die Hälfte des alten Holzes bis knapp über dem Boden zurückschneiden.

2 Im darauffolgenden Sommer gibt es nur einige Blüten auf dem verbleibenden Holz. Es entwickeln sich neue Triebe aus dem Wurzelstock und von der Basis aus.

3 Zwischen Spätherbst und Winterende des zweiten Jahres werden die verbleibenden alten Triebe herausgeschnitten. Im darauffolgenden Sommer blüht die Deutzie auf einjährigen Trieben.

KIRSCHLORBEER VERJÜNGEN (rechts)

1 Wenn Kirschlorbeer *(Prunus laurocerasus)* verkahlt oder zu groß wird, muß er Mitte bis Ende Frühling scharf zurückgeschnitten werden. Alle Haupttriebe auf 30 – 60 cm Höhe einkürzen und schwache verbleibende Triebe entfernen.

2 Gleichzeitig schlechtplazierte Stummel, die zu einem ungleichmäßigen Wuchs führen würden, vollständig entfernen.

3 Die Zahl der Triebe pro Stummel Mitte bis Ende Frühjahr des zweiten Jahres auf zwei bis drei reduzieren. Die kräftigsten und bestplazierten hingegen stehenlassen.

1

2

3

KLETTERSTRÄUCHER UND -PFLANZEN

Kletterpflanzen sind ausgesprochen vielseitig. Oft besitzen sie speziell geformte Blätter, Triebe oder Ranken, mit denen sie sich an anderen Pflanzen, Felsen oder Baumstämmen festhalten und hochklettern können. Im allgemeinen werden die echten Kletterpflanzen und eine Reihe von Sträuchern, die an Mauern emporgezogen werden können, zusammengefaßt. In manchen Fällen handelt es sich dabei um Sträucher, die sich als solitäre Pflanze nicht optimal entwickeln würden und viel besser gedeihen, wenn sie an einer sonnigen Mauer emporwachsen können. Andere, die weiche, biegsame Triebe haben, lassen sich leicht an geeigneten Stützen ziehen.

Kletterpflanzen und Kettersträucher sind ausgesprochen nützliche Ziergehölze. Viele wachsen schnell, verdecken rasch kahle Stellen und vermitteln so bald den Eindruck eines fertigen Gartens. Wenn sie inmitten vom Garten über Bögen oder Lauben ranken, wirken sie höher und viel älter, als das bei Bäumen der Fall wäre. Einige dieser Pflanzen sind außergewöhnlich schön. Bei ihnen lohnt sich die Mühe, sie so gut wie möglich zu präsentieren. Das Vorurteil, daß sie Gebäude und andere Stützvorrichtungen angreifen, ist weit verbreitet. In Wirklichkeit ist das Risiko äußerst gering, unter der Voraussetzung, daß für die richtige Pflanze der richtige Standort ausgesucht wird. Überzeugen Sie sich lediglich vor der Wahl des Standorts davon, ob die Kletterhilfen ausreichend stabil sind und Mauern keine Risse oder schadhafte Stellen aufweisen.

Oben rechts: Starkwüchsige, von selbst kletternde Schlingpflanzen, wie *Parthenocissus tricuspidata,* können ohne weiteres ein kleines Haus überwuchern. Aber auch bei großen Gebäuden ist es notwendig, an Fenstern, Türen und Regenrinnen die Pflanze zurückzuschneiden.

Rechts: Glyzinen und Efeu *(Hedera)* kann man auf unterschiedliche Art erziehen. Hier wachsen Glyzinen horizontal aus dem oberen Terrassenbereich. Sie sind an Balken befestigt, die sich über einen Mauereinschnitt spannen. Ein gescheckter Efeu fungiert in den bogenförmigen Nischen als Blickfang.

Links: Wildsorten und Hybriden der *Chaenomeles* gehören zu den beliebtesten frühjahrsblühenden Klettersträuchern. Durch regelmäßigen Schnitt nach dem Flor bilden sich Kurztriebe mit Blütenknospen.

Links: Es kann ein bis zwei Jahre dauern, bis Jungpflanzen von *Hydrangea anomala petiolaris* sich am Klettergerüst wirksam festhalten. Wenn die Luftwurzeln einmal gegriffen haben, wächst die Pflanze stark und kann auch einen großen Baum erklettern.

Oben: Efeu ist eine wertvolle Kletterpflanze, die unter den unterschiedlichsten Wachstumsbedingungen wächst. Er ist in der Lage, sich fast jeder Form anzupassen, und kann problemlos gestutzt werden.

Verschiedene Arten von Klettersträuchern und -pflanzen

Echte Kletterpflanzen wie Efeu *(Hedera)* und Wilder Wein *(Parthenocissus quinquefolia)* sind natürliche Kletterer. Sie besitzen Haftwurzeln oder Haftscheiben, mit denen sie die meisten Oberflächen ohne weitere Stütze erklettern können. Weitere große Gruppen sind die Schlingpflanzen und Rankenkletterer, die sich durch ineinander verschlungene Triebe, Blattranken oder Sproßranken auszeichnen. Hierzu zählen Clematis und Wisteria (Glyzine). In der freien Natur wachsen sie zum Licht hin, indem sie an den Trieben anderer Pflanzen Halt suchen. Einige Kletterpflanzen arbeiten dabei ohne Rücksicht auf Verluste. Rosen bedienen sich zum Beispiel ihrer Stacheln (Spreizklimmer), um sich an anderen Pflanzen oder an Steinen festzuhalten. Andere Pflanzen besitzen flexible Triebe, wie *Solanum crispum*, und setzen auf schnelles Wachstum.

Unten: Schlingpflanzen, wie das Geißblatt *(Lonicera)*, winden sich über Drähte, Klettergerüste oder Geflechte. *Lonicera x americana* kann man direkt nach der Blüte zurückschneiden. Wie die meisten Geißblattarten wird sie unten kahl und unscheinbar, wenn sie nicht regelmäßig geschnitten wird.

Die Sträucher, die an Wänden hinauf erzogen werden, sind oft solche, die auch gut mitten im Garten gepflanzt werden könnten und auf Schnitt- und Erziehungsmaßnahmen gut reagieren. Die Zierquitte *Chaenomeles* kann beispielsweise mit einem Obstspalier verglichen werden. Der Kurztriebschnitt, der eine reiche Blüte bringen soll, ist im wesentlichen der gleiche wie derjenige, der bei Apfelspalieren und Schnurbäumen für eine gute Ernte sorgt.

In kühlen und gemäßigten Klimazonen bieten Mauern oder Zäune, an denen die Sträucher hinaufwachsen, guten Schutz. Dies ist vor allem dann günstig, wenn diese nicht sehr winterhart sind und gerade noch robust genug, um draußen zu wachsen. Auf offener Fläche hätten sie im kalten Winter oder Frühjahr vermutlich nur eine geringe Überlebenschance, können aber an einer sonnigen Mauer viele Jahre gedeihen.

Kletterhilfen

Selbstkletternde Pflanzen brauchen lediglich eine Fläche, an der sie sich festhalten können. Man sollte auf jeden Fall vorher die Stabilität des Baums oder Gebäudeteils, über das sie ranken sollen, überprüfen.

Mit am schönsten sieht es aus, wenn man Schlingpflanzen durch Sträucher hindurch in Bäume sich hinaufwinden läßt. Die Kletterstütze muß allerdings solide sein. Eiben-Kunstformen *(Taxus baccata)* oder Hecken können mit Kletternder Kapuzinerkresse *(Tropaeolum peregrinum)* geschmückt werden. *Clematis montana* würde sie allerdings erdrücken. Bei sehr starkwüchsigen Arten wie *Hydrangea anomala petiolaris* muß ein kräftiger Baum als Stütze dienen.

Das Krankheitsrisiko kann durch eine gute Luftzirkulation reduziert werden. Daher sollten alle Stützvorrichtungen einen gewissen Abstand von der Kletterfläche haben. Drähte sollten durch Abstandshalter 15 – 20 cm von der Wand entfernt gehalten werden. Wenn Kletterpflanzen und -sträucher gemischt gepflanzt werden sollen, werden die Drähte üblicherweise waagerecht an der Wand entlanggeführt, doch ziehen die meisten Schlingpflanzen eine senkrechte Drahtführung vor. Alte Baumstämme umwickelt man oft mit Maschendraht, manchmal aber auch lebende Bäume für kürzere Kletterpflanzen, darunter einige Clematisarten.

Besonders schön kommen blühende Kletterpflanzen auf Bögen und Pergolen zur Geltung. Die langen Blütentrauben einiger Glyzinen, beispielsweise von *Wisteria floribunda* 'Macrobotrys', können über 90 cm lang werden. Sie wirken am elegantesten, wenn sie frei hängen können. Die Bögen und Pergolen müssen solide gebaut sein, wenn sie das beträchtliche Gewicht erwachsener Pflanzen tragen sollen.

Schnitt und Erziehung allgemein

Bei Schnitt und Erziehung muß zwischen grundsätzlich verschiedenen Typen von Kletterpflanzen und -sträuchern unterschieden werden. Ist genügend Raum vorhanden, sollte man sie frei wachsen lassen, denn ein Großteil ihrer Schönheit liegt ja darin, daß sie alles überwuchern. Es gibt aber auch eine Reihe von Kletterpflanzen und -sträuchern, die ein unübersichtliches Durcheinander bilden, wenn man sie nicht regelmäßig schneidet und erzieht. Sie nehmen dann nur viel Platz ein, ohne aber schön auszusehen.

Es muß in jedem Fall betont werden, daß es bei allen Kletersträuchern und -pflanzen sehr wichtig ist, daß sie an richtiger Stelle gepflanzt und frühzeitig geformt werden. Der Boden in der Nähe von Wänden ist im allgemeinen nährstoffarm und trocken. Man sollte ihn durch Gaben von Kompost anreichern. Pflanzen Sie in etwa 50 cm Entfernung von der Wand, wobei die Wurzeln nach außen fächerförmig verteilt werden. Kletterpflanzen, die in Bäume hinaufranken sollen, wachsen zu Beginn oft langsam. Am besten pflanzt man sie in gut vorbereitete Erde mit einem gewissen Abstand zum Stamm und erzieht sie an einem Stab in den Baum.

Pflanzen mit langen, dünnen Trieben müssen zurückgeschnitten werden, damit sie kräftige

Links: Kletterpflanzen können zwar sehr hübsch aussehen, sehr starkwüchsige Arten, vor allem *Parthenocissus*, verursachen aber auch Probleme, wenn sie ein Gebäude unkontrolliert überwuchern.

Basistriebe bilden. Bei Kletterpflanzen und -sträuchern sowie Hängepflanzen müssen die Triebe regelmäßig mit Schnüren, Ringen oder Bast angebunden werden.

Wenn man bei Klettersträuchern aus der Standardform herauswachsende Triebe früh schneidet, fördert man den kompakten Wuchs. Läßt man sie unkontrolliert wachsen, verliert der Strauch an Standfestigkeit, so daß die Gefahr von Schäden bei Sturm und Schnee wächst.

Ganz allgemein kann man sagen, daß die zeitlichen Empfehlungen für den Schnittzeitpunkt bei Sträuchern auch für die Pflanzen dieser Kategorie gelten. Schneiden Sie bei Kletterpflanzen und -sträuchern, die im Frühling und Frühsommer blühen, Vorjahrestriebe heraus, sobald sie abgeblüht sind.

Oben links: Der selbstkletternde *Parthenocissus tricuspidata* 'Veitchii' muß nur leicht geschnitten werden.

Oben: Glyzinen, wie *Wisteria venusta*, sind starkwüchsige rankende Kletterpflanzen und eignen sich ideal zur Bepflanzung von Lauben.

Hedera

Oben: Die Haftwurzeln des Efeus brauchen eine gewisse Zeit, bis sie festen Halt finden. Man kann den Prozeß beschleunigen, indem die Triebe mit leichten Stäben oder einem Draht an Ort und Stelle fixiert werden.

Oben rechts: Man kann Efeu in unterschiedlichste Formen bringen. Hier bildet er auf einer niedrigen Mauer ein Rautenmuster, das durch regelmäßigen Schnitt erhalten bleibt.

Efeu (Wild- und Zuchtsorten von *Hedera*) ist die am weitesten verbreitete selbstkletternde Pflanze. Er hat sehr schöne Blätter, ist sehr anpassungsfähig und verträgt Sonne und Schatten gleichermaßen. Solange er noch jung ist, bildet er eine dichte Decke, wobei die einander überlappenden Blätter alle in derselben Ebene angeordnet sind. Die Triebe halten sich mit Haftwurzeln an geeignetem Untergrund fest. Wenn die Pflanze einmal erwachsen ist, was viele Jahre dauern kann, bildet sie buschige, nichtkletternde, normalerweise mit ungelappten Blättern versehene Triebe. Diese Triebe entwickeln erst Blütenstände mit grünlichgelben Blüten, später dann Beeren.

Sehr oft sind in der langen Zeit des jugendlichen Stadiums weder Schnitt noch Erziehung notwendig. Efeu wird in der Mitte sehr dicht. Von dort aus tasten sich Triebe suchend nach außen und bilden einen schönen, abwechslungsreichen Umriß. Es ist aber auch ganz einfach, sie in eine spezielle Form zu bringen. So wird Efeu in Nischen zu einem besonderen architektonischen Blickfang.

Wenn geeignete Kletterhilfen vorhanden sind, kann Efeu ausgesprochen variabel gestaltet werden. Er verträgt auch regelmäßigen Schnitt mit einer Heckenschere. Man kann niedrige Hecken auf einem Geflecht oder phantasievollere Formen auf Drahtgestellen entstehen lassen. Die kleinblättrigen Sorten von *Hedera helix* sind für kunstvollere Umrisse geeignet, die sogar eine noch größere Vielfalt aufweisen können als Buchs- *(Buxus)* oder Eibenformbäume *(Taxus)*.

Pflanzschnitt und -erziehung

Vor allem an exponierten Standorten kann es vorkommen, daß Efeu am Anfang langsam wächst. Er klettert schneller, wenn die Wurzeln von der Wand nach außen fächerförmig angeordnet sind, die Triebe die Wand berühren und in dieser Position gehalten werden (man kann sie unter einen Draht schieben oder an kurze Pflanzenstäbe binden). Oft wachsen lange Triebe entlang des Wandsockels und bilden Seitentriebe mit Haftwurzeln. Wenn der Efeu in einer bestimmten Form auf einem Gerüst wachsen soll, sollten Sie zur Förderung der Verzweigung die Triebe regelmäßig pinzieren und anbinden.

Erhaltungsschnitt und Erziehung erwachsener Pflanzen

Es ist recht unwahrscheinlich, daß junger Efeu, welcher an einer intakten Wand oder an einem gesunden Baum hinaufwächst, ernsthafte Schäden verursacht. Mit der Zeit kann es jedoch vorkommen, daß die Haftwurzeln in den Mörtel eindringen und ihn beschädigen. Auch das Wachstum eines Baums kann gestört werden, wenn Efeu über junges Astwerk klettert.

Efeu kann auch Schäden verursachen, wenn Schwachstellen, zum Beispiel Hohlräume in Bäumen, durch seine Triebe verdeckt werden. Er kann ebenso Rohre und Dachrinnen verstopfen. Aus diesem Grund sollte er von heiklen Stellen des Hauses entfernt werden, oder schadhafte Wände vor der Begrünung instand gesetzt werden.

Clematis

In gemäßigten Klimazonen zählen die Kletterarten und Hybriden der Clematis oder Waldrebe zu den häufigsten Zierpflanzen an Wänden und Zäunen. In der Natur strebt Clematis zum Licht, indem sie ihre Fiederblattranken um Triebe und Äste von Sträuchern, Bäumen und anderen Kletterpflanzen wickelt. Besonders schön wirkt Clematis, wenn sie im Garten durch andere Pflanzen hindurchranken. Aber auch Drähte, Stützgerüste, alte Baumstümpfe und Geflechte sind geeignete Rankhilfen, mit deren Hilfe man sie über Bögen und Lauben, Wände und Zäune hinaufwachsen läßt. Aber auch alte Baumstümpfe und andere Gegenstände lassen sich mit ihr überranken.

Clematis müssen in den seltensten Fällen festgebunden werden. Wenn man sie jedoch, wie das manchmal empfohlen wird, an Pfählen hochzieht, so daß eine Randbepflanzung höher wirkt, ist Festbinden notwendig, außer wenn der Pfahl mit Maschendraht umwickelt ist. Auch als Hängepflanze in einer Ampel können sie wunderschön aussehen (Schornsteinkappen eignen sich hierfür hervorragend). Wenn sie über andere Pflanzen klettern, ist es wichtig, die Clematis mit einem Strauch oder Baum passender Wüchsigkeit zusammenzubringen. Kräftige Sträucher wie Zierquitten *(Chaenomeles)* und Flieder *(Syringa)* sind für mittelstark wachsende Clematis ideal, würden aber von einer *Clematis montana* völlig überwuchert. Wenn starkwüchsige Clematis in Bäume hineinwachsen sollen, empfiehlt es sich, sie in gut vorbereitete reine Erde nahe des Kronenrandes einzupflanzen. Die Leittriebe klettern dann über einen Bambusstab in den Baum.

Beim Pflanzen sollten alle Clematis auf das unterste kräftige Knospenpaar zurückgeschnitten werden. Auf diese Weise wird die Entwicklung von Basistrieben gefördert. Dies gilt auch für Waldreben, die im Frühjahr oder Frühsommer gepflanzt werden und um diese Zeit belaubt sind.

Auch wenn es Clematis gibt, die Jahr für Jahr ohne regelmäßigen Schnitt blühen, neigen die meisten dazu, unten zu verkahlen. Sie tragen ihre Blüten dann nur noch weit oben, über einer unübersichtlichen Masse von vergreistem Holz. Einige Pflanzen reagieren gut auf unregelmäßigen scharfen Schnitt bis ins alte Holz, vorausgesetzt, sie werden ausreichend gedüngt und gewässert. Ihre Reaktion ist allerdings unvorhersehbar, und ein brutaler Rückschnitt kann auch zum plötzlichen Absterben der Pflanze oder zur Schwächung des Wachstums führen.

Wenn die Pflanze regelmäßig geschnitten wird, bleibt sie unter Kontrolle und blüht von selbst. Es gibt jedoch keine Allround-Methode, die auf die Bedürfnisse aller Clematissorten zugeschnitten ist. Manche blühen auf einjährigem Holz, andere auf jungen Trieben, andere auf beidem. In den nachfolgenden Empfehlungen wurden die Clematissorten, je nach Art der Blüte, in drei Gruppen unterteilt.

PFLANZSCHNITT
Im Spätwinter des ersten Jahres werden neu gepflanzte Clematis auf das am weitesten unten befindliche stärkste Knospenpaar zurückgeschnitten (alle Gruppen).

Rechts: Clematis können als Hochstämme in Blumenbeete integriert werden. Ein Pfahl, um den Maschendraht gewikkelt wird, dient dabei als einfache Stütze.

GRUPPE 1
Umfaßt Wildarten und Hybriden, die im Sommer und Herbst auf jungem Holz blühen.

Unten: Die großblumige Hybride 'Perle d'Azur' sollte jedes Jahr im Spätwinter eingekürzt werden.

GRUPPE 1

Zu dieser Gruppe gehören *Clematis orientalis* und *C. tangutica; C. texenis, C. viticella* und die mit ihnen nahe verwandten Zuchtsorten, aber auch eine Reihe von großblumigen Hybriden, wie *C.* 'Jackmanii' und 'Perle d'Azur'. Wenn sie nicht regelmäßig geschnitten werden, entwickeln sich an sonst kahlem Astwerk neue Triebe und auch Blüten nur ganz oben. Der übliche Rat ist, bei dieser Clematis jeden Trieb in der zweiten Winterhälfte auf sein niedrigstes kräftiges Knospenpaar einzukürzen. In Regionen mit mildem Klima kann der Winterschnitt erfolgen, sobald bei den Pflanzen die Winterruhe beginnt.

1

GRUPPE 1
Beim Pflanzen zurückschneiden (siehe S. 85). Alle Triebe in der nachfolgenden Wachstumsperiode anbinden. Der Flor kann spärlich ausfallen.

1 Mitte bis Ende Winter des zweiten Jahrs jeden Trieb auf die untersten kräftigsten Knospenpaare zurückschneiden.

2 Triebe von Frühling und Sommer an den Drähten festbinden. Die Blüte entwickelt sich auf jungem Holz.

3 Ab dem dritten Jahr wiederholt man den Schnitt des zweiten Jahres und schneidet auf das unterste kräftigste Knospenpaar zurück.

2

3

GRUPPE 2

Die hierhergehörenden Gehölze schneidet man am besten nach der Blüte, damit das im darauffolgenden Jahr blühende Holz genügend Zeit hat, zu wachsen. Es ist ganz einfach, bei mäßig wachsenden Pflanzen die Seitentriebe, die geblüht haben, auf ein oder zwei Knospen des Astgerüsts einzukürzen. Bei starkwüchsigen Clematissorten, wie *C. montana* und den ihr verwandten Sorten, ist dies schwieriger, da sie bis zu 12 m hoch werden können. Im Frühsommer kann man sie zumindest stutzen, was immer noch besser ist, als die Pflanze gar nicht zu schneiden.

Die meisten Sorten dieser Gruppe vertragen einen drastischen Rückschnitt. Wenn sie im Frühsommer stark eingekürzt und dann während der Wachstumsperiode gut gewässert und gedüngt werden, blühen sie im darauffolgenden Frühjahr erneut. Ein Winterschnitt bedeutet hingegen Verzicht auf die Blüte des folgenden Jahres.

GRUPPE 2
Umfaßt im Frühjahr blühende, zum Teil sehr starkwüchsige Wild- und Zuchtsorten. Die Blüten sitzen auf Trieben des Vorjahres.

Rechts: *Clematis montana* ist eine starkwüchsige, im Frühjahr blühende Kletterpflanze. Sie neigt dazu, kreuz und quer zu wachsen, wenn sie nicht geschnitten wird. Am einfachsten ist es, sie nach der Blüte mit der Heckenschere zu stutzen.

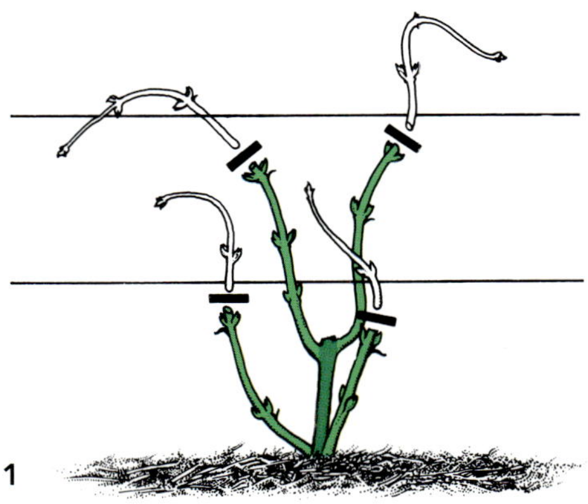

1

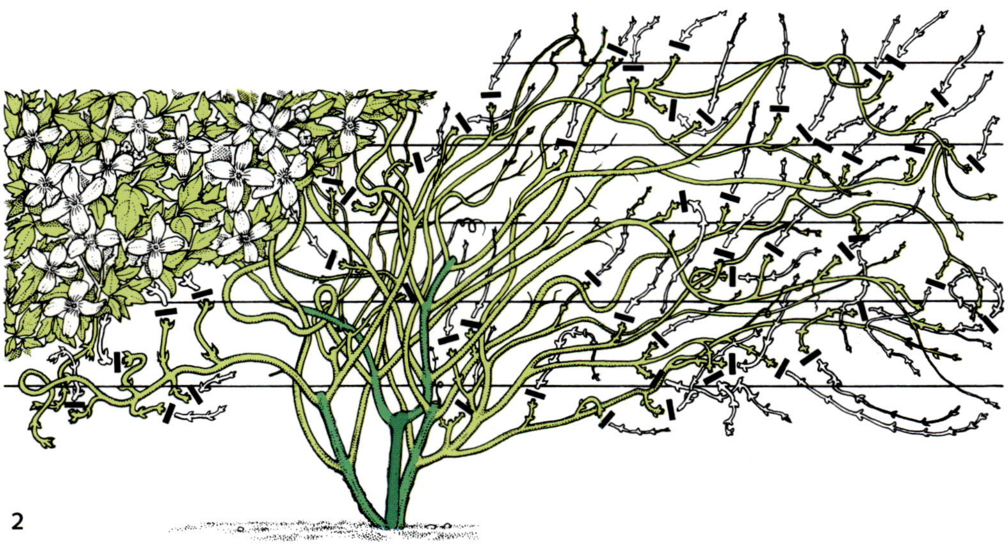

2

GRUPPE 2
Beim Pflanzen die Triebe kürzen (siehe S. 85). Neuwuchs festbinden.

1 Mitte bis Ende Winter des zweiten Jahres werden einjährige Triebe um etwa die Hälfte zurückgenommen. Dabei immer bis auf einige kräftige Knospen schneiden, damit unten an der Pflanze das Wachstum gefördert wird. Neuwuchs festbinden.

2 Im Frühsommer werden bei erwachsenen Pflanzen wann immer möglich Triebe, die bereits geblüht haben, auf ein oder zwei Knospen innerhalb des Grundgerüsts zurückgeschnitten.

GRUPPE 3
Clematis, die auf altem Holz blüht und anschließend, in derselben Vegetationsperiode, nochmals auf jungem.

GRUPPE 3

Zu den Clematissorten dieser Gruppe zählen 'Lasurstern', 'Nelly Moser', 'The President' und 'Vyvyan Pennell'. Bei letzterer ist, wie bei anderen auch, die erste Blüte gefüllt, später entwickelt sie einfache Blüten. Manchmal wird empfohlen, großblumige Hybriden gar nicht oder nur sehr gering zu schneiden. Wenn es schwierig ist, die Triebe zu entwirren, so, wenn sie durch Sträucher hindurchwachsen, ist dies vielleicht der einzig vernünftige Weg. Allerdings muß das Astgewirr irgendwann doch beseitigt werden, indem bis ins alte Holz zurückgeschnitten wird. Geschieht dies Ende Winter, gibt es im Frühsommer keine Blüte.

Oft wird auch, aus Unkenntnis oder ganz bewußt, regelmäßig wie bei Gruppe 1 geschnitten. Wird das einjährige Holz entfernt, fällt die erste Blüte weg; dafür setzt die Pflanze dann im Spätsommer oder Herbst eine reiche zweite Blüte an.

Durch den Verjüngungsschnitt wird verhindert, daß die Pflanzen zu groß werden. Sie blühen danach im Frühsommer und später ein zweites Mal. Sobald die erste Blüte vorbei ist, werden die Triebe um ein Viertel bis ein Drittel gekürzt. Die zweite Blüte sitzt auf jungen Trieben der laufenden Vegetationsperiode. Der Verjüngungsschnitt kann auch im späten Winter erfolgen, wodurch sich allerdings die erste Blüte stark reduziert.

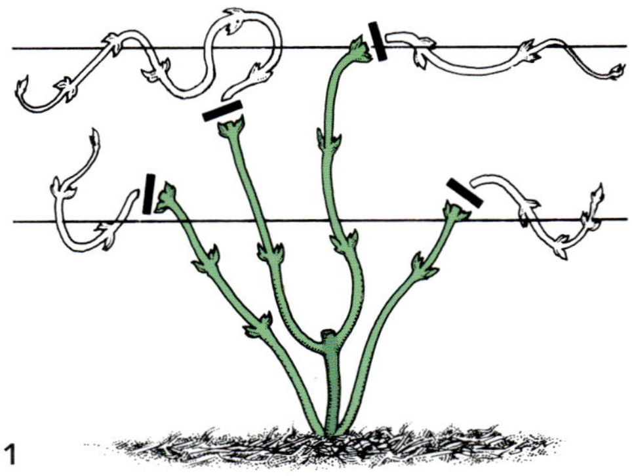
1

2

3

GRUPPE 3
Beim Pflanzen alle Triebe kürzen (siehe S. 85). Neuwuchs festbinden.

1 Mitte bis Ende Winter des zweiten Jahres werden alle Haupttriebe, die sich in der vorherigen Wachstumsperiode entwickelt haben, um etwa die Hälfte zurückgenommen. Dadurch wird an der Basis der Pflanze das Wachstum gefördert.

2 Wenn nötig, werden im zweiten Winter hervorstehende Triebe angebunden. Im Spätsommer oder Herbst sind einige Blüten auf dem neuen Holz möglich.

3 Der Verjüngungsschnitt beginnt im dritten Jahr. Im Hochsommer, unmittelbar nach dem Ende der ersten Blüte, wird ein Viertel bis ein Drittel der alten Triebe bis auf 30 cm über dem Bodenniveau zurückgenommen.

Links: Bei großblumigen Hybriden wie 'Nelly Moser', die im Frühsommer und erneut im Spätsommer oder Herbst Flor tragen, ist der Verjüngungsschnitt, soweit möglich, immer empfehlenswert. Wenn dieser nicht machbar ist, verzichtet man am besten ganz auf den Schnitt.

Rechts und ganz rechts: Die großen Blüten der 'Vyvyan Pennell' auf altem Holz sind gefüllt (rechts). Später setzt sie dann auf jungen Trieben einfache, kleinere Blüten an (ganz rechts). Das alte Holz kann man nach der ersten Blüte teilweise entfernen.

Glyzinen

Glyzinen *(Wisterias)* sind starkwüchsige Schlingpflanzen. Es lohnt sich, sie zu erziehen, damit ihre in Trauben hängenden Schmetterlingsblüten optimal zur Geltung kommen. Wenn sie frei wachsen dürfen, können sie phantastisch aussehen. Man kann sie sich beispielsweise an einem kräftigen Baum hinaufwinden lassen, aber es gibt nur wenige Gärten, in denen ausreichend Raum hierfür vorhanden ist. Auch das extreme Wachstum von *Wisteria sinensis*, die 30 m lang werden kann, wenn man nicht eingreift, ist steuerbar. Durch Schnitt und Erziehung läßt sich ein Grundgerüst über einer Pergola schaffen oder die Pflanze in Spalierform an einer sonnigen Wand emporklettern. Glyzinen können auch gut als Hochstämme erzogen werden. Die Krone steht dann auf einem astfreien Stamm, der zwischen 1,20 und 1,50 m hoch ist. Auch die Buschform ist denkbar. Die Äste werden mit Stäben gestützt und wachsen bis in eine Höhe von etwa 1,80 m.

Der Aufbauschnitt am Spalier wird nachfolgend beschrieben. Er unterscheidet sich nur unwesentlich von anderen Techniken, allerdings muß der Stamm richtig zurückgeschnitten werden, damit das Wachstum von Seitentrieben an Stellen gefördert wird, an denen sie für das Grundgerüst benötigt werden. Für Glyzinen, die über Pergolen wachsen, muß der Stamm erst bis in Höhe der Pergola erzogen werden, bevor geschnitten wird. Bei buschigen Exemplaren sollte der Schnitt in Bodennähe erfolgen.

Bei allen Erziehungsmethoden empfiehlt es sich, die Pflanzen zu Beginn zu stützen und überflüssige Triebe zu entfernen. Durch den jährlichen Schnitt starkwüchsiger Seitentriebe des letzten Sommers und das anschließende Einkürzen im Winter bildet sich blühendes Fruchtholz. Das Blühpotential wird also durch diese Art der Wachstumssteuerung, dem „Fruchtholzschnitt", beträchtlich verbessert.

Unten: Die langen Blütentrauben der *Wisteria floribunda* 'Macrobotrys' wirken am besten, wenn sie frei herunterhängen, zum Beispiel von einer Pergola.

Spaliererziehung

Bei der Spaliererziehung wird ein Gerüst aus horizontal rechts und links von einer Hauptachse verlaufenden Ästen angestrebt, die genügend Abstand voneinander haben sollten. Mit der beschriebenen Methode kann auch eine Glyzine an einer Hauswand hinauf, Türen und Fenster aussparend, gezogen werden. An fensterlosen Wänden sollten die Äste einen Abstand von 50 cm voneinander haben, so daß die Blütentrauben einer Etage nicht über die der nächstunteren hängen. Die Befestigungsdrähte sollten bereits vor dem Pflanzen angebracht werden. Sie müssen in einem Abstand von 20 – 30 cm voneinander gespannt werden, so daß man die Äste alternierend anordnen kann. Der unterste Draht sollte sich 60 – 90 cm über der Erde befinden. Ab dem zweiten Jahr muß der Aufbauschnitt des Gerüsts Hand in Hand mit dem Fruchtholzschnitt erfolgen.

Beim Pflanzen im Winter oder zu Frühjahrsbeginn wird ein kräftiger Trieb als Hauptachse ausgewählt und auf 70 – 90 cm Höhe eingekürzt. Den Stamm anschließend festbinden und alle anderen Triebe, bis auf zwei gutplazierte, entfernen. Dies dient der Entwicklung von Seitentrieben. Die Stammverlängerung wird angebunden und zwei Triebe ausgesucht, die rechts und links als Basisäste wachsen sollen. Da eine waagerechte Führung ihr Wachstum im ersten Jahr zu stark schwächen kann, sollten sie zunächst einen Winkel von ca. 45 Grad bilden. Wenn sie im darauffolgenden Winter in die Horizontale gebunden werden, sollte man sie etwa um ein Drittel kürzen. Durch diese Behandlung entwickeln sich Seitentriebe, die nach einem anschließenden Rückschnitt blühendes Fruchtholz bilden.

SPALIERERZIEHUNG

1 Im Winter oder zu Frühjahrsbeginn den Haupttrieb frisch gepflanzter Glyzinen auf eine Knospe in 70 – 90 cm Höhe anschneiden. Den Haupttrieb an einem Stab anbinden und alle anderen Triebe entfernen.

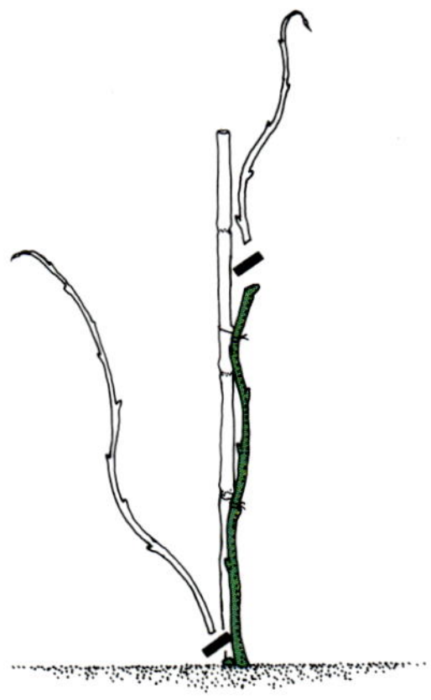

1

2

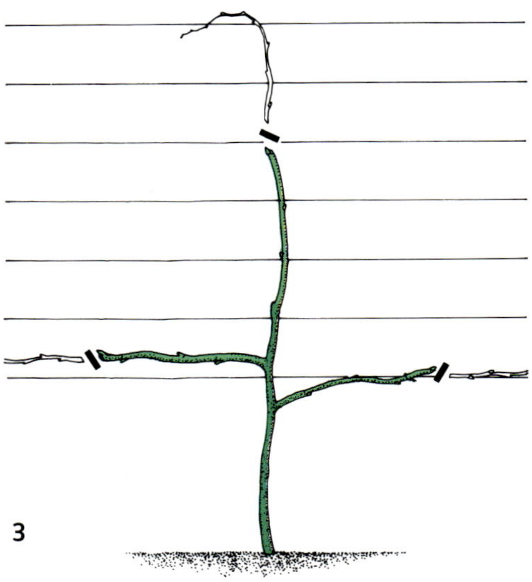

3

4

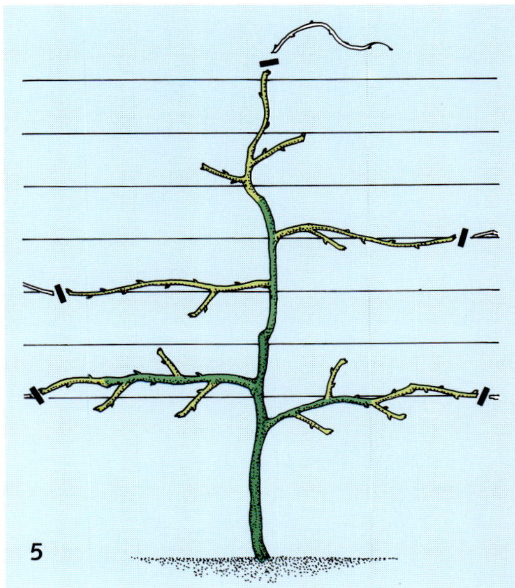

5

6

2 Im Sommer des ersten Jahrs wird der oberste Trieb zur Stammverlängerung. Die beiden darunterliegenden, die zunächst im 45-Grad-Winkel befestigt werden, bilden die ersten Spalierarme.

3 Im Winter des zweiten Jahrs werden die Seitenarme in die Horizontale gebracht und um etwa ein Drittel gekürzt. Die Stammverlängerung schneidet man auf 70 – 90 cm über die Basisäste zurück.

4 Zwischen Früh- und Hochsommer werden der oberste Seitentrieb als neue Stammverlängerung und die zwei darunterliegenden Triebe, zunächst im Winkel von 45 Grad, zu weiteren Spalierarmen erzogen. Triebe an der Stammbasis entfernen und überflüssige Seitenverzweigungen auf 15 – 20 cm einkürzen.

5 Die Spalierarme im Winter des dritten Jahrs in die Waagerechte bringen und um etwa ein Drittel kürzen. Waagerechte Äste um ein Drittel reduzieren. Die Stammverlängerung wieder auf 80 cm oberhalb der obersten Seitenäste einkürzen. So fortfahren, bis die gewünschte Zahl von „Etagen" erreicht ist.

6 Der Fruchtholzschnitt erfolgt zwei bis drei Wochen nach dem Hochsommer, indem für das Gerüst nicht erwünschte Triebe auf 15 cm eingekürzt werden. Im Winter werden sie noch einmal zurückgenommen, diesmal auf 7 – 10 cm.

Rechts und ganz rechts, oben und unten: Glyzinen werden zwar oft an Pergolen oder Wänden erzogen (ganz rechts, oben), es gibt aber auch Hochstammformen (rechts) und Strauchformen (ganz rechts, unten). Der Schnitt zur Förderung von Fruchtholz ist jedoch immer gleich.

Oben: Der Schnitt von Langtrieben im Sommer und ihr erneutes Einkürzen im Winter führen zur Bildung blühender Kurztriebe.

Die nachfolgenden „Etagen" werden im wesentlichen gleich aufgebaut. Die Stammverlängerung wird im Winter etwa 70 – 90 cm über dem letzten horizontalen Astpaar abgeschnitten und von den sich entwickelnden Seitentrieben der oberste vertikal erzogen. Zwei weit genug voneinander entfernte Triebe werden zunächst in einem Winkel von 45 Grad nach rechts und links gebunden. Im Winter bindet man sie dann in die Horizontale und kürzt sie um etwa ein Drittel ein. Alle basalen oder überflüssigen Triebe am Stamm sollten vollständig entfernt werden. Auf der letzten „Etage" binden Sie einfach ein passendes Seitentriebpaar horizontal.

Fruchtholzschnitt bei erwachsenen Pflanzen

Die einfachste Methode des Fruchtholzschnitts ist das Einkürzen von Lang- und Seitentrieben in zwei Schritten. Zunächst sollten diese Triebe Ende Juli oder im August auf 15 cm zurückgenommen werden. Anschließend empfiehlt es sich, sie Anfang bis Mitte Winter auf weitere 7,5 – 10 cm zu kürzen, so daß jeder Kurztrieb zwei bis drei Knospen trägt. Noch reicher wird die Blüte, wenn der Neuwuchs den ganzen Sommer hindurch alle zwei Wochen auf 15 cm gekürzt wird. Dadurch wird die Bildung weiterer Seitentriebe angeregt, die ebenfalls zurückgenommen werden, wenn sie die Länge von 15 cm überschreiten.

Ceanothus

In kühleren Klimazonen gedeihen die immergrünen Arten und Hybriden der Säckelblume *(Ceanothus)* nur, wenn sie vor einer sonnenbeschienenen Mauer gepflanzt werden. Sie neigen dazu, nach vorne zu fallen, was das Risiko von Wind- und Schneeschäden erhöht, wenn sie nicht nahe genug an der Wand stehen und erzogen werden. Es ist nicht einfach, vernachlässigte und angeschlagene Exemplare wieder aufzupäppeln, da die *Ceanothus* nicht immer neu austreibt, wenn bis ins alte Holz zurückgeschnitten wird. Am besten ist ein regelmäßiger Schnitt, durch den die Pflanze nahe an der Kletterwand gehalten wird.

Sommergrüne Arten und ihre Hybriden sind robuster und gedeihen auch an ungeschützten Stellen im Garten.

Links: Immergrüne Wild- und Zuchtsorten und die Hybride von *Ceanothus*, die alle nicht sehr winterhart sind, läßt man am besten eine sonnenbeschienene Wand hinaufwachsen. Die ausgewachsene *C. impressus* hat reichlich aus der Form herausragendes Holz gebildet, das zu Frühjahrsbeginn entfernt werden sollte.

Aufbauschnitt und Erziehung

Nach dem Pflanzen im Frühjahr, welches bei allen immergrünen Säckelblumen empfohlen wird, wird der Haupttrieb vertikal angebunden und die Seitentriebe gleichmäßig auf beiden Seiten verteilt. Schlechtplazierte Triebe, die zum Beispiel zur Wand wachsen, müssen unter Umständen bis auf den Haupttrieb zurückgenommen werden, aber nur aus der Standardform herauswachsende Triebe können auf 5 – 7 cm Länge gekürzt werden. Die im Frühling und Sommer schnellwachsenden Triebe hängen von der Wand herunter, wenn sie nicht regelmäßig angebunden werden. Sind sie einmal verholzt, ist es ausgesprochen schwierig, die Richtung der Triebe nachträglich zu korrigieren. Die im Hochsommer aus der Form herauswachsenden Triebe sollten Sie auf 7 – 10 cm kürzen.

Erhaltungsschnitt und Erziehung von erwachsenen Pflanzen

Die meisten immergrünen *Ceanothus*-Sorten blühen im Spätfrühling oder Frühsommer auf einjährigen Trieben. Der Schnitt erfolgt vorzugsweise direkt nach der Blüte. Triebe, die sich im Vorjahr gebildet haben, sind auf 10 – 15 cm innerhalb des Grundgerüsts einzukürzen. Sie wachsen anschließend recht dicht und müssen nicht weiter geschnitten werden. Nur übermäßig starkwüchsige, aus der Standardform herauswachsende Triebe sollten Sie unbedingt im Spätsommer zurückschneiden.

Einige immergrüne Hybriden wie 'Autumnal Blue' und 'Burkwoodii' blühen von Juli bis Oktober auf einjährigem und jungem Holz. Man schneidet sie am besten Mitte Frühling, auch wenn dadurch frühe Blüten verlorengehen können.

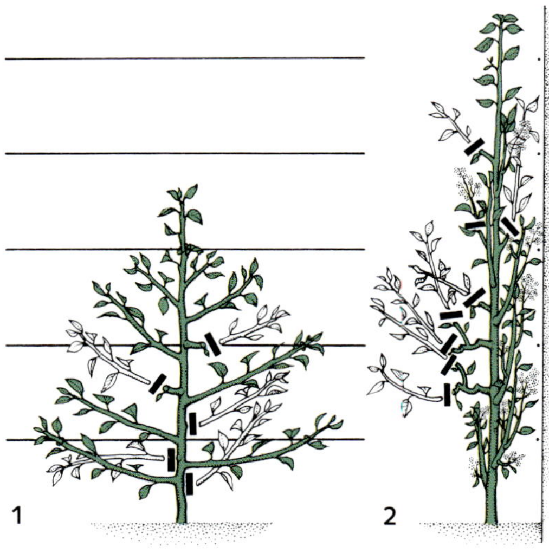

IMMERGRÜNE CEANOTHUS

1 Beim Einpflanzen den vertikalen Leittrieb und auf Abstand stehende Seitentriebe einerziehen. Schlechtplazierte Triebe entfernen und solche, die hervorstehen, auf 5 – 7,5 cm zurückschneiden. In der Vegetationsperiode die Langtriebe festbinden, im Hochsommer herausragendes Holz kürzen.

2 Jedes Jahr aus der Form herausragendes Holz im Frühsommer auf 10 cm kürzen. Leittrieb und Seitentriebe in der Wachstumszeit anbinden.

Chaenomeles und Pyracantha

Die üblichen Bezeichnungen Zierquitte und Scheinquitte umfassen mehrere Wildarten sowie zahlreiche Zuchtsorten und Hybriden. Sie werden wegen der schönen Blüte zu Frühjahrsanfang häufig kultiviert. Es handelt sich um vielseitige Sträucher, die im Garten Büsche oder Hecken bilden, die man aber auch an Wänden und Zäunen hinauf erziehen kann. Der immergrüne Feuerdorn *(Pyracantha)* ist ebenfalls vielseitig einsetzbar, aber sein Hauptreiz liegt nicht in der Blüte, sondern in den auffälligen scharlachroten, orangen oder gelben Beeren im Herbst, die sich manchmal weit bis in den Winter hinein halten. Die meisten *Pyracantha*- und manche *Chaenomeles*-Arten tragen spitze Dornen. Daher ist es ratsam, bei der Arbeit an diesen Pflanzen Handschuhe zu tragen.

Es gibt zwei Grunderziehungsmethoden an Wänden für *Chaenomeles* und *Pyracantha*. In beiden Fällen werden Drähte in einem Abstand von ca. 20 – 30 cm horizontal gezogen. Man kann die Pflanzen frei wachsen lassen und die Leittriebe in gleichmäßigen Abständen an den Drähten befestigen. Durch den Sommerschnitt bleibt die Pflanze nahe an der Kletterhilfe, und die Bildung von blühenden Kurztrieben wird angeregt. Durch ein rigoroseres Vorgehen zu Beginn kann man Fächer, Kordone oder Spalierbäume erziehen. *Chaenomeles* und *Pyracantha* werden gleichermaßen meist naturnah erzogen.

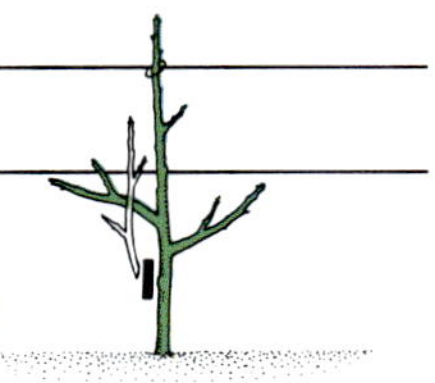
1

CHAENOMELES
1 Zwischen Herbstmitte und Anfang Frühling einen deutlich ausgeprägten Leittrieb vertikal und Seitentriebe nahezu horizontal erziehen. Pflanzen mit mehreren Leittrieben sind für ein mehr oder weniger strenges Fächerspalier geeignet. Zu dicht aneinandersitzende Seitentriebe, die die Spalierform stören würden, entfernen.

2 Im Sommer alle gutplazierten Langtriebe am Spalier anbinden, bis es keine Leerflächen mehr gibt. Im Hochsommer aus der Form herausragendes Holz auf vier bis sechs Blätter zurücknehmen. Bei schlechtplazierten Trieben, die beispielsweise andere kreuzen, genauso verfahren oder bis aufs Gerüst einkürzen.

3 Ab dem ersten Jahr im Spätsommer oder Frühherbst schneiden. Aus der Form herausragendes Holz, überschüssige Seitentriebe und Triebe 2. Ordnung auf zwei bis drei Blätter reduzieren. Leittriebe und kräftige Seitentriebe Anfang bis Mitte Frühling pinzieren, damit die Pflanze nicht über die gewünschte Höhe hinauswächst.

2

3

Darunter, oben und unten: Die Japanische Scheinquitte oder Zierquitte *(Chaenomeles)* kann im Garten als Strauch sowie an Zäunen oder Wänden hochgezogen werden. Obwohl eine strenge Erziehung, beispielsweise als Fächer, sehr interessant aussehen kann (oben), ist sie weniger verbreitet als eine natürlichere Form (unten). Unabhängig von der Erziehungsform ist jedoch der Sommerschnitt zur Erhaltung der Form und zur Fruchtholzbildung durchzuführen.

Natürliche Erziehung
Bei jungen *Chaenomeles* gibt es in Basisnähe im allgemeinen mehrere Triebe. Sie sollten verteilt und an den Drähten festgebunden werden. In der Regel ist es nicht nötig, die Leittriebe zurückzuschneiden, um das Wachstum zu stimulieren. Bei jungen *Pyracanthas* findet sich üblicherweise nur ein einziger Mitteltrieb. Diesen sollten Sie senkrecht anbinden und die Seitentriebe so waagerecht wie möglich halten. Wenn letztere schwach ausgebildet sind, den Mitteltrieb Mitte Frühling um 15 – 30 cm einkürzen.

Bei jeder Pflanze sollten die Seitentriebe, die in Richtung Wand wachsen und nicht angebunden werden können, am Haupttrieb entfernt werden. Während der ersten Wachstumsperiode alle Triebe anbinden, die zum Astgerüst gehören sollen. Zwei oder drei Wochen vor Hochsommerbeginn dann die anderen Triebe auf vier bis sechs Blätter einkürzen, einschließlich derjenigen, die nach außen weisen oder andere kreuzen. Hierdurch wird die Bildung von Fruchtholz gefördert, das in den darauffolgenden Jahren blühen wird. An geschnittenem Holz können weitere Triebe entstehen, die im Spätsommer oder Frühherbst auf zwei bis drei Blätter zurückgenommen werden sollten.

In den nächsten Jahren können auch starkwüchsige Triebe einbezogen werden, die das Gerüst ergänzen. Die Hauptsache ist jedoch der Sommerschnitt, durch den das Wachstum von Sprossen, die aus der eigentlichen Form herauswachsen, gesteuert wird. Durch den Rückschnitt der Triebe entstehen blühende Kurztriebe. Der Sommerschnitt des Feuerdorns hat außerdem den Vorteil, daß die Beeren besser zur Geltung kommen.

Sekundärtriebe nach dem Sommerschnitt sollten im Spätsommer oder Frühherbst auf zwei bis drei Blätter reduziert werden.

Spaliererziehung
Zur Bildung eines Pyracanthaspaliers müssen der Mitteltrieb vertikal erzogen und Astpaare ausgewählt werden, die jeweils rechts und links an horizontalen Drähten zu befestigen sind. Alle überflüssigen Triebe nahe am Hauptstamm abschneiden. Wenn die Seitentriebe nicht kräftig genug sind, sollten Sie den Haupttrieb gegen Mitte Frühjahr auf drei Triebe oder Knospen zurückschneiden. Wenn diese sich dann entwickeln, können die beiden untersten die Spalierarme bilden, der oberste wird zum neuen Leittrieb erzogen. Dieses Verfahren kann bei mehreren Spalierstufen nacheinander angewandt werden. Für die Steuerung des Wachstums und eine üppigere Blüte ist alleine der Fruchtholzschnitt im Sommer ausschlaggebend.

Links und oben: Der Feuerdorn *(Pyracantha)* wächst an schattigen und sonnigen Wänden gleichermaßen. Die Erziehung am Spalier (links) oder die natürliche Erziehung (oben) sind problemlos möglich, allerdings ist wegen der Dornen das Arbeiten mit Handschuhen empfehlenswert. Die Entwicklung von blühendem Fruchtholz wird gefördert, wenn Jungtriebe im Sommer und Sekundärtriebe im Herbst geschnitten werden.

HECKEN

Hecken waren schon immer beliebte Gestaltungselemente in Park- und Gartenanlagen. Der Phantasie des Gärtners sind in der Regel keine Grenzen gesetzt. Die typische Hecke besteht aus Bäumen oder Sträuchern einer Art, die hintereinander gepflanzt und durch Schnitt und Erziehung auf einheitlicher Höhe und Breite gehalten werden. Doch alleine im Hinblick auf die Größe gibt es bereits die unterschiedlichsten Varianten. Im 16. und 17. Jahrhundert wurden Einfassungsbuchsbäume (*Buxus sempervirens* 'Suffruticosa') für das Blumenmuster der Parterre oder die geometrisch geformten Knotengärten verwendet.

Andererseits kann man mit Eibenhecken *(Taxus baccata)* und Mittelmeerzypressen *(Cupressus sempervirens)* sehr große architektonische Wirkungen erzielen, so auch bei der luftigeren, oft höheren Hainbuchenhecke *(Carpinus betulus)*. Alleen mit aus Linden geformten Baumwänden, mit denen die Achsen und Abschnitte großer formaler Gärten gebildet werden, können ebenfalls beeindrucken.

Es gibt beträchtliche Unterschiede in der Struktur und der Dichte. Zu den geeignetsten Heckenpflanzen zählen verschiedene kleinblättrige immergrüne Pflanzen, auch Koniferen, die bei regelmäßigem Schnitt eine gleichmäßig dichte Oberfläche bilden. Bei den laubabwerfenden Bäumen ist die Struktur meist gröber als bei den klassischen immergrünen Gehölzen, wie der Eibe. Durch regelmäßigen Heckenschnitt entsteht aber auch hier eine dichte Blätterwand. Es gibt sogar laubabwerfende Gehölze, bei denen die abgestorbenen Blätter im Winter nicht abfallen. Ein Beispiel hierfür ist die Buche *(Fagus sylvatica)*.

Standardhecken sind von strenger Form. Viele Bäume und Sträucher, auch die, die regelmäßigen Heckenschnitt nicht vertragen, können attraktive Naturhecken bilden, die nur minimal geschnitten werden müssen. Solche Hecken benötigen mehr Raum als vergleichbare formgeschnittene, aber die lockerere Form paßt sich oft besser in Umgebungen mit solitärer Bepflanzung ein. Außerdem blühen formlose Hecken meist sehr schön.

Rechts: Die Seitentriebe junger Buchenhecken, die sich dicht verzweigen sollen, müssen zurückgenommen werden. Buchen sind zwar laubabwerfend, das braune Laub fällt aber erst im späten Frühjahr, wodurch die Hecken auch im Winter Schutz bieten.

Links: In kunstvoll angelegten Gärten bilden Hecken oft ein Muster. In der gelungenen Nachempfindung eines Gartens im Stil des 17. Jahrhunderts im französischen Villandry hat man Buchsbaumkassetten mit den verschiedensten Frühlingsblumen ausgefüllt.

Ganz oben: Geschnittene Baumwände bestehen meist aus Linden. Die Äste werden oberhalb eines astfreien Stamms in eine Ebene gebracht. Schließlich verflechten sie sich mit denen des Nachbarbaums und bilden eine zusammenhängende Oberfläche.

Oben: Eiben bilden die schönsten immergrünen dichten Hecken. Wenn sie einmal erwachsen sind, ist nur noch ein Schnitt pro Jahr nötig. An diesem Tunnel wird deutlich, daß mit architektonischer Präzision geschnitten werden kann.

Geformte Hecken

Unten: Die Gemeine Stechpalme *(Ilex aquifolium)* und ihre zahlreichen Sorten kann man regelmäßig stutzen, bis sie wunderschöne Formhekken bilden. Dies geschieht am besten jährlich im Hochsommer, was allerdings den Verlust aller oder der meisten Früchte der weiblichen Pflanzen nach sich zieht.

Auf den Seiten 100 – 103 wird der Erziehungsschnitt von geformten Hecken in drei Kategorien unterteilt. Es gibt jedoch einige allgemeinere Dinge, die für die meisten Hecken gelten, vor allem wenn sie zur Zierde oder für einen praktischen Zweck eine regelmäßige Form erhalten sollen.

Die Auswahl der Pflanzen

Die Wuchskraft ist bei der Auswahl der Heckenpflanzen neben den Wachstumsbedingungen ein wichtiger Punkt. Wenn ein Garten schnell zuwachsen oder die Pflanzen einen Sichtschutz bilden sollen, ist schnelles Wachstum wie bei Cupressocyparis *(Cupressocyparis leylandii)* unter Umständen wünschenswert. Allerdings wachsen solche Pflanzen, selbst wenn sie erwachsen sind, auch später weiterhin schnell und müssen daher jeden Sommer mehrfach geschnitten werden. Streng geometrisch geformte Eibenhecken *(Taxus baccata)* werden vielleicht in der Hälfte der Zeit wieder genauso hoch, aber schon ein Schnitt pro Jahr hält sie in Form und sorgt für eine dichte Oberfläche. Im allgemeinen ist es ungünstig für Hecken, die als Teil der Gartengestaltung eine Zierfunktion übernehmen sollen, schnellwachsende Gehölze zu wählen (siehe S. 104).

Wenn eine einfarbig homogene Hecke entstehen soll, sollte man Pflanzen desselben Klons wählen.

Heckenform

Die Seiten der Hecke sollten einen Winkel von 15 – 25 Grad zur Vertikalen bilden, ungeachtet der Größe der geschnittene Hecke. Durch die Verjüngung nach oben erhält die gesamte Hecke gleichmäßig viel Licht, was verhindert, daß sie an der Basis abstirbt oder gar Lücken bildet. Dieses Problem tritt häufig bei rechtwinkligen Hecken auf und verschärft sich noch, wenn die Seiten sich aufgrund schlechter Pflege nach außen wölben.

Ab Seite 104 werden eine Reihe von Formvarianten geschnittener Hecken aufgeführt. Formhekken lassen sich unter Einhaltung genau definierter Winkel oben flachschneiden. Diesen Effekt erreicht man am besten mit dichten, kleinblättrigen Heckenpflanzen, wie Buchsbäumen *(Buxus sempervirens)* und Eiben.

Oft sind geformte Hecken oben bogenförmig, breit geschwungen oder haben, bei schmalen Versionen, einen abgerundeten dreieckigen Querschnitt.

Schnee kann durch sein Gewicht viel Schaden verursachen, vor allem bei immergrünen, oben breiten Hecken. Wenn möglich sollten größere Schneeauflagen vorsichtig entfernt werden.

Schnitthäufigkeit und Schnittzeitpunkt

Allgemein kann gesagt werden, daß die für Hecken geeignetsten Pflanzen wie Eibe und Buchsbaum nur einen Schnitt pro Jahr benötigen –

Oben: Wenn blühende Sträucher mit der Heckenschere exakt in Form gebracht werden, geht der Hauptteil des Blütenschmucks verloren. Bei einigen Weißdornarten, wie *Crataegus monogyna* 'Kermesina-Plena', einer im Spätfrühling herrlich blühenden Pflanze, sollte man eventuell in Erwägung ziehen, nicht so viel zu schneiden, um die Blüte zu erhalten.

wenn dieser in der zweiten Sommerhälfte durchgeführt wird. Schneidet man zu früh, wächst bis Ende Sommer unter Umständen so viel nach, daß man ein weiteres Mal zur Schere greifen muß. Schnellwachsende Pflanzen wie der Liguster *(Ligustrum ovalifolium)* und Cupressocyparis müssen meist im Sommer je nach Wachstumsbedingungen sogar mehrfach gestutzt werden. Für die meisten sommergrünen Heckenpflanzen ist der Spätsommerschnitt am geeignetsten. Er läßt sich dann bis in den Herbst, selbst bis in den Winter hinein, außer bei Frost, fortführen.

Weitere Angaben über die Schnitthäufigkeit und den richtigen Zeitpunkt können Sie den Seiten 120 – 128 entnehmen.

Erhaltungsschnitt

Wenn die Hecke richtig gepflegt wird, sind nur geringe Schnitteingriffe mit einer scharfen Heckenschere nötig. Die Klingen sollten dabei flach aufliegen.

Motorgetriebene Geräte sind dann sinnvoll, wenn große Hecken womöglich mehrmals im Jahr geschnitten werden müssen. Scheren mit Benzinmotor entwickeln Abgase, sind schwer zu handhaben und so laut, daß man während der Arbeit einen Gehörschutz tragen sollte. Elektroscheren sind leichter, meist leiser, und man hat die Auswahl zwischen schnurlosen Modellen mit Batterie bzw. Akku, generator- und netzbetriebenen Modellen.

Zweihandschalter, bei denen das Gerät nur läuft, wenn es richtig gehalten wird, verhindern Verletzungen. Aus dem gleichen Grund muß die Schneide nach dem Abschalten schnell zum Stillstand kommen (in weniger als einer halben Sekunde). Auch ein Schneidenschutz, der verhindert, daß man mit den Fingern oder der Hand in die Messer greift, ist wichtig. Für den Fall, daß das Stromkabel netzbetriebener Geräte versehentlich durchgeschnitten wird, ist ein Schutzschalter nötig.

Besondere Vorsicht ist geboten, wenn in luftiger Höhe gearbeitet wird. Oft sind Leitern nicht sicher genug befestigt, obwohl man auf verschiedenen Höhen schneiden muß. Man kann aber eine einfache, bequeme Plattform schaffen, indem ein Trittbrett über zwei Böcke oder Leiterstufen gelegt wird. Beim Erhaltungsschnitt wird zunächst oben begradigt, am besten die erste Hälfte von der einen und die andere Hälfte von der anderen Seite. Die abgeschnittenen Zweige werden vorsichtig weggeschoben. Es ist nicht schwierig, nach Augenmaß akkurat zu schneiden, vor allem wenn nur kurze junge Triebe entfernt werden müssen, die Grundform aber schon deutlich sichtbar ist. Das Schneiden wird um so schwieriger, je näher man bei der Hecke steht, vor allem wenn sie sehr hoch oder extrem niedrig ist. In diesem Fall ist es sinnvoll, zu beiden Seiten Referenzlinien zu schaffen. Hierzu können an jedem Ende der Hecke, wenn nötig auch dazwischen, Pfähle gesetzt werden, zwischen denen man eine Schnur spannt.

Eine solche Führung kann nützlich sein, wenn man eine gleichmäßige Trapezform erreichen will, auch wenn die alte Form unter den jungen Trieben als Bezug dienen kann. Eine Schnur, gespannt entlang der Heckenoberkante und eine weitere Schnur an der Basis, ist hier das Mittel der Wahl. Die Schnüre müssen straff genug gespannt sein, so daß sie eine gerade Linie bilden, aber auch locker genug, daß man sie im Laufe des Schnitts verschieben kann.

Bei niedrigen Hecken sollte man einen einfachen dreieckigen Rahmen in der Größe des Heckenquerschnitts benutzen. Die technisch beste Lösung besteht aus einem Stab und einem von der Basis aus schwingenden Arm, der durch eine Quersprosse im gewünschten Winkel gehalten wird. Mit einem Senkblei überprüft man, ob der Winkel auch stimmt und die Vorrichtung wirklich senkrecht gehalten wird.

Unten: Für niedrige, streng geschnittene Hekken wird besonders häufig der Buchsbaum verwendet. Das abgebildete Exemplar wächst oberhalb einer Ziegelmauer. Im Hintergrund sieht man eine Rotbuchenhecke *(Fagus sylvatica).*

Oben: Formhecken sind besonders eindrucksvoll, wenn man einen Teil zu Kunstformen modelliert. Am besten erfolgt das von Hand mit einer Heckenschere.

GRUPPE 1
Umfaßt laubabwerfende und immergrüne Sträucher sowie Gehölze, bei denen scharf geschnitten werden muß, wenn sie anschließend dicht wachsen sollen.

Rechts: Von den vielen Zuchtsorten des Gemeinen Buchsbaums ist für dichte, mittelhohe Hecken 'Handsworthiensis' am besten geeignet. Er bildet von Anfang an dichte, aufrechte Triebe.

GRUPPE 1

Eine gut geschnittene geformte Hecke bleibt über die gesamte Höhe dicht. Es gibt Sträucher, die nur dann verzweigt wachsen, wenn sie früh stark eingekürzt werden. Sommergrüne und halbimmergrüne Vertreter dieser Gruppe sind der Weißdorn *(Crataegus)*, der Liguster *(Ligustrum)*, die Kirschpflaume *(Prunus cerasifera)* und die Schlehe *(P. spinosa)*. Zu den immergrünen Gehölzen, die ähnlich, wenn auch nicht so stark geschnitten werden müssen, zählen Buchsbaum *(Buxus sempervirens)* und *Lonicera nitida*.

Pflanzschnitt

Nach dem Pflanzen sommergrüner Sträucher zwischen Mitte Herbst und Frühjahrsanfang sollten alle Triebe bis auf 15 cm über dem Boden gekürzt werden. Immergrüne Sträucher pflanzt man am besten Anfang bis Mitte Frühling und schneidet sie um ein Drittel zurück. Der halbimmergrüne Liguster sollte zur gleichen Zeit gesetzt, aber geschnitten werden wie sommergrüne Sträucher.

Damit sich die Basis stark verzweigt, ist im zweiten Jahr ein erneuter scharfer Rückschnitt nötig. Ende Winter, spätestens Anfang Frühling, müssen die Haupttriebe sommergrüner Sträucher etwa um die Hälfte reduziert werden. Verbleibende Seitentriebe können auf 5 – 7 cm innerhalb des Grundgerüsts geschnitten werden. Bei zu dünnen Basistrieben muß man diesen Schnitt eventuell Ende Winter/Anfang Frühling des darauffolgenden Jahrs wiederholen.

Im zweiten Jahr sollten die immergrünen Sträucher dieser Gruppe zwischen Frühlingsanfang und Frühlingsmitte um ein Drittel zurückgenommen werden.

Zu Anfang der Vegetationsperiode des zweiten Jahrs wird die Trapezform geschnitten. In den ersten Jahren muß im Sommer mehrmals zur Schere gegriffen werden, um eine dichte Verzweigung zu erreichen.

Erhaltungsschnitt

Wenn die Form erst geschnitten ist, müssen einige Hecken dieser Kategorie, wie der Buchsbaum, nur noch einmal im Jahr nachgekürzt werden. Andere Heckenpflanzen, zum Beispiel Liguster und *Lonicera nitida*, muß man jeden Sommer drei- oder viermal stutzen.

ERZIEHUNGSSCHNITT
1 Laubabwerfende Hecken von Gruppe 1 werden in der Winterruhe, immergrüne zwischen Anfang und Mitte Frühling gesetzt. Nach dem Einpflanzen stark zurücknehmen, immergrüne Arten um ein Drittel, laubabwerfende Arten bis auf 15 cm über der Erdoberfläche kürzen.

2 Zwischen Früh- und Hochsommer des ersten Jahrs die Seiten leicht stutzen, damit sich die Seitentriebe verzweigen können.

1

2

Ganz links: Der Gesamteindruck dieser an sich gepflegten Weißdornhecke wird durch am Fuße wachsenden Wildkräuter gestört.

Links: Weißdorn muß scharf gestutzt werden, wenn er dicht bleiben soll.

Links: Der ovalblättrige Liguster und seine goldblättrige Spielart, der Goldliguster (*Ligustrum ovalifolium* 'Aureum'), müssen in den ersten zwei, drei Jahren hart geschnitten werden. Wenn sie dicht und kompakt bleiben sollen, ist häufiger Heckenschnitt während der Wachstumsperiode nötig.

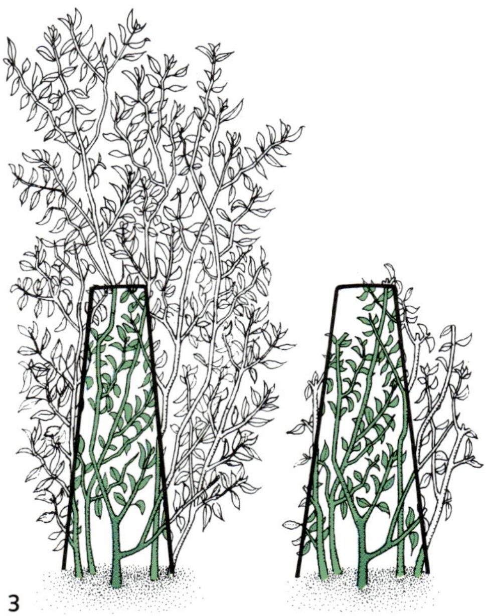

3

4

3 Im zweiten Jahr werden einjährige Triebe an sommer- und halbimmergrünen Sorten auf die Hälfte zurückgeschnitten, bei ersteren zwischen Spätwinter und Spätfrühling, bei letzteren zwischen Anfang und Mitte Frühling. Einjährige Triebe bei Immergrünen im Frühjahr um ein Drittel kürzen.

4 Ab dem zweiten Jahr Seitentriebe in der Wachstumsperiode alle vier bis sechs Wochen stutzen.

GRUPPE 2
Umfaßt laubabwerfende Sträucher und Bäume, die von sich aus an der Basis stark verzweigt wachsen.

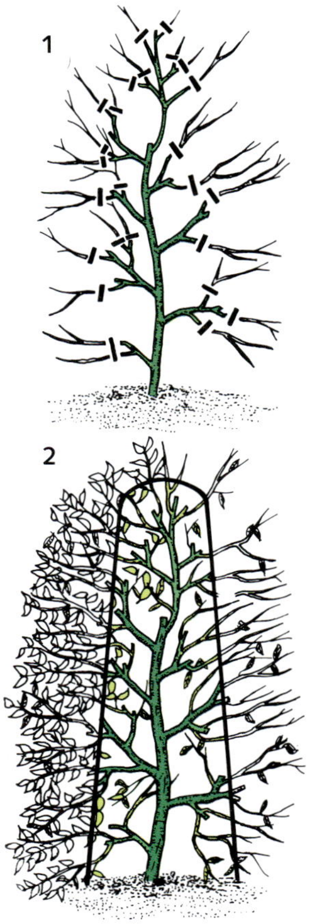

Unten: Hainbuchen gehören zu den vielseitigsten laubabwerfenden Heckenpflanzen. Die braunen Blätter bleiben den Winter hindurch hängen. An erwachsenen Pflanzen ist nur ein Schnitt pro Jahr im Spätsommer notwendig.

ERZIEHUNGSSCHNITT
1 Hecken aus Gruppe 2 werden zwischen Mitte Herbst und Anfang Frühling gepflanzt. Danach den Haupttrieb und kräftige Seitentriebe um etwa ein Drittel kürzen.

2 Zwischen Mitte Herbst oder Anfang Frühjahr des zweiten Jahrs werden der Haupttrieb und kräftige Seitentriebe erneut um etwa ein Drittel zurückgenommen. Die Seiten kann man ab dem Sommer des dritten Jahrs formieren.

GRUPPE 2

Laubabwerfende Sträucher und Bäume, die natürlicherweise an der Basis dicht verzweigt wachsen, benötigen einen weniger scharfen Pflanzschnitt als die Vertreter der Gruppe 1. Wichtige Arten sind die Rotbuche *(Fagus sylvatica)*, die Hainbuche *(Carpinus betulus)* und einige Blühgehölze, so die bekannte Forsythie.

Pflanzschnitt

Nach dem Einpflanzen während der Vegetationsruhe im Winter die Haupttriebe und alle kräftigen Seitentriebe um etwa ein Drittel zurückschneiden. Mehr ist im ersten Jahr nicht nötig. Im zweiten Winter sollten jedoch die einjährigen Triebe an den Haupttrieben gestutzt und starke Seitensprosse wieder um ein Drittel gekürzt werden. Hierdurch entsteht ein solides Grundgerüst, das auch unten dichtwüchsig ist. Ab dem dritten Sommer müssen die Seiten regelmäßig geschnitten werden, und zwar nach oben hin schmal zulaufend. Bis die Hecke hoch genug ist, die Oberseite nur leicht stutzen.

Erhaltungsschnitt

Die Rotbuche und die Hainbuche behalten ihre hübschen rostbraunen Blätter den ganzen Winter hindurch. Man schneidet sie daher am besten in der zweiten Sommerhälfte. Buchenhecken werden schnell zu breit und üppig, wenn sie nicht mindestens einmal jährlich scharf zurückgeschnitten werden.

Blühende Sträucher wie Forsythien entwickeln als geschnittene Hecken oft weniger Flor. Der beste Zeitpunkt für den Schnitt ist unmittelbar nach der Blüte, aber insbesondere Forsythien müssen im Verlauf des Sommers zwei- bis dreimal nachgekürzt werden.

GRUPPE 3

Bei traditionellen immergrünen Heckenpflanzen wie den Eiben *(Taxus baccata)* und den Stechpalmen *(Ilex)* sowie schnellwachsenden Koniferen wie der Cupressocyparis *(Cupressocyparis leylandii)* sind im Anfangsstadium nur geringe Schnitteingriffe notwendig.

Pflanzschnitt

Nach dem Einpflanzen im Herbst oder Frühling bleiben die Leittriebe ungekürzt, zu üppige Seitentriebe werden jedoch zurückgeschnitten. In den ersten ein, zwei Jahren empfiehlt es sich, die Pflanzen im Bedarfsfall mit Bambusstäben zu stützen.

In den darauffolgenden Jahren wächst der Mitteltrieb völlig frei bis er die gewünschte Höhe erreicht hat. Dann kann er im Sommer abgeschnitten werden. Das Schneiden der Seiten sollte im Sommer des zweiten Jahres erfolgen, um so dichtes Wachstum zu fördern. Wenn im Frühstadium die Hecke ausreichend gewachsen ist, können im Sommer zwei oder drei Schnitte hintereinander erfolgen.

Erhaltungsschnitt

Schnellwachsende Koniferen wie *Cupressocyparis* müssen als erwachsene Hecken zweimal pro Jahr geschnitten werden, das erste Mal kurz vor Sommeranfang und das zweite Mal im Spätsommer. Bei langsamer wachsenden Pflanzen wie Stechpalmen und Eiben ist ein Schnitt im Spätsommer im allgemeinen ausreichend. Im Fall von Feuerdorn und anderen Pflanzen dieser Gruppe, bei denen man gleichermaßen Wert auf die ausgesprochen dekorativen Blüten und Früchte legt, sollten die jungen Triebe jedes Jahr in der zweiten Sommerhälfte entfernt werden.

GRUPPE 3
Umfaßt Koniferen und immergrüne Laubpflanzen, die von sich aus stark verzweigt wachsen.

Links: Bei Koniferenhecken sollte man die Leittriebe wachsen lassen, bis sie die gewünschte Heckenhöhe erreicht haben. Wenn man im Sommer mit der Heckenschere nachschneidet, behält die Oberfläche dieser Westamerikanischen Hemlockstanne *(Tsuga heterophylla)* ihren dichten Wuchs.

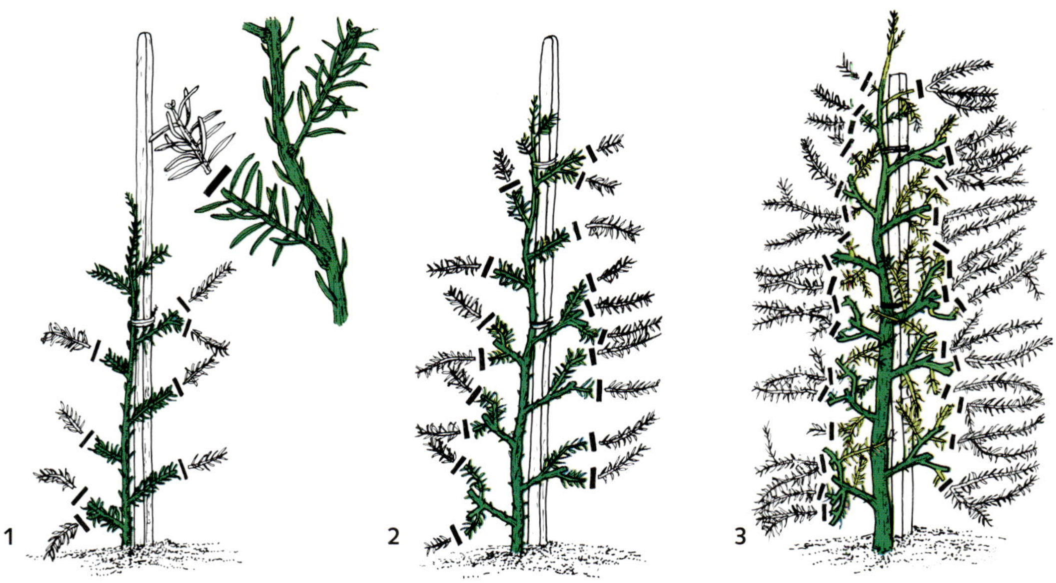

ERZIEHUNGSSCHNITT

1 Man kann Hecken aus Gruppe 3 im Herbst oder Frühling pflanzen. Anschließend stark wachsende Triebe leicht stutzen, den Leittrieb jedoch stehenlassen.

2/3 Ab dem Sommer des zweiten Jahres die Seitentriebe in die gewünschte Form bringen. Den Leittrieb nur abschneiden, wenn er die gewünschte Höhe bereits erreicht hat.

VARIATIONSMÖGLICHKEITEN BEI FORMHECKEN

Hecken kommen meist besonders gut zur Geltung, wenn sie einen einfachen Umriß bei dichtem Wuchs haben. Man kann aber eine noch höhere Zierwirkung erreichen, indem man auf verschieden gefärbte Blätter und komplexere Formen zurückgreift.

Gemischte Hecken

Wenn eine Hecke wirklich einheitlich wirken soll, muß sie über die gesamte Länge aus Pflanzen desselben Klons stammen. Wird die Hecke aus Sämlingen gezogen, kann trotz genauem Schnitt ein Unterschied sichtbar sein. Größer sind die Unterschiede bei gemischten Pflanzungen von sogenannten Mosaik- oder gemischten Hecken. Stechpalmen *(Ilex)* und andere Immergrüne können mit laubabwerfenden Gehölzen wie der Hainbuche *(Carpinus betulus)* kombiniert werden. Durch Mischen verschiedener Sorten der gleichen Pflanzenart sind auch hier Farbkontraste möglich. Die grünblättrige Rotbuche *(Fagus sylvatica)* kann beispielsweise mit der Blutbuche *(F. s. purpurea)* kombiniert werden.

Die Hauptschwierigkeiten treten im Frühstadium auf, wenn schnellwüchsige Pflanzen andere, langsam wachsendere, unterdrücken. Dieses Problem findet man vor allem bei der Kombination von grünblättrigen mit bunt- oder goldblättrigen Sorten, die sich im allgemeinen langsamer entwickeln. Bis zum Erreichen der gewünschten Höhe kann es nötig sein, starkwüchsigere Gehölze zurückzuschneiden, um auch den anderen eine Chance zum Wachstum zu geben.

Unten: Für Kunstformen oberhalb der klaren Linie einer streng geschnittenen Hecke eignet sich am besten die Eibe.

Rechts: Um gut wirkende Farbvariationen in der Hecke zu erzielen, kann man auch zwei Sorten ein und derselben Pflanze miteinander kombinieren. Hier ein großblättriger Liguster *(Ligustrum ovalifolium)* zusammen mit Goldliguster (*L. o.* 'Aureum').

Besondere dekorative Formgebungen

Es ist nicht weiter schwierig, eine Hecke durch besondere Formgebung zu verschönern. Je komplexer jedoch die Form, desto länger braucht es, bis die Hecke voll ausgebildet ist. Natürlich kostet es Zeit, Winkel, verschiedene Ebenen und Kurven sauber zu schneiden. Eigentlich lohnt es sich nur über den Aufwand nachzudenken, wenn die Hecke aus Pflanzen besteht, die, wie Stechpalmen und Eiben *(Taxus baccata)*, schon durch einmaliges jährliches Stutzen eine geschlossene Oberfläche bilden. Am besten werden die Details von Anfang an eingeplant. Oft ist es aber auch möglich, Konturen, wie Zinnen, in bereits vorhandene Hecken zu schneiden. Vorsprünge, Nischen und Stufen sind am leichtesten nachzubilden, indem unterschiedlich hoch oder in verschiedenen Ebenen geschnitten wird.

Wenn große Vorsprünge gewünscht werden, sollte man von Anfang an eine größere Zahl Pflanzen setzen. Feinheiten in Form und Höhen gehen leicht verloren, wenn nicht mit größter Sorgfalt nachgeschnitten wird.

Für Heckenbögen, die sich über Wege spannen, ist eine gründliche Planung notwendig. Man wählt hierfür relativ langsamwachsende Gehölze, beispielsweise Eiben. Ein einfaches Grundgerüst ist notwendig, damit auf jeder Seite Äste hinübererzogen werden können. Für schmale Durchgänge genügen Bambusstöcke. Bei größeren Bögen sind Drähte als Fortsetzung der Hecke hilfreich. Sie werden an Pfählen rechts und links des Wegs befestigt.

Links: Wenn architektonische Elemente, wie Fenster oder Durchgänge, geplant sind, wählt man dichte Heckenpflanzen, zum Beispiel Eiben.

Runde und eckige Öffnungen, solche, die in regelmäßigen Abständen wiederkehren oder einen besonderen Ausblick bieten, werden ähnlich erzogen wie kleine Bögen. Vereinfacht wird die Sache, wenn sich die Fenster zwischen den Pflanzen befinden.

Kunstformen auf der Hecke können sehr dekorativ sein. Üblicherweise entstehen sie, indem man einen oder mehrere Äste über die oberste Heckenebene hinauswachsen läßt und anschließend, wie auf den Seiten 112–119 beschrieben, schneidet und erzieht. Besonders verblüffend ist die Wirkung, wenn man für die eigentliche Hecke eine Pflanze und für die Kunstform eine andere wählt. Eine Weißdornhecke *(Crataegus monogyna)* kann man zum Beispiel oben mit Stechpalmenkugeln in gleichmäßigen Abständen verzieren.

Oben: Es ist von Vorteil, wenn Formhecken in Farbe, Struktur und Dichte einheitlich sind, allerdings können auch absichtlich herbeigeführte Kontraste eine interessante Wirkung haben. Bei der oben abgebildeten Hecke wurde zwischen kupfer- und grünblättrigen Rotbuchen gewechselt.

Links: Will man, wie bei dieser Eibenhecke, Öffnungen mit exakten Linien aussparen, ist die Verwendung eines Gerüsts sinnvoll.

Baumwände

Rechts: Hainbuchenwände bilden dichte, rechteckige Formen, die wie Hecken auf Stelzen wirken.

Als Alternative zur unten geschlossenen Formhecke bieten sich Baumwände auf astlosen Stämmen an, die einheitlich hoch geschnitten werden, so daß sie eine glatte Oberfläche bilden. Laubabwerfende Bäume, die biegsame Triebe haben, werden in regelmäßigen Abständen gepflanzt. Alle Äste werden in derselben Ebene horizontal erzogen, bis die Bäume schließlich beidseitig ineinandergreifen. Die Stämme selbst sind astfrei.

Der Entschluß, eine Allee mit ineinander verwobenen Bäumen zu säumen, hat ästhetische und praktische Gründe. Im 16. und 17. Jahrhundert waren solche Alleen allgemein üblich. Heute nachempfunden, schaffen sie die Atmosphäre eines historischen Gartens. Baumwände spenden im Sommer auf Wegen Schatten. Unter sie kann man im Winter und Frühling blühende Zwiebelpflanzen setzen. Windwirbel bilden sich weniger leicht als bei bis auf den Boden reichenden Hecken, und die Kaltluft kann besser abfließen, so daß sich keine Kältestaus bilden.

Das wohl größte praktische Problem beim Schnitt von Baumwänden ist ihre Höhe. Da eine hohe Wand schlechter erreichbar ist, empfiehlt es sich, sie niedrig zu halten. Viel einfacher als mit Leitern wird die Pflege, wenn sie von einer Plattform aus erfolgt, das heißt von Brettern, die über Böcke oder Trittleitern gelegt werden.

Oben und oben rechts: Im frühen Erziehungsstadium wird eine Stützvorrichtung benötigt, auf der die Äste der Linden horizontal erzogen werden können (oben). Die fortlaufende Oberfläche wird schließlich zur luftigen Wand (oben rechts).

Linden *(Tilia)* sind wegen ihrer biegsamen Triebe und leichten Formbarkeit für die Bildung von Baumwänden am geeignetsten. Die Krimlinde *T. x euchlora* ist hier häufiger anzutreffen als andere Linden: Sie ist nicht so anfällig für Blattlausbefall und produziert auch nicht so zahlreiche Stockausschläge wie Winterlinden *(T. europaea)*. Es ist jedoch davon abzuraten, sie dort zu pflanzen, wo häufiger Kinder spielen, da sie Bienen anlocken, die ihre Blüten besonders schätzen.

Auch Hainbuchen *(Carpinus betulus)* werden manchmal in dieser Art erzogen, allerdings wachsen sie weniger üppig und wirken mehr wie geschnittene Hecken auf Stelzen.

Erziehung einer Lindenwand

Im frühen Stadium eignet sich ein Drahtgerüst als Stützvorrichtung am besten. Verankerte Endpfosten sollten bis in 3 m Höhe reichen und Zwischenpfosten in Abständen von 9 m gesetzt werden. Wenn die Wände über 3 m hoch werden sollen, muß das Gerüst entsprechend höher sein. Die unteren Drähte sollten in Höhe der Basisäste verlaufen, also etwa 1,50 – 1,80 m oberhalb der Erde. Die darüberliegenden Drähte werden in ca. 30 – 50 cm Abstand voneinander gespannt. Alternativ dazu kann man auch Bambusstäbe zwischen den Stämmen befestigen.

Zwischen Mitte Herbst und Frühjahrsbeginn pflanzt man, in regelmäßigen Abständen von 2,40 – 3,60 m, gut zueinander passende Bäume. Jeder sollte von einem langen Stab gestützt werden. Damit der Stamm dicker wird, läßt man unterhalb des untersten Drahts in den ersten ein, zwei Jahren Seitentriebe stehen, die allerdings zwischen Früh- und Hochsommer auf etwa 30 cm eingekürzt werden müssen.

Mit der Horizontalerziehung der Seitentriebe beginnt man am besten, sobald der Mitteltrieb über den untersten Draht hinausgewachsen ist. Hierbei wird das Wachstum auf eine Ebene

reduziert. Triebe, die nicht nach rechts oder links gebunden werden können, müssen bis zum Stamm entfernt werden.

In den darauffolgenden Jahren sollte der Mitteltrieb erhalten und die Seitentriebe in Etagen erzogen werden. Damit eine waagerechte Ebene entsteht, werden Triebe, die nicht eingebunden werden können, zwischen Hoch- und Spätsommer ausgeschnitten. Wenn die Äste nebeneinanderstehender Bäume aneinanderstoßen, sollten sie miteinander verflochten und leicht befestigt werden.

Erziehung einer Hainbuchenwand

Hierbei entsteht eine von Stämmen getragene Formhecke. Sinnvoll sind zunächst Endpfosten und Zwischenträger mit Querverbindungen nach 1,80, 2,70 und 3,60 m. Querverbindungen sollten 1,40 m lang sein. Zwischen ihnen verlaufen in gleichmäßigen Abständen Drähte, die jedoch in der Mitte Raum für die Baumstämme lassen. Der Abstand zwischen den Bäumen beträgt 2,40 m. Wie bei Linden sollten in den ersten ein, zwei Jahren Seitentriebe stehenbleiben, damit der Stamm an Dicke gewinnen kann. Ziel ist, die Stammverlängerung zu erhalten, bis sie ca. 15 cm unter der gewünschten Heckenhöhe ist. An dichten Verzweigungen ist gegebenenfalls ein Rückschnitt von Seitentrieben erforderlich. Wenn nötig, sollten die Triebe an das Drahtgerüst gebunden werden.

Instandhaltung von Baumwänden

Am besten entfernt man das Gerüst, sobald die gewünschte Baumhöhe erreicht ist. Wenn Gerüste nicht auffallen, kann man sie aber auch stehenlassen. Man sollte unbedingt neben der vertikalen auch die horizontale Erziehung fortsetzen, wobei biegsame junge Triebe in das bereits vorhandene Astgerüst eingeflochten und hervorstehende Triebe eingekürzt werden. Die meisten Arbeiten lassen sich in der zweiten Sommerhälfte vornehmen, aber unter Umständen kann es notwendig werden, nach dem Laubfall nochmals korrigierend einzugreifen. Bei erwachsenen Lindenwänden ist es empfehlenswert, ab und zu Horizontaltriebe auszulichten, damit das bei Baumwänden so attraktive luftige Aussehen bestehen bleibt. Bei Winterlinden sollten Stockausschläge an der Basis umgehend entfernt werden.

Hainbuchenwände werden behandelt wie bereits für Hainbuchenhecken beschrieben wurde. Sie werden ebenfalls im Sommer geschnitten.

Unten und rechts: Hainbuchenwände (rechts) bleiben durch jährliches Schneiden im Spätsommer erhalten. Das Stützgerüst kann zwar manchmal als Anhaltspunkt für die Arbeit mit der Heckenschere stehengelassen werden (unten), wirkt aber mitunter störend, so daß es unter Umständen besser ist, erst wieder beim Schnitt Nivellierinstrumente einzusetzen.

Lauben und Laubengänge

Die Erziehung von Gehölzen an Gerüsten als Lauben und Laubengänge ist eine schon lange bekannte und beliebte Methode. Obstgehölze, blühende Pflanzen wie Goldregen und klassische Heckenpflanzen wie Hainbuchen *(Carpinus betulus)* wurden hierfür am häufigsten verwendet. Es handelt sich bei Laubengängen im großen und ganzen um eine Spielart der Baumwände, da die Triebe an ein dauerhaftes Gerüst gebunden werden. Früher waren dies vorwiegend kurzlebige, in die natürliche Umgebung passende Holzgerüste. Drahtgerüste sind zwar dauerhafter doch nicht unbedingt dekorativer.

Hainbuche

Es ist ein weitverbreiteter Fehler, in zu kleinen Maßstäben zu denken. Bei Hainbuchenlauben sollten die Bögen für einen Laubengang von 2,40 m Breite in der Mitte eine Höhe von 3,60 m erreichen. Man erhält relativ schnell eine dichte Pflanzendecke, wenn man die Pflanzen eng, in 50 cm Abstand, pflanzt, wobei der Mitteltrieb Richtung Laubenmitte wächst. Dichter Wuchs wird durch Rückschnitt von Seitentrieben gefördert. Man kann auch größere Abstände wählen, vor allem wenn sich das Blätterdach über astfreien Stämmen wölbt. Wenn eine geschlossene Laubdecke erreicht werden soll, muß allerdings mehr auf die Seitenholzerziehung geachtet werden. Es empfiehlt sich, fertige Hainbuchenlauben, genau wie Hainbuchenhecken, im Sommer zu schneiden.

Goldregen

Am besten eignet sich zur Erziehung *Laburnum x watereri* 'Vossii', der lange Trauben gelber Blüten hat und problemlos blüht. Da es sich um eine schnellwachsende Pflanze handelt, kann rasch ein gleichmäßiges Astgerüst aufgebaut werden. Der Pflanzschnitt erfolgt im Sommer, da im Frühjahr angebrachte Schnitte leicht bluten. Wenn der Goldregen im Frühsommer wirklich üppig blühen soll, ist ein Fruchtholzschnitt an der erwachsenen Pflanze erforderlich.

Unten: Den Gemeinen Judasbaum *(Cercis siliquastrum)* findet man im allgemeinen als schwachverzweigten großen Strauch oder als kleinen Baum. Hier erfolgt die Erziehung als Wegüberdachung über einen Rahmen.

Rechts: Wenn der Goldregen in voller Blüte steht, ist er von bezaubernder Schönheit. Es erfolgt ein Fruchtholzschnitt, bei dem der Zuwachs des vorigen Sommers im frühen Winter auf zwei oder drei Knospen gekürzt wird.

Verjüngungsschnitt bei geformten Hecken

Wenn bereits beim Pflanzen die Erde gut vorbereitet und anschließend gedüngt, im Anfangsstadium die Hecke ausreichend geschnitten und in der Vegetationsperiode regelmäßig gestutzt wird, bleiben Hecken meist über viele Jahre schön. Wenn sie Lücken aufweisen, geht das im allgemeinen auf mangelnde Pflege in den ersten Jahren zurück. Solche Fehler sind nur schwer wieder zu beheben. Oft ist es das beste, sie wieder herauszureißen und die Hoffnung auf Verjüngung aufzugeben. Wenn genügend Raum vorhanden ist, eine zweite Hecke parallel zu einer bereits bestehenden verlaufen zu lassen, kann es sinnvoll sein, die lückenhafte zu erhalten, bis die Ersatzhecke voll ausgebildet ist.

Bei Hecken, die nicht mehr so dicht sind und ihre Trapezform eingebüßt haben, da sie nicht ausreichend gepflegt wurden, ist die Verjüngung einfacher. Einige der geeignetsten Heckenpflanzen, wie Buchsbaum *(Buxus sempervirens)*, Stechpalmen *(Ilex)*, Hainbuchen *(Carpinus betulus)* und Eiben *(Taxus baccata)*, reagieren auf scharfen Rückschnitt der Seitentriebe bis zur Hauptachse erstaunlich gut. Diese Arbeiten sollten jedoch über mehrere Jahre verteilt werden.

Pflanzschnitt

Scharfe Verjüngungsschnitte laubabwerfender Hecken sollten im Spätwinter, also in der Ruhezeit, durchgeführt werden. Immergrüne schneidet man Mitte bis Ende Frühling. Bei Frost sollte in keinem Fall drastisch eingekürzt werden.

Im ersten Jahr nur eine Seite schneiden. Nachdem die Hecke auf die gewünschte Höhe reduziert wurde, alle Äste seitlich auf den Stamm einkürzen.

Die Pflanzen mit einem Volldünger versorgen und bei Trockenheit gut wässern. Eine Mulchschicht gut verrotteten Komposts oder Dungs hilft bei der Speicherung von Feuchtigkeit und liefert zusätzliche Nährstoffe.

Scharfe Schnitteingriffe vollenden

Erst wenn die geschnittene Seite intensiv wächst, wird die andere Seite so gestutzt wie bereits die erste. Bei alten Eibenhecken kann es nötig sein, eine zweijährige Pause einzulegen, bevor der Schnitt fortgesetzt wird. Die volle Regenerierung benötigt sechs bis acht Jahre.

Oben: Manchmal kann eine alte Hecke, wie diese Buchsbaumhecke, einen sehr eigenen Charakter haben, so daß jeder Versuch, ihr eine strenge Form aufzuzwingen, völlig absurd wäre.

Oben und links: Zu groß gewordene Hecken, wie diese Hainbuchenhecke (links), vertragen durchaus einen starken Rückschnitt.

Formlose und naturnahe Hecken

Sträucher, die in einer Reihe gepflanzt sind und nahe genug beieinanderstehen, um etwa einen Sichtschutz oder eine Abtrennung zu bilden, können zu ansehnlichen formlosen Hecken werden. Hierzu sind nur minimale Schnitteingriffe nötig. Die herkömmliche naturnahe Hecke ist ursprünglich als Weidezaun gedacht und wurde periodisch abgeknickt. Sie kann aber auch als ausgesprochen hübsche Garteneinfassung dienen. Diese Heckenform sowie lockere naturnahe Hecken sind besonders für Naturgärten geeignet.

Rechts: In weiten Teilen Europas ist die Schlehe *(Prunus spinosa)* eine verbreitete Heckenpflanze. Sie muß nur grob gestutzt werden, um zu einer attraktiven, naturnahen Hecke zu werden.

Unten: *Berberis stenophylla*, ein immergrüner Strauch, findet sich häufig als formlose Hecke. Der Schnitt erfolgt unmittelbar nach der Blüte.

FORMLOSE HECKEN

Am besten wählt man Gehölze, die natürlichen dichten Wuchs aufweisen, wie etwa *Berberis x stenophylla*, Deutzien, Fuchsien, und Rugosarosen. Viele dieser Gehölze tragen zudem schöne Blüten oder Früchte. Beim Schnitt sollte die natürliche Form erhalten bleiben, soweit das bei in einer Reihe gepflanzten Sträuchern überhaupt möglich ist. Der am weitesten verbreitete Fehler ist, daß zuviel geschnitten wird, so daß es aussieht, als sei der Versuch fehlgeschlagen, eine Formhecke anzulegen.

Die Sträucher können im großen und ganzen wie Solitäre geschnitten werden. Man sollte vor allem altes Holz bis aufs Gerüst zurücknehmen. Sträucher, die auf jungem Holz blühen, wie *Fuchsia magellanica*, müssen im Frühjahr geschnitten werden, diejenigen, die auf altem Holz blühen, zum Beispiel *Berberis x stenophylla*, direkt nach der Blüte. Sträucher wie *Cotoneaster x simonsii*, die auf altem Holz blühen und über Wochen und Monate dekorative Früchte ansetzen, schneidet man am besten, nachdem die Früchte abgefallen sind. Bei erwachsenen Hecken dieser Art kann es unerläßlich sein, einen Teil des alten Holzes nach der Blüte zu entfernen.

NATURNAHE HECKEN

Um die Dichte zu erhalten, werden herkömmliche Feldhecken regelmäßig gestutzt. Wenn sie Lücken bekommen, verkrauten und abgestorbenes Holz aufweisen, werden sie durch Abknicken verjüngt. Zunächst befreit man die Hecken von unerwünschtem Holz, dann werden die Triebe, die stehenbleiben sollen, teilweise durchgeschnitten, nach unten gebogen, bis sie fast horizontal stehen, und anschließend zwischen senkrecht stehenden Trieben eingeflochten. Das Knicken von Hecken ist nicht einfach und wird am besten vom Fachmann durchgeführt.

Aufbauschnitt und Erziehung

Die echte Feldhecke sollte aus einheimischen Arten bestehen und nicht aus importierten oder speziell für den Garten gezüchteten Sorten. Die in England am weitesten verbreitete Heckenpflanze ist der Gemeine Weißdorn *(Crataegus monogyna)*. Ballenlose Pflanzen werden im Winter in etwa 25 cm Abstand voneinander gepflanzt. Der

Pflanzschnitt sollte scharf sein, um kräftiges Wachstum zu fördern (siehe Gruppe 1, S. 100).

Wenn das Risiko besteht, daß die Hecke von Vieh abgefressen wird, sollte sie in den ersten vier, fünf Jahren von einem Zaun umgeben sein. Ab dem zweiten Winter kann sie durch jährlichen Schnitt grob in Form gebracht werden, was dichtes Wachstum fördert.

Der „Knick"

Das Abknicken von Hecken erfolgt zwischen Mitte Herbst und Spätwinter. Notwendig ist es alle 10 bis 20 Jahre. Zunächst muß die Heckenform, die unter Umständen durch Stockausschläge oder das Wachstum von wild gewachsenen Pflanzen zerstört worden ist, wiederhergestellt werden. Dann sollte abgestorbenes Holz entfernt und lebendes Holz ausgelichtet werden; aufrechtstehende starkwüchsige Triebe bleiben stehen. In Abständen von 60 – 90 cm können senkrechte Triebe belassen werden, die der abgeknickten Hecke Stabilität verleihen. Man kann auch Pflanzenstäbe zur Überbrückung von Lükken verwenden. Sämtliche Triebe auf der unteren Hälfte oder dem untersten Drittel der Leitäste sollten entfernt werden.

Am schwierigsten ist der Anschnitt der Äste, die nach unten gebogen werden sollen. Der erfahrene Gärtner führt eine Hippe mit einem geschickten Hieb nach unten, schneidet schräg, stets in der gleichen Richtung, direkt über dem Boden, so daß eine Bruchkante aus lebendem Gewebe entsteht. Man kann auch eine Säge nehmen und jeden Ast zu drei Vierteln durchtrennen. Die Äste werden an der Schnittstelle abgebogen, so daß sie alle in die gleiche Richtung weisen, fast waagerecht liegen und möglichst zwischen die aufrechtstehenden Triebe oder Stäbe eingeflochten sind. Die an der Basis jedes liegenden Asts verbleibenden Stummel müssen entfernt werden, um zu verhindern, daß sich im Spalt Regenwasser sammelt. Dann werden biegsame Haselnußruten darübergelegt, um die aufrechten und die dazwischengeschobenen Triebe an Ort und Stelle zu arretieren.

Unten: Die Verjüngung einer Feldhecke durch Abknicken ist eine hohe Kunst. Allerdings geschieht das heute oft ohne die früher im Detail angewandte Sorgfalt. Gepflegte Hecken sind äußerst wirksame Weidezäune.

FORMSCHNITT

Der Formschnitt oder „Topiaria" ist die alte Kunst, Bäume und Sträucher in eine geometrische oder figürliche Gestalt zu bringen. Diese Technik wurde schon im alten Rom praktiziert und in italienischen, französischen und holländischen Gärten des 16. und 17. Jahrhunderts häufig angewandt.

Auch wenn geschnittene Kunstformen nicht immer gleich beliebt waren, sind sie durch diese Vorbilder noch immer ein wichtiges Element in formalen Gärten. Sie setzen optische Akzente und gliedern den Garten in verschiedene Ebenen. Würfel, Kugeln, Kegel und Pyramiden oder Kombinationen davon sind typische Ausbildungen des vorwiegend geometrischen Kunstschnitts, aber auch beim Schnitt von Tierfiguren kann man der Phantasie freien Lauf lassen. Oft findet man bereits in einfachen, formlosen Gärten viele Anregungen. Die verwendete Technik ist die gleiche wie in großen Gartenanlagen, aber oft sind die umgesetzten Ideen ausgesprochen originell oder extravagant.

Oft lassen sich Gärtner davon abschrecken, mit Formschnitten zu experimentieren, da sie der Meinung sind, es sei schwierig und dauere viele Jahre, bis erste Erfolge sichtbar werden. In Wirklichkeit ist aber die Technik nichts anderes als eine Weiterentwicklung des Schnitts und der Erziehung von Hecken und des Schnitts von Solitären oder, seltener, an kleineren Gehölzgruppen. Der Pflanzschnitt soll dichten Wuchs von der Basis aus fördern. Das anschließende Stutzen, ein- oder zweimal pro Vegetationsperiode, sorgt für die Erhaltung der äußeren Form. Geeignet sind vor allem langsam wachsende Pflanzen. So kann man bereits in fünf bis zehn Jahren interessante Formbildungen erreichen. Aber schon in der Zeit des Aufbauschnitts stellen viele Pflanzen ein dekoratives Element in Ihrem Garten dar. Lassen Sie sich also nicht abschrecken, sich auch einmal an diesen scheinbar langwierigen und komplizierten Erziehungstechniken zu versuchen.

Links: Der duftende Lorbeer *(Laurus nobilis)* wird oft als Hochstamm mit einer Kugelkrone gezogen, kann aber auch in Form eines Obelisken oder einer Zylinderscheibe angelegt werden. Der Schnitt sollte mit einer scharfen Gartenschere erfolgen, damit keine verstümmelten Blätter zurückbleiben.

Rechts: Früher wurde die Steineiche *(Quercus ilex)* oft als Kunstform erzogen. Auch wenn es gut wirkt, sind sie als große Formbäume, wie hier gezeigt, eher selten anzutreffen.

Ganz links: Eiben *(Taxus baccata)* lassen sich problemlos scharf zurückschneiden, sogar so stark, daß manchmal aus alten, freiwachsenden Solitären Kunstformen geschnitten werden oder eine bereits existierende Form nachträglich geändert werden kann, was vermutlich bei dem hier abgebildeten Baum der Fall war.

Unten links: Der Buchsbaum *(Buxus sempervirens)* ist als kleiner Formbaum weit verbreitet. Wenn in den ersten Jahren scharf zurückgeschnitten wird, wächst er kompakter. Durch regelmäßiges Schneiden bleibt die Oberfläche dicht und geschlossen.

Unten: Bei diesem Formbuchsbaum *(Buxus sempervirens)* wurde ein Leittrieb beim Schnitt der restlichen Hecke stehengelassen.

Ganz unten: Hier wurden Leittriebe aus einer Stechpalmenhecke *(Ilex aquifolium)* heraus in Schirmform erzogen.

Die Wahl der Pflanzen

Früher wurden die verschiedensten Pflanzen streng geschnitten, aber nur mit einer kleinen Zahl davon konnte man auch zufriedenstellende Ergebnisse erzielen. Im Vergleich zum Schnitt von Hecken ist es hier noch wichtiger, kleinblättrige, dichte Immergrüne zu wählen, die es gut vertragen, gestutzt zu werden. Am häufigsten findet man heutzutage wilden Buchsbaum *(Buxus)* und gezüchtete Sorten der Eibe *(Taxus)*, in milderen Regionen die Italienische oder Mittelmeerzypresse *(Cupressus sempervirens)*. Der Buchsbaum eignet sich nur für die Formung kleinerer Gebilde bis zu einer Höhe von 1,20 m.

Die klassischen Formschnittpflanzen wachsen recht langsam; dennoch kann man oft in fünf bis sechs Jahren einfachere Formen schneiden. Die für anspruchsvollere Konturen benötigte Zeit hängt von der Größe, Kompliziertheit und den Wachstumsbedingungen ab. Ungeduldige Gartenliebhaber setzen manchmal schneller wachsende Pflanzen, wie den Gemeinen Liguster *(Ligustrum vulgare)*. Man erreicht sein Ziel so zwar eher, aber es muß häufiger geschnitten werden, und im Winter verlieren sommergrüne Pflanzen ihre Blätter.

Es gibt eine Reihe großblättriger Gehölze, die für die Erziehung zu Kugeln, Halbkugeln und anderen sehr einfachen Formen geeignet sind. Am häufigsten sind hierbei die Stechpalme *(Ilex)*, die Portugiesische Lorbeerkirsche *(Prunus lusitanica)*, der Lorbeerbaum *(Laurus nobilis)* und die Steineiche *(Quercus ilex)*. Laubabwerfende Bäume und Sträucher werden selten streng geschnitten, Weißdorn *(Crataegus)*, der einen dichten Wuchs hat, wenn er regelmäßig gestutzt wird, kann zu einfachen Halbkugeln geschnitten werden.

Pflanzschnitt

Viele Kunstformen bestehen aus einer einzigen Pflanze passender Größe, die sich in einem frühen Stadium bereits stark verzweigt. Sie wird nach und nach geformt, entweder allein mit der Heckenschere oder durch Schnitt und Erziehung auf einem Stützgerüst. Bei manchen Exemplaren, vor allem bei solchen mit großem Umfang, kann es sinnvoll sein, mehrere Pflanzen zu nehmen, die dann bald zusammenwachsen und eine einzige zusammenhängende Form bilden. Wenn, wie das meistens der Fall ist, gewünscht wird, daß am Schluß alles wie aus einem Guß wirkt, ist es wichtig, alle Einzelpflanzen aus ein und demselben Klon zu wählen. Eine andere Möglichkeit besteht in Formschnitten mit Farbkontrasten im Blattwerk. In der einfachen Kugelform kann ein Goldliguster (*Ligustrum ovalifolium* 'Aureum') zusammen mit dem Großblättrigen Liguster ausgesprochen dekorativ wirken.

Wenn man ganz von vorne beginnt, sollte man nicht aus den Augen verlieren, wie die Pflanze auf lange Sicht gepflegt werden muß. Auch repräsentative Formen sollten daher eindeutig und einfach sein, so daß eine maximale Wirkung erzielt wird.

Auch bei Eiben ist es möglich, aus bereits gut entwickelten Exemplaren Formen zu schneiden. Wenn man ein Exemplar hat, das über den ihm zugedachten Raum hinausgewachsen ist, das entweder zuviel Schatten spendet oder die Sicht nimmt, ist das eine in Erwägung zu ziehende Möglichkeit. Wie bei der Verjüngung von Hecken kann es notwendig sein, den Schnitt zu staffeln, das heißt, erst die eine und ein oder zwei Jahre später die andere Baumhälfte zu schneiden. Zunächst sollte man eine einfache Form bilden, etwa eine runde Scheibe oder einen Konus, dann kann man versuchen, ein verfeinerndes Detail hinzuzufügen, zum Beispiel einen Blätterknauf.

Pflege erwachsener Formbäume

Damit die Pflanze gesund bleibt, ist eine ausgewogene Düngung notwendig. Wenn die Kunstformen in Beeten oder Randbepflanzungen stehen, kann es vorkommen, daß andere Pflanzen, auch Ziergehölze, zu stark konkurrieren. Dies sollte man nicht zulassen. Wuchernde Pflanzen nehmen nicht nur Nährstoffe weg, sie können auch zu unregelmäßigem Wuchs am Formbaum führen und ihn beschatten.

Oben: Formbäume mit voneinander abgesetzten Stufen kann man aus einem bereits vorhandenen Konus oder ähnlichen Formen schneiden. Allerdings lassen sich bessere Resultate erzielen, wenn man die Stufen im Laufe des Wachstums erzieht, wobei der Mitteltrieb stehenbleibt, bis die endgültige Höhe erreicht ist.

Efeu und andere Kletterpflanzen stören das Wachstum von Kunstformen und sollten daher entfernt werden. Große Schneeablagerungen können ernsthafte Schäden verursachen und müssen deshalb ebenfalls beseitigt werden.

Man sollte Formbäume aus relativ langsam wachsenden Pflanzen, wie Buchsbäume und Eiben, in der zweiten Sommerhälfte schneiden. Der genaue Zeitpunkt kann auch variiert und an die restliche Gartenarbeit angepaßt werden. Schnellwüchsige Pflanzen, wie Liguster, müssen jeden Sommer drei- bis viermal gestutzt werden. Wie bei Hecken sollte auch hier bei Frost nicht zur Schere gegriffen werden.

Bei großen Formbäumen mit einfacher Form kann die Arbeit von Hand oder mit elektrischen Heckenscheren erfolgen. Einhandscheren sind für Detailarbeiten sinnvoll. Bei größerblättrigen Pflanzen, beispielsweise Lorbeer, lohnt es sich, Blätter oder Blätterbüschel mit der Gartenschere im Ganzen wegzuschneiden. Andernfalls wirkt die Pflanze verstümmelt, da Blattreste beginnen, sich braun zu verfärben.

Wer eine Schablone zu Hilfe nimmt, kann sich die Arbeit erleichtern, vor allem wenn man einer größeren Zahl von Pflanzen die gleiche Form geben will. Es ist sehr schwierig, exakte geometrische Formen, wie Pyramiden oder Obelisken, zu erhalten, wenn man für die Winkel und Ränder keine Führung hat. Eine Lösung wäre eine stationäre oder mobile Schablone, wie dies für den Obelisken auf S. 117 illustriert wird. Eine andere Möglichkeit ist eine verstellbare, wie bei den Hecken auf S. 99 beschrieben, Führungsschiene. Die meisten Formbäume schneidet man jedoch vorzugsweise frei von Hand, wobei die bereits unter den jungen Trieben vorhandene Pflanzenform als Anhaltspunkt dient.

Es ist empfehlenswert, vorsichtig zu schneiden und während des Schnitts zu überprüfen, ob die Form so richtig wird. Wenn notwendig, kann später immer noch nachgeschnitten werden. Ist ein Loch aber einmal geschnitten, kann es viele Jahre dauern, bis es wieder zugewachsen ist.

Verjüngungsschnitt

Formbäume, die über mehrere Jahre nicht oder nur unzureichend gestutzt worden sind, oder solche, deren Form gelitten hat, weil Äste abgebrochen oder die von Pilzen bzw. Schädlingen befallen worden sind, müssen unter Umständen verjüngt werden. Bei für Formschnitte geeigneten Pflanzen, wie Buchsbaum, Stechpalmen und Eiben, ist es oft möglich, eine verlorengegangene Form ganz oder zumindest annähernd wiederherzustellen. Hierzu werden überflüssige Äste unter Umständen sogar bis ins alte Holz zurückgeschnitten. Diese Prozedur kann sich über zwei, drei Jahre erstrecken.

Mit Löchern und größeren Lücken zu Rande zu kommen, ist hingegen schwieriger. Wenn man drastisch eingreift, das heißt beschädigte Äste auf lebendes, gesundes Holz zurücknimmt, können Eiben durchaus wieder austreiben. Dadurch, daß die schadhafte Stelle zusätzlich vergrößert wird, ist die ursprüngliche Form allerdings noch mehr zerstört. Es mag die einzige Möglichkeit sein, doch kann auch die Chance bestehen, die Form durch eine Kombination von Schnitt und Erziehung wieder instand zu setzen. Selbst dann kann es jedoch Jahre dauern, bis ein zufriedenstellendes Ergebnis erreicht ist. Vor allem während der Verjüngung muß ausreichend gedüngt (Volldünger) und gewässert werden.

Geometrische Formen

Am einfachsten zu schneiden und daher am weitesten verbreitet sind schlichte geometrische Formen, vor allem solche, die unten breit und oben schmal sind und der natürlichen Kontur der Pflanze entgegenkommen, beispielsweise der Kegel. Es gibt eine Reihe Varianten, und zu den kunstvollsten gehört die Kombination verschiedener geometrischer Formen.

Unten: Zwischen diesen Kübeltopiarias befindet sich ein Lorbeerhochstamm *(Laurus nobilis)* mit spiralförmig gewundenem Stamm.

Rechts: In Großbritannien findet man häufig schöne alte Formbäume, wie diese in Levens Hall. Hier sieht man eine Goldeibe (*Taxus baccata* 'Aurea').

Erziehungsschnitt

Bei vielen geometrischen Modellen ist es die einfachste Methode, von Anfang an die Pflanze regelmäßig zu stutzen, um dichtes Wachstum zu fördern, und sie am Schluß, wenn sie die gewünschte Größe erreicht hat, in Form zu schneiden. Bei Würfeln und Scheiben sollte man mit einer Wasserwaage und einem Karton mit geraden Konturen die vertikalen und horizontalen Linien überprüfen. Den Radius einer Scheibe kann man mit einer Schnur nachmessen, die man an einem im Pflanzenmittelpunkt steckenden Bambusstab befestigt.

Obelisken und Pyramiden

Hierbei handelt es sich um einfache Formen, für die sich vor allem Buchsbäume *(Buxus)* und Eiben *(Taxus)* eignen. Die Kanten und Seiten müssen akurat geschnitten sein, wozu eine Führungsschiene nötig ist. Alternativ dazu kann man sie in Schablonen erziehen. Hierbei handelt es sich um stationäre Formen, die aus Maschendraht bestehen. Sobald die Zweige über die Maschen hinauswachsen, werden sie gestutzt. Teilweise bringt man diese Schablonen direkt nach dem Einpflanzen an. Der Garten wirkt so von Anfang an wie ein Formgarten, schon lange bevor die Pflanzen hoch genug sind, um den Draht ganz zu verbergen. Allerdings sind die Schablonen dann beim anfänglichen Stutzen im Weg.

Kronen in Kugel- und Halbkugelform

Den Lorbeerbaum *(Laurus nobilis)*, die Portugiesische Lorbeerkirsche *(Prunus lusitanica)* und andere größerblättrige Pflanzen lassen sich sehr wirkungsvoll in diese einfachen Formen bringen. Man kann Hochstämme zwar fertig kaufen, es ist aber nicht schwierig, junge Pflanzen zu erziehen. In den ersten Jahren müssen sie vielleicht noch gestützt werden, und der Stamm sollte sich über mehrere Jahre frei entwickeln dürfen. Die Seitenäste werden im Frühsommer erst auf etwa 7,5 cm gekürzt. Die nachfolgenden Seitenäste müssen im darauffolgenden Jahr bis zum Stamm abgeschnitten werden. Für kugelförmige Kronen wird der Stamm auf eine Knospe zurückgeschnitten, sobald er gerade unterhalb der gewünschten Kronenmitte angelangt ist.

Kronen in Etagen- und Spiralform

Der abgestufte Kegel, welcher von einem Stamm getragen wird, ist eine der am weitesten verbreiteten einfachen geometrischen Varianten. Am besten bildet man die Stufen bereits im Laufe des Wachstums aus. Junge Eiben können auch als Konus geschnitten werden, bis sie eine Höhe von 1,20 bis 1,50 m erreicht haben. Anschließend kann eine Basis, ein dichter Sockel von etwa 1,20 m Tiefe, herausgeschnitten werden. Die Seitenäste werden bis 30 cm oberhalb der Basis vollständig entfernt. Weiter oben stehende Äste beläßt man, damit sie die erste Stufe bilden können. Die Basis sollte größer bleiben, als sie letztendlich werden soll. Sie kann dann oben kreisförmig gestutzt werden.

Zur Ausbildung von Stufen ist es oft nötig, die Triebe in die Waagrechte zu bringen. Befestigen Sie diese mit Bindebast an den Basisästen. Die erste Stufe, die einen kleineren Radius hat und niedriger ist als der Sockel, kann geschnitten werden, nachdem der Busch genügend gewachsen ist, der kahle Mitteltrieb die richtige Höhe erreicht hat und die ersten Triebe bereits in die nächste Stufe reichen.

Links: Eiben, zu einer interessanten Kegelform erzogen.

EINEN OBELISKEN FORMEN
Ein Maschendrahtgerüst wird über eine Pflanze gestellt, die ein bis zwei Jahre lang zurückgeschnitten wurde und sich dadurch stark verzweigt hat.

1 Triebe, die aus dem Draht herauswachsen, werden im Sommer abgeschnitten.

2 Das Grün verdeckt das Drahtgestell.

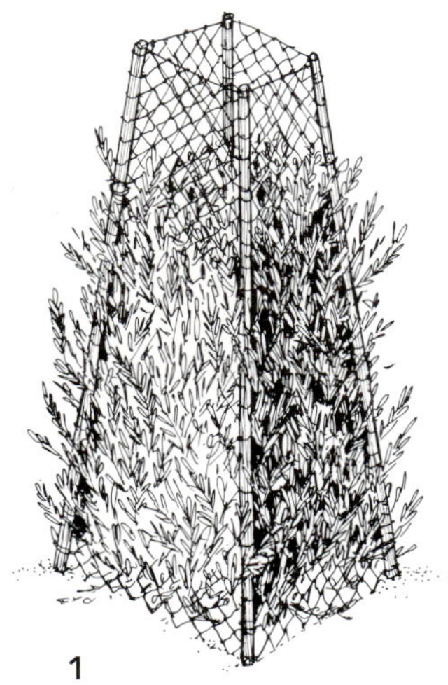

1

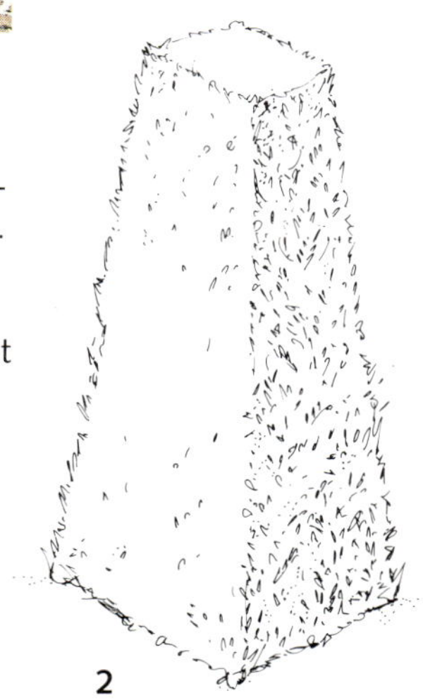

2

Die hier vorgeschlagenen Abmessungen kann man je nach Wüchsigkeit der Pflanze und nach Geschmack abwandeln. Es ist normal, daß die Stufenunterseite kahl ist, da sie stets im Schatten liegt. Wenn aber zwischen den Stufen nicht genügend Raum gelassen wird, können auch die Oberseiten verkahlen.

Manchmal wird empfohlen, Spiralen zu formen, indem man junge, biegsame Bäume um einen Stab in der Mitte herum erzieht. Dies ist jedoch nur in den seltensten Fällen durchführbar. Meistens wird die Spirale in einen kegelförmigen Busch geschnitten. Die besten Ergebnisse erzielt man, indem man die Windungen nach und nach während des Wachstums des Baums schneidet.

Abschlüsse

Für den Abschluß einer geometrischen Form stehen die verschiedensten Möglichkeiten zur Verfügung, wie beispielsweise Kugeln oder Halbkugeln. Dafür läßt man ein Triebbüschel über den höchsten Punkt der Kontur hinauswachsen und schneidet es in die gewünschte Form. Der Kreis ist dabei die einfachste Variante. Man kann die Pflanze in eine runde Form bringen, indem man zwei Triebe an einen Drahtring bindet, der mit der Hauptform fest verbunden ist. Das Gerüst kann stehenbleiben, doch können auch beide Triebe am oberen Kreisrand durch Veredeln verbunden und der Ring anschließend entfernt werden.

Figurenschnitte

Oben: Dieser Formgarten im englischen Great Dixter (Sussex) wurde zu Beginn dieses Jahrhunderts angelegt. Er ist sehr gepflegt, die Figur des Eichhörnchens auf einem Sockel hat sich bis heute erhalten.

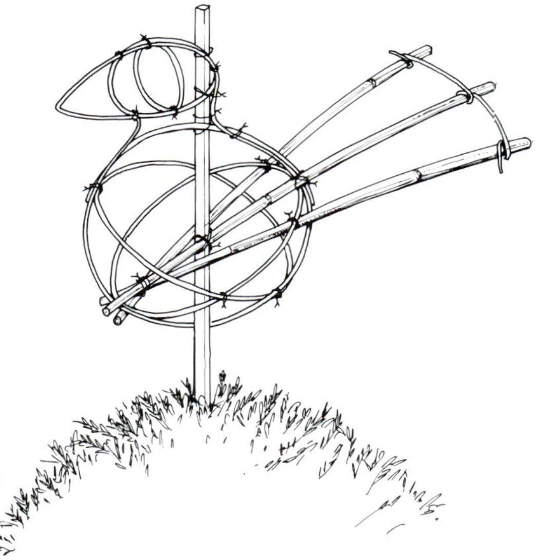

1

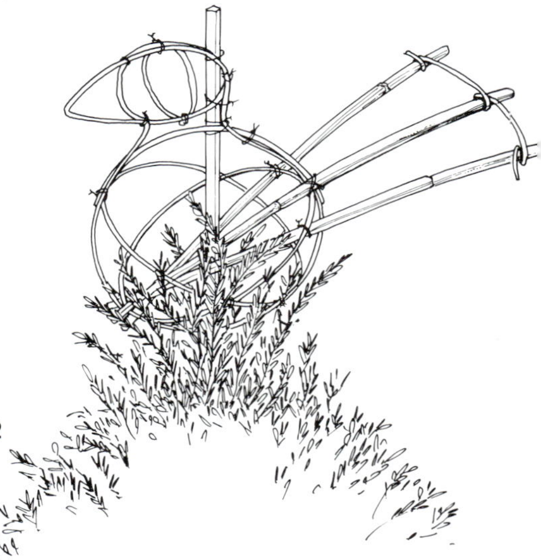

2

3

Vögel wie Pfauen, Fasanen und Amseln gehören zu den beliebtesten Kunstformen. Man kann aber seine Phantasie spielen und sich von vielen anderen Lebewesen und Gegenständen inspirieren lassen, wenn man eine junge Pflanze zur Kunstform erzieht oder eine Form in eine teilweise oder voll ausgewachsene Pflanze schneidet. Bei Eiben *(Taxus)* kann die natürlich entstandene Form unter Umständen sogar eine Form suggerieren, die durch Schnitt und Erziehung nur vervollkommnet werden muß. Immer gilt jedoch, daß die Umrisse so einfach wie möglich gehalten werden müssen, so daß die Form trotz des jährlichen Wachstums und Nachschneidens erhalten bleibt.

Ungeachtet der Größe kommen die meisten Figuren besser zur Geltung, wenn sie sich von einem Sockel oder einer Plattform, wie etwa einer Hecke, absetzen. Oft werden mehrere Pflanzen nebeneinander gepflanzt, damit für die geschnittene Form schneller ein ausreichend großer Unterbau entsteht. Wird ein Sockel gewünscht, fängt man mit der Erziehung der Figur erst an, wenn dieser fast fertig ist. Bei kleinen Exemplaren, zum Beispiel Buchsbäumen *(Buxus)*, beginnt die Form manchmal direkt oberhalb der Erde. Am

EINE VOGELFORM SCHNEIDEN

1 Ein dreidimensionales Gerüst herstellen, das in etwa der angestrebten Form entspricht. Dieses im Spätwinter oder zu Frühjahrsbeginn fest im tragenden Sockel oder in der Hecke verankern.

2 In der darauffolgenden Vegetationsperiode Sprosse an das Gerüst binden. Triebe für dichten Wuchs formgemäß entspitzen oder mit der Schere stutzen.

3 Damit die endgültige Form nicht an Klarheit verliert, ein- oder zweimal pro Sommer nachschneiden.

Links: In den USA findet man in den Ladew Gardens (Monkton, Maryland) einige beeindruckende Beispiele von Formbäumen, wie diese aus Eiben geformten Vögel.

besten kommen sie als Kübelpflanzen zur Geltung. Der Pflanzkübel bildet dann die optische Basis.

Die Erziehung der eigentlichen Form vereinfacht sich durch die Verwendung eines entsprechenden Gerüsts. Der dreidimensionale Umriß wird normalerweise mit dickem Draht gebildet und dann fest an einem Stab befestigt, der möglichst nahe an der Sockelmitte in die Erde gerammt wird. Wenn eine hohe Hecke die Basis bildet, muß das Gerüst unter Umständen zusätzlich an einem aufrechten Stab befestigt werden, der wiederum fest mit den Ästen im Heckeninneren verbunden ist. Erweiterungen der Grundform, der Schwanz eines Vogels zum Beispiel, können an Bambusstäben entlangwachsen, die wiederum am Grundgerüst befestigt sind. Bis zu einem gewissen Grad muß hier improvisiert werden, um das Gerüst einer bestimmten Form anzupassen. In jedem Fall sollte es solide sein und so lange halten, bis die Grundform endgültig steht. Am besten bringt man hierzu die Stützvorrichtung Ende Winter bis Anfang Frühling bei bereits gutentwickelter Basis an und beginnt anschließend mit der Erziehung der Figur.

Erziehung und Erziehungsschnitt

Der Grundsockel wird wie eine einfache geometrische Form erzogen (siehe S. 116). Beim Schnitt bleibt ein Trieb oder ein Triebbüschel an der Spitze stehen, mit dem dann die Figur gebildet wird.

Am schnellsten lassen sich mehrere Triebe gleichzeitig formen: sie werden mit Bindebast aneinandergebunden. Voraussetzung hierfür ist, daß die Form fest auf der Basis sitzt und nicht etwa auf einem kurzen Stamm.

Dichter Wuchs, der dann das Gerüst auffüllt, sollte gefördert werden. Gleichzeitig werden Triebe am Umriß entlang erzogen. Am Anfang müssen sie mit Bindebast am Gerüst festgebunden werden. Dies ist so lange erforderlich, bis sie richtig positioniert sind. Kunststoff- oder Metallbefestigungen sind hierfür ungeeignet, da sie über viele Jahre sichtbar bleiben und das Werkzeug beim Schnitt stumpf machen können. In jeder Vegetationsperiode müssen Schnitt und Erziehung fortgesetzt werden, bis die Form steht. Durch Zurückschneiden und Festbinden der Äste bildet sich schließlich eine dichte Kontur, die das Gerüst darunter verdeckt.

ZIERPFLANZEN VON A BIS Z

In der folgenden Auflistung, die hauptsächlich Pflanzen der gemäßigten Breiten der Erde enthält, sind Verweise auf die jeweils geeigneten Schnitt- und Erziehungsmethoden enthalten. In jedem Fall sollten Sie kranke oder abgestorbene Sproßteile herausschneiden, sobald Sie diese entdecken.
Folgende Abkürzungen wurden bei den Querverweisen verwendet: laubabwerfende Sträucher (LS), immergrüne Sträucher (IS), Bäume (B), Hecken (H) und Gruppe (G).

Abelia Laubabwerfende bis immergrüne Sträucher, die warme, geschützte Standorte verlangen. Die immergrüne *A. x grandiflora* benötigt bei der Buscherziehung nur geringen Schnitt (IS, G1, S. 74 – 75). Nach der Blüte im Herbst sollten einige der ältesten Äste entfernt werden. Die laubabwerfenden Arten (z. B. *A. spathulata*) werden im beginnenden Frühjahr geschnitten.
Abeliophyllum *A. distichum* ist ein wuchernder laubabwerfender Strauch, der im April an vorjährigen Trieben blüht. Der Schnitt erfolgt sofort nach der Blüte (LS, G2, S. 62 – 65). Er kann an Mauern mit permanentem Astgerüst gezogen werden.
Abies Immergrüne Koniferen, die teilweise recht groß werden können. Die Erziehung erfolgt als Stammbusch, wobei Konkurrenzmitteltriebe entfernt werden (B, S. 48).
Abutilon Immergrüne Sträucher und kleine Bäume, die in kühlen, gemäßigten Breiten Kalthaus- oder Zimmerpflanzen sind. *A. megapotamicum* und *A. x milleri* können an Stäben oder einem Drahtgerüst gezogen werden. Bei *A. vitifolium* erfolgt die Erziehung mit einer Hauptachse an einem Stab. Geschnitten wird im Frühjahr, wobei die Hauptachse um die Hälfte und Seitentriebe auf 7 – 10 cm gekürzt werden.
Acacia Sommer- und immergrüne Sträucher und kleine Bäume. Für eine Freilandpflanzung ist ein mildes Weinbauklima mit gutem Winterschutz (frosthart bis –5° C) erforderlich. Am häufigsten sind die immergrünen Arten, die nur geringe Schnittpflege benötigen (IS, G1, S. 74 – 75). Werden die Pflanzen zu groß, ist ein Rückschnitt im späten Frühjahr möglich.
Acca *A. sellowiana* ist ein immergrünes Obstgehölz, das nur in warmen, gemäßigten Breiten regelmäßig Früchte trägt. Eine Pflanzung in Mitteleuropa ist an einem geschützten Standort mit einer Überwinterung von über 5° C möglich. Es ist kein Schnitt erforderlich (IS, G1, S. 74 – 75).
Acer Meist sommergrüne Sträucher und Bäume, viele mit sehr dekorativem Laub, einige mit interessanter Rindenfärbung. Die Wundheilung bei den meisten Arten erfolgt langsam, so daß die Gefahr von Pilzbefall sehr groß ist. Ahorn benötigt nur geringe Schnitteingriffe. Falls eine Formkorrektur erforderlich ist, sollte sie bereits an Jungpflanzen erfolgen. Da viele Arten bluten, muß im Spätsommer oder Anfang Herbst geschnitten werden. Bei größer wachsenden Arten, wie *A. pseudoplatanus* und den Arten mit attraktiver Rinde, einschließlich *A. griseum* und *A. pensylvanicum*, die Stammverlängerung erhalten, um einen Stammbusch oder einen Hochstamm mit Pyramidenkrone zu erziehen (B, S. 46, 47, 49). Bei vielen Ahornarten kann eine Pyramidenhohlkrone geformt werden. *A. japonicum* und *A. palmatum* benötigen keinen Schnitt, selbst wenn sie dicht verzweigt sind (LS. G1, S. 60 – 61). *A. campestre* kann mit Pyramidenhohlkrone kultiviert werden; er eignet sich auch als Heckenpflanze (H, G2, S. 102).
Actinidia Sommergrüne Kletterpflanzen, die oft wegen ihres Laubes, aber auch wegen ihrer Früchte gepflanzt werden (s. Kiwi S. 212 – 213). Die Erziehung erfolgt an Stützvorrichtungen, Mauern oder hohen Bäumen. Fruchtholzschnitt der kräftigen Triebe wie bei der Glyzine (S. 90 – 92). Nicht nach Wintereinbruch schneiden, um ein Bluten zu vermeiden.
Aesculus Sommergrüne Bäume, einschließlich großwachsender frühjahrs- und sommerblühender Arten wie z. B. die Roßkastanie (*A. hippocastanum*), mit hohem Zierwert. Sie werden als Hochstämme mit Pyramidenkrone erzogen (B, S. 49). *A. parviflora* ist ein Großstrauch, der sich durch Ausläufer stark verbreitet und nur zur Beschränkung der Ausdehnung geschnitten werden muß (LS, G1, S. 60 – 61). Den Schnitt sollte man im Winter durchführen.
Ahorn siehe Acer
Ailanthus Schnellwachsende laubabwerfende hohe Bäume. Erziehung als Stammbusch oder Hochstämme mit Pyramidenkrone (B, S. 46 – 47, 49). *A. altissima* kann, um die Zierwirkung des Laubes zu betonen, jedes Frühjahr fast bis zum Boden zurückgeschnitten werden (LS, G4, S. 70 – 73).
Akazie siehe Acacia
Akebia Halbimmergrüne windende Kletterpflanzen, die sich gut zur Begrünung von alten Bäumen und Pergolen eignen. Sie sollten hin und wieder angebunden werden. Abgestorbene und schwache Triebe werden am besten im Frühjahr entfernt.
Albizia *A. julibrissin* ist ein sommergrüner schnellwachsender kleiner Baum, der interessante Blüten und doppelt gefiederte Blätter entwickelt. Er wird als Hochstamm mit Pyramidenhohlkrone erzogen (B, S. 50). In Mitteleuropa ist eine Kalthausüberwinterung angebracht.
Alnus Sommergrüne mittelhohe Sträucher und hohe Bäume, wie z. B. *A. cordata* und *A. glutinosa*. Sie werden am besten als Stammbüsche oder Hochstämme mit Pyramidenkrone erzogen (B, S. 46 – 47, 49). Schwächer wachsende Arten, wie *A. viridis*, sollten wie wenig geschnittene Sträucher behandelt (LS, G1, S. 60 – 61) werden.
Aloysia *A. triphylla (Lippia citriodora)* ist ein stark nach Zitronen duftender Strauch, der einen sonnigen, warmen Standort und Kalthausüberwinterung benötigt. Er wird als sommergrüner Strauch behandelt (G3, S. 66 – 69).
Amelanchier Sommergrüne kleine Bäume und Sträucher, die willig im Frühjahr blühen und eine prachtvolle Herbstfärbung aufweisen. Einige, wie *A. canadensis*, sind mehrstämmige Sträucher, die höchstens einen Rückschnitt benötigen (LS, G1, S. 60 – 61). Die Arten, welche weniger zur Wurzelausläuferbildung neigen, wie *A. lamarckii*, können als große Sträucher mit einem Minimum an Schnitt oder als Hochstämme mit Pyramidenhohlkrone (B, S. 50) erzogen werden. Wenn nötig nach der Blüte schneiden.
Ampelopsis Laubabwerfende Kletterpflanzen, die sich selber mit ihren Ranken an Kletterhilfen festhalten. Starkwachsende, wie *A. brevipedunculata*, benötigen möglicherweise zu Beginn eine Hilfe, um in Bäume oder über Hecken und Zäune zu ranken. Im Naturgarten ist wenig Schnitt erforderlich. Sie können auch streng an Pergolen oder Drähten erzogen werden. Der jährliche Zuwachs sollte am Ende der Vegetationsperiode auf Kurztriebe zurückgeschnitten werden. Bei späterem Schnitt erhöht sich die Neigung zum Bluten.
Andromeda Immergrüne, niedrige Zwergsträucher, die keines regelmäßigen Schnittes bedürfen (IS, G1, S. 74 – 75).
Apfelbeere siehe Aronia
Aralia Stockausschläge bildende sommergrüne Sträucher oder Bäume mit großen, gefiederten Blättern. Es ist nur geringer Schnitt nötig (LS, G1, S. 60 – 61). Unerwünschte Stockaustriebe im Frühjahr entfernen.
Araucaria *A. araucana* ist eine immergrüne Konifere. Die Stammverlängerung sollte erhalten bleiben, um einen Stammbusch oder einen Hochstamm mit Pyramidenkrone zu erziehen (B, S. 48). Alle Zweige, die beginnen abzusterben, völlig entfernen.
Arbutus Immergrüne Sträucher oder kleine Bäume. Kein regelmäßiger Schnitt erforderlich (IS, G1, S. 74 – 75). Auch bei einem starken Rückschnitt im Frühjahr erholen sich die Pflanzen, sofern sie gesund sind, sehr rasch.
Arctostaphylos *A. pungens nevadensis* und *A. uva-ursi* sind kriechende immergrüne Sträucher, die keinen regelmäßigen Schnitt benötigen (IS, G1, S. 74 – 75).
Aristolochia Sommergrüne und immergrüne Kletterpflanzen, von denen einige Arten eine Kalthausüberwinterung benötigen. Gut verzweigte Pflanzen erhält man, wenn Triebspitzen im ersten Jahr pinziert werden.
Aronia Laubabwerfende Sträucher, die wegen ihrer Blüten, den leuchtend gefärbten Früchten und im Herbst roten Blätter gepflanzt werden. Starkwachsende Exemplare bringen zahlreiche Basistriebe hervor. Wenn die Herbstfärbung im Vordergrund stehen soll, werden Äste, für die junge Ersatztriebe vorhanden sind, im Winter entfernt (LS, G4, S. 70 – 71). Zur Förderung der Blütenfülle und des Fruchtbesatzes wenig schneiden.
Artemisia Umfassen Stauden und sommergrüne bis immergrüne Halbsträucher, die aufgrund ihrer interessanten Blätter kultiviert werden. Um eine kompakte Form und ein kräftiges Wachstum zu erzielen, im Frühjahr zurückschneiden (IS, G2, S. 76 – 77).
Atriplex Immergrüne und halbimmergrüne Sträucher, meist mit graugrünen Blättern. Ein Rückschnitt im Frühjahr erhält die kompakte Form (IS, G2, S. 76 – 77). Kalthauspflanze.
Aucuba Immergrüne Sträucher mit attraktivem Laub und Früchten. Es ist kein regelmäßiger Schnitt erforderlich (IS, G1, S. 74 – 75). Zu groß gewordene Pflanzen können im Frühjahr stark zurückgeschnitten werden. Triebe, die grünes Laub hervorbringen, bei bunten Formen entfernen. Die Aukube verlangt geschützte warme Lagen mit Bodenschutz im Winter oder eine Kalthausüberwinterung. Im Frühjahr kann ein ungleichmäßiger Wuchs mit Hilfe einer Gartenschere korrigiert werden.
Aukube siehe Aucuba
Azalee siehe Rhododendron
Azara Immergrüne Sträucher, bis -5° C winterhart. Sie benötigen nur einen geringen Schnitt (IS, G1, S. 74 – 75). *A. microphylla* kann als Fächer erzogen werden. Dabei werden unerwünschte Seitentriebe im späten Frühjahr entfernt.

Bärentraube siehe Arctostaphylos
Ballota Zwergsträucher, die in Steingärten oder Rabatten Verwendung finden. Sie werden Mitte Frühjahr um die Hälfte zurückgeschnitten, um eine kompakte Form zu erhalten (IS, G2, S. 76 – 77).
Baummalve siehe Lavatera
Baumwürger siehe Celastrus

Beifuß siehe Artemisia
Berberis Immergrüne und sommergrüne Ziersträucher. Es ist nur ein geringer regelmäßiger Schnitt erforderlich (LS, G1, S. 60–61 und IS, G1, S. 74-75). Falls notwendig, sollten die laubabwerfenden Arten im Spätwinter oder Hochsommer (abgestorbene Zweige sind leicht zu erkennen) geschnitten werden. Die immergrünen Arten nach der Blüte, oder wenn die Früchte erhalten werden sollen, im Frühjahr des folgenden Jahres schneiden. Dabei werden altes Holz sowie junge, zu starke Basistriebe entfernt. Als Hecken sollten sie eher naturgemäß als streng geschnitten werden (H, S. 110–111). Beim Heckenschnitt die Immergrünen nach der Blüte und die Laubabwerfenden im Spätsommer oder Frühherbst schneiden.
Berberitze siehe Berberis
Besenheide siehe Calluna
Betula Laubabwerfende Bäume und Stäucher, die geringe regelmäßige Schnittpflege benötigen. Bäume als Stammbüsche (B, S. 46–47) oder Hochstämme mit Pyramidenkrone (B, S. 49) erziehen. Bei dieser Erziehungsform kommt die attraktive Borke besonders gut zur Geltung. Einige Arten (z. B. *B. nigra*) wirken besonders dekorativ, wenn mehrere Stämme vorhanden sind. Den Schnitt, sofern nötig, im Spätsommmer oder Herbst durchführen, da im Spätwinter oder Frühjahr die Wunden sehr stark bluten.
Bignonia *B. capreolata* ist eine immergrüne starkwachsende Kletterpflanze, die aufgrund ihrer Blattranken die Stützvorrichtungen überwächst. Sie benötigt eine Überwinterung im Kalthaus, da sie höchstens bis –5° C frosthart ist. Mitte Frühjahr werden zu schwache Triebe entfernt. Die Seitentriebe werden um ein Drittel bis zur Hälfte eingekürzt.
Birke siehe Betula
Blasenstrauch siehe Colutea
Broussonetia *B. papyrifera* ist ein sommergrüner großer Strauch oder kleiner Baum, der keinen regelmäßigen Schnitt benötigt (LS, G1, S. 60–61).
Bruckenthalia Immergrüner Zwergstrauch, der wie die einheimischen Heidekrautgewächse behandelt wird (IS, G2, S. 76–77).
Buche siehe Fagus
Buchs siehe Buxus
Buddleja Sommergrüne und immergrüne Sträucher und kleine Bäume, die hauptsächlich wegen ihrer Blüten gepflanzt werden. Die Arten, welche am Zuwachs der laufenden Vegetationsperiode blühen (z. B. *B. davidii*), sollten zu Frühjahrsbeginn auf ein kurzes Astgerüst zurückgeschnitten werden (LS, G3, S. 66–69). Arten, die auf dem letztjährigen Zuwachs blühen (z. B. *B globosa* und *B. alternifolia*), nach der Blüte schneiden (LS, G2, S. 62–65). Die weniger frostharten Arten, wie *B. crispa* und *B. globosa*, an eine sonnige Wand pflanzen oder im Kalthaus überwintern. *B. alternifolia* wird am besten als Hochstamm mit Pyramidenhohlkrone erzogen (B, S. 50).
Buxus Immergrüne Sträucher und manchmal kleine Bäume, die wegen ihres Laubs als Hecken oder Formbäume gepflanzt werden. Wenn sie als formlose Sträucher wachsen, ist nur ein geringer Schnitt erforderlich (IS, G1, S. 74-75). Entfernt man die Konkurrenztriebe bis auf einen ausgewählten, so erhält man einen Baum. Für Hecken oder Formschnitte die Pflanzen im ersten Jahr stark zurückschneiden (H, G1, S. 100–101). Der Heckenschnitt erfolgt immer im Hoch- bis Spätsommer. *Buxus* toleriert auch einen starken Rückschnitt, der jedoch im Frühjahr durchgeführt werden sollte.
Callicarpa Sommergrüne Sträucher und kleine Bäume, die hauptsächlich wegen ihrer Beeren und ihres Herbstlaubes gepflanzt werden. Sie können mit geringem Schnitt auskommen (LS, G1, S. 60–61). Ein leichter Auslichtungsschnitt und ein Rückschnitt beschädigter Triebe im Frühjahr wirken sich jedoch günstig aus.
Callistemon Immergrüne Sträucher, die hauptsächlich wegen ihrer flaschenbürstenähnlichen Blüten gepflanzt werden. Außer dem Entfernen von alten, abgestorbenen oder zu langen Trieben an der Basis ist kein regelmäßiger Schnitt erforderlich (IS, G1, S. 74–75). In Mitteleuropa ist eine Überwinterung im Kalthaus angebracht.
Calluna *C. vulgaris* und ihre vielen Sorten sind kleine immergrüne Sträucher, die wegen ihrer Blüten und ihres Laubs gepflanzt werden. Im Herbst oder Frühjahr werden die Blütenstände der vorigen Vegetationsperiode entfernt (IS, G2, S. 76–77).
Calycanthus Sommergrüne Sträucher, die aufgrund der Blüten gepflanzt werden. Sie neigen zu starker Basistriebbildung und werden am besten wie sommergrüne Sträucher (G3, S. 66–69) behandelt. Hierbei wird ein Teil des alten Holzes zu Frühjahrsbeginn entfernt.
Camellia Immergrüne Sträucher bis kleine Bäume mit lederartigen Blättern und sehr dekorativen Blüten. Ein regelmäßiger Schnitt ist nicht erforderlich (IS, G1, S. 74–75). Zu lange Zweige im Frühjahr entfernen. Nicht winterhart.
Campsis Starkwachsende laubabwerfende Kletterpflanze, in gemäßigten Breiten meist an einer sonnigen, geschützten Wand gepflanzt. Zu Beginn ist eine Kletterhilfe hilfreich. Beim Pflanzen auf ungefähr 15 cm zurückschneiden, um starkes Wachstum von der Basis aus zu fördern. Ende Winter oder zu Frühjahrsbeginn wird der vorjährige Zuwachs zurückgeschnitten. Die Blüten entwickeln sich im Hoch- bis Spätsommer am Neuwuchs. Frosthart bis –10° C.
Caragana Sommergrüne Sträucher oder kleine Bäume mit Schmetterlingsblüten. Es sind wenige Schnittmaßnahmen notwendig (LS, G1, S. 60–61). Ein Rückschnitt im ersten Jahr fördert ein buschiges Wachstum. *C. arborescens* kann als Hochstamm mit Pyramidenhohlkrone (B, S. 50) erzogen werden. In manchen Fällen wird er als Unterlage für Hochstämme anderer Arten verwendet.
Carpenteria *C. californica* ist ein immergrüner Strauch. Er wird in kühlen, gemäßigten Breiten am besten im Schutz einer sonnigen Mauer gepflanzt, wo er sich frei entfalten kann. Nicht winterhart. Regelmäßiger Schnitt ist nicht unbedingt nötig (IS, G1, S. 74–75). Ein leichter Rückschnitt kann nach der Blüte vorgenommen werden.
Carpinus Laubabwerfende Bäume, die als Hochstämme mit Pyramidenkrone (B, S. 49) erzogen werden sollten. *C. betulus* ist eine hervorragende Heckenpflanze (H, G2, S. 102). Sie kann aber auch für Baumwände (S. 106–107), Bögen und Laubengänge (S. 108–109) verwendet werden. Dann sollte sie jedoch im Hochsommer geschnitten werden.
Carya Schnellwachsende und schließlich sehr hohe Bäume, die am besten als Hochstämme mit Pyramidenkrone erzogen werden (B, S. 49). Siehe auch Pekan, S. 185.
Caryopteris *C. x clandonensis* Ein Zwergstrauch, der im Winter stark zurückfriert. Zu Frühjahrsbeginn ist ein starker Rückschnitt des vorjährigen Wachstums notwendig (LS, G3, S. 66–69).
Cassiope Immergrüne, niedrig wachsende, bodenbedeckende Zwergsträucher, bei denen kein regelmäßiger Schnitt erforderlich ist (IS, G1, S. 74–75).
Castanea *C. sativa*, die wegen ihrer Nüsse angebaut wird, ist unter Edelkastanie auf S. 185 zu finden. Sie wird auch für Zierzwecke gepflanzt und als Hochstamm mit Pyramidenkrone (B, S. 49) erzogen. Zu beachten ist, daß bei erwachsenen Exemplaren manchmal große Äste ohne vorherige Anzeichen herunterfallen. Stockausschläge entfernen. Das traditionelle Auf-die-Stöcke-Setzen verstärkt die Bildung von Stockausschlägen. Erwerbsmäßig angebaute Bäume werden alle 12 Jahre so behandelt.
Catalpa Sommergrüne Bäume, die als Hochstämme mit Pyramidenhohlkrone erzogen werden sollten (B, S. 50).
Ceanothus Immergrüne und laubabwerfende Sträucher, die blaue Blüten hervorbringen. In kühlen, gemäßigten Breiten werden die Immergrünen am besten an einer sonnigen Mauer oder an einem Zaun (siehe S. 93) erzogen. Die Sommergrünen entfalten ihre Blüten auf dem letztjährigen Zuwachs. Sie sollten im zeitigen Frühjahr geschnitten werden (LS, G3, S. 66–69).
Cedrus Immergrüne, großwüchsige Koniferen mit pyramidalem Wuchs in der Jugend, aber teilweise hängendem Wuchs im Alter. Es ist sehr wichtig, die Stammverlängerung zu erhalten (B, S. 48).
Celastrus Starkwachsende sommergrüne windende Kletterpflanzen, die man am besten ohne Beschränkung in einen alten Baum hinaufwachsen läßt. Der Schnitt beschränkt sich gewöhnlich darauf, im Sommer abgestorbene Sproßteile zu entfernen.
Celtis Schnellwachsende sommergrüne Bäume. Erziehung als Stammbüsche oder Hochstämme mit Pyramidenkrone (B, S. 46–47, 49).
Cephalotaxus Immergrüne Koniferen, Sträucher oder kleine Bäume, die keinen regelmäßigen Schnitt verlangen (IS, G1, S. 74–75). Sie können ebenso wie Eiben stark zurückgeschnitten werden.
Ceratostigma Laubabwerfende Halbsträucher, die auf dem letztjährigen Zuwachs Blüten entfalten. Sie werden im Winter bis zum Boden zurückgeschnitten. Im Frühjahr wird der Zuwachs der letzten Vegetationsperiode gänzlich entfernt (LS, G3, S. 66–69).
Cercidiphyllum *C. japonicum*, ein laubabwerfender großer Strauch oder Baum, der konkurrierende Leittriebe hervorbringt. Ein regelmäßiger Schnitt ist nicht erforderlich (LS, G1, S. 60–61).
Cercis Sommergrüne Bäume oder Großsträucher, die normalerweise buschig sind. Der Schnittaufwand ist gering (LS, G1, S. 60–61). Sie können auch als Hochstamm mit Pyramidenhohlkrone erzogen werden (B, S. 50). Ein Schnitt nach der Blüte reduziert die Zahl der Hülsenfrüchte.
Chaenomeles Laubabwerfende, im Frühjahr blühende Sträucher. Bei Buschformen sind nur geringe Schnittmaßnahmen erforderlich (LS, G1, S. 60–61). Ist ein Schnitt erforderlich, so sollte dieser nach der Blüte im späten Frühjahr bzw. Frühsommer erfolgen. Weitere Hinweise zum Schnitt von Chaenomeles finden Sie auf S. 94–95.
Chamaecyparis Immergrüne Koniferen, Bäume oder Sträucher. Sie sollten einen genügend großen Standraum erhalten und als Stammbüsche erzogen werden (B, S. 48). *C. lawsoniana* ist als Heckenpflanze weit verbreitet (H, G3, S. 103). Im Sommer stutzen.
Chimonanthus *C. praecox* ist ein sommergrüner Strauch, der im Winter blüht. Bei Buschformen ist nur geringer Schnitt nötig (LS, G1, S. 60–61).

Bei an Mauern erzogenen Exemplaren die ungünstig stehenden Triebe nach der Blüte im Spätwinter entfernen.

Chionanthus Laubabwerfende Sträucher oder kleine Bäume. Ein regelmäßiger Schnitt bei den Strauchformen ist nicht nötig (LS, G1, S. 60 – 61). Sie können auch als Hochstämme mit Pyramidenhohlkrone erzogen werden (B, S. 50).

Choisya *C. ternata* ist ein immergrüner Strauch, der sich leicht durch Rückschnitt ins alte Holz verjüngen läßt. Er verlangt nur einen geringen Schnitt (IS, G1, S. 74 – 75). Ist eine Korrektur der Form unumgänglich, so sollte diese im Sommer nach der Blüte erfolgen.

Cistus Immergrüner Strauch mit minimalem Schnittbedarf (IS, G1, S. 74 – 75). Ein buschiges Wachstum kann durch Pinzieren der jungen Triebspitzen gefördert werden. Die meisten Zistrosen reagieren negativ auf einen Rückschnitt ins alte Holz.

Cladrastis Sommergrüne Bäume. Als Stammbüsche oder Hochstämme mit Pyramidenhohlkrone zu erziehen (B, S. 46 – 47). Um das Bluten der Wunden zu vermeiden, sollte im Spätsommer geschnitten werden.

Clematis Laubabwerfende und immergrüne Pflanzen. Hauptsächlich Kletterpflanzen, die sich mit ihren Blattranken festhalten. In der folgenden Auswahl wird jeweils auf die entsprechende Gruppe mit Schnitt- und Erziehungshinweisen, die auf S. 85 – 89 zu finden sind, verwiesen. *C. alpina* (einschließlich der Sorten 'Frances Rivis', 'Helsingborg' und 'Rosy Pagoda'), 2; *C. armandii*, 2; 'Barbara Jackman', 3; 'Beauty of Worcester', 1 oder 3; 'Belle of Woking', 3; *C. chrysocoma*, 2; *C. cirrhosa*, 2; 'Comtesse de Bouchaud', 1; 'Countess of Lovelace', 3; 'Daniel Deronda', 1 oder 3; 'Dr Ruppel', 3; 'Duchess of Edinburgh', 3; 'Duchess of Sutherland', 1 oder 3; 'Elsa Späth', 1 oder 3, 'Ernest Markham', 1 oder 3; *C. florida* 'Sieboldii', 3; 'General Sikorski', 3; 'Gipsy Queen', 1; 'Gravetye Beauty', 1; 'Hagley Hybrid', 1; 'Henryi', 3; 'Huldine', 1; *C. x jackmannii*, 1; 'John Huxtable', 1; 'Lady Betty Balfour', 1; 'Lady Northcliffe', 1 oder 3; 'Lasurstern', 1 oder 3; *C. macropetala* (umfaßt die Sorten 'Blue Bird', 'Maidwell Hall' und 'Markham's Pink'), 2; 'Mme Julia Correvon', 1; 'Marie Boisselot', 1 oder 3; 'Miss Bateman', 3; *C. montana* (umfaßt die Sorten 'Alexander', 'Elizabeth' und 'Tetrarose'), 2; 'Mrs Cholmondeley', 1 oder 3; 'Nelly Moser', 3; *C. orientalis*, 1; 'Perle d'Azur', 1; 'Prins Hendrik', 3; 'Royal Velours', 1; 'Star of India', 1; *C. tangutica*, 1; 'The President', 1 oder 3; 'Ville de Lyon', 1 oder 3; *C. vitalba*, 1; *C. viticella* (umfaßt die Hybridsorten 'Kermesina' und 'Purpurea Plena Elegans'), 1; 'Vyvyan Pennel', 3; 'William Kennett', 1 oder 3.

Clianthus *C. puniceus* Immergrüner, lockerer Strauch, der am besten an an einer Wand gespannten Drähten oder im Gewächshaus erzogen wird. Im Frühjahr abgestorbenes Holz entfernen. Bei erwachsenen Pflanzen ein oder zwei Leittriebe nach der Blüte im Hochsommer entfernen. Junge Ersatztriebe anbinden. Nicht winterhart.

Colletia Dornige, spät blühende, immergrüne Sträucher, die keinen regelmäßigen Schnitt benötigen (IS, G1, S. 60 – 61).

Colutea *C. arborescens* ist ein sommergrüner Strauch, der auf dem diesjährigen Zuwachs blüht. Ein permanentes Astgerüst erziehen, auf das im Frühjahr zurückgeschnitten wird (LS, G3, S. 66 – 69).

Convolvulus *C. cneorum* Ein immergrüner Zwergstrauch, der von Natur aus dicht und kompakt ist (IS, G1, S. 74 – 75). Falls notwendig zu lange Triebe an der Basis entfernen. Im Kalthaus überwintern.

Cornus Sommergrüne Sträucher und Bäume, die wegen ihrer Blüten, der gefärbten Triebe und dem buntem Laub gepflanzt werden. Ein starker Rückschnitt, von z. B. *C. alba* und *C. stolonifera* 'Flaviramea', im zeitigen Frühjahr fördert die Entwicklung der gefärbten Triebe (LS, G4, S. 70 – 73). Die Arten, die zu großen Sträuchern oder kleinen Bäumen heranwachsen, wie *C. controversa*, *C. florida*, *C. kousa* und *C. mas*, bedürfen keines regelmäßigen Schnitts (LS, G1, S. 60 – 61). Zur Erziehung von Bäumen mit Pyramidenhohlkrone muß eine Stammverlängerung hochgezogen werden (B, S. 50).

Corokia Immergrüne Sträucher, die einen geschützten Standort und Kalthausüberwinterung benötigen. Sie eignen sich nicht zur Erziehung an einem Gerüst. Ein regelmäßiger Schnitt ist nicht notwendig (IS, G1, S. 74 – 75). Beschädigte Triebe sollten im Frühjahr zurückgeschnitten werden.

Coronilla Die laubabwerfende Art *C. emerus* muß nur wenig geschnitten werden, toleriert aber auch einen starken Rückschnitt.

Corylopsis Sommergrüne Sträucher oder kleine Bäume. Obwohl sie möglicherweise vom Schutz einer Mauer profitieren, sollten sie sich natürlich entwickeln dürfen (LS, G1, S. 60 – 61). Ist ein kosmetischer Schnitt oder das Entfernen von altem Holz erforderlich, so sollte dies im späten Frühjahr nach der Blüte erfolgen.

Corylus Außer den zur Fruchtproduktion verwendeten Arten (siehe S. 184) gibt es diverse weitere Sorten. Als Ziergehölze finden diese wegen ihrer Kätzchen oder ihres Laubes Verwendung. *C. colurna* sollte als Hochstamm mit Pyramidenkrone erzogen werden (B, S. 49). Pflanzen mit strauchigem Wuchs bilden sehr viele Stockausschläge. Sie können nach der Blüte leicht geschnitten werden (LS, G1, S. 60 – 61), reagieren aber auf einen regelmäßigen Rückschnitt sehr gut. Um das Laub von z. B. *C. maxima* 'Purpurea' voll zur Geltung zu bringen, ist ein scharfer Rückschnitt im Spätwinter oder Frühjahr günstig (LS, G4, S. 70 – 73). *C. avellana* und *C. maxima* können auch für strenggeschnittene, naturnahe Hecken oder den traditionellen „Knick" Verwendung finden (S. 110 – 111).

Cotinus Der sommergrüne *C. coggygria* mit seinen bemehlten Blüten kann als großer Strauch oder kleiner Baum erzogen werden (LS, G1, S. 60 – 61). Wird der Ziereffekt der Blätter durch einen starken Rückschnitt im Frühjahr auf ein niedriges Astgerüst verstärkt, so entwickelt die Pflanze jedoch keine Blüten (LS, G4, S. 70).

Cotoneaster Sommer- bis immergrüne Sträucher und kleine Bäume. Einige Arten tragen im Herbst auffällige Beeren. Ein regelmäßiger Schnitt ist unnötig (LS, G1, S. 60 – 61 und IS, G1, S. 74 – 75). Bei Schnittmaßnahmen sollte die natürliche Wuchsform berücksichtigt werden. Einige Arten können an Gerüsten, auf die gleiche Art und Weise wie Pyracantha, erzogen werden.

Crataegus Laubabwerfender kleiner Baum oder großer Strauch, der wegen seiner Blüten im Frühjahr, der Herbstfärbung und der Früchte gepflanzt wird. Als Hochstämme mit Pyramidenhohlkrone oder Pyramidenkrone (B, S. 49 – 50) erziehen, wobei letztere sich im Lauf der Zeit zur offenen (Hohlkrone) Kronenform entwickeln kann.

Crinodendron Immergrüne Sträucher oder kleine Bäume, die an einen geschützten Standort gepflanzt und im Kalthaus überwintert werden sollten. Eine Erziehung ist nicht erforderlich (IS, G1, S. 74 – 75); abgestorbene Triebe im Frühjahr herausschneiden.

Cryptomeria *C. japonica* ist eine immergrüne Konifere, die sich zu einem breiten, kegelförmigen Baum entwickelt und nur wenig Schnittpflege erfordert (B, S. 48). *C. j.* 'Elegans' sollte gestützt oder zurückgeschnitten werden, damit die Pflanze sicher steht. Findet diese Form als Heckenpflanze Verwendung (H, G3, S. 103), so muß sie im Spätsommer geschnitten werden. Die Zwergformen, meist mit dichtem Wuchs, brauchen normalerweise keinen Schnitt.

Cunninghamia Immergrüne Koniferen, die als Stammbüsche erzogen werden können (B, S.48).

x Cupressocyparis *x C. leylandii* ist eine schnellwachsende, immergrüne Konifere. Die Stammverlängerung erhalten und einen Stammbusch erziehen, der bis zum Boden verzweigt ist (B, S. 48). Als Heckenpflanze im Hoch- bis Spätsommer schneiden (H, G3, S. 103).

Cupressus Immergrüne Bäume, Koniferen, bei denen es wichtig ist, die Stammverlängerung zu erhalten (B, S. 48). *C. macrocarpa*, obwohl oft für strenggeschnittene Hecken verwendet, verträgt den Heckenschnitt nicht. *C. sempervirens* ist eine der klassischen Pflanzen der mediterranen Gärten für strenggeschnittene Hecken und Formschnitt (H, G3, S. 103). Im Sommer schneiden.

Cydonia *C. oblonga* siehe Quitte, S. 180 – 181.

Cytisus Meist sommergrüne Sträucher, die wegen ihrer üppigen Blütenpracht gepflanzt werden. Nach der Blüte zurückschneiden, um neues Wachstum zu stimulieren (LS, G2, S. 65). *C. battandieri* kann an Mauern hochgezogen werden. Sie benötigt nur einen geringen Schnitt. Dieser beschränkt sich auf das Entfernen von abgestorbenen oder kranken Sproßteilen im Frühjahr.

Daboecia Immergrüne, niederliegende Sträucher. Zur Erhaltung einer kompakten und wüchsigen Pflanze sollten die alten Blütenstiele und fast der gesamte vorjährige Zuwachs im Frühjahr entfernt werden (IS, G2, S. 76 – 77).

Daphne Immer- und sommergrüne niedrige oder mittelhohe Sträucher, die meist auf Schnitt schlecht ansprechen (IS, G1, S. 74 – 75).

Davidia *D. involucrata* ist eine laubabwerfende Art, die am besten als Baum mit einer Hauptachse und einem deutlichen Stamm erzogen wird (B, S. 49). Die großen Hochblätter, welche die Blütenstände umgeben, kommen dadurch gut zur Geltung.

Decaisnea *D. fargesii* ist ein sommergrüner Strauch, der viele Basistriebe hervorbringt. Er benötigt keinen regelmäßigen Schnitt (LS, G1, S. 60 – 61); alte, kahle Äste sollten jedoch an der Basis im Herbst oder Winter herausgeschnitten werden. Im Sommer müssen durch Spätfröste beschädigte junge Triebe entfernt werden.

Deutzia Sommergrüne Sträucher, die ihre Blüten an Kurztrieben letztjähriger Langtriebe entwickeln. Altes Holz nach der Blüte entfernen (LS, G2, S. 62 – 63).

Diervilla Sommergrüne Sträucher, die auf dem Neuwuchs blühen. Jedes Frühjahr fast bis zum Boden zurückschneiden (LS, G3, S. 66 – 67).

Diospyros *D. armata* ist ein langsamwachsender, immergrüner Strauch, der keinen regelmäßigen Schnitt benötigt (IS, G1, S. 74 – 75). *D. lotus*, ein laubabwerfender kleiner Baum, wird am besten als Hochstamm mit Pyramidenhohlkrone und Hängewuchs erzogen (B, S. 51). Auf S. 187 – 188 finden Sie *D. kaki* und *D. virginiana*, die eßbare Früchte hervorbringen.

Dipelta Sommergrüne Sträucher, die auf dem vorjährigen Zuwachs blühen (LS, G2, S. 62 – 63).
Disanthus *D. cercidifolius* Ein laubabwerfender Strauch mit schöner Herbstfärbung. Ein regelmäßiger Schnitt ist nicht erforderlich (LS, G1, S. 60 – 61).
Douglasie siehe Pseudotsuga
Drimys Immergrüne Sträucher oder kleine Bäume, die keinen regelmäßigen Schnitt benötigen (IS, G1, S. 74 – 75).
Duftkraut siehe Olearia

Eberesche siehe Sorbus
Edelkastanie siehe Castanea
Edgeworthia Immergrüner Strauch mit duftenden Blüten, der nicht regelmäßig geschnitten werden muß (IS, G1, S. 74 – 75).
Efeu siehe Hedera
Eibe siehe Taxus
Eleagnus Sommer- bis immergrüne Sträucher mit attraktivem Laub, die meist nur einen kosmetischen Schnitt benötigen (LS, G1, S. 60 – 61 und IS, G1, S. 74 – 75). In der Regel tolerieren sie auch einen Rückschnitt ins alte Holz, der bei zu großen Exemplaren angebracht sein kann. Die Laubabwerfenden zu Frühjahrsbeginn, die Immergrünen Mitte Frühjahr schneiden. Falls die Immergrünen als naturnahe Hecke gepflanzt werden, die einzelnen Äste im Spätsommer zurückschneiden (Winterschutz erforderlich). Bei Formen von *E. pungens* mit buntem Laub Triebe mit nur grünen Blättern herausschneiden.
Embothrium Immergrüne Sträucher oder kleine Bäume, die keines regelmäßigen Schnitts bedürfen (IS, G1, S. 74 – 75). Ungleichmäßiger Wuchs kann im Sommer nach der Blüte korrigiert werden. Überwintern im Kalthaus.
Enkianthus Buschige, laubabwerfende Sträucher mit geringem Schnittbedarf (LS, G1, S. 60 – 61); sie tolerieren einen Rückschnitt ins alte Holz.
Erdbeerbaum siehe Arbutus
Erica Immergrüne Sträucher und Zwergsträucher. Bei den im Sommer und Herbst blühenden zwergwüchsigen Arten sollte jährlich der Zuwachs des Vorjahres entfernt werden, um sie kompakt und blühfreudig zu erhalten (IS, G2, S. 76 – 77). *E. arborea, E. lusitanica, E. terminalis* und *E. x veitchii* benötigen normalerweise keinen Schnitt.
Eriobotrya Ein immergrüner Baum oder großer Strauch, der wegen seiner Früchte gepflanzt wird, in kühlen, gemäßigten Breiten jedoch hauptsächlich wegen seines Laubwerks. Zur Fruchtproduktion erfolgt eine Erziehung als Hochstamm mit Pyramidenkrone (B, S. 49). Bei der Kultur als reine Zierpflanze (IS, G1, S. 74 – 75) wird nur eine leichte Formkorrektur im Frühjahr durchgeführt und beschädigte Blätter entfernt. Frosthart bis ca. –5° C.
Escallonia Immergrüne Sträucher oder kleine Bäume (IS, G1, S. 74 – 75). Falls erforderlich, wird nach der Blüte im Spätsommer oder Frühherbst geschnitten. Nach der Pflanzung als Hecke werden sie am besten stark zurückgeschnitten (H, G1, S. 100 – 101). Der Heckenschnitt findet dann jährlich nach der Blüte statt. Frosthart bis ca. –5° C.
Esche siehe Fraxinus
Essigbaum siehe Rhus
Eucalyptus Immergrüne Bäume und Stäucher, die meist als Hochstämme mit Pyramidenkrone erzogen werden und dann mit einem minimalen Schnittaufwand auskommen (B, S. 49). Die Strauchformen oder Auf-die-Stöcke-gesetzten Pflanzen werden in der juvenilen Phase gehalten, um das Laub voll zur Geltung zu bringen. Der regelmäßige Schnitt erfolgt dann im Frühjahr. Frosthart bis etwa –5° C.
Eucommia *E. ulmoides* ist ein laubabwerfender Baum, der als Hochstamm mit Pyramidenkrone erzogen werden kann (B, S. 49).
Eucryphia Immergrüne und laubabwerfende Sträucher und Bäume, die im Sommer blühen und keinen regelmäßigen Schnitt benötigen (LS, G1, S. 60 – 61 und IS, G1, S. 74 – 75). Ein dichtes, buschiges Wachstum kann durch Pinzieren der Leittriebe an Jungpflanzen gefördert werden.
Euonymus Sommer- bis immergrüne Sträucher, oft mit auffälligen Früchten. Die laubabwerfenden Arten, die meist eine schöne Herbstfärbung haben, müssen nicht regelmäßig geschnitten werden (LS, G1, S. 60 – 61). Bei den immergrünen Arten (IS, G1, S. 74 – 75) gibt es mehrere buntlaubige Formen, bei denen die Triebe mit grünem Laub entfernt werden sollten. Weiterhin existieren einige Kletterformen, wie *E. fortunei* (nach der juvenilen Phase buschig), die im allgemeinen ein Klettergerüst benötigen.
Exochorda Sommergrüne Sträucher mit starker Neigung zur Bildung von Stockausschlägen. Ein Schnitt sollte, falls erforderlich, im Sommer nach der Blüte erfolgen. Einige Wurzelschößlinge können dabei als Ersatztriebe belassen werden.

Fabiana *F. imbricata* ist ein immergrüner Strauch, der wegen seiner Blüten und seines Laubes gepflanzt wird. Er profitiert von einem geschützten Standort, wo er weitgehend sich selbst überlassen bleiben kann (IS, G1, S. 74 – 75). Falls erforderlich, sollte nach der Blüte geschnitten werden. Ein Rückschnitt ins alte Holz wird dabei auch toleriert.
Fächerblattbaum siehe Ginkgo
Fagus Laubabwerfende Bäume, am weitesten verbreitet ist *F. sylvatica* und seine verschiedenen Formen. Er wird am besten als Hochstamm mit Pyramidenkrone erzogen (B, S. 49).
Fallopia Sommergrüne windende Kletterpflanzen, die an einem Drahtgerüst, an Pergolen oder in Bäume hochwachsen können. Ein regelmäßiger Schnitt ist nicht erforderlich.
Felsenbirne siehe Amelanchier
Feuerdorn siehe Pyracantha
Fichte siehe Picea
Fontanesia Laubabwerfende ligusterähnliche Sträucher ohne regelmäßigen Schnittbedarf (LS, G1, S. 62 – 65).
Forsythia Sommergrüne Sträucher, die am vorjährigen Zuwachs üppig blühen. Der Schnitt sollte nach der Blüte erfolgen (LS, G2, S. 62 – 65). *F. suspensa* ist ein Strauch mit bogig überhängendem Wuchs, der sich zur Erziehung an Wänden eignet. Deshalb sollte er jährlich auf ein permanentes fächerförmiges Astgerüst zurückgeschnitten werden. Forsythien können als strenggeschnittene Blütenhecken geformt werden (H, G2, S. 102).
Fothergilla Laubabwerfende Sträucher, wegen ihrer Blüten und ihrer schönen Herbstfärbung gepflanzt. Sie müssen nicht regelmäßig geschnitten werden (LS, G1, S. 60 – 61).
Fraxinus Sommergrüne Bäume, die als Hochstämme mit Pyramidenkrone erzogen werden können (B, S. 49). Bei Hängeformen einen Stamm mit einer Höhe von 1,80 – 3 m heranziehen. Die Stammverlängerung so lange wie möglich erhalten.
Fuchsia Laubabwerfende Bäume und Sträucher, die üppig am diesjährigen Zuwachs blühen. Um ein buschiges Wachstum zu erzielen, sollten die Triebspitzen pinziert werden. Die Erziehung als Stämmchen ist auf S. 132 beschrieben. Überwinterung bei 5 – 10° C.

Gaultheria Immergrüne Sträucher ohne regelmäßiges Schnittbedürfnis (IS, G1, S. 74 – 75).
Geißblatt siehe Lonicera
Genista Laubabwerfende oder beinahe blattlose Sträucher, die üppig im späten Frühjahr oder Sommer blühen. Die meisten werden wie Cytisus behandelt und nach der Blüte auf junge Triebe zurückgeschnitten (LS, G2, S. 65). *G. aetnensis* kann als Baum mit Pyramidenhohlkrone erzogen werden.
Gewürzstrauch siehe Calycanthus
Ginkgo *G. biloba* ist ein laubabwerfender Baum, der mit den Koniferen verwandt ist. Um einen Hochstamm mit Pyramidenkrone zu erziehen, sollten alle Konkurrenztriebe entfernt werden (B, S. 49, 50).
Ginster siehe Cytisus, Genista, Spartium
Gleditsia Sommergrüne Bäume, werden hauptsächlich wegen ihres Laubs gepflanzt. Sie können als Hochstämme mit Pyramidenkrone oder Pyramidenhohlkrone erzogen werden (B, S. 49). Der Schnitt sollte im zeitigen Frühjahr durchgeführt werden.
Goldregen siehe Laburnum
Gordonia Immergrüne Sträucher und kleine Bäume, die ohne regelmäßigen Schnitt auskommen (IS, G1, S. 74 – 75).
Grevillea Immergrüne Sträucher und Bäume, die in kühlen gemäßigten Breiten unter Glas kultiviert werden (bei 4 – 10° C überwintern). Der Schnitt beschränkt sich auf das Entfernen zu langer und beschädigter Triebe (IS, G1, S. 74 – 75).
Grindelia *G. chiloensis* ist ein immergrüner Strauch, der in milden Klimaten keinen Schnitt benötigt (IS, G1, S. 74 – 75). Beschädigte Triebe im Frühjahr zurückschneiden.
Griselinia Immergrüne Sträucher und Bäume, die ohne regelmäßigen Schnitt auskommen (IS, G1, S. 74 – 75). In wärmeren Gegenden kann man sie auch als Heckenpflanze (frosthart bis –5° C) verwenden (H, G3, S. 103). Der Schnitt sollte mit der Gartenschere im Frühsommer erfolgen.
Gymnocladus Laubabwerfende Bäume, die als Hochstämme mit Pyramidenkrone erzogen werden können (B, S. 49).

Halesia Laubabwerfende, im Frühjahr blühende Bäume und Sträucher, die im allgemeinen wenig geschnitten werden müssen. *H. carolina* ist gut geeignet, um einen dichtverzweigten Strauch zu formen (LS, G1, S. 60 – 61), aber auch eine Pyramidenhohlkrone auf einem kurzen Stamm ist möglich (B, S. 50). Diese Erziehungsweise ist besonders für *H. monticola* geeignet.
x Halimocistus Immergrüne Hybride der Gattungen *Halimium* und *Cistus*. Sie reagieren schlecht auf Schnitt, deswegen sollte sich dieser auf das Entfernen von Totholz und abgestorbener Blütenstände im Frühjahr beschränken (IS, G1, S. 74 – 75).
Halimium Immergrüne Sträucher mit rosenähnlichen Blüten. Die Pflanzen vertragen im allgemeinen keinen Schnitt (IS, G1, S. 74 – 75). Er sollte sich deshalb auf das Entfernen von Totholz und auf einen leichten Zurückschnitt von zu langen Trieben beschränken.
Hamamelis Sommergrüne, im Winter blühende Sträucher mit schöner Herbstfärbung, die ohne regelmäßigen Schnitt auskommen (LS, G1, S. 60 – 61). Die meisten Pflanzen sind veredelt und neigen zu Stockausschlägen.

Hartriegel siehe Cornus
Hebe Immergrüne Sträucher mit attraktivem Laub und Blüten. Normalerweise müssen sie nur wenig geschnitten werden (IS, G1, S. 74 – 75). Die Arten, welche früh blühen, sollten nach der Blüte leicht geschnitten und die abgestorbenen Blütenstände entfernt werden. Bei den Arten, die im Spätsommer und Herbst blühen, den Schnitt erst im nächsten Frühjahr durchführen. Auch bei einem Rückschnitt ins alte Holz, der bei starken Frostschäden angebracht ist, entwickeln sich neue Triebe.
Heckenkirsche siehe Lonicera
Hedera Immergrüne Kletterpflanzen mit interessanten Blättern. An alten Exemplaren sind die Triebe, die Blüten tragen, buschig und ohne Haftwurzeln. Im späten Frühjahr oder Frühsommer schneiden, wenn die Pflanzen in ihrer juvenilen Phase bleiben sollen. Siehe auch S. 84.
Helianthemum Immergrüne Halbsträucher. Einen Schnitt zur Förderung dichten Wuchses nach der Blüte durchführen (IS, G1, S. 74 – 75).
Helichrysum Immergrüne Sträucher und Zwergsträucher mit silbrigen Blättern. Einige Arten müssen nicht regelmäßig, sondern nur nach der Blüte etwas zurückgeschnitten werden. Bei anderen Arten kann im Frühjahr der vorjährige Zuwachs zurückgenommen werden.
Hemlockstanne siehe Tsuga
Hibiscus *H. syriacus* ist ein laubabwerfender Strauch, der im Spätsommer auf dem neuen Zuwachs blüht. Der Schnitt kann sich auf das Entfernen von abgestorbenen oder beschädigten Trieben beschränken (LS, G1, S. 60 – 61). Ein scharfer Rückschnitt von zu langen Sproßteilen wird toleriert.
Hippophae Sommergrüne Sträucher mit spät reifenden Beeren, ohne regelmäßigen Schnittbedarf (LS, G1, S. 60 – 61).
Holboellia Immergrüne windende Kletterpflanzen, bei denen nur alte Triebe nach dem Blühen entfernt werden sollten.
Holodiscus Sommergrüne Sträucher, die auf dem letztjährigen Zuwachs Blüten tragen. Nach der Blüte schneiden (LS, G2, S. 62 – 65).
Holunder siehe Sambucus
Hydrangea Sommer- bis immergrüne Sträucher und Kletterpflanzen, die ihre Blüten am letztjährigen Zuwachs entwickeln. Einige mittelhohe bis große Sträucher, wie *H. villosa*, *H. quercifolia* und *H. sargentiana* müssen nicht regelmäßig geschnitten werden (LS, G1, S. 60 – 61). Die Arten, die wie *H. paniculata* und *H. arborescens* an diesjährigen Trieben blühen, sollten im Frühjahr geschnitten werden (LS, G3, S. 66 – 69). Die Gartenhortensie (*H. macrophylla*), die auf dem letztjährigen Zuwachs blüht, wird gezielt im Frühjahr geschnitten (LS, G2, S. 64 – 65). Kletterpflanzen wie *H. petiolaris*, auf Mauern oder in Bäume mit einer Kletterhilfe wachsen lassen. Unerwünschte Triebe im Sommer zurückschneiden.
Hypericum Umfaßt laubabwerfende und immergrüne Sträucher. Fast alle Arten müssen nicht regelmäßig geschnitten werden (LS, G1, S. 60 – 61 und IS, G1, S. 74 – 75). Beschädigte Triebe sollte man jedoch im Frühjahr herausschneiden. Um *H. calycinum* und *H. inodorum* 'Elstead' in einem guten Zustand zu erhalten, können sie im Frühjahr mit der Heckenschere gestutzt werden.

Idesia *I. polycarpa* ist ein laubabwerfender Baum, der als Hochstamm mit Pyramidenkrone erzogen werden kann (S. 49).
Ilex Meist immergrüne Sträucher und Bäume, die wegen ihres Laubes und ihrer Früchte gepflanzt werden. Stechpalmen als Stammbüsche (B, S. 46 – 47) erziehen oder mit minimalem Schnittaufwand als Sträucher wachsen lassen (IS, G1, S. 74 – 75). Bei Heckenpflanzungen (H, G3, S. 103) und Formschnitten im Spätsommer stutzen. Hecken können auch stark zurückgeschnitten werden, dies sollte jedoch über mehrere Vegetationsperioden gestaffelt werden (S. 109).
Illicium Aromatisch duftende immergrüne Sträucher ohne regelmäßigen Schnittbedarf (IS, G1, S. 74 – 75).
Indigofera Sommergrüne Sträucher, die am diesjährigen Zuwachs blühen. Im Frühjahr wie Perovskia (LS, G3, S. 67) schneiden oder ungeschnitten lassen.
Itea Immergrüne und laubabwerfende, im Sommer blühende Sträucher ohne regelmäßigen Schnittbedarf (LS, G1, S. 60 – 61, und IS, G1, S. 74 – 75).

Jasmin siehe Jasminium
Jasminium Sommer- bis immergrüne Sträucher und Kletterpflanzen, die aufgrund ihrer Blüten gepflanzt werden. Diese entfalten sich am vorjährigen Zuwachs. Falls notwendig, die Sträucher nach der Blüte schneiden (LS, G2, S. 62 – 65). *J. nudiflorum*, der einen überhängenden Wuchs hat, an einer Wand erziehen und abgeblühte Triebe herausschneiden. *J. officinale* ist ein starkwachsender windender Kletterer, der schwierig unter Kontrolle zu bringen ist. Um Ordnung in die Struktur zu bringen, sollten nach der Blüte einige alte Triebe entfernt werden. Die meisten Arten sind nicht frosthart!
Johannisbeere, blühende, siehe Ribes
Johanniskraut siehe Hypericum
Jovellana *J. violacea* ist ein kleiner, immergrüner Strauch, der in kühlen, gemäßigten Breiten meist sein Laub abwirft. Im Frühjahr wie Perovskia zurückschneiden (LS, G3, S. 66 – 67).
Judasbaum siehe Cercis
Juglans siehe Walnuß, S. 185
Jungfernrebe siehe Parthenocissus
Juniperus Immergrüne Koniferen, umfaßt niederliegende und buschige Sträucher und hohe Bäume. Die Sträucher müssen nicht regelmäßig geschnitten werden (IS, G1, S. 75). Hochwachsende, säulenförmige Arten, wie z. B. J. virginiana, als Stammbüsche erziehen (B, S. 46 – 47).

Kalmia Immergrüne, im Sommer blühende Sträucher ohne regelmäßigen Schnittbedarf (IS, G1, S. 74 – 75).
Kalopanax Sommergrüner Baum, den man als Stammbusch erziehen kann (B, S. 46 – 47).
Kerria *K. japonica* ist ein laubabwerfender, Stockausschläge entwickelnder Strauch. Er sollte nach der Blüte geschnitten werden (LS, G2, S. 65).
Keulenlilie siehe Cordyline
Kiefer siehe Pinus
Kirschlorbeer siehe Prunus
Koelreuteria *K. paniculata* Ein laubabwerfender Baum oder großer Strauch. Als Hochstamm mit Pyramidenkrone erziehen. Diese entwickelt sich im Alter häufig zu einer Hohlkrone (B, S. 49). Bei den Strauchformen ist kein regelmäßiger Schnitt erforderlich (LS, G1, S. 60 – 61).
Kolkwitzia *K. amabilis* ist ein sommergrüner Strauch, der am letztjährigen Zuwachs blüht und nach der Blüte geschnitten werden kann (LS, G2, S. 62 – 65).
Kolkwitzie siehe Kolkwitzia

+ Laburnocytisus Ein Veredelungshybrid, der am besten als Hochstamm mit Pyramiden- oder Pyramidenhohlkrone erzogen wird (B, S. 49 – 50).
Laburnum Laubabwerfende Bäume und Sträucher mit Schmetterlingsblüten. Als Hochstamm mit Pyramiden- oder Pyramidenhohlkrone (B, S. 49 – 50) oder als große Sträucher (LS, G1, S. 60 – 61) erziehen. L. anagyroides und seine Hybriden können an Pergolen hochwachsen. Ein Fruchtholzschnitt ist erforderlich (S. 108). Werden sie im Frühjahr geschnitten, so bluten die Wunden stark. Deswegen sollten kräftige Äste im Sommer herausgenommen und der Fruchtholzschnitt zu Winterbeginn durchgeführt werden.
Lärche siehe Larix
Lambertsnuß siehe Corylus
Lapageria Eine immergrüne windende Kletterpflanze, die bei uns im Freien nicht gedeiht. Sie kann an Spalieren erzogen werden. Im Frühjahr werden abgestorbene und beschädigte Triebe entfernt.
Larix Sommergrüne Koniferen, am besten als Hochstämme mit Pyramidenkrone erzogen (B, S. 49).
Laurus *L. nobilis* ist ein immergrüner großer Strauch oder kleiner Baum, der außer einem leichten Rückschnitt im Frühjahr nicht geschnitten werden muß (IS, G1, S. 74 – 75). In wärmeren Gegenden sollten Heckenformen im Sommer gestutzt werden (H, G3, S. 103). Pflanzen mit Formschnitt, wie Hochstämme mit Kugelkrone, müssen ebenfalls im Sommer mit einer Gartenschere (komplette Triebe abschneiden) geschnitten werden. Bei 1 – 6° C überwintern.
Laurustinus siehe Viburnum
Lavandula Immergrüne Halbsträucher, die wegen ihrer wohlriechenden Blüten und aromatischen Blätter häufig gepflanzt werden. Ein Schnitt im Frühjahr erhält die kompakte Form (IS, G2, S. 76 – 77).
Lavatera Sommergrüne Sträucher mit Blüten, die sich an diesjährigen Trieben entwickeln. Im Frühjahr wie Perovskia zurückschneiden (LS, G3, S. 67).
Lavendel siehe Lavandula
Lebensbaum siehe Thuja
Ledum Niedrige, langsamwachsende, immergrüne Sträucher ohne regelmäßigen Schnittbedarf (IS, G1, S. 74 – 75).
Leptospermum Immergrüne Sträucher, die wegen ihrer Blüten gepflanzt werden und keinen regelmäßigen Schnitt benötigen (IS, G1, S. 74 – 75). Frosthart bis –8° C.
Lespedeza Laubabwerfende Sträucher, die auf den wachsenden Trieben Blüten tragen. Alte Triebe im Frühjahr wie Perovskia zurückschneiden (LS, G3, S. 67).
Leucothoe Immergrüne Sträucher, die nicht regelmäßig geschnitten werden müssen (IS, G1, S. 74 – 75).
Leycesteria Sommergrüne Sträucher mit hängenden Blütenständen auf dem diesjährigen Zuwachs. In der gleichen Weise wie Perovskia schneiden (LS, G3, S. 67). Im Frühjahr die Triebe, welche im vorigen Sommer Blüten getragen haben, entfernen. Eine weitere Möglichkeit ist, fast alle Triebe, die keine Blüten entwickelt haben, im Sommer herauszuschneiden. An den verbleibenden Trieben entfalten sich im Folgejahr die Blüten früher als an den noch wachsenden neuen Trieben, die ihre Blüte fortsetzen.
Liguster siehe Ligustrum
Ligustrum Sommer- bis immergrüne Sträucher und kleine Bäume. *L. lucidum* kann als Baum mit Pyramidenhohlkrone erzogen werden (B, S. 50) oder, wie die meisten anderen Arten, als Strauch, der mit minimalem Schnittaufwand auskommt (LS, G1, S. 60 – 61 und IS, G1, S. 74 – 75).

L. ovalifolium ist eine weitverbreitete Heckenpflanze (H, G1, S. 100–101), die im Sommer häufig gestutzt werden muß. Zu groß gewachsene Exemplare ertragen auch einen starken Rückschnitt im Frühjahr. Bei Sorten mit buntem Laub grün belaubte Triebe entfernen.
Linde siehe Tilia
Lindera Meist laubabwerfende Sträucher und kleine Bäume, die wegen ihres Laubes gepflanzt werden. Sie kommen ohne regelmäßigen Schnitt aus.
Liquidambar Sommergrüne Bäume, häufig mit prächtiger Herbstfärbung. Sie können als Stammbüsche oder Bäume mit Pyramidenkrone erzogen werden (B, S. 46–47, 49).
Liriodendron Schnellwachsende, laubabwerfende, mittelhohe oder hohe Bäume, die als Hochstamm mit Pyramidenkrone erzogen werden können (B, S. 49).
Lomatia Immergrüne Sträucher ohne regelmäßigen Schnittbedarf (IS, G1, S. 74–75).
Lonicera Sommer- bis immergrüne Sträucher und windende Kletterpflanzen. Die laubabwerfenden strauchigen Arten, wie *L. fragantissima*, nach der Blüte schneiden. *L. nitida* kommt mit wenig Schnitt aus (IS, G1, S. 74–75). Die kletternden Heckenkirschen lassen sich in zwei Gruppen unterteilen. Zur ersten Gruppe zählt z. B. *L. japonica*, die am neuen Zuwachs blüht. Die Arten dieser Gruppe können jährlich im Frühjahr gestutzt werden. Zur zweiten Gruppe gehören *L. x americana*, *L. x brownii*, *L. periclymenum*, *L. sempervirens*, *L. x tellmanniana* und *L. tragophylla*. Ihre Blütenstände erscheinen auf Kurztrieben, die sich auf dem vorjährigen Zuwachs entwickeln. Nach der Blüte sollte ein Teil des alten Holzes herausgeschnitten werden, da sie anderen Sproßteilen das Licht nehmen, die dann unter dem neuen Zuwachs verkahlen.
Lorbeer siehe Kalmia
Lorbeerbaum siehe Laurus
Lorbeerkirsche, Portugiesische siehe Prunus
Lorbeerrose siehe Kalmia
Lupine siehe Lupinus

Maackia Langsamwachsende sommergrüne Sträucher oder kleine Bäume, die keinen regelmäßigen Schnitt benötigen (LS, G1, S. 60–61).
Mäusedorn siehe Ruscus
Magnolia Sommer- bis immergrüne Bäume und Sträucher mit wunderschönen Blüten. Die strauchigen laubabwerfenden Arten, wie *M. x soulangeana* und *M. stellata*, benötigen keinen regelmäßigen Schnitt (LS, G1, S. 60–61). Die größeren sommergrünen Arten *M. campbelli*, *M. dawsoniana*, *M. kobus* und *M. salicifolia* können als Stammbüsche oder als Bäume mit Pyramidenhohlkrone erzogen werden (B, S. 46–47, 50). Die laubabwerfenden Arten sollten, wenn überhaupt, im Sommer geschnitten werden. Die immergrüne *M. grandiflora* kann freistehend im Garten als großer Strauch oder kleiner Baum wachsen. In kühlen, gemäßigten Breiten benötigt die Pflanze einen warmen, geschützten Standort, z. B. an Mauern. Ist genügend Platz vorhanden, so kann eine Pyramidenkrone erzogen werden, wobei Sie die Äste in eine Ebene (Mauerstandort) binden. Manche nach vorne bzw. nach hinten gerichtete Triebe sollten im Frühjahr entfernt werden. Die meisten Magnolien können sich aber auch aus altem Holz regenerieren.
Mahonia Immergrüne Sträucher, die wegen ihres Laubes und ihrer Blüten gepflanzt werden. Einige Arten bedürfen keines regelmäßigen Schnitts (IS, G1, S. 74–75). *M. lomariifolia* und *M. x media* 'Charity' sind jedoch z. B. Arten, die ein langes unansehnliches Holz entwickeln, wenn sie nicht regelmäßig geschnitten werden. Die abgeblühten Triebe im Frühjahr stark zurückschneiden. Die Pflanzen treiben auch aus zweijährigem Holz neu aus. *M. aquifolium* treibt viele Wurzelschosse und wird oft als Bodendecker verwendet. Sie kann jedes Frühjahr oder alle paar Jahre bis fast zum Boden zurückgeschnitten werden.
Malus Laubabwerfende Bäume und Sträucher, die wegen ihrer Blüten und zierlichen Früchte Verwendung finden. Sie können als Hochstamm mit Pyramiden- oder Pyramidenhohlkrone (B, S. 49, 50) gezogen werden. Die Pflanzen sind meistens veredelt, deswegen sollten Sie Wurzelschößlinge umgehend entfernen. Siehe auch Äpfel, S. 138–153.
Mammutbaum siehe Sequoia
Mandel siehe Prunus
Mandevilla *M. laxa* ist ein laubabwerfender windender Kletterer, der außer zum Entfernen von schwachen und abgestorbenen Trieben im Frühjahr nicht geschnitten werden muß.
Menziesia Kleine bis mittelgroße Sträucher mit interessanten Blüten. Sie kommen ohne regelmäßigen Schnitt aus (LS, G1, S. 60–61).
Mespilus siehe Mispel, S. 180–181.
Metasequoia *M. glyptostroboides* Eine kräftig wachsende, laubabwerfende Konifere mit pyramidalem Wuchs. Sie kann als Stammbusch erzogen werden (B, S. 46–47). Bei Heckenpflanzungen die Stammverlängerung auf eine Höhe von ca. 2 m wachsen lassen, bevor ein Rückschnitt erfolgt (H, G3, S. 103). Im Sommer stutzen.
Michelia Immergrüne Bäume oder Sträucher mit ansprechenden Blüten. Die strauchigen Arten (z. B. *M. figo*) kommen ohne regelmäßigen Schnitt aus (IS, G1, S. 74–75). Die größeren Arten als Baum mit Pyramidenkrone erziehen (B, S. 49).
Morus Sommergrüne kleine bis mittelhohe Bäume. Als Hochstamm mit Pyramidenkrone erziehen (B, S. 49), obwohl die dominante Stammverlängerung im Lauf der Entwicklung des Baumes aufgegeben wird. Maulbeeren neigen zum Bluten. Der Schnitt sollte deshalb nicht zwischen Mitte Winter und dem späten Frühjahr stattfinden und auf ein Minimum beschränkt werden. Schwarze Maulbeere *(M. nigra)* siehe Maulbeeren, S. 182.
Mutisia Immergrüne Kletterpflanzen, die sich mit den am Ende ihrer Blätter befindlichen Ranken festhalten. Man kann sie über Mauern oder Zäune und widerstandsfähige Pflanzen wuchern lassen. *M. decurrens* verträgt auch einen starken Rückschnitt. Auch bei den anderen Arten ist ein regelmäßiger Schnitt nicht erforderlich. Nur zu stark wachsende Arten sollten im Frühjahr zurückgeschnitten werden.
Myrica Sommer- bis immergrüne wohlriechende Sträucher, die ohne regelmäßigen Schnitt auskommen (LS, G1, S. 60–61, und IS, G1, S. 74–75).
Myrte siehe Myrtus
Myrtus Aromatisch duftende, immergrüne Sträucher, viele mit weißen Blüten, die ohne regelmäßigen Schnitt auskommen (IS, G1, S. 74–75). M. communis kann im Mai bis September im Freien stehen und wird bei 5° C überwintert. Die Oberfläche der Pflanzenform sollte ein- oder zweimal im Jahr zwischen Mitte Frühjahr und Mitte Sommer korrigiert werden.

Nachtschatten siehe Solanum
Nandina *N. domestica* Ein immergrüner bambusähnlicher Strauch, der eine purpurne Herbstfärbung entwickelt. Ein regelmäßiger Schnitt ist nicht notwendig (IS, G1, S. 74–75). Beim Schnitt sollten ganze Äste herausgenommen werden.
Neillia Laubabwerfende Sträucher mit vielen Stockausschlägen. Nach der Blüte schneiden, dabei abgeblühte Triebe entfernen (LS, G2, S. 62–65).
Nerium *N. oleander* Ein immergrüner Strauch. Wird wegen seiner Blüten gepflanzt. Im Kalthaus überwintern. Ein Schnitt ist nicht unbedingt erforderlich (IS, G1, S. 74–75). Um eine kompakte Form zu erhalten, sollten nach der Blüte die abgeblühten Triebe gekürzt werden.
Nothofagus Sommer- bis immergrüne schnellwachsende Bäume und Sträucher, die als Stammbüsche oder Bäume mit Pyramidenkrone erzogen werden können (B, S. 46–47, 49).
Notospartium Laubabwerfende, ginsterähnliche Sträucher, als erwachsene Pflanzen meist ohne Laub. Sie kommen ohne regelmäßigen Schnitt aus (LS, G1, S. 60–61). Alte Exemplare können durch Rückschnitt auf basisnahe junge Triebe verjüngt werden.
Nyssa Sommergrüne Bäume mit schöner Herbstfärbung. Als Stammbüsche oder Hochstämme mit Pyramidenkrone erziehen (B, S. 46–47, 49).

Oleander siehe Nerium
Olearia Immergrüne Sträucher mit margeritenähnlichen Blütenköpfchen, die ohne regelmäßigen Schnitt auskommen (IS, G1, S. 74–75). Die Pflanzen können im Frühjahr stark zurückgeschnitten werden. Olearien sind auch für streng geschnittene Hecken verwendbar (H, G3, S. 103). Sie eignen sich jedoch für naturnahe Hecken (S. 110–111). Nicht frosthart!
Osmanthus (Einschließlich x Osmarea) Immergrüne Sträucher, meist mit weißen, wohlriechenden Blüten. Sie kommen ohne regelmäßigen Schnitt aus (IS, G!, S. 74–75), können aber im Frühjahr stark zurückgeschnitten werden. *O. decorus* und *O. heterophyllus* sind die geeignetsten Heckenpflanzen dieser Gattung (H, G3, S. 103). Der Sommer ist die beste Zeit für einen Heckenschnitt, allerdings wird dabei dann viel von dem später blütentragenden Holz entfernt.
Ostrya Laubabwerfende mittelhohe Bäume. Sie können als Stammbüsche oder Hochstämme mit Pyramidenkrone (B, S. 46–47, 49) erzogen werden.
Oxydendrum *O. arboreum* Ein sommergrüner kleiner Baum mit leuchtend scharlachrotem Herbstlaub. Er kann als Stammbusch oder Baum mit Pyramidenkrone gezogen werden (B, S. 46–47, 49).

Paeonia Strauchige, laubabwerfende Arten, bei denen nur abgestorbene, beschädigte und kranke Sproßteile entfernt werden müssen (LS, G1, S. 60–61).
Paliurus *P. spina-christi* Ein sommergrüner Strauch oder kleiner Baum, der in freier Natur dichte, dornige Gestrüppe bildet. Man kann ihn als Baum mit Pyramidenhohlkrone (B, S. 50) oder als Busch mit minimalem Schnittaufwand (LS, G1, S. 60–61) wachsen lassen. Ein starker Rückschnitt zu Frühjahrsbeginn ist ebenfalls möglich.
Pappel siehe Populus
Parrotia *P. persica* Ein sommergrüner großer Strauch oder kleiner Baum mit einer dicht verzweigten, ausladenden Krone. Entweder ohne Stamm oder als Baum mit Pyramidenhohlkrone erziehen (B, S. 50).

Parrotiopsis *P. jacquemontiana* ist ein laubabwerfender Strauch oder kleiner Baum, der keinen regelmäßigen Schnitt benötigt (LS, G1, S. 60–61).
Parthenocissus Sommergrüne Kletterpflanzen, die sich meist, wie *P. quinquefolia* und *P. tricuspidata*, mit ihren Haftscheiben festhalten. Die Pflanzen an intakten Wänden, Zäunen oder Stämmen hochwachsen lassen. *P. inserta* hat windende Ranken ohne Haftscheiben und kann an Bäumen, Pergolen oder Drahtgerüsten hochwachsen. Die Pflanzen sollte man bei zu starkem Wachstum zu Winterbeginn zurückschneiden. Bei einem später erfolgenden Schnitt bluten sie. Alternativ dazu kann auch ein permanentes Astgerüst erzogen werden, auf das jährlich zurückgeschnitten wird.
Passiflora *P. caerulea* gehört zu einer großen Gattung immergrüner Kletterpflanzen, die mit windenden Ranken ausgestattet sind. Sie werden meist wegen ihrer Blütenpracht, manchmal auch wegen ihrer genießbaren Früchte kultiviert. Die Leittriebe an einer Kletterhilfe verteilen und frei wachsen lassen. Im darauffolgenden Frühjahr, falls notwendig, einige Leittriebe entfernen und die Seitentriebe auf ca. 15 cm kürzen. Siehe auch Passionsfrucht, S. 211.
Passionsblume siehe Passiflora
Paulownia Sommergrüne Bäume, die mit außergewöhnlichen Blüten und Früchten aufwarten. Als Hochstamm mit Pyramidenkrone (B, S. 49) erziehen. Erwachsene Exemplare entwickeln eine offene Krone. Paulownien können auch jährlich im Frühjahr bis fast zum Boden, wie die Sträucher von G4, S. 70–73, zurückgeschnitten werden. Dadurch kommen ihre großen, herzförmigen Blätter besser zur Geltung.
Pernettya Immergrüne Sträucher, oft mit Stockausschlägen, die als Bodendecker geeignet sind. Sie kommen ohne regelmäßigen Schnitt aus (IS, G1, S. 74–75).
Perovskia Halbsträucher oder Stauden, deren Zuwachs meist im Winter zurückfriert. Im zeitigen Frühjahr stark zurückschneiden (LS, G3, S. 67).
Perückenstrauch siehe Cotinus
Pfirsiche, Zier- siehe Prunus
Pfingstrose siehe Paeonie
Pflaumen, Zier- siehe Prunus
Phellodendron Schnellwachsende, sommergrüne Bäume, die als Hochstämme mit Pyramidenkrone erzogen werden (B, S. 49), obwohl die Krone sich zu einer Hohlkrone weiterentwickelt.
Philadelphus Laubabwerfende kleine und große Sträucher, die meist einzelnstehende Blüten am Seitenholz einjähriger Triebe entwickeln. Ein Teil des ältesten blütentragenden Holzes jährlich nach der Blüte herausschneiden (LS, G2, S. 62–65). Bei Sorten, die wegen ihres interessanten Blattwerks gepflanzt werden, wie *P. coronarius* 'Aureus', ist der Schnitt so durchzuführen, daß ständig ein hoher Anteil junger Triebe vorhanden ist.
Phillyrea Immergrüne Sträucher oder kleine Bäume, die wegen ihrer attraktiven Blätter und der duftenden Blüten gepflanzt werden. Als einzelnstehende Pflanzen müssen sie nur wenig geschnitten werden (IS, G1, S. 74–75). Früher wurden sie oft für strenggeschnittene Hecken und Formschnitte verwendet (H, G3, S. 103). Hecken und geformte Exemplare im Spätsommer schneiden.
Phlomis Schwachwachsende, immergrüne Halbsträucher und Sträucher. Alte und beschädigte Triebe im zeitigen Frühjahr zurückschneiden und dabei wie die sommergrünen Sträucher von G3, S. 66–69, behandeln.
Photinia Immergrüne und laubabwerfende große Sträucher oder kleine Bäume. Die Sommergrünen weisen oft eine schöne Herbstfärbung auf. Die Immergrünen teilweise mit rot- oder bronzegefärbten jungen Blättern. Schnittmaßnahmen beschränken sich auf ein Minimum (LS, G1, S. 60–61, und IS, G1, S. 74–75). *P. x fraseri* (frosthart bis –10° C) sollte im Sommer pinziert werden, um einen dichteren Wuchs zu erreichen. Die immergrünen Glanzmispeln können Sie auch für Heckenpflanzungen verwenden (H, G3, S. 103).
Phygelius Laubabwerfende Sträucher und Halbsträucher, die wie Perovskia (LS, G3, S. 67) jedes Frühjahr fast bis zum Boden zurückgeschnitten werden.
Phyllodoce Immergrüne Zwergsträucher, die keinen regelmäßigen Schnitt benötigen (IS, G1, S. 74–75).
Physocarpus Laubabwerfende Sträucher, die hauptsächlich wegen ihrer Blüten gepflanzt werden. Sie bringen willig neue Basistriebe hervor und werden nach der Blüte geschnitten (LS, G2, S. 62–65).
Picea Immergrüne Koniferen mit meist schmaler pyramidaler Wuchsform und wenig Schnittbedarf (B, S. 48), der sich auf das Entfernen von konkurrierenden Leittrieben beschränkt. Die Zwergformen sind meist dicht und kompakt (IS, G1, S. 75).
Picrasma *P. quassoides* Ein laubabwerfender Strauch oder kleiner Baum, der wegen seines Laubs gepflanzt wird. Er benötigt ein Minimum an Schnittmaßnahmen (LS, G1, S. 60–61).
Pieris Immergrüne Sträucher mit rotem oder kupferfarbenem jungem Laub und Blüten in endständigen Rispen. Der Schnitt beschränkt sich auf das Zurückschneiden von beschädigten Trieben im Spätfrühjahr (IS, G1, S. 74–75).
Pileostegia *P. viburnoides* ist eine immergrüne Kletterpflanze, die mit Luftwurzeln klettert. Unerwünschte Triebe im Frühjahr zurückschneiden oder im Sommer die Seitentriebe pinzieren.
Pinus Immergrüne Koniferen. Als Stammbüsche oder Bäume mit Pyramidenkrone erziehen (B, S. 46–47, 49). An ausgewachsenen Exemplaren neigen die unteren Äste zum Absterben. Wird die Stammverlängerung beschädigt, einen kräftigen Trieb vom darunterliegenden Astquirl als Ersatz ziehen. Zwergkiefern mit ausladendem Wuchs entwickeln meist mehrere Leittriebe. Um dichtes Wachstum zu fördern, sollten diese im Frühjahr pinziert werden (IS, G1, S. 75).
Pittosporum Immergrüne Sträucher oder kleine Bäume mit wenig Schnittbedarf (IS, G1, S. 74–75). Falls erforderlich, im Frühjahr schneiden. Auch an altem Holz können sich noch Triebe entwickeln. Im Pflanzjahr Heckenpflanzen stark zurückschneiden (H, G1, S. 100–101) und den Heckenschnitt Mitte Frühjahr und nochmals im Hochsommer durchführen.
Platane siehe Platanus
Platanus Sommergrüne Bäume. Als Hochstämme mit Pyramidenkrone erziehen (B, S. 49). Die Bäume reagieren auf regelmäßiges Kappen (S. 54–55) mit der Bildung einer Fülle von Trieben, die allerdings mit dem Baum nur schwach verbunden sind.
Platycarya *P. strobilacea* ist ein laubabwerfender Baum, den man als Hochstamm mit Pyramidenkrone erziehen kann (B, S. 49).
Podocarpus Immergrüne Koniferen, Bäume und Sträucher. Arten mit strauchigem Wuchs wie *P. nivalis* benötigen wenig Schnitt (IS, G1, S. 74–75). Die hochwachsenden Arten, wie P. totara, als Stammbüsche oder Bäume mit Pyramidenkrone erziehen (B, S. 48). Einige Arten, z. B. *P. andinus* sind für Heckenpflanzungen geeignet (H, G3, S. 103). Diese im Hochsommer stutzen.
Poncirus *P. trifoliata* ist ein dichtbuschiger dorniger Strauch, der ohne regelmäßigen Schnitt auskommt (LS, G1, S. 60–61).
Populus Laubabwerfende Bäume, von denen einige sehr schnell wachsen. Als Stammbüsche oder Hochstämme mit Pyramidenkrone erziehen (B, S. 46–47, 49). Pappeln mit gefärbtem Laub, wie z. B. *P. alba* 'Richardii' und *P. x candicans* 'Aurora', köpfen oder auf-die-Stöcke-setzen (S. 55), um das Laub stärker zu betonen. Jeglichen Schnitt an Pappeln zu Winterbeginn durchführen, um das Bluten der Wunden zu verhindern. *P. alba* und einige andere Arten bilden viele Wurzelschosse; diese sollte man regelmäßig entfernen.
Potentilla Laubabwerfende Sträucher, die eine lange Blütezeit haben und mit wenig Schnitt auskommen (LS, G1, S. 60–61).
Prostanthera Aromatisch duftende immergrüne Sträucher ohne regelmäßigen Schnittbedarf (IS, G1, S. 74–75).
Prunus Sommer- bis immergrüne Sträucher und Bäume, einschließlich einiger bedeutender Obstbäume und zahlreicher Zierpflanzen. Die laubabwerfenden Ziergehölze werden hauptsächlich wegen ihrer Blüten angepflanzt. Mittelgroße bis hohe Bäume, z. B. *P. avium, P. maackii, P. padus* und *P. serotina*, mit Pyramidenkrone erziehen (B, S. 49). Die Japanischen Kirschen, die Mandelbäumchen und Zierpfirsiche als Hochstämme mit Pyramidenhohlkrone ziehen (B, S. 50). Die strauchigen Arten, wie *P. glandulosa* und *P. triloba*, nach der Blüte schneiden (LS, G3, S. 66–69). *P. cerasifera* und *P. spinosa* können in streng geschnittene Hecken (H, G1, S. 100–101) oder dem traditionellen „Knick" (H, S. 110–111) gepflanzt werden. Immergrüne, strauchige Arten, wie *P. laurocerasus* und *P. lusitanica*, werden meist wegen ihres Laubes eingesetzt. Als Solitärgehölze müssen sie nicht regelmäßig geschnitten werden (IS, G1, S. 74–75). Bei der Verwendung als strenggeschnittene Heckenpflanzen (H, G3, S. 103) oder für Formschnitte (*P. lusitanica* kann als Hochstamm erzogen werden) muß im Sommer geschnitten werden. Diese großblättrigen Arten sind jedoch in naturnahen Hecken oder Windschutzpflanzungen besser aufgehoben (H, S. 110–111). Prunusarten mit genießbaren Früchten sind auf S. 171–172 (Aprikosen), S. 159–165 (Kirschen), S. 166–170 (Pfirsiche) und auf S. 155–158 (Pflaumen) zu finden.
Pseudolarix Immergrüne Koniferen, Bäume, die als Stammbüsche oder mit Pyramidenkrone erzogen werden können (B, S. 48).
Pseudotsuga Immergrüne Koniferen, Bäume, die als Stammbüsche oder mit Pyramidenkrone erzogen werden können (B, S. 48).
Ptelea Aromatisch duftende, laubabwerfende Sträucher und kleine Bäume ohne regelmäßigen Schnittbedarf (LS, G1, S. 60–61).
Pterocarya Schnellwachsende sommergrüne Bäume, die als Stammbüsche (B, S. 46–47), auch mit sehr tief ansitzenden Verzweigungen, erzogen werden können.
Pterostyrax Sommergrüne Sträucher oder kleine Bäume, die ohne regelmäßigen Schnitt auskommen (LS, G1, S. 60–61).
Punica siehe Granatapfelbaum S. 187–188.
Pyracantha Immergrüne Sträucher, die wegen ihrer Blüten, Beeren und ihrem Laub gesetzt werden. Bei einer freistehenden Pflanzung ist der Schnittaufwand gering (IS, G1, S. 74–75). Der Korrekturschnitt ist günstig bei der Erziehung an

Mauern (siehe S. 94 – 95). Der Heckenschnitt wird am besten im Sommer durchgeführt, allerdings geht dann ein Teil der Früchte verloren (H, G3, S. 103).
Pyrus Die Zierbirnen sind kleine bis mittelgroße, laubabwerfende Bäume. Die meisten von ihnen werden am besten als Hochstämme mit Pyramidenkrone erzogen (B, S. 49). Die Krone von *P. salicifolia* 'Pendula' zu einer Hohlkrone erziehen (B, S. 51). Birnen als Obstgehölze finden Sie auf S. 138 – 153.

Quercus Laubabwerfende und immergrüne Bäume und Sträucher. Die großen Arten (z. B. *Q. robur*) als Stammbüsche oder als Hochstämme mit Pyramidenkrone erziehen (B, S. 46 – 47, 49). Strauchige Arten benötigen keinen regelmäßigen Schnitt (LS, G1, S. 60 – 61, und IS, G1, S. 74 – 75). Die immergrüne *Q. ilex* kann als Heckenpflanze verwendet werden (H, G3, S. 100 – 101) sowie für einfache große Formschnitte. Im Spätsommer stutzen.
Quitte, Zier- siehe Chaenomeles

Raute siehe Ruta
Rhamnus Sommer- bis immergrüne Sträucher und kleine Bäume, meist wegen ihres Laubes eingesetzt. Im allgemeinen kommen sie mit wenig Schnitt aus (LS, G1, S. 60 – 61, und IS, G1, S. 74 – 75). *R. purshiana* kann als Stammbusch erzogen werden (B, S. 46 – 47).
Rhaphiolepis Immergrüne Sträucher, die wenig Schnittaufwand erfordern (IS, G1, S. 74 – 75).
Rhododendron ist eine große Zierpflanzengruppe, die sommer- bis immergrüne Sträucher und Bäume umfaßt. Sie werden meist wegen ihrer Blüten gepflanzt. Die immergrünen Rhododendren benötigen keinen regelmäßigen Schnitt (IS, G1, S. 74 – 75). Es ist jedoch von Vorteil, wenn Sie die abgeblühten Blütenstände entfernen. Manche Arten sollten sogar direkt nach der Blüte stark zurückgeschnitten werden. *R. ponticum* eignet sich gut für naturnahe Heckenpflanzungen (H, S. 110 – 111). Viele sommergrüne Azaleen müssen nur wenig geschnitten werden (LS, G1, S. 60 – 61). Altes Holz sollten Sie nach der Blüte herausschneiden und durch junge Triebe ersetzen. Bei veredelten Pflanzen müssen Stockausschläge umgehend entfernt werden.
Rhodotypos *R. scandens* Ein sommergrüner Strauch, der auf dem letztjährigen Zuwachs blüht. Er sollte wie Kerria geschnitten werden (LS, G2, S. 64).
Rhus Laubabwerfende Sträucher und kleine Bäume, die wegen ihrer Herbstfärbung und ihren auffälligen Früchten gepflanzt werden. Sie kommen auch mit einem sehr geringen Schnittaufwand aus (LS, G1, S. 60 – 61). Die Wirkung des Laubes kann bei *R. glabra* 'Laciniata' und *R. typhina* 'Laciniata' betont werden, indem jedes Frühjahr auf ein niedriges permanentes Astgerüst zurückgeschnitten wird (LS, G4, S. 70 – 73).
Ribes Sommer- bis immergrüne Sträucher, die hauptsächlich wegen ihrer Blüten gepflanzt werden. Immergrüne, wie *R. laurifolium*, müssen nicht regelmäßig geschnitten werden (IS, G1, S. 74 – 75). Sommergrüne, wie z. B. *R. sanguineum*, blühen hauptsächlich am einjährigen Holz und werden deshalb nach der Blüte geschnitten (LS, G2, S. 62 – 65). Als strenggeschnittene Heckenpflanze können Sie *R. sanguineum* nach der Blüte stutzen (H, G2, S. 102). Eine naturnahe Erziehung ist jedoch besser geeignet (H, S. 110 – 111). *R. speciosum* kann an Mauern erzogen werden, dazu junge Triebe jährlich als Ersatz anbinden. Ribesarten mit genießbaren Früchten sind auf S. 196 (Schwarze Johannisbeeren), S. 190 – 192 (Stachelbeeren) und 193 – 195 (Rote und Weiße Johannisbeeren) zu finden.
Robinia Laubabwerfende Bäume mit Schmetterlingsblüten, die als Stammbüsche oder Bäume mit Pyramidenkrone erzogen werden (B, S. 46 – 47, 49).
Rosa siehe Rosen, S. 18 – 39.
Rosmarin siehe Rosmarinus
Rosmarinus *R. officinalis*, ein aromatisch duftender immergrüner Strauch, der keinen regelmäßigen Schnitt benötigt (IS, G1, S. 74 – 75). Geschädigte Pflanzen gehen meist ein, wenn sie auf altes Holz zurückgeschnitten werden. Bei jungen Pflanzen die Triebspitzen pinzieren, um einen buschigen Wuchs zu fördern.
Roßkastanie siehe Aesculus
Rubus Die laubabwerfenden Zierbrombeeren werden hauptsächlich wegen ihrer Blüten und ihrer im Winter zur Geltung kommenden Triebfärbung eingesetzt. Die Arten mit weißen Trieben, wie *R. cockburnianus*, nach der Blüte schneiden und dabei alte Ruten komplett herausnehmen (LS, G4, S. 71). Die Arten mit interessanten Blüten, wie z. B. *R. deliciosus*, *R. odoratus* und *R.* 'Tridel', blühen auf den einjährigen Ruten (LS, G2, S. 62 – 65) und sollten ebenfalls nach der Blüte geschnitten werden. Die Obst produzierenden Arten sind auf S. 200 – 202 (Brombeeren) und S. 197 – 199 (Himbeeren) zu finden.
Ruhmesblume siehe Clianthus
Ruscus Immergrüner kleiner Strauch, der viele Stockausschläge bildet, aber keinen regelmäßigen Schnitt erfordert (IS, G1, S. 74 – 75).
Ruta Aromatisch duftende immergrüne Sträucher und Halbsträucher, die ungepflegt aussehen, wenn sie nicht jedes Frühjahr zurückgeschnitten werden (IS, G2, S. 76 – 77).

Salbei siehe Salvia
Salix Laubabwerfende Bäume und Sträucher, die wegen dem Laub, der Kätzchen, des hängenden Wuchses oder der gefärbten Triebe gepflanzt werden. Große Arten, wie *S. alba*, als Hochstämme mit Pyramidenkrone erziehen (B, S. 49), obwohl alle Arten zur Entwicklung von Hohlkronen tendieren. Die Hängeformen mit einem deutlichen Stamm (B, S. 51) erziehen. Kleine und niedrig wachsende Arten müssen nicht regelmäßig geschnitten werden (LS, G1, S. 60 – 61). Alte Triebe sollten Sie, soweit erforderlich, nach der Blüte entfernen. Weiden, die wegen ihrer gefärbten Triebe eingesetzt werden, wie *S. alba* 'Britzensis', *S. a. vitellina*, *S. daphnoides* und *S. irrorata*, im Frühjahr schneiden (LS, G2, S. 70 – 73).
Salvia Aromatisch duftende, meist immergrüne Sträucher und Halbsträucher, die zu unordentlichem Wuchs neigen, falls sie nicht im Frühjahr zurückgeschnitten werden (IS, G3, S. 76 – 77). Zur Förderung dichten Wuchses die Triebspitzen pinzieren.
Sambucus Kurzlebige, laubabwerfende Sträucher und kleine Bäume, die wegen Blüten, Laub und Früchten (Holunderbeeren, S. 183) angepflanzt werden. Im Winter einen Teil des alten Holzes entfernen. Wird im Frühjahr auf ein kurzes Astgerüst zurückgeschnitten, z. B. bei *S. nigra* 'Aurea' und *S. racemosa* 'Plumosa Aurea', so hat dies einen stärkeren Wuchs mit einem intensiveren Effekt des Laubes zur Folge (LS, G4, S. 70 – 73).
Sanddorn siehe Hippophae
Santolina Aromatisch riechende immergrüne Zwergsträucher, die ungepflegt wirken, wenn sie nicht jedes Frühjahr zurückgeschnitten werden (IS, G2, S. 76 – 77).
Sarcococca Immergrüne Sträucher, die ohne regelmäßigen Schnitt auskommen (IS, G1, S. 74 – 75).
Sassafras *S. albidum* ist ein sommergrüner Baum, der am besten mit einer Pyramidenkrone erzogen wird (B, S. 49), auch wenn er später eine Hohlkrone entwickelt.
Scheinakazie siehe Robinia
Schima Hauptsächlich wegen ihrer Blüten angepflanzte immergrüne Sträucher, die ohne regelmäßigen Schnitt auskommen (IS, G1, S. 74 – 75).
Schisandra Sommer- bis immergrüne windende Kletterpflanzen. Ein Auslichten von altem Holz im Winter ist von Vorteil.
Schizophragma Laubabwerfende Kletterpflanzen, die mit Hilfe von Luftwurzeln hochklettern. Zu Beginn sollten sie einigen Male angebunden werden. Der Schnitt beschränkt sich auf das Entfernen unerwünschter Triebe.
Schlehe siehe Prunus
Schmucktanne siehe Araucaria
Schneeball siehe Viburnum
Schneebeere siehe Symphoricarpos
Schneeglöckchenbaum siehe Halesia
Schnurbaum siehe Sophora
Sciadopitys *S. verticillata* ist eine immergrüne Konifere, die am besten als Hochstamm mit Pyramidenkrone erzogen wird (B, S. 48).
Seidelbast siehe Daphne
Senecio Eine große Gattung, die immergrüne Sträucher einschließt. Ein regelmäßiger Schnitt ist nicht erforderlich (IS, G1, S. 74 – 75). Ein starker Rückschnitt, auf den die Sträucher positiv reagieren, sollte, falls erforderlich, im Frühjahr erfolgen.
Sequoia *S. sempervirens* ist eine schnellwachsende, immergrüne Konifere, die als Stammbusch oder als Baum mit Pyramidenkrone erzogen werden kann (B, S. 48). Ausgewachsene Bäume haben wegen des hängenden Wuchses eine flach gestufte Krone. Im Herbst und Winter Stockausschläge an der Basis entfernen.
Sequoiadendron *S. giganteum* ist eine sehr hohe, immergrüne Konifere, die als Stammbusch oder Hochstamm mit Pyramidenkrone erzogen werden kann (B, S. 48).
Shepherdia Laubabwerfende Sträucher, meist wegen ihrer Beeren gepflanzt. Sie müssen nicht regelmäßig geschnitten werden (LS, G1, S. 60 – 61).
Sicheltanne siehe Cryptomeria
Sinojackia Sommergrüne Sträucher oder kleine Bäume, die sich meist von der Basis weg verzweigen. Obwohl zahlreiche, sich überkreuzende Zweige vorhanden sein können, ist ein regelmäßiger Schnitt nicht erforderlich (LS, G1, S. 60 – 61).
Skimmia Wegen ihres Laubes und ihrer Beeren gepflanzte immergrüne Sträucher, die nicht regelmäßig geschnitten werden müssen (IS, G1, S. 74 – 75).
Smilax Sommer- bis immergrüne Kletterpflanzen, die mit Ranken ausgestattet sind. Sie benötigen keinen regelmäßigen Schnitt.
Solanum Umfaßt halbimmergrüne, niederliegende, teilweise kletternde Sträucher, die sich zur Begrünung von Wänden und anderer Kletterhilfen eignen. *S. crispum* ist ein wild verzweigter Kletterstrauch, der sich zur Fächererziehung eignet (Kalthausgewächs!). *S. jasminoides* wuchert sehr stark (Kalthauspflanze). Bei beiden Arten sollte man im Frühjahr schwache Triebe entfernen und die Pflanzen anbinden.
Sommerflieder siehe Buddleja
Sonnenröschen siehe Helianthemum

Sophora Sommer- bis immergrüne Bäume und Sträucher, die wegen des Laubes und ihrer Blüten gepflanzt werden. Große Arten, wie *S. japonica*, als Hochstämme mit Pyramidenkrone erziehen (B, S. 49). Die immergrünen strauchigen Arten müssen nicht regelmäßig geschnitten werden (IS, G1, S. 74–75). *S. microphylla* und *S. tetraptera* benötigen einen warmen, geschützten Standort und Kalthausüberwinterung. Den Schnitt nach der Blüte durchführen.
Sorbaria Starkwachsende, laubabwerfende Sträucher, die auf dem neuen Zuwachs blühen. Im Frühjahr wie *Buddleja davidii* (LS, G3, S. 66–69) schneiden, allerdings ein etwas umfangreicheres Gerüst belassen. Regelmäßig schwache Gerüstzweige durch starke Basistriebe ersetzen.
Sorbus Sommergrüne Bäume und Sträucher, die wegen ihrer Blüten, Früchte und der Herbstfärbung gepflanzt werden. Als Bäume mit Pyramidenkrone oder, bei schwächerwachsenden Arten wie *S. cashimiriana*, mit Pyramidenhohlkrone erziehen (B, S. 46–47, 50). Die strauchigen Arten benötigen keinen regelmäßigen Schnitt.
Spartium *S. junceum* ist ein laubabwerfender Strauch, der Schmetterlingsblüten am neuen Zuwachs entwickelt. Im Frühjahr schneiden (LS, G3, S. 66–69).
Spiraea Sommergrüne Sträucher, die hauptsächlich wegen ihrer Blüten gepflanzt werden. Die folgenden blühen am Neutrieb: *S. x bumalda, S. douglasii, S. japonica* und *S. menziesii*. Diese Arten im Frühjahr schneiden (LS, G3, S. 66–69). Andere, wie *S.* 'Arguta', *S. prunifolia* und *S. thunbergii*, blühen an einjährigen Trieben und werden nach der Blüte geschnitten (LS, G2, S. 62–65).
Stachyurus Sommergrüne, früh blühende Sträucher, die nicht regelmäßig geschnitten werden müssen (LS, G1, S. 60–61). Alte Zweige können durch kräftige basale Triebe ersetzt werden.
Staphylea Laubabwerfende Sträucher mit blasig aufgetriebenen Fruchtkapseln. Sie benötigen wenig Schnitt (LS, G1, S. 60–61). Alte Äste durch junge Basistriebe ersetzen.
Stauntonia *S. hexaphylla* Eine immergrüne windende Kletterpflanze. Sie braucht nicht geschnitten zu werden. Nach der Blüte ist eine Auslichtung möglich.
Stechginster siehe Ulex
Stechpalme siehe Ilex
Stephanandra Sommergrüne Sträucher, die wegen ihrer Triebe und Blätter gepflanzt werden. Ihre Blüten entwickeln sich auf einjährigen Trieben. Nach der Blüte schneiden (LS, G2, S. 62–65), z. B. bei *S. nigra* 'Aurea' und *S. racemosa* 'Plumosa Aurea'. Sollen die Triebe und das Laub im Vordergrund stehen, so kann auch vor der Blüte im Frühjahr geschnitten werden (LS, G4, S. 70–73).
Stewartia Laubabwerfende Sträucher und kleine Bäume, die aufgrund ihrer Blüten, Herbstfärbung und Borke eingesetzt werden. Die größeren Arten, wie z. B. *S. pseudocamellia*, als Bäume mit Pyramidenkrone erziehen (B, S. 49). Die strauchigen Arten müssen nicht regelmäßig geschnitten werden (LS, G1, S. 60–61).
Stranvaesia Immergrüne Sträucher und kleine Bäume, die keinen regelmäßigen Schnitt benötigen.
Styrax Sommergrüne Sträucher und kleine Bäume mit attraktiven Blüten. Die größeren Arten, z. B. *S. hemsleyana*, als Stammbüsche erziehen (B, S. 46–47). Die strauchigen Arten müssen nicht regelmäßig geschnitten werden (LS, G1, S. 60–61).
Sumpfeibe siehe Taxodium
Sycopsis Immergrüne Sträucher und kleine Bäume, die mit geringem Schnittaufwand auskommen (IS, G1, S. 74–75).
Symphoricarpos Meist wegen ihrer Beeren gepflanzte, Ausläufer bildende, laubabwerfende Sträucher. Der Ziereffekt der Früchte wird durch einen Schnitt nach der Blüte vermindert. Deshalb sollten alte und schwache Triebe im zeitigen Frühjahr entfernt werden.
Syringia Laubabwerfende Sträucher oder kleine Bäume. *S. vulgaris* muß nicht regelmäßig (LS, G1, S. 60–61), kann aber stark zurückgeschnitten werden (S. 78–79). Arten und Sorten, die ständig Basistriebe bilden, z. B. *S. meyeri, S. microphylla, S. x prestoniae* und *S. reflexa*, werden am besten mit einem schwachen Verjüngungsschnitt behandelt (LS, G2, S. 62–65).

Tamariske siehe Tamarix
Tamarix Laubabwerfende Sträucher. Die Arten, die am letztjährigen Zuwachs blühen, *T. parviflora* und *T. tetranda*, nach der Blüte schneiden (LS, G2, S. 62–65). Arten, die am Neuwuchs blühen, *T. gallica* und *T. pentandra*, im zeitigen Frühjahr schneiden (LS, G3, S. 66–69). Die spätblühenden Tamarisken bilden attraktive Hecken und Windschutzpflanzungen (H, G1, S. 100–101, S. 110–111). Werden sie im Frühjahr gestutzt, so blühen sie im Spätsommer oder Herbst.
Tanne siehe Abies
Taubenbaum siehe Davidia
Taxodium Laubabwerfende Koniferen, Bäume, die als Stammbüsche erzogen werden können (B, S. 48).
Taxus Immergrüne Koniferen, Sträucher und Bäume. Die Bäume mit Pyramidenkrone erziehen (B, S. 48). Die Sträucher benötigen keinen regelmäßigen Schnitt (IS, G1, S. 74–75). Eiben werden sehr häufig für Heckenpflanzungen (H, G3, S. 103) und Formschnitte verwendet. Jährliches Stutzen im Sommer hat eine dicht geschlossene Oberfläche zur Folge.
Teucrium Umfaßt immergrüne Sträucher und Halbsträucher. Sie brauchen einen sonnigen, warmen Standort und Kalthausüberwinterung. *T. fruticans* kann als Fächer erzogen werden. Der Schnitt beschränkt sich auf das Auslichten und Entfernen von beschädigten Trieben im Frühjahr.
Thuja Immergrüne Koniferen. Die Bäume besitzen eine pyramidale Wuchsform. Als Stammbüsche oder Hochstämme mit Pyramidenkrone (B, S. 48) erziehen. Sowohl *T. occidentalis* als auch *T. plicata* sind für Hecken geeignet (H, G3, S. 103). Die zahlreichen Zwergformen müssen nicht regelmäßig geschnitten werden (IS, G1, S. 74–75).
Tilia Sommergrüner Baum mit angenehm duftenden Blüten. Als Hochstamm mit Pyramidenkrone erziehen (B, S. 49). Linden werden oft für Baumwände verwendet (S. 106–107).
Trachelospermum Windende, immergrüne Kletterpflanzen, die auf altem Holz blühen und nur wenig geschnitten werden müssen.
Trompetenbaum siehe Catalpa
Trompetenblume siehe Campsis
Tsuga Immergrüne Koniferen, Bäume mit pyramidalem Wuchs. Als Stammbüsche oder mit Pyramidenkrone (B, S. 48) erziehen, *T. heterophylla* ist für eine Heckenpflanzung (H, G3, S. 103) geeignet. Im Spätsommer stutzen.

Ulex Dornige, immergrüne Sträucher, die oft sehr lange blühen. Durch einen Rückschnitt im Frühjahr des Pflanzjahres wird ein buschiger Wuchs gefördert. Die ausgewachsenen Pflanzen wie laubabwerfende Sträucher (G2, S. 62–65) behandeln. Im späten Frühjahr nach der Blüte zurückschneiden. Lange Zweige können auch auf älteres Holz zurückgeschnitten werden und treiben dort wieder aus.
Ulme siehe Ulmus
Ulmus Sommergrüne Bäume. Mit Pyramidenkrone (B, S. 49) erziehen.
Urwelt-Mammutbaum siehe Metasequoia

Vaccinum Sommer- bis immergrüne Sträucher, einige mit eßbaren Früchten (siehe Kulturheidelbeeren, S. 203) und viele Ziersträucher. Die Schnittmaßnahmen sind gering (LS, G1, S. 60–61, und IS, G1, S. 74–75). Die laubabwerfenden Arten im Winter und die Immergrünen im Frühjahr, wenn nötig, schneiden.
Viburnum Sommer- bis immergrüne Sträucher, die mit geringem Schnittaufwand auskommen (LS, G1, S. 60–61, und IS, G1, S. 74–75). Bilden die sommergrünen Arten starke Basistriebe, so können diese altes Holz ersetzen. Die im Winter blühenden Arten nach der Blüte schneiden. Im Sommer blühende Arten im zeitigen Frühjahr schneiden. Hecken mit *V. tinus* (H, G1, S. 100–101) Mitte Frühjahr stutzen.
Vinca Diese Gattung umfaßt immergrüne kriechende Sträucher, die normalerweise nicht geschnitten werden müssen. Verwenden Sie sie als Bodendecker, so sollten sie alle zwei bis drei Jahre im zeitigen Frühjahr zurückgeschnitten werden.
Vitex Laubabwerfende Sträucher, die mit wenig Schnitt auskommen (LS, G1, S. 60–61). *V. agnus-castus* und *V. negundo* müssen im Kalthaus überwintert werden und sollten einen warmen, sonnigen Standort erhalten. Im Frühjahr an Unterstützungsgerüsten erzogene Pflanzen auf Zapfen mit zwei bis drei Knospen an einem Astgerüst zurückschneiden.
Vitis Laubabwerfende und immergrüne Kletterpflanzen, die sich mit Ranken festhalten. Die Zierpflanzen können, wenn genügend Raum vorhanden ist, auch ungeschnitten bleiben. Sie lassen sich aber auch in der gleichen Art und Weise wie Weinreben (S. 204–210) erziehen.

Wacholder siehe Juniperus
Weide siehe Salix
Weigelia Sommergrüne Sträucher, die im Sommer an den letztjährigen Trieben blühen. Nach der Blüte schneiden (LS, G2, S. 62–65).
Weißdorn siehe Crataegus
Windenknöterich siehe Fallopia
Winterblüte siehe Chimonanthus
Wisteria Laubabwerfende windende Kletterpflanzen. Siehe Glyzine S. 90–92.

Yucca Immergrüne Sträucher und kleine Bäume mit schwertförmigen Blättern. Ein Schnitt ist nicht erforderlich.

Zeder siehe Cedrus
Zelkova Laubabwerfende Bäume. Als Stammbüsche oder Hochstämme mit Pyramidenkrone erziehen (B, S. 46–47, 49). Man läßt *Z. abelicea* am besten ohne Eingriffe wachsen, da sie häufig starke Basistriebe hervorbringt.
Zierkirsche siehe Prunus
Zierquitte siehe Chaenomeles
Zistrose siehe Rosmarinus
Zylinderputzer siehe Callistemon
Zypresse siehe Chamaecyparis und Cupressus
Zypresse, Leyland- siehe x Cupressocyparis

PINZIEREN

In diesem Buch geht es in erster Linie um Zier- und Obstgehölze, die lange den Garten schmücken oder reiche Ernte tragen sollen. Es gibt unter den Ziergehölzen aber auch eine Reihe von Halbsträuchern und ausdauernden Pflanzen, die leicht formbar sind. Im Garten, im Haus oder im Gewächshaus blühen sie zwar nur kurz, dafür aber um so schöner.

Die Triebe der Zwergsträucher, auch weitverbreiteter Treibhauspflanzen wie Fuchsien, Pelargonien und Buntnesseln, verholzen mit der Zeit. Dies ist vor allem der Fall, wenn das Wachstum durch die Begrenzung der Wurzelgröße gehemmt oder die Pflanzen niedrigen Temperaturen ausgesetzt werden. Junge Triebe sind biegsam, so daß der Schnitt einfach aus dem Abknipsen der Triebspitze besteht. Das Pinzieren oder Entspitzen, wie es manchmal auch genannt wird, stimuliert das Austreiben von Seitensprossen. Wird es regelmäßig durchgeführt, resultiert daraus ein dichter, stark verzweigter Wuchs. Wendet man die Methode gezielt bei mehrjährigen Pflanzen an, etwa bei bestimmten Chrysanthemenarten, können diese relativ frei geformt werden.

Viele Hobbygärtner züchten diese Pflanzen nur für Zierzwecke. In diesem Fall ist ihre Größe kein Problem. Erst wenn bei Wettbewerben ausgestellt werden soll, müssen die dort geltenden Vorschriften berücksichtigt werden. Hier ist oft bis ins Detail festgelegt, welche Merkmale eine Pflanze aufweisen soll und welche Kriterien erfüllt werden müssen. So wird genau vorgeschrieben, wie hoch etwa ein astfreier Hochstamm sein muß.

Links: Gärtnerchrysanthemen können auf unterschiedliche Weise geformt werden, beispielsweise als Säulen. Noch dichter wirken sie, wenn man mehrere Pflanzen in ein und denselben Kübel pflanzt.

Oben: Auf einem größeren Rahmen wachsen zwei Gärtnerchrysanthemen zu einem großen Fächer.

Ganz oben: Die Kaskadenerziehung von Chrysanthemen kann an Solitären oder an mehreren Pflanzen erfolgen. Mehrere Exemplare nebeneinander können eine herrliche Blütenwand bilden.

Gartenchrysanthemen

In Westeuropa sind Gartenchrysanthemen erst seit den dreißiger Jahren bekannt, im ostasiatischen Kulturkreis hingegen kultiviert man sie schon wesentlich länger. Wenn man diese Sorten frei wachsen läßt, werden sie sich zu stark verzweigten maximal 1,50 m hohen Pflanzen entwickeln. Diese entwickeln im Spätherbst kleine, gänseblümchenähnliche Blütenstände. Sie lassen sich jedoch sehr gut erziehen, und wenn junge Pflanzen regelmäßig pinziert und geformt werden, ist ihre Blüte atemberaubend schön. Man kann sie auch an Gerüsten zu Figuren erziehen. Ausgesprochen tauglich hierfür sind aus der begrenzten Farbpalette 'Edelweiß' (weiß), 'Goldmarianne' (goldbronze), 'Nebelrose' (rosa bis violett) und 'Citrus' (hellgelb).

Wenn man Pflanzen vermehren möchte, bringt man am besten Stecklinge der in Frage kommenden Sorte zwei bis drei Wochen vor Winterende bei einer Temperatur von mindestens 7 Grad in ein helles Treibhaus. Vier bis sechs Wochen später wird erst in Töpfe mit 7 cm Durchmesser, anschließend in Töpfe mit 12 cm Durchmesser umgetopft.

Rechts: Gartenchrysanthemen können entweder Säulen oder unterbrochene Säulen bilden. Die Abbildung zeigt an einem Hochstamm senkrecht aufgereihte Kugeln.

Kaskaden erziehen

Bei der Erziehung einer Kaskade im Freien und später bei der Blüte unter Glas muß eine stabile Stütze vorhanden sein, damit die mindestens 1,80 m langen Triebe vom Kübel herabhängen können. Die Pflanzen werden schon früh auf ein bis zwei Leittriebe beschränkt und dann in der Wachstumszeit pinziert. Dabei zieht man sie an einem etwa 1,50 m langem Stab oder einer ähnlichen Leitvorrichtung, die vom Kübel auf den Boden reicht, hinunter. Stecklinge, die im Spätwinter gepflanzt und bis zu den ersten ein, zwei Wochen im Herbst pinziert werden, beginnen im Spätherbst für etwa sechs Wochen zu blühen. Danach können einige Pflanzen für die Stecklingsgewinnung im nächsten Jahr ausgewählt werden.

Diese Methode der Erziehung von oben nach unten ist an die verschiedensten Erfordernisse anpaßbar. Eine Reihe von Pflanzen kann beispielsweise in ein und demselben Topf gezogen werden, der dann als große Hängeampel dient. Eine weitere Möglichkeit besteht darin, mehrere Töpfe oben auf ein Gerüst zu stellen, so daß sich ein Blumenvorhang bildet.

Wenn die Stecklinge getopft werden, sollte man alle bis auf ein oder zwei Leittriebe pinzieren. Die Pflanzen müssen vor Frost geschützt werden, können aber zwischen Mitte und Ende Frühjahr in Frühbeetkästen gesetzt werden. Ende Frühling werden sie dann in die endgültigen Behälter umgesetzt. 30-cm-Töpfe, gefüllt mit Kompost auf Lehmbasis, sind groß genug und können ein bis zwei Pflanzen aufnehmen. In diesem Stadium verwendet man kurzgeschnittene Stäbe, um die Pflanzen vorübergehend so zu stützen, daß sie nach außen weisen.

Stellen Sie die Pflanze an die frische Luft, sobald die Frostgefahr vorüber ist. Hier können sie sich dann weiterentwickeln. Wenn die Sonneneinstrahlung zu stark ist, sorgen Sie unbedingt in den ersten Tagen für Schatten. Dennoch ist viel Sonne wichtig, da die Pflanzen zum Licht hin erzogen werden, vorzugsweise an einer nach hinten von einer Wand oder Hecke geschützten Stelle. Jetzt sollte ein Stab oder eine ähnliche Führung zwischen dem Kübel und dem Boden angebracht werden. Man kann beispielsweise die Führung an einem Ende mit einer kräftigen Drahtmanschette am Topfrand befestigen und am anderen Ende an einem Pfosten in der Erde.

Ist die Führungsschiene einmal plaziert, kann der provisorische Stab entfernt sowie der Mitteltrieb sanft nach unten gebogen und an ihr befestigt werden. Zuvor schränkt man das Wässern ein: Die Pflanzen welken in der Folge etwas und brechen nicht so leicht. Den Stamm sowie alle neuen Triebe, wenn sie 10 – 15 cm Länge erreicht haben, anschließend oben an der Führung festbinden oder feststecken.

Der Trieb an der Spitze muß sich frei entwikkeln dürfen, bis er die Erde erreicht; eine reichblühende Kaskade entsteht aber nur, wenn die Seitentriebe, sobald sie zwei oder drei Blätter gebildet haben, regelmäßig pinziert werden und ein Flüssigvolldünger gegeben wird. Sollte der Leittrieb beschädigt werden, bindet man einen kräftigen Seitentrieb als Ersatz an. Inspizieren Sie die Pflanzen bis zur zweiten Herbstwoche etwa zweimal wöchentlich. Danach kommen die Pflanzen wieder ins Kalthaus. Die Triebe immer nur dort wo nötig pinzieren. Wenn man hier nicht sorgfältig vorgeht, kann man das Ergebnis eines ganzen Sommers zunichte machen. Transportieren Sie die Pflanzen an einem warmen, windstillen Tag, indem Sie erst die Kaskade von der Führung nehmen.

Nach Beenden des Pinzierens beginnen Sie damit, regelmäßig Dünger mit hohem Kaliumgehalt zu geben. Dadurch wird die Farbe der acht Wochen später beginnenden Blüte intensiver.

Hochstämme, Säulen und Fächer

Die Erziehung von Hochstämmen, Säulen und Fächern unterscheidet sich von der Kaskadenform nur durch die Richtung, in der erzogen wird. Für einen Hochstamm wird die Pflanze an einem Stab hinauf erzogen und die Seitentriebe entfernt, sobald sie sich entwickeln, außer denen ab 15 – 20 cm unterhalb der Stelle, an der die Triebspitze entfernt wird. Die Krone wird durch Pinzieren der Seitentriebe kompakt gehalten.

Soll die Säule schön und voll wirken, pflanzt man drei Pflanzen in einen Topf mit einem Durchmesser von mindestens 30 cm an einem stabilen, etwa 1,80 m hohen Stab. Die Seitensprosse an der Basis müssen unter Umständen stärker pinziert werden als die nahe der Spitze, damit der Durchmesser nicht zu sehr variiert.

Um einen Fächer zu bilden, wählt man als Astgerüst drei kräftige Triebe, die mit einem halbmondförmigen Netz unterlegt werden. In jeden Topf werden zwei Pflanzen gesetzt, die zum erstenmal pinziert werden, wenn sie 10 – 20 cm hoch sind, anschließend regelmäßig, wobei man die Leit- und Seitentriebe so festbindet, daß die Lücken gefüllt werden.

Links: Eine Gärtnerchrysantheme wird an einem Stab herunter erzogen, wobei die Töpfe solide auf einem Gerüst fixiert sind.

1

2

3

ERZIEHUNG EINER KASKADE

1 Stecklinge der genannten Sorten gegen Ende Winter auswählen.

2 Nach dem Pflanzen immer wieder umtopfen und in ein helles Treibhaus stellen. Mindesttemperatur 7 Grad.

3 Nur ein bis zwei Leittriebe stehenlassen. Pflanzen im Freiland auf ein Gerüst stellen, sobald die Frostgefahr vorbei ist. Leittriebe an einem Stab nach unten weisend anbinden und die Seitensprosse regelmäßig pinzieren.

Fuchsien

1

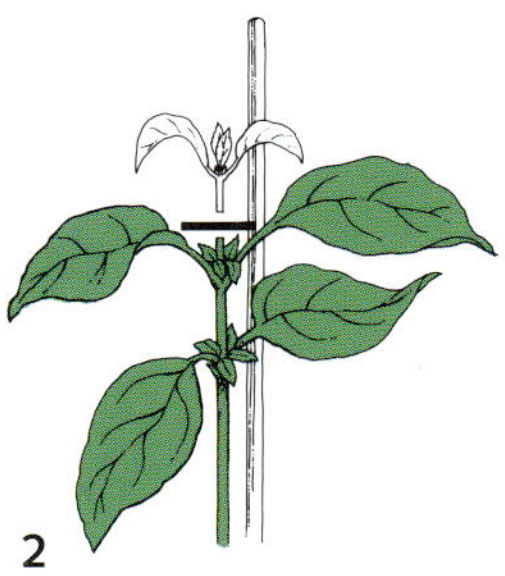

2

EINEN HOCHSTAMM ERZIEHEN

1 Bewurzelte Stecklinge ungekürzt senkrecht erziehen und die Blätter stehen lassen.

2 Die Triebspitze pinzieren, sobald der Stamm die gewünschte Höhe erreicht hat.

Oben rechts: Fuchsienhochstämme können auf die unterschiedlichsten Arten attraktiv unterpflanzt werden.

Alle Fuchsien, außer den Winterharten, müssen teilweise pinziert werden, um eine dichte Verzweigung zu erreichen. Eine Vervollkommnung der Erziehungsmethoden ermöglicht auch anspruchsvollere Formgebungen. Durch regelmäßiges Pinzieren wird zudem die Blüte verzögert. Diese beginnt üblicherweise sechs bis zehn Wochen nach dem letzten Pinzieren, je nachdem, ob die Blüten gefüllt oder einfach sind. Im Winter erzogene Fuchsien sollten hell und bei einer Temperatur über 10 Grad stehen. Bei einigen Fuchsien treten Blätter eher zu dreien als paarweise gegenständig auf. Im allgemeinen werden bei derartigen Pflanzen Hochstämme und andere Erziehungsformen vorgezogen, da der Aufbau einer wohlgeformten Krone so wesentlich schneller vor sich geht.

Hochstämme erziehen

Der astfreie Stamm eines Hochstamms ist 70–90 cm hoch, beim Halbstamm 50–60 cm, beim Viertelstamm 30–40 cm und beim Zwergstamm 25–30 cm. Die Erziehung ist bei allen mehr oder weniger identisch, allerdings wählt man für Hochstämme Sorten wie 'Beacon', 'Dollarprinzessin', 'Hanna' oder 'Ortenburger Festival'.

Für Bäumchen setzen Sie im Frühjahr einen gutbewurzelten Steckling und stützen ihn, sobald er zu wachsen beginnt. So wird vermieden, daß der Mitteltrieb einen Knick bildet. In dem Maße, in dem der Stamm wächst, wird er in Abständen von 5 cm festgebunden.

Alle Pflanzen sollten regelmäßig umgetopft werden, denn wenn sehr viel Wurzelwerk vorhanden ist, verholzen die Triebe, und es bilden sich Blüten. Für die höchsten Stämme sollte der letzte Topf einen Durchmesser von 23 cm haben. Während des Aufbaustadiums empfiehlt es sich, die Blätter auf dem Stamm stehenzulassen. Sie fallen von selbst ab, sobald der Stamm größer wird, oder sie können andernfalls nach der Erziehung der Krone entfernt werden. Bei normalen Hochstämmen alle Seitensprosse stehenlassen. Trauerstämme bilden schneller einen kräftigen Stamm, wenn die Seitentriebe im frühen Stadium stehenbleiben, aber auf zwei oder drei Blattpaare gekürzt werden. Nachdem der Mitteltrieb die gewünschte Länge erreicht hat, wobei die Krone etwa ein Drittel der Gesamthöhe einnimmt, wird die Stammverlängerung entfernt.

Die stark verzweigte Krone bildet sich, wenn Seitentriebe, die oberhalb des Stamms wachsen, regelmäßig pinziert werden, sobald sie zwei bis drei Blattpaare entwickelt haben. Alle anderen Seitentriebe müssen vollständig entfernt werden.

Pyramiden, Fächer und Spalierbäume erziehen

Als schwierigste Form gilt bei der Fuchsie im allgemeinen die Pyramide. Der Aufbau einer ausgewogenen Form dauert etwa zwei Jahre. Im ersten Jahr sollten alle Blütenknospen entfernt werden. Die Form wird mit einer starkwüchsigen Sorte, die kräftige Seitentriebe entwickelt, aufgebaut. Die Triebspitze des Mitteltriebs wird pinziert, so daß sich etwa alle 25 cm neue Seitentriebe entwickeln können. Daran anschließend wird ein Ersatzmitteltrieb erzogen, bis die gewünschte Höhe erreicht ist.

Bei Spalierbäumen werden einige Seitentriebe horizontal gebunden, die restlichen abgerissen. Wenn das Wachstum der Seitentriebe nachläßt, werden diese vorübergehend hochgebunden und, wenn sie genügend gewachsen sind, wieder in die Horizontale heruntergebunden. Die Seitentriebe und den Mitteltrieb pinzieren, wenn die gewünschte Höhe erreicht ist.

Das Fächerspalier sollte bis auf vier Blattpaare gekürzt werden. Wenn sich Seitentriebe entwickeln, läßt man zwei Paare stehen, die sich in der Gerüstebene befinden. Diese auf ein Blattpaar zurücknehmen, darauffolgende Triebe auf ein oder zwei Blattpaare. Spätere Triebe so entgeizen und festbinden, daß das gesamte Gerüst ausgefüllt ist.

Buntnesseln

Wie Fuchsien sind auch die Sorten von *Coleus blumei* Halbsträucher, deren Triebe mit zunehmendem Alter verholzen und hart werden. Die jungen Spitzen lassen sich problemlos pinzieren, eine Schnittechnik, die, auch bei der Erziehung von Büschen, systematisch durchgeführt werden sollte. Das korrekte Astgerüst einer stark verzweigten Pflanze entsteht, indem die Triebspitzen pinziert werden, sobald sich fünf Blattpaare gebildet haben. Anschließend werden die Seitentriebe auf zwei oder drei Blattpaare eingekürzt. Durch weiteres Pinzieren bildet sich eine gutgeformte Pflanze mit dichtem Blattwerk, was zur Folge hat, daß Blütenrispen später ansetzen. Wenn Blütenknospen entstehen, sollten sie so schnell wie möglich pinziert werden, da sonst die Ausgewogenheit der Form der Buntnessel verlorengeht.

Einige Sorten sind besonders starkwüchsig und können zu prächtigen Bäumchen mit einem astfreien Stamm von 1,20 m Höhe oder mehr gezogen werden. 'Pineapple Beauty' mit ihren gelben Blättern, die nahe der Stielbasis einen rotbraunen Fleck aufweisen, ist hierfür mit am besten geeignet. Für luftigere Versionen wählt man 'Glory of Luxembourg', 'Royal Scot', 'Spire' und 'Walter Turner'. Man kann diese Sorten auch zu Fächern erziehen, wobei ähnlich geschnitten wird wie bei Büschen. Die Triebe werden allerdings in einer einzigen Ebene an einem Gerüst hinauf erzogen.

Die genannten Sorten müssen vegetativ vermehrt werden. Aus Saatgut gezogene Pflanzen tendieren dazu, im ersten Jahr zu blühen, und werden am besten wie Einjährige behandelt.

Auch wenn Buntnesseln in gemäßigten Breiten manchmal im Sommer im Freien stehen und ausgewachsene Pflanzen Temperaturen von 10 Grad noch ertragen, sollte die Temperatur über das ganze Jahr hinweg im Idealfall zwischen 16 und 24 Grad liegen. Starke Sonneneinstrahlung kann ein Ausbleichen der Blätter zur Folge haben. Große Pflanzen sind windempfindlich.

Hochstämme oder Halbstämme erziehen

Wählen Sie die Stecklinge mit kurzen, jungen Trieben im Spätsommer oder Frühherbst aus, sobald das Wurzelwerk gut ausgebildet ist. Im Winter sollte der Topfdurchmesser maximal 12 cm, im darauffolgenden Frühling höchstens 23 cm betragen.

Die Pflanzen müssen ungestört weiterwachsen können und dabei regelmäßig gewässert und gedüngt werden. Stickstoffdünger verhindert die Ausfärbung des Laubs. Wenn die Nessel ausreichend gewachsen ist, sollte die Düngung daher soweit wie möglich reduziert werden, um die höchstmögliche Zierwirkung zu erzielen. Für die Entwicklung eines geraden Stamms ist Abstützen unerläßlich. Den Stamm gut festbinden und regelmäßig überprüfen, ob die Befestigungen den Stamm nicht einengen.

Blätter, die direkt aus dem Stamm wachsen, nicht entfernen, aber die Seitensprosse wegschneiden, sobald sie so groß sind, daß man sie fassen kann. Nachdem die Pflanze die gewünschte Höhe erreicht hat, lassen Sie etwa vier Seitentriebe direkt unterhalb des Punkts stehen, an dem die Triebspitze entfernt wird. Die Bildung von Blütenrispen schränkt automatisch die Stammhöhe ein. Diese sind daher zusammen mit den obersten beiden Blattpaaren zu beseitigen. Die Sorte 'Pineapple Beauty' kann normalerweise kultiviert werden, ohne daß sie Blüten bildet. Ihre Spitze entfernt man, wenn der Stamm etwa 1,20 – 1,50 m hoch ist.

Für den Aufbau einer dichten Krone ist ein regelmäßiges Pinzieren der Seitentriebe unerläßlich. Im frühen Stadium entspitzen Sie die Triebe über dem ersten Blattpaar. Entsprechend der Entwicklung der Krone reicht es im späteren Stadium aus, bei zwei oder mehr Blattpaaren zu pinzieren.

Links: Durch regelmäßiges Pinzieren hat sich bei diesem *Coleus blumei*-Hochstamm ('Pineapple Beauty') eine dichte Krone gebildet.

KRONENERZIEHUNG

1 Triebspitze pinzieren, sobald der Leittrieb die gewünschte Höhe erreicht hat.

2 – 4 Durch anschließendes Entspitzen (hier sind nur zwei Seitensprosse abgebildet) bildet sich eine dichte Krone.

1

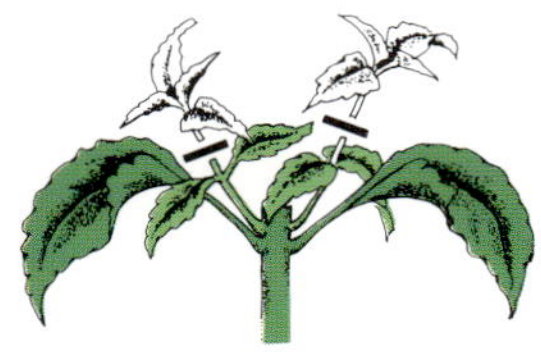
2

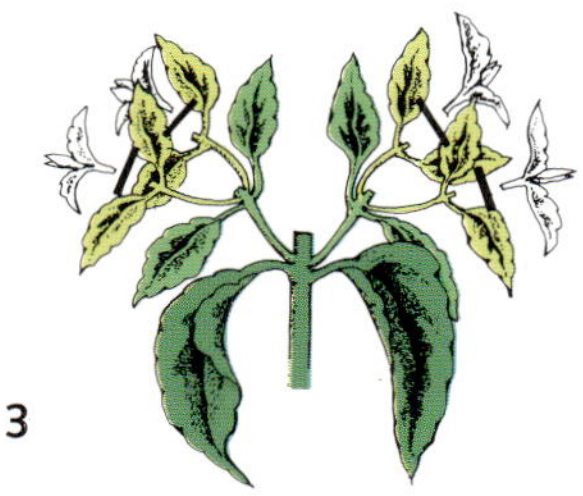
3

4

Pelargonien

Pelargonium-Zonale-Hybriden, die oft fälschlicherweise als Geranien bezeichnet werden, und Edelpelargonien, die zarte, immergrüne Zwergsträucher sind, sollten bei Temperaturen von 7 bis 10 Grad überwintert, im Sommer aber ins Freie gestellt werden. Im Handel sind zahlreiche Sorten dieser Hybridpelargonien erhältlich: einige sind starkwüchsig genug, um zu Halb-, Zwerg- oder Hochstämmen erzogen werden zu können. Bei Sorten mit dünnen oder zerbrechlichen Trieben, darunter auch Efeupelargonien, sind die eigenen Stämme hierfür nicht geeignet. Man kann sie aber auf starkwüchsigen Sorten veredeln.

Oben: Pelargonien-Hochstämme und Heliotrope *(Heliotropium arborescens)*, kombiniert mit niedrigwüchsigen Pelargonien.

Rechts: Diese buntblättrigen Pelargonienhochstämme hätten im Frühstadium strenger erzogen werden müssen, um besser zur Geltung zu kommen.

STECKLINGS-VERMEHRUNG
Schneiden Sie Stecklinge von starkwüchsigen Pelargonien zwischen Frühjahrsmitte und Sommer. Die Pflanzen im folgenden Jahr möglichst nicht zur Blüte kommen lassen.

Einen Hochstamm ziehen

Die Höhe der Bäumchen hängt in gewissem Grad von der Wüchsigkeit der Sorte ab. Hochstämme können 1,20 – 1,50 m hoch werden, üblicher ist aber eine Gesamthöhe von 70 – 90 cm mit einem etwa 70 cm hohen, astfreien Stamm. Halbstämme und Zwergstämme sind entsprechend kürzer. Sie sollten aber in jedem Fall eine ausgewogene Form haben.

Hochstämme werden aus gutbewurzelten Stecklingen gezogen. Kopfstecklinge kann man vom Frühlingsanfang bis in den Sommer hinein setzen. Im allgemeinen gilt, im ersten Jahr die Wüchsigkeit zu fördern und auf die Blüte zu verzichten, so daß die Pflanze zum Frühjahrsbeginn des darauffolgenden Jahres die erforderliche Größe erreicht hat.

Um zu vermeiden, daß das Wachstum im ersten Jahr eingestellt wird, muß, wenn nötig, umgetopft werden, wobei im Frühjahr gesetzte Stecklinge bis zum Frühherbst in Töpfen mit 20 cm Durchmesser umgepflanzt sein müssen. Wenn die Pflanzen etwa 20 cm Höhe erreicht haben, sollten sie gestützt werden. Die Triebe anbinden, damit sich ein gerader Stamm entwickeln kann.

Zur Erhaltung eines kräftigen, aufrechten Wuchses ist es notwendig, regelmäßig einen Flüssigvolldünger zu geben und Seitentriebe zu entfernen, sobald sie sich entwickeln, mit Ausnahme derjenigen oberhalb des astfrei gehaltenen Stamms. Bei Blättern, die direkt am Stamm inseriert sind, wartet man, bis sie von selbst absterben. Im Herbst das Düngen frühzeitig einstellen und die Pflanzen im Winter eher trocken halten.

Wenn die Pflanze die gewünschte Höhe erreicht hat, kann die Spitze zu Frühjahrsbeginn des zweiten Jahrs nach dem Umtopfen entfernt werden. Die Seitentriebe, die oberhalb des astfreien Stamms stehengeblieben sind, werden jetzt auf drei oder vier Blätter gekürzt. Weiteres Pinzieren ist erst notwendig, nachdem die neuen Sprosse drei bis vier Blätter gebildet haben. Anschließend sind für die Entwicklung einer schönen Krone nur noch geringe Schnitteingriffe notwendig.

Blütenknospen bilden sich erst nach dem Pinzieren. Die Blüte kann man verlängern, indem abgeblühte Blütenstände entfernt werden.

Verschiedene Zierpflanzen

Die Erziehung von Hochstämmen mit gleichzeitigem Pinzieren führt zu einer starken Verzweigung der Krone. Dieses Verfahren kann bei einer Reihe von Sträuchern und Halbsträuchern angewandt werden, die in gemäßigten Klimazonen im Kalthaus überwintert werden müssen.

Ein attraktives Beispiel hierfür ist das Heliotrop, auch Sonnenwende genannt *(Heliotropium arborescens)*. Stecklinge vom Hochsommer können zum Hochstamm erzogen werden, wobei die Spitze pinziert wird, sobald die Pflanze die gewünschte Höhe erreicht hat. Wenn sich eine dichte Krone bilden soll, müssen die Seitentriebe, die sich aufgrund des Pinzierens entwickeln, bei vier bis fünf Blättern ebenfalls mindestens einmal pinziert werden.

Das Aufpfropfen an sich zu beschreiben, würde den Rahmen dieses Buchs sprengen. Bei einigen Hochstämmen ist es jedoch sinnvoll, eine starkwüchsige Pflanze zu erziehen und auf diese eine ausgewählte Sorte zu pfropfen, die anschließend wie beschrieben pinziert wird, damit die Krone die gewünschte Form erhält. Diese Technik findet zum Beispiel beim Weihnachtsstern *(Euphorbia pulcherrima)* Anwendung. Sollten Sie spezielle Fragen haben, ziehen Sie entsprechende Fachliteratur zu Rate.

Oben: *Lantana camara*, ein Strauch, der in vielen tropischen Ländern zur Plage geworden ist, wird im Treibhaus zum attraktiven Hochstamm.

Ganz links: In kühleren gemäßigten Klimazonen eignet sich das Heliotrop *(Heliotropium arborescens)*, ein Strauch mit duftenden Blüten, besonders gut für Sommerbeete oder Treibhäuser.

Links: Die Wucherblume *(Chrysanthemum frutescens)* ist einer der häufig als Stämmchen erzogenen Halbsträucher. Ihre Blüte kann sich über einen langen Zeitraum erstrecken.

OBSTGEHÖLZE

Die Entwicklung von genetisch schwachwüchsigen kompakten Bäumen und von schwachwüchsigen Unterlagen führte dazu, daß einige Obstbäume von vornherein wenig geschnitten werden müssen. Es ist wahrscheinlich, daß die Sorten immer weiter in diese Richtung gezüchtet werden, so daß sich möglicherweise der Anbau völlig verändern wird. Vorläufig bleibt jedoch der Schnitt von Obstgehölzen eine wichtige Aufgabe. In den ersten Jahren lenkt er die Entwicklung des Kronengerüsts in die gewünschte Form. Er sorgt später dafür, daß erwachsene Bäume gesund bleiben und daß sich Fruchtholz bilden kann.

Schnitt und Formierung allein reichen jedoch nicht aus, wenn der Baum lange leben und reichlich tragen soll. Die Wachstumsbedingungen müssen günstig sein und der Baum ausreichend mit Nährstoffen und Wasser versorgt werden.

Falls es notwendig ist, müssen Schädlinge und Krankheiten bekämpft werden, und die entsprechenden Pollenspender sind für einen guten Fruchtansatz ebenfalls unentbehrlich. Für gute Erfolge sollten Obstgehölze ausgewählt werden, die den Wachstumsbedingungen gerecht werden, dem Standraum entsprechen und auf der angepaßten Unterlage wachsen.

Oben: Buschformen auf schwachwachsenden Unterlagen bedürfen meist geringerer Schnitteingriffe als die meisten anderen Formen.

Ganz rechts oben: Fachgerecht geschnittene Obstgehölze bringen über viele Jahre Ertrag.

Oben rechts: Eine Reihe von Obstgehölzen können als Fächer erzogen werden, auch die hier gezeigten Zwetschgen.

Ganz rechts Mitte: Bei Zwetschgen gibt es schwachwachsende und mittelstark wachsende Unterlagen.

Rechts: Äpfel auf schwachwachsenden Unterlagen können zu waagerechten Schnurbäumen erzogen werden.

Ganz rechts unten: Bei Äpfeln und Birnen sind viele naturentfernte Erziehungsformen möglich.

Baumformen

Im allgemeinen kann man zwischen mehreren Möglichkeiten wählen. Die auf den nachfolgenden Seiten geschilderten Baumformen unterteilen sich in zwei große Kategorien: naturgemäße Formen, die freistehend gezogen werden, so auch Büsche, Halbstämme, Hochstämme und Spindeln, die beim Erwerbsanbau von Äpfeln und Birnen sehr häufig sind; dort wo Platzmangel herrscht, naturbeschränkte bis naturentfernte Formen, wie Schnurbäume, Spaliere und Zwergpyramiden, die alle auf schwachen oder mittelstarken Unterlagen wachsen.

Schnitt

Die naturgemäßen Formen werden während der Vegetationsruhe geschnitten. Bei Steinobst, das anfällig für Bleiglanz ist, sollten große Äste jedoch nur im späten Frühjahr oder Sommer entfernt werden, da das Infektionsrisiko in dieser Zeit am geringsten ist.

In der Regel sind Obstgehölze leicht zu pflegen und können reiche Ernte tragen. Doch nur Zwergbüsche passen gut in kleine und mittlere Gärten.

Bei naturentfernten Formen erfolgt im Sommer der Lorette-Schnitt, so daß ihr Wuchs stark eingeschränkt wird und sie fast soviel Früchte tragen wie naturgemäße Formen. Wenn sie an Wänden oder Zäunen oder als Gartenabtrennung erzogen werden, sind sie hübsch anzusehen, bringen aber auch Ertrag.

Unterlagen

Einige Obstgehölze, darunter auch Feigen, wachsen zwar auf eigener Wurzel, viele andere werden jedoch auf ausgewählten Unterlagen veredelt, die die Wuchskraft beeinflussen. Bei Äpfeln, die zu den am häufigsten angebauten Obstsorten im gemäßigten Klima gehören, gibt es diese Unterlagen in feinen Abstufungen, von sehr schwach wachsend bis hin zu stark wachsend. Je schwach wachsender die Unterlage, desto günstiger müssen die Wachstumsbedingungen sein. Auf schlechten Böden können mit einer mittelstark wachsenden Unterlage in etwa die gleichen Ergebnisse erreicht werden wie mit einer schwachwüchsigen Unterlage auf fruchtbaren Böden.

Die Unterlage allein ist also entscheidend für die spätere Größe des Baums. Durch normale Schnitteingriffe ist das zu starke Wachstum eines Baums nicht mehr korrigierbar, wenn er auf einer zu kräftigen Unterlage veredelt ist.

KERNOBST

Apfel- und Birnbäume sind in gemäßigten Klimazonen ein allen vertrauter Anblick und ein fester Bestandteil der Gärten, und dadurch, daß sie schon so lange kultiviert werden, gibt es eine sehr große Zahl von Tafel- und Mostobstsorten. Obwohl in den jeweiligen Schnittechniken feine Unterschiede bestehen, Birnen dürfen zum Beispiel schärfer geschnitten werden als Äpfel, sind die Anbaumethoden für beide im Prinzip gleich.

Dies gilt auch für Erziehung und Schnitt, sowohl für Büsche und andere naturgemäße Formen als auch, für naturentfernte Formen, wie zum Beispiel Schnurbäume und Spaliere, die dann besonders sinnvoll sind, wenn der Standraum sehr begrenzt ist.

In der Vielfalt der verfügbaren Unterlagen gibt es jedoch beträchtliche Unterschiede. Birnen werden im allgemeinen auf Quittenunterlagen veredelt: Quitte MA und Quitte MC, die beide schwach wachsend sind, wobei Quitte MC am geringsten wächst, aber gute Wachstumsverhältnisse benötigt.

Apfelunterlagen gibt es hingegen in allen Wuchsstärken, von extrem schwach wachsenden bis hin zu stark wachsenden. Am geläufigsten sind, beginnend mit den schwach wachsenden, M 27, M 9, M 26, MM 106, MM 111 und A 2. Es ist wichtig, eine den Wachstumsverhältnissen, der Baumgröße und der Baumform angepaßte Unterlage zu wählen.

Unten: Fächerformen sind äußerst dekorativ. Bei Äpfeln und Birnen sind sie allerdings heutzutage nicht gebräuchlich. Jede Rippe wird wie ein Schnurbaum behandelt. Es erfolgt ein Lorette-Schnitt.

ERTRAGSSCHNITT

Von Beginn an werden naturentfernte Formen im Sommer geschnitten, um die Bildung von Fruchtholz zu fördern. Die hierfür am häufigsten verwendete Methode ist der Lorette-Schnitt (siehe S. 145).

Bei naturbeschränkten Formen von Apfel- und Birnbäumen erfolgt der Schnitt im Winter. Die Aufbauschnitte und die Formierung werden auf den Seiten 142 und 143 beschrieben. Der Fruchtholzschnitt beginnt, je nach Unterlage, zwischen dem zweiten und dem fünften Jahr (je schwächer die Unterlage, desto früher der Ertragsbeginn). Die Schnittmethode hängt vom Wuchsverhalten der Sorte ab.

Die meisten Apfel- und Birnbäume fruchten an Kurztrieben, also an gestauchten Trieben, die sich auf älterem Holz entwickeln. Einige Kurztriebe bilden sich ohne Eingriff, aber man kann Kurztriebbildung auch durch den Fruchtholzschnitt fördern. Diese vorwiegend an Kurztrieben fruchtenden Sorten tragen besonders an zweijährigem Holz hochwertige Früchte, und durch Verjüngungsschnitte stellt man sicher, daß abgetragenes Holz durch junge Triebe ersetzt wird. Beide Schnitte werden oft an ein- und demselben Baum durchgeführt, wobei Seitentriebe, die nicht genügend Platz zur Verfügung haben, um sich zu entwikkeln, gekürzt werden. Diejenigen Triebe, die an der Peripherie wachsen, werden einem Verjüngungsschnitt unterzogen.

Eine relativ kleine Zahl von Apfel- und Birnensorten fruchtet auch an Langtrieben. Sie tragen die Blütenknospen sowohl an Lang- als auch an Kurztrieben.

Kurzer Fruchtholzschnitt

Bis das Astgerüst einer vorwiegend an Kurztrieben fruchtenden Sorte aufgebaut ist, sollten die Leittriebe ungeschnitten bleiben. Erst wenn der Baum schwach wächst und sein Wachstum stimuliert werden soll, darf eingekürzt werden. Zur Anregung der Bildung von Kurztrieben wird ein junger Seitentrieb im Winter auf vier bis fünf Augen zurückgeschnitten. Hierdurch bilden sich in der darauffolgenden Vegetationsperiode aus den oberen Augen neue Langtriebe, während die basalen Augen Kurztriebe entwickeln, die mit einer Blütenknospe abschließen. Diese ist im allgemeinen runder und größer als die Blattknospen. Im zweiten Winter werden die Triebe des vorhergehenden Sommers auf die oberste Blütenknospe eingekürzt. Wenn genügend Raum für ein umfangreicheres Fruchtholzsystem vorhanden ist, werden die Langtriebe, die sich im vorherigen Sommer entwickelt haben, auf drei bis vier

Unten: Eine zweietagige Verrier-Palmette. Bei schrägen und senkrechten mehrfachen Schnurbäumen geht man genauso vor. Äpfel und Birnen werden in der Regel zu schrägen Schnurbäumen erzogen, wodurch es möglich wird, auch auf begrenztem Raum Obst anzubauen.

Blattknospen zurückgeschnitten. Fruchtholzsysteme, egal, ob diese von Natur aus vorhanden oder ein Ergebnis des Schnitts sind, verjüngen sich von selbst, denn im Sommer bilden sich hinter den Früchten neue Triebe, an denen sich erst im darauffolgenden Jahr wieder Blüten bilden.

Verjüngungsschnitt

Im ersten Winter werden diejenigen Seitentriebe ausgewählt, die genügend Platz zum Wachstum haben. Im allgemeinen befinden sich diese außen am Baum und werden nicht eingekürzt. In der folgenden Vegetationsperiode entwickeln sich neue Triebe aus den Endknospen eines jeden einjährigen Triebes, auf dem dahinterliegenden Trieb hingegen bilden sich eine Reihe von Kurztrieben mit endständigen Blütenknospen. Jeder Seitentrieb wird auf den obersten Kurztrieb zurückgeschnitten, das heißt, daß die Triebverlängerung entfernt wird. In der darauffolgenden Vegetationsperiode sollte das stehengebliebene Holz Früchte tragen. Im dritten Winter bleibt etwa die Hälfte des abgetragenen Holzes, wenn genügend Platz vorhanden ist, als verlängertes Kurztriebsystem

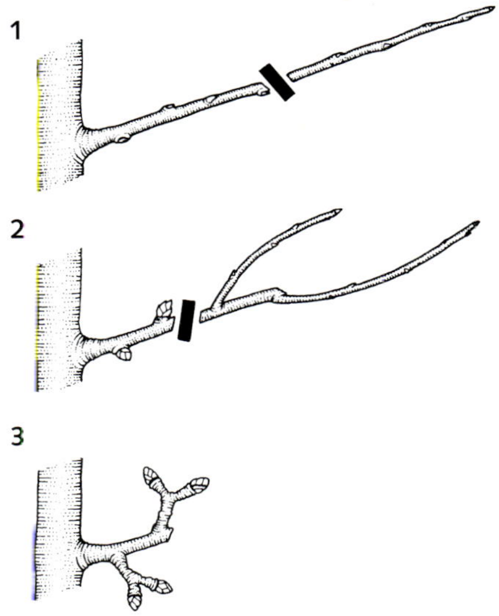

KURZER FRUCHTHOLZSCHNITT
1 Beim Jungbaum einen Seitentrieb im ersten Winter auf vier Knospen zurücknehmen.

2 Im zweiten Winter den Seitentrieb auf die oberste Blütenknospe kürzen. In der darauffolgenden Wachstumsperiode trägt er dann Früchte.

3 Das Astgerüst entwickelt sich in den darauffolgenden Jahren.

Links: Dieser geschnittene Ast einer nur an Kurztrieben fruchtenden Apfelsorte hat auf zweijährigem Holz Blütenknospen entwickelt. Die Langtriebe wurden im Winter gekürzt. Dort, wo entlang der Äste Platz für Kurztriebsysteme ist, werden die Triebe der vorigen Vegetationsperiode besser auf drei bis vier Holzknospen anstatt auf die oberste Blütenknospe eingekürzt.

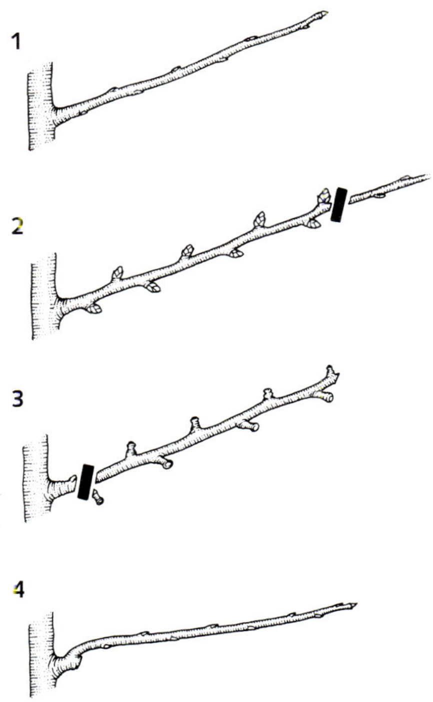

LANGER FRUCHTHOLZSCHNITT
1 Im ersten Winter wird ein kräftiger, gutplazierter Seitentrieb ausgewählt, aber er wird noch nicht geschnitten.

2 Im zweiten Winter wird der Seitentrieb bis oberhalb der obersten Blütenknospe zurückgenommen. Langtriebe der vorigen Wachstumsperiode entfernen.

3 Im dritten Winter die abgetragenen Seitentriebe bis auf einen 2,5 cm langen Stummel wegschneiden.

4 Im ersten Winter die neuen kräftigen Seitentriebe, die aus den Stummeln wachsen, nicht schneiden.

stehen, die restlichen Zweige sind jedoch auf ca. 3 cm einzukürzen. In der darauffolgenden Wachstumsperiode ist der Zyklus dann abgeschlossen, wenn aus den Stummeln neue Langtriebe sprießen.

Fruchtholzerneuerung
Wenn erwachsene Bäume zu dichtes oder zu langes Fruchtholz entwickelt haben, nehmen die Fruchtgröße und die Fruchtqualität ab. In diesem Fall lichtet man das Fruchtholz aus und kürzt es. Dies erfolgt gleichermaßen bei naturgemäßen und naturbeschränkten Formen im Winter. Wenn das Fruchtholz entfernt wird, so sollte man die schwächsten Sproßsysteme sowie Triebe an der Astunterseite, die im Schatten liegen würden, entfernen.

Schnitt besonders blühwilliger Sorten
Fruchtbare Sorten wie 'Golden Delicious', 'Jonagold', 'James Grieve' und 'Elstar' bei den Äpfeln sowie 'Williams Christ' bei den Birnen blühen unter günstigen Wuchsverhältnissen auch an einjährigen Langtrieben. Bei einer naturbeschränkten Baumerziehung werden diese Sorten jedoch genauso wie alle anderen behandelt.

Wenn eine naturgemäße Krone vorliegt, die im Winter geschnitten wird, sollten Triebe mit bis zu 25 cm Länge nicht eingekürzt werden. Sofern an diesen Trieben Blüten differenziert wurden, entwickeln sich hier in der folgenden Vegetationsperiode hochwertige Früchte.

Oben, ganz oben: Wenn die Triebe zu dicht werden, sind Äpfel und Birnen nicht mehr in der Lage, Früchte von zufriedenstellender Qualität zu produzieren. Um dem vorzubeugen, sollten Sie sie im Winter auslichten. Schneiden Sie zu dicht stehende Triebe und solche an der Unterseite von Ästen heraus, da sich hier entwickelnde Früchte, unter Umständen, nicht genügend Licht erhalten.

Rechts: Birnenspaliere werden im Sommer geschnitten, um starkes Wachstum zu bremsen und die Bildung von Blütenknospen in der Nähe der Hauptachse zu fördern.

Ganz rechts: An Langtrieben fruchtende Apfel- und Birnenbäume tragen auch an der Triebspitze Blütenknospen.

Längere Triebe können bis auf vier Augen gekürzt werden. Falls durch diesen Schnitt die Krone zu dicht werden sollte, so sorgen Sie dafür, daß im Rahmen des Winterschnitts ein Auslichtungsschnitt erfolgt.

Büsche und Hochstämme

Links: Naturgemäße Formen von Apfel- und Birnen werden hauptsächlich im Winter geschnitten.

Die Erziehung von Kernobst zu Büschen, Halbstämmen und Hochstämmen verläuft im großen und ganzen immer gleich. Alle sind naturgemäße Formen, die eine Rundkrone auf einem astfreien Stamm tragen. Lediglich in der Stammhöhe unterscheiden sie sich voneinander. Bei Büschen befinden sich die ersten Äste der Krone in 40–60 cm Höhe. Für die Kronenform werden Unterlagen von der sehr schwach wachsenden M 27 bis hin zur mittelstark wachsenden MM 106 verwendet.

Bei Halbstämmen und Hochstämmen mit etwa 1,20–1,80 m Stammhöhe reicht das Angebot bei Äpfeln von mittelstark wachsenden Unterlagen, wie der MM 106, bis hin zu starkwüchsigen Unterlagen (MM 111 und A 2). Die geläufigste Unterlage für Birnenbüsche und Birnenhalbstämme ist die schwach wachsende Quitte MA, auch wenn veredelte starkwachsende Sorten auf Quitte MC und fruchtbaren Böden gut wachsen. Für Hochstämme werden Sämlinge der 'Kirchensaller Mostbirne' verwendet.

Halbstämme und Hochstämme bringen schließlich reiche Ernte, aber ihre Größe hat für den Hobbygärtner Probleme zur Folge: Sie passen nur in große Gärten, es dauert lange, bis der Ertrag einsetzt, und zur Ernte benötigt man eine Leiter.

Das Alter, in dem ein Buschbaum zu fruchten beginnt, hängt von den Wachstumsbedingungen, der Edelsorte und der Unterlage ab. Bäume, die als Jungpflanze gekauft werden, setzen in der Regel zwei oder drei Jahre später Blütenknospen an. Nach weiteren ein, zwei Jahren wird das Vollertragsalter erreicht. Wenn man zwei- bis dreijährige Bäume aus Baumschulen einsetzt, kann man schon nach zwei, drei Jahren beachtliche Erträge erzielen. Manchmal werden sogar noch ältere Pflanzen angeboten, was aber nicht so günstig ist, da sie viel Zeit benötigen, um sich von der Verpflanzung zu erholen.

Buschbäume, Halbstämme und Hochstämme müssen die ersten vier, fünf Jahre gestützt werden,

BUSCHKRONEN-ERZIEHUNG

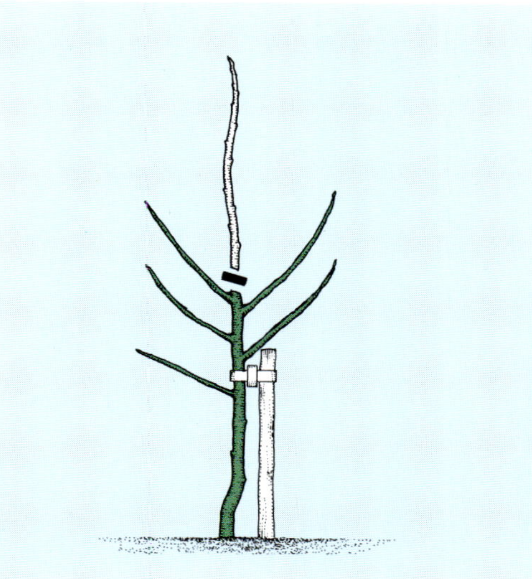

1

1 Zwischen Spätherbst und Frühjahrsbeginn des ersten Jahrs werden garnierte Jungbäume auf den obersten von drei oder vier Seitenästen zurückgeschnitten: etwa 80 cm über der Erde, bei unverzweigten Jungbäumen über der obersten von vier bis fünf Knospen.

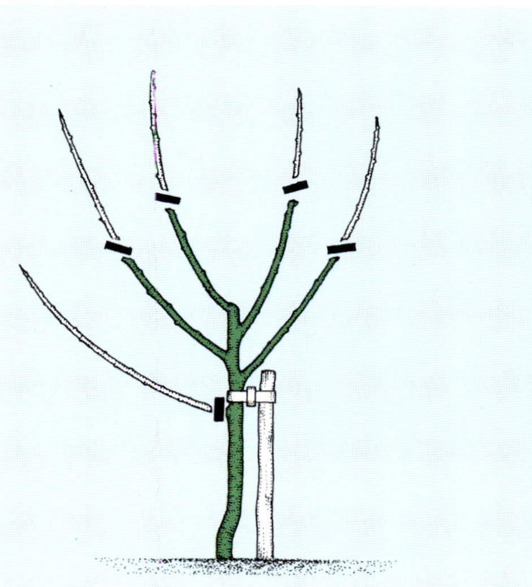

2

2 Im zweiten Winter werden drei bis vier Triebe mit flachem Abgangswinkel zu Primärästen erzogen. Kräftige Äste werden um die Hälfte gekürzt, schwächere um etwa zwei Drittel jeweils auf nach außen weisende Knospen. Unerwünschte Äste entfernen.

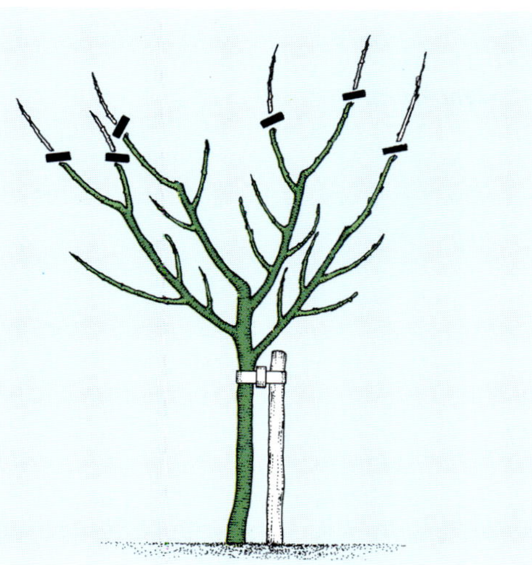

3

3 Im dritten Winter sollten sechs bis acht Äste das Grundgerüst des Baums bilden. Diese auf nach außen zeigende Knospen einkürzen, kräftige etwa auf die Hälfte, schwache auf ein Drittel. Nach weiteren ein bis zwei Jahren kann ein zusätzlicher Erziehungsschnitt notwendig werden.

schwachwüchsige Büsche hingegen ständig. In jedem Fall sollte der Pfahl immer direkt unter dem Ansatz der Baumkrone enden.

Erziehungsschnitt

Grundschnitte an diesen naturnahen Formen werden während der Vegetationsruhe zwischen Spätherbst und Frühjahrsbeginn durchgeführt.

Im ersten Stadium der Kronenerziehung wird die Jungpflanze zurückgeschnitten, um so die Entwicklung kräftiger Triebe zu fördern. Bei Baumbüschen erfolgt der Schnitt bei einer etwa 80 cm über der Erde liegenden Knospe, bei schwachwüchsigen Büschen bei einer Knospe in etwa 60 cm Höhe. Unverzweigte Jungbäume werden auf eine Knospe zurückgeschnitten, unter der noch drei oder vier weitere gesunde Knospen liegen. Bei garnierten Exemplaren schneidet man

direkt oberhalb des obersten von drei bis vier gutplazierten Trieben.

Wenn man eine unverzweigte Jungpflanze gewählt hat, werden im zweiten Winter drei oder vier kräftige Triebe als Basisäste gezogen. Man wählt hierzu Zweige mit flachem Astabgangswinkel. Äste mit steilem Abgangswinkel sind schwächer inseriert und brechen leichter ab, wenn sie Früchte tragen. Der oberste Leittrieb ist oft fast aufrecht und daher ungeeignet, so daß er in der Regel zurückgeschnitten werden muß. Man sollte stets beachten, daß die Krone eine ausgewogene Form erhalten sollte. Überflüssige Zweige vollständig entfernen und solche, die stehenbleiben sollen, kürzen. Kräftige Zweige um die Hälfte zurücknehmen, schwächere um etwa zwei Drittel bis auf eine nach außen weisende Knospe.

Bei Sorten mit sehr aufrechtem Wuchs, wie beispielsweise 'Elstar', werden die Triebe nach unten gebunden, solange sie noch jung und biegsam sind. Auf diese Art bilden sie später flache Astwinkel.

Der scharfe Schnitt von Primärästen führt zur Entwicklung kräftiger Sekundärtriebe. Im dritten Winter werden etwa vier davon ausgewählt und in das ständige Astgerüst des Baums integriert. Die Triebe des Vorjahrs, die sich auf dem Gerüst gebildet haben, werden um etwa die Hälfte gekürzt, schwache Triebe um zwei Drittel auf nach außen zeigende Knospen, so daß die Kronenmitte luftig bleibt. Alle anderen Seitentriebe sollten Sie bis auf vier bis fünf kräftige Knospen zurücknehmen.

Ein leichter Erziehungsschnitt muß mindestens ein weiteres Jahr durchgeführt werden, bei schwach wachsenden Sorten noch einige weitere Jahre. Seitentriebe an der Peripherie des Baums werden nicht geschnitten.

Um die notwendige Wuchshöhe zu erreichen, darf ein Jungbaum, der zum Halbstamm oder Hochstamm erzogen werden soll, die ersten ein bis zwei Jahre nicht angeschnitten werden. In dieser Zeit die Seitentriebe belassen, da sie dem Stamm helfen, an Umfang zu gewinnen. Im Sommer jedoch alle starkwüchsigen Seitentriebe auf sechs Blätter einkürzen.

In der zweiten Vegetationsruhe nach dem Setzen wird der Leittrieb wie bei der Buschkrone beschrieben geschnitten. Bei Halbstämmen wird hierbei eine Knospe in etwa 1,40 m Höhe, bei Hochstämmen eine in etwa 2 m Höhe befindliche Knospe gewählt. Ein, zwei Jahre kann man die Seitenäste unterhalb des Kronenbereichs stehenlassen, während der Stamm an Dicke gewinnt, im Sommer werden jedoch starkwüchsige Triebe gestutzt. Alle Seitentriebe, die unterhalb der Krone wachsen und noch nicht entfernt worden sind, werden beseitigt, sobald der Baum Blüten trägt. Für den restlichen Schnitt verfährt man wie bei Büschen.

Schnitt an tragenden Bäumen

Ein gesunder, junger Baum, der gut trägt, muß nur in der Ruhezeit leicht geschnitten werden. Die meisten Sorten fruchten nur an Kurztrieben. Beim Schnitt wird altes Fruchtholz entfernt und gekürzt, und es findet eine Verjüngung und ein Fruchtholzumtrieb statt. Wenn der Baum älter wird, muß das Fruchtholz ausgelichtet werden. Sorten, die auch an Langtrieben fruchten, werden hingegen anders behandelt (siehe S. 138 über den Schnitt von den nur an Kurztrieben fruchtenden Sorten, Fruchtholzauslichtung, Verjüngungsschnitt und Schnitt von nur an Langtrieben fruchtenden Sorten).

Übertrieben starke Schnitteingriffe im Winter fördern das Wachstum von Trieben auf Kosten der Blütenbildung. Es ist jedoch wichtig, den Baum in der Mitte luftig zu halten und sich kreuzende und aneinanderreibende Äste sowie totes, krankes oder schadhaftes Holz zu entfernen. Bäume, die wie 'Idared' einen sehr ausladenden Habitus haben, müssen eventuell, wenn die Äste zu niedrig hängen, auf nach innen weisende Knospen oder auf aufrechtwachsende Ersatzseitentriebe eingekürzt werden.

Bei sehr starkwüchsigen Bäumen hilft der Sommerschnitt, das Wachstum zu bremsen und die Ausreifung von Trieben und Früchten zu verbessern.

Sie sollten diese Arbeiten auf sechs bis acht Wochen verteilen, wobei die jungen Seitentriebe, die über 30 cm lang sind, auf etwa fünf Blätter eingekürzt werden.

Familienbäume

Familienbäume sind eine gute Alternative in Gärten, in denen nur für einen Obstbaum Platz ist. Sie werden von Baumschulen meist als Büsche gezogen: zwei oder mehr Sorten, die füreinander als Befruchter in Frage kommen, werden auf ein und dieselbe Unterlage veredelt.

Schnitt und Erziehung gleichen im Prinzip der von normalen Büschen. Oft wirkt sich jedoch im Laufe der Zeit die unterschiedliche Wuchsstärke störend aus, und es wird problematisch, eine ausgewogene Kronenform zu halten. In vielen Fällen wäre es aber ebenso denkbar, an Stelle eines Familienbaums in einem kleinen Garten drei oder vier Schnurbäume zu erziehen.

Oben: Bei Birnen ist die Auswahl an relativ schwachwüchsigen Unterlagen begrenzt. Die hier abgebildete Sorte 'Packham's Triumph' steht gerade in voller Blüte.

Ganz links: Bei diesem Apfelbaum erfolgte der Schnitt in der Baumschule. Solche Bäume sollten beim Kauf nicht älter als drei Jahre sein.

Spindelbüsche

Oben: Apfelspindeln auf schwach und mittelstark wachsenden Unterlagen beginnen früh zu fruchten. Erziehung und Schnitt müssen jedoch fachgerecht erfolgen, damit der Ertrag weiterhin gut bleibt.

Apfel- und Birnenspindeln sind kegelförmige Bäume, die auf schwach oder mittelstark wachsenden Unterlagen veredelt sind. Sie haben einen Mitteltrieb, der in gleichmäßigen Abständen Fruchtäste trägt. Die unteren Fruchtäste, die das Gerüst bilden und fast horizontal erzogen werden, tragen das Fruchtholz, an dem der auf S. 139 beschriebene Erneuerungsschnitt vorgenommen wird. Die oberen Fruchtzweige werden kürzer gehalten und ersetzt, sobald sie nicht mehr tragen oder zu sehr dominieren. Der Baum muß immer gestützt werden. Spindelbüsche tragen bereits früh, sind allerdings sehr arbeitsaufwendig.

Erziehungsschnitt

Am besten eignet sich ein garnierter Jungbaum mit drei bis vier Seitentrieben, wobei der unterste, aus dem sich die erste Aststufe bildet, mindestens 60 cm über der Erde liegen muß. Bei unverzweigten Jungbäumen wird auf eine etwa 90 cm hoch liegende Knospe zurückgeschnitten. Alle Schnitte an den Seitentrieben erfolgen auf nach unten weisende Knospen.

Die Stammverlängerung sollten Sie jährlich zurückschneiden, so lange, bis sie eine Höhe von ca. 2 m erreicht hat. Dabei wird immer auf eine Knospe eingekürzt, die der des Vorjahres gegenüber liegt. Hierdurch bewirken Sie, daß der Mitteltrieb gerade bleibt. Wenn die Maximalhöhe erreicht ist, den Langtrieb jedes Jahr auf einen Seitentrieb ableiten und diesen dann als neuen Leittrieb anbinden.

Im Spätsommer des zweiten und dritten Jahres können mehr Seitentriebe als Bestandteile des Astgerüsts heruntergebunden werden. Hierfür verwendet man vorzugsweise dicken, weichen Bast, den man an Drahtbögen oder am Pfahl befestigt.

Schnitt am fruchtenden Baum

Wenn der Baum zu fruchten beginnt, wird der Schwerpunkt auf den Verjüngungsschnitt gelegt. Einige der oberen drei- bis vierjährigen Äste werden jedes Jahr entfernt. Ein etwa 2,5 cm langer Stummel, aus dem sich ein neuer Seitentrieb bilden kann, bleibt jedoch stehen. Nichtfruchtende Seitentriebe werden ebenso geschnitten.

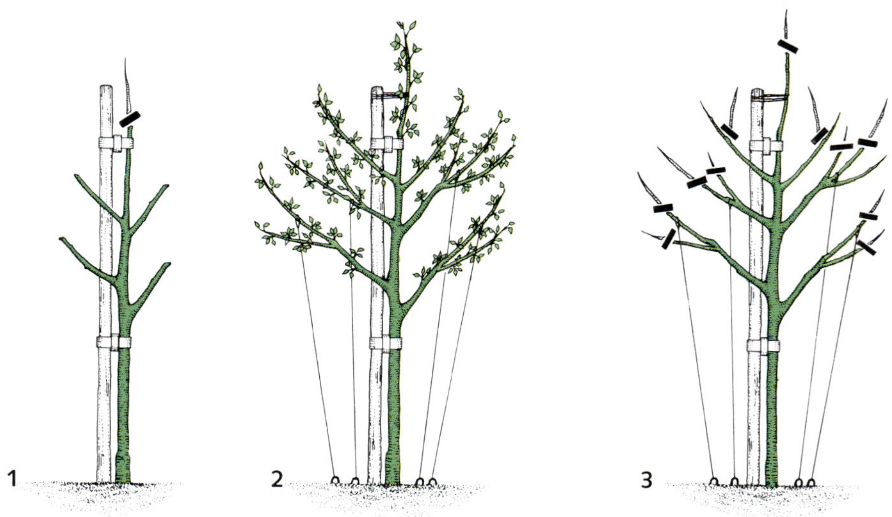

SPINDELBUSCH-ERZIEHUNG
1 Während der Vegetationsruhe vier bis fünf Seitentriebe eines neu gepflanzten garnierten Jungbaums auswählen, die die erste Aststufe bilden sollen. Der unterste muß mindestens 60 cm vom Boden entfernt sein. Ausgewählte Seitentriebe um etwa die Hälfte auf nach unten weisende Augen kürzen und alle anderen entfernen. Die Stammverlängerung drei Augen über dem obersten Seitentrieb abschneiden.

2 Bis zum Spätsommer des ersten Standjahrs den neuen Mitteltrieb am Pflanzenstab anbinden. Drei bis vier stammbürtige Äste mit flachem Abgangswinkel zum Stamm in einem Winkel von 20 – 30 Grad horizontal binden. In den folgenden Jahren können weitere Seitentriebe nach unten gebunden werden. Seitenäste mit steilem Abgangswinkel herausschneiden.

3 Im zweiten Winter die Stammverlängerung um etwa die Hälfte kürzen. Den Bindebast von stabilen Ästen entfernen bzw. dort lockern, wo er einschnürt. Senkrechtwachsende Seitenäste und solche, die mit dem Mitteltrieb konkurrieren, auf ein nach unten weisendes Auge zurückschneiden.

Schnurbäume

Unten: Der Schnurbaum ist für Äpfel und Birnen in kleinen Gärten eine geeignete Erziehungsform. Senkrechte und mehrarmige Schnurbäume fruchten an Kurztriebsystemen. Durch den Sommerschnitt wird das Wachstum eingeschränkt.

Ganz unten: Schräg erzogene Apfel- und Birnenschnurbäume sind im Wachstum problemlos steuerbar. Leitern erübrigen sich hier.

Der Kordon, auch Schnurbaum genannt, ist eine naturentfernte Baumform, die im Prinzip aus einer Stammverlängerung mit Fruchtholz besteht. Äpfel werden üblicherweise auf schwach und mittelstark wachsenden Unterlagen veredelt (starkwachsende sind nur bei unfruchtbaren Böden sinnvoll). Birnen veredelt man auf Quitte MA- oder Quitte MC- Unterlagen.

Es gibt verschiedene Schnurbaumvarianten. Sie können senkrecht oder schräg wachsen, aber auch als Einzelstamm oder mit zwei oder mehreren parallel verlaufenden Hauptachsen. Einzelne schräge Schnurbäume sind am häufigsten anzutreffen. Sie haben den Vorteil,

- daß man auf kleinem Raum mehrere Bäume pflanzen kann,
- daß die Bäume in ihrer ganzen Höhe gut erreichbar sind
- und daß man sie fast horizontal wachsen lassen kann, was das Wachstum bremst und gleichzeitig die Bildung von Blütenknospen fördert.

Schnurbäume müssen permanent gestützt werden. Auf freier Fläche verwendet man hierfür ein System mit Pfosten und in 60, 120 und 180 cm Höhe gespannten Drähten. Auch an Wänden oder Zäunen verlaufen die Drähte in diesen Abständen. Die Drähte sollten dabei 10 – 15 cm von der Wand entfernt bleiben, so daß die Luft zirkulieren kann.

Erziehungsschnitt

Ziehen Sie einen garnierten Jungbaum vor, bei dem die zurückgeschnittenen Seitentriebe kurztriebiges Fruchtholz bilden. Man kann davon ausgehen, daß der Baum erst im dritten Jahr fruchtet.

Beim Pflanzen zwischen Spätherbst und Frühjahrsanfang wird der Schnurbaum in einen 45-Grad-Winkel gebracht, wobei die Veredelungsstelle oberhalb der Erde bleibt.

Befestigen Sie den Mitteltrieb an zwei Stellen am Stab und kürzen Sie alle Seitentriebe auf vier Knospen ein. In der Wachstumsperiode sollte der Neuwuchs des Leittriebs angebunden werden. Der Sommerschnitt ist identisch mit dem der fruchtenden Schnurbäume.

Sollte der Baum im ersten Frühjahr nach dem Pflanzen Blüten entfalten, so entfernen Sie diese. Achten Sie aber darauf, daß der Sproß einschließlich der Blattrosette hinter den Blüten nicht verletzt wird.

Sommerschnitt: Der Lorette-Schnitt

Diese Schnittechnik wird am häufigsten bei fruchtenden Schnurbäumen angewandt und beginnt im zweiten Standjahr. Mitte August schneidet

Oben: Senkrechte Schnurbäume, so auch diese alten Birnbäume, benötigen eine hohe Wand, denn ihre Wuchskraft ist nicht so leicht zu bändigen.

SCHNITT UND ERZIEHUNG

1 Beim Pflanzen zwischen Spätherbst und Frühjahrsbeginn den garnierten Jungbaum im 45-Grad-Winkel setzen. Die Veredelungsstelle muß sich über der Erde befinden, die Edelsorte möglichst weit oben. Den Schnurbaum an zwei Punkten des Stabs befestigen und Seitentriebe auf vier Augen einkürzen.

2 Blüten im zweiten Standjahr entfernen, die basale Blattrosette jedoch intakt lassen.

3 Mit dem Lorette-Schnitt zwischen Hoch- und Spätsommer im zweiten Standjahr beginnen. Oberhalb der basalen Blattrosette alle verholzten stammbürtigen Seitentriebe, die über 25 cm lang sind, auf drei gutentwickelte Blätter kürzen. Alle Seitentriebe zweiter Ordnung, die sich aus dem Kurztriebsystem entwickelt haben, auf ein Blatt oberhalb der basalen Blattrosette reduzieren.

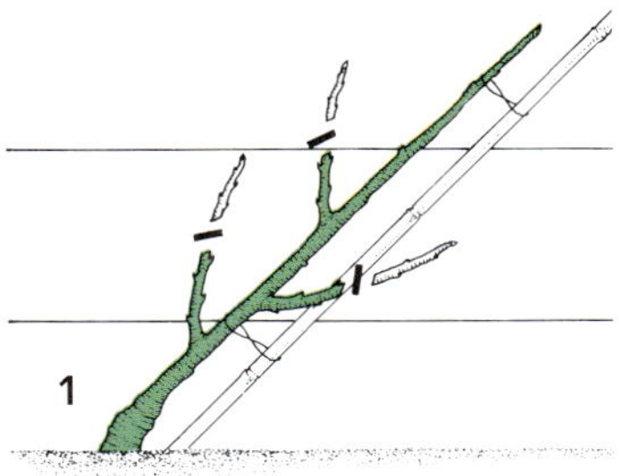
1

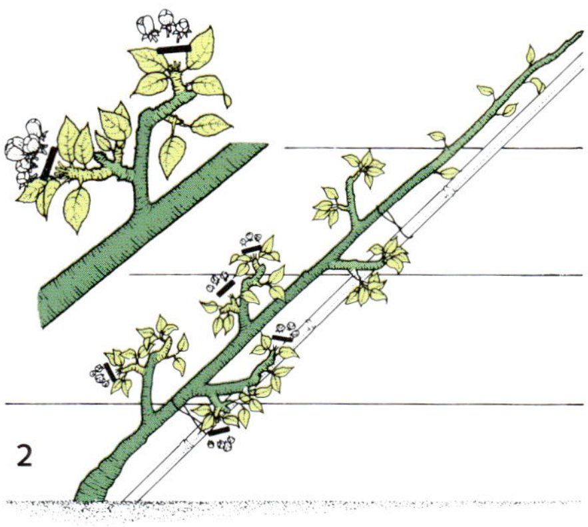
2

3

Rechts: In der Regel werden Äpfel und Birnen bei einer Spaliererziehung als schräge Schnurbäume erzogen. Früher waren auch senkrechte und schräge mehrarmige Schnurbäume häufig zu finden.

man – bei Äpfeln meist etwa eine Woche später als bei Birnen – abgeschlossene Seitentriebe der Hauptachse auf das dritte vollentwickelte Laubblatt zurück.

Die basale Blattrosette wird hierbei nicht mitgezählt. Wachsende Seitentriebe, deren Blätter und Rinde heller sind, werden später geschnitten. Manchmal treiben die Bäume nach dem Schnitt erneut aus. Diese Triebe sind noch im belaubten Zustand des Baums zu entfernen, wobei auf eine Knospe oder ein Blatt an reifem Holz gekürzt wird. Wenn es sich um ein ständig wiederkehrendes Problem handelt, den Sommerschnitt um zwei, drei Wochen verzögern oder einen Winterschnitt vornehmen.

Sollte der Mitteltrieb über den höchsten Draht hinausgewachsen sein, wird er im Spätfrühling auf 15 cm unterhalb dieses Drahts zurückgenommen. Durch das jährliche Kürzen der neuen Triebe, im August auf 2,5 cm, behält der Schnurbaum während seiner gesamten Lebenszeit die gleiche Höhe.

Eine längere Hauptachse kann durch Absenken des Schnurbaums eingepaßt werden. Allerdings wird diese Technik eher bei zu starkwüchsigen Bäumen verwendet: das Langtriebwachstum wird so eingeschränkt, die Anlage von Blüten gefördert. Das Absenken sollte etappenweise erfolgen, wobei pro Schritt um ca. 5 Grad gesenkt wird. Der so maximal erreichte Winkel beträgt nicht weniger als 35 Grad.

4 Im Herbst den Neuwuchs, der sich nach dem Sommerschnitt entwickelt hat, direkt vor dem Laubfall entfernen. Auf ein Blatt oder Auge bis zum ausgereiften Holz zurücknehmen.

5 Wenn der Leittrieb die gewünschte Höhe erreicht hat und über den obersten Draht hinausgewachsen ist, wird er dann im Spätfrühling bis etwa 15 cm oberhalb des Drahts zurückgeschnitten.

6 Im Hochsommer der darauffolgenden Jahre die Verlängerung der Leittriebe auf 2,5 cm reduzieren. Den Sommerschnitt weiterführen, wobei verholzte, stammbürtige Seitentriebe, die länger als 25 cm sind, auf drei Blätter und Seitentriebe zweiter Ordnung auf ein Blatt oberhalb der basalen Blattrosette gekürzt werden.

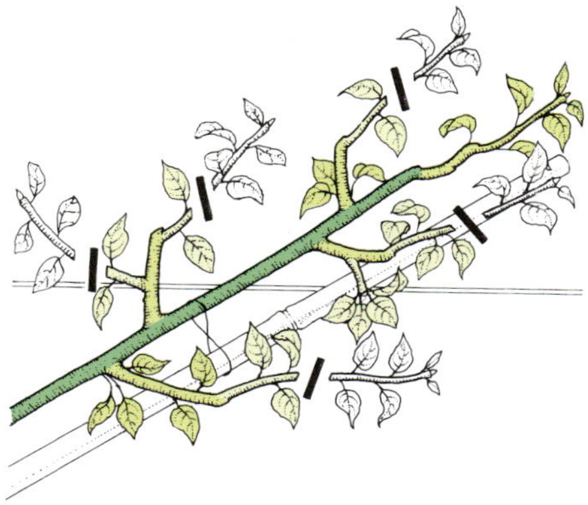

4

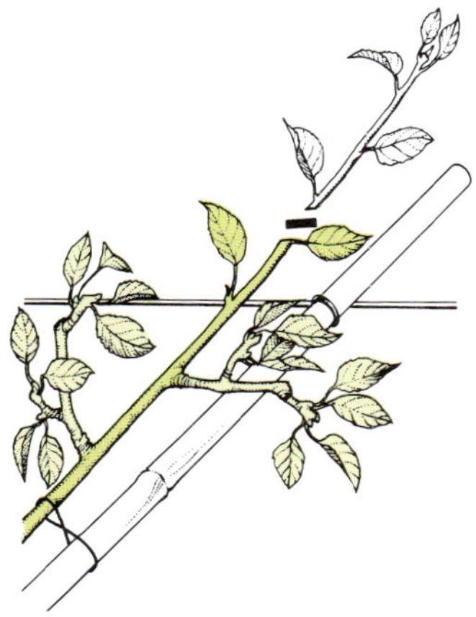

5

6

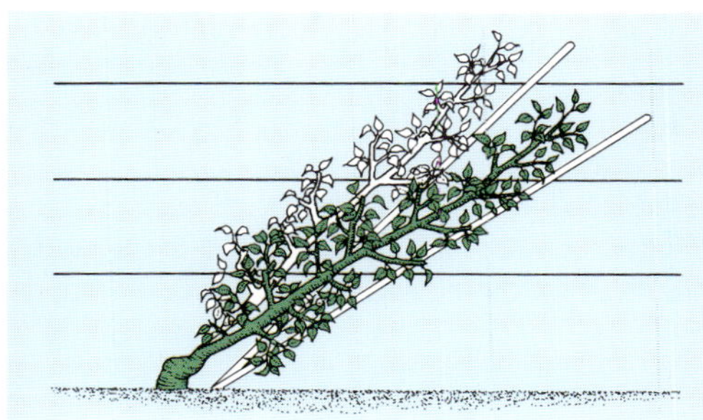

DEN SCHNURBAUM ABSENKEN
Zu kräftig wachsende Schnurbäume oder zu hohe Exemplare können durch stärkere Schrägstellung um mindestens 35 Grad im Wachstum gebremst werden. Schrittweise um je 5 Grad senken und an einem bereits an Ort und Stelle fixierten Stab befestigen.

Winterschnitt am fruchtenden Schnurbaum

Der Winterschnitt dient dazu, zu dichtes Fruchtholz an ausgewachsenen Bäumen auszulichten (siehe S. 140). In milden Klimazonen mit hohen Niederschlägen können Neuaustriebe nach dem Sommerschnitt so zahlreich sein, daß man besser erst im Winter zur Schere greift. In diesem Fall werden Seitentriebe auf drei Knospen eingekürzt, Seitentriebe zweiter Ordnung auf eine.

Manchmal wachsen an jungen Schnurbäumen zu schwache oder zu dicht stehende Seitentriebe. Das Einkürzen der Neutriebe der Stammverlängerung bis zu einem Drittel fördert die Entwicklung neuer Triebe. Warten Sie hiermit bis Mitte Juni.

Vernachlässigte Schnurbäume werden am besten im Winter verjüngt und Seitentriebe dann bis auf kurzes Fruchtholz zurückgeschnitten. Nach dem ersten Verjüngungsschnitt wird wieder der übliche Sommerschnitt vorgenommen.

Spalierformen

Unten: Durch den Lorette-Schnitt bei Äpfeln und Birnen wird die Bildung von Fruchtholz gefördert.

Spalierbäume sind naturentfernte Formen mit einem Mitteltrieb, der in mehreren Stufen übereinander Horizontaläste trägt, die alle in ein und derselben Ebene verlaufen. In der Regel haben sie vier bis fünf Stufen, es sind aber auch mehr denkbar. Manchmal verwendet man auch einarmige Spaliere für Beeteinfassungen. Außer auf sehr unfruchtbaren Böden finden für Äpfel schwach wachsende oder mittelstark wachsende Unterlagen Verwendung. Birnen werden entweder auf Quitte MA oder Quitte MC gezogen.

Spaliere müssen gestützt werden, egal ob sie an Wänden hinauf oder auf freier Fläche an einem System aus Pfosten und Drähten erzogen werden. Die Höhe der Drähte sollte den Spalierstufen entsprechen, die üblicherweise einen Abstand von 40 – 50 cm voneinander haben.

Erziehung und Erziehungsschnitt

Zwischen Spätherbst und Spätwinter einen neu gesetzten unverzweigten Jungbaum auf die oberste von drei gesunden Knospen in etwa 40 cm Höhe zurückschneiden. Der Neuwuchs aus der obersten Knospe bildet die Stammverlängerung, die aus den beiden darunterliegenden Knospen wachsenden Triebe hingegen die untersten Seitenäste.

Im Sommer sollten Sie die Stammverlängerung senkrecht an einem Stab anbinden. Da eine horizontale Erziehung das Wachstum zu sehr bremsen würde, werden die Seitenäste im 45-Grad-Winkel geführt. Wenn das Wachstum unausgewogen ist, den starkwachsenden Ast leicht in Richtung Horizontale senken und einen schwächerwachsenden Ast im Winkel leicht heben. Auf diese Art wird bei dem einen das Wachstum gefördert und bei dem anderen das Wachstum gebremst. Im Spätherbst beide Äste vorsichtig in die Waagerechte bringen und an den Drähten festbinden. Sollten sie zu schwach gewachsen sein, die Leittriebe um etwa ein Drittel auf aufwärtsgerichtete Knospen zurückschneiden. Andernfalls ist kein Schnitt notwendig.

Für die nächste Stufe die Stammverlängerung etwa 50 cm oberhalb der Basisäste kürzen. Auch hier müssen unterhalb des Schnitts drei Knospen stehenbleiben, eine als neue Stammverlängerung und zwei entgegengesetzt gerichtete zur Bildung der nächsten Etage. Überschüssige Seitentriebe bis auf drei Knospen kürzen. Im darauffolgenden Sommer die Leittriebe wie bei der ersten Stufe beschrieben erziehen: Die Seitenarme erst im 45-Grad-Winkel wachsen lassen, im Spätherbst dann bis auf die Höhe des zweiten Drahts absenken. So fortfahren, bis die gewünschte Etagenzahl erreicht ist.

Schnitt des fruchtenden Spalierbaums

Die Seitenarme eines Spalierbaums entsprechen horizontalen Schnurbäumen mit Fruchtholzbesatz. Wie bei diesen beginnt auch hier der Sommerschnitt im zweiten Jahr. Empfehlenswert ist der Lorette-Schnitt, bei dem mit dem Triebwachstum abgeschlossene Seitenzweige, die länger als 25 cm sind, auf drei Blätter oberhalb der basalen Blattrosette, Seitentriebe zweiter Ordnung auf ein Blatt zurückgenommen werden. Die Stammverlängerung und zu lange Horizontaläste werden im späten Frühjahr zurückgeschnitten. Dabei wird fast der gesamte Zuwachs der vergangenen Vegetationsperiode entfernt. Bei ausgewachsenen Bäumen zu dichtes Fruchtholz im Winter auslichten.

SPALIERERZIEHUNG

1 Zwischen Spätherbst und Ende Winter einen unverzweigten, frisch gepflanzten Jungbaum auf die oberste von drei gutentwickelten Knospen, etwa 40 cm über dem Boden, zurückschneiden.

2 Im Sommer die Triebe an Stäben anbinden: den obersten vertikal und die Arme in einem Winkel von 45 Grad befestigen.

1

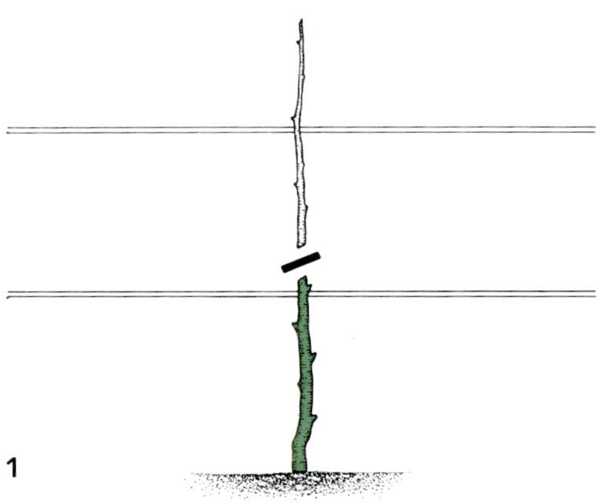

2

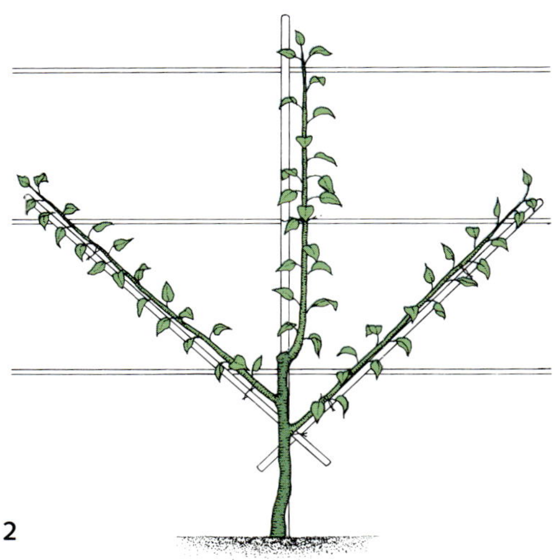

Links: Spalieräpfel, die auf stark wachsende Unterlagen veredelt sind, wachsen üppig in die Höhe und Breite.

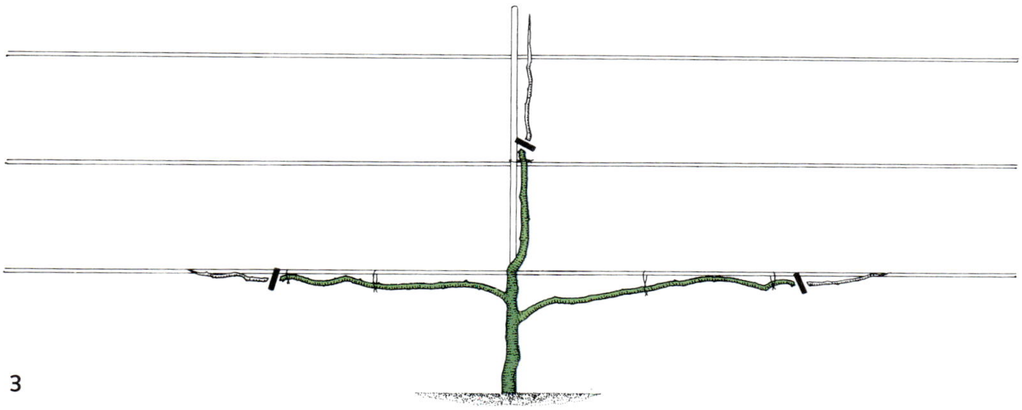

3

3 Im Spätherbst zwei Arme vorsichtig absenken und hinunterbinden. Bei schwachem Wachstum der Leittriebe diese um etwa ein Drittel kürzen. Den Mitteltrieb auf die oberste von drei gutentwickelten Knospen, ca. 50 cm über den untersten Zweigen, reduzieren. Andere Seitentriebe auf drei Augen zurückschneiden.

4

4 Im zweiten Sommer den Mitteltrieb vertikal und, wie bereits bei der ersten Etage, die beiden Arme in einem Winkel von 45 Grad erziehen. Seitenzweige, die aus den Horizontalarmen wachsen, auf drei Blätter oberhalb der basalen Blattrosette zurücknehmen.

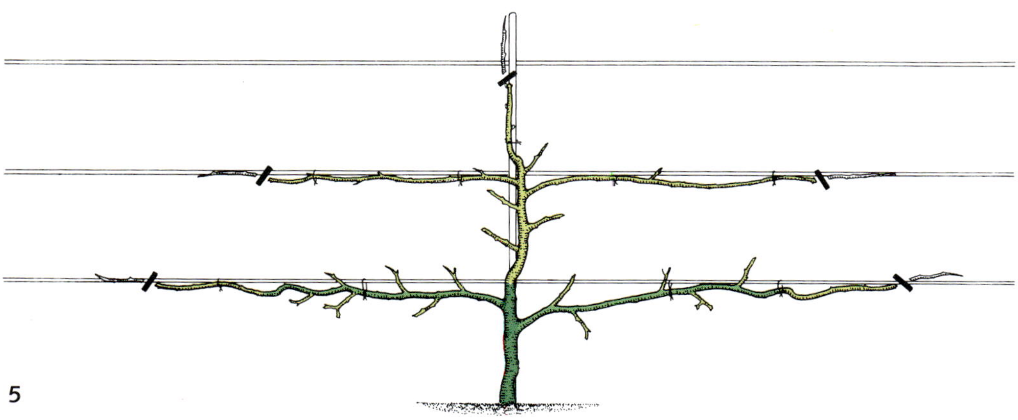

5

5 Im Spätherbst des zweiten Jahrs die zwei obersten Arme vorsichtig absenken und nach unten binden. Wenn die Triebe schwach sind, um ein Drittel kürzen. Den Mitteltrieb etwa 50 cm oberhalb der zweiten Etage auf die oberste von drei gut ausgebildeten Knospen kürzen.

Zwergpyramiden

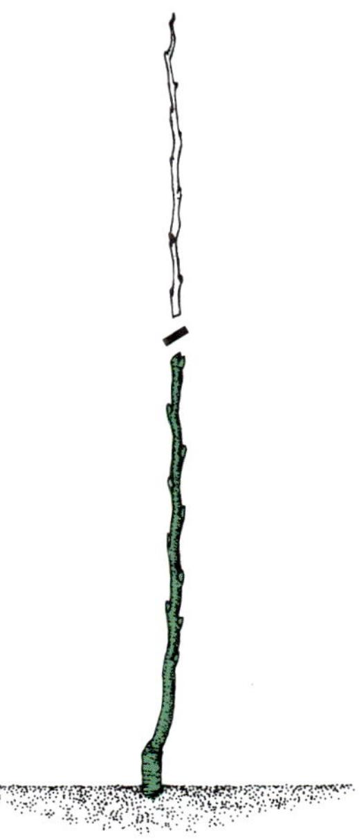

1

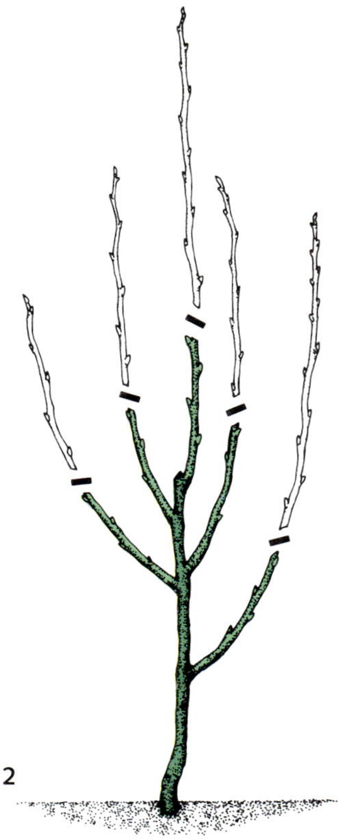

2

3

ZWERGPYRAMIDEN ERZIEHEN

1 Zwischen Spätherbst und Ende Winter einen unverzweigten Jungbaum auf ein etwa 50 cm über dem Boden befindliches Auge zurückschneiden.

2 Im zweiten Winter den vorjährigen Zuwachs der Mitte auf 20 – 25 cm kürzen. Dies jährlich wiederholen, bis der Baum eine Höhe von etwa 2,10 m erreicht hat. Danach den Leittrieb jährlich im Spätfrühling auf seine ursprüngliche Länge kürzen. Drei bis fünf Seitenzweige in genügendem Abstand stehenlassen und diese auf nach unten weisende, etwa 20 cm vom Stamm entfernte Augen zurücknehmen.

3 Zwischen Hoch- und Spätsommer des zweiten Jahrs beginnt der Lorette-Schnitt. Die Leittriebe werden nicht geschnitten und Seitentriebe auf drei Blätter, Seitentriebe zweiter Ordnung auf ein Blatt oberhalb der basalen Blattrosette gekürzt.

4 Ab dem dritten Jahr erfolgt weiterhin zwischen Hoch- und Spätsommer der Lorette-Schnitt, bei dem Seitentriebe auf drei Blätter und Seitentriebe zweiter Ordnung auf ein Blatt oberhalb der basalen Blattrosette gekürzt werden. Die Leitäste auf sechs Blätter oberhalb der basalen Blattrosette zurücknehmen.

4

Diese naturentfernte Form wurde ursprünglich von Erwerbsobstbauern entwickelt, dann aber von Hobbygärtnern mit Erfolg übernommen. Ziel ist hierbei ein Baum von ca. 2,10 m Höhe mit einer Hauptachse und konischer Kronenform. Damit sich im Aufbaustadium Seitenäste bilden, wird die Stammverlängerung jährlich angeschnitten. Durch Umsetzen, das heißt, indem man in einem Jahr auf eine Knospe auf der einen Seite des Stamms und im nächsten Jahr auf eine entgegengesetzt stehende Knospe schneidet, erreicht man, daß der Stamm verhältnismäßig gerade wächst.

Der Schnitt der Äste der Zwergpyramide erfolgt im Sommer, wobei jeder einzelne so behandelt wird, als sei er ein Schnurbaum.

Die besten Unterlagen für Äpfel sind die schwachwüchsige M 26 und, auf guten Böden, die noch schwächer wachsenden M 9 und M 27. Bei Birnen ist Quitte MC der Quitte MA vorzuziehen, die im allgemeinen, außer auf schlechten Böden, zu starkwüchsig ist. Wenn die richtige Unterlage verwendet und das Wachstum entsprechend gesteuert wird, können die Bäume recht dicht gepflanzt werden.

Alle als Zwergpyramiden erzogenen Bäume müssen in den ersten vier bis fünf Jahren gestützt werden. Auf M 27 und M 9 veredelte Äpfel werden sogar ihr ganzes Leben hindurch gestützt. Bei in Reihen gesetzten Bäumen kann man eventuell auch statt dessen entlang der Baumreihe zwei horizontale Drähte ziehen, einen 50 cm und einen zweiten 90 cm über dem Boden. Die Bäume können dann an ihnen befestigt werden.

Erziehungsschnitt

Unverzweigte Jungbäume sollten zwischen Spätherbst und Ende Winter gepflanzt und der Trieb bis auf eine Knospe zurückgeschnitten werden, die sich ca. 50 cm über der Erde befindet. Garnierte Jungbäume behandelt man genauso, allerdings werden Seitentriebe, die über 15 cm lang sind, auf nach unten weisende Knospen gekürzt.

Der oberste der sich im darauffolgenden Sommer entwickelnden vier oder fünf Triebe wird zum Mitteltrieb erzogen. Im zweiten Winter wird dieser zurückgeschnitten, wobei 20 – 25 cm des Neutriebs verbleiben. Dieser Schnitt sollte jährlich wiederholt werden, bis der Baum eine Höhe von ca. 2,10 m erreicht hat. Den Zuwachs der Leit- und Seitenäste auf 15 – 20 cm kürzen und dabei berücksichtigen, daß eine Pyramidenform erreicht werden soll, das heißt, daß die Basisäste länger sein sollten als die oberen.

Schnitt am erwachsenen Baum

Im Sommer erfolgt ein Lorette-Schnitt. Den Sommerschnitt nimmt man ab dem zweiten Jahr vor, bei Birnen Anfang August und bei Äpfeln etwa zwei Wochen später. Leittriebe werden dabei nicht gekürzt und Seitentriebe auf drei Blätter, Seitentriebe zweiter Ordnung auf ein Blatt oberhalb der Basalrosette zurückgenommen. Wachsende Sprosse mit hellgrünen Blättern und Rinde werden bis in den frühen Herbst hinein nicht geschnitten. Diese Methode wird auch in den darauffolgenden Sommern angewandt, und ab dem dritten Jahr sollten Sie Leitäste auf sechs Blätter oberhalb der basalen Blattrosette einkürzen.

Wenn der Mitteltrieb die gewünschte Höhe erreicht hat, werden die Triebe der vorherigen Wachstumsperiode im Spätfrühling stets zurückgeschnitten. Dies ist auch der beste Zeitpunkt, um Äste an der Baumspitze oder Leitäste, die zu lang sind, auf nach unten weisende Knospen zurückzunehmen. Der Winterschnitt beschränkt sich darauf, zu dichtes Fruchtholz auszulichten.

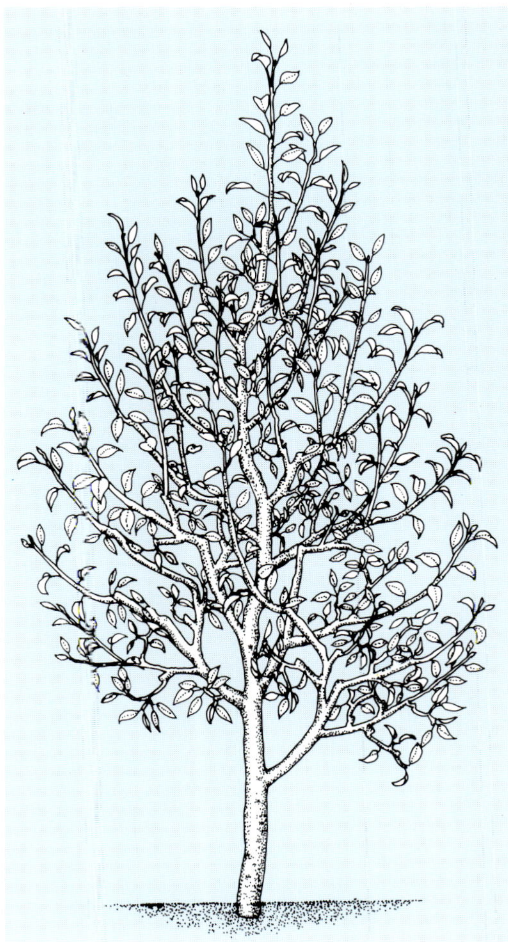

ERHALTUNGSSCHNITT
Im Spätfrühling den vorjährigen Zuwachs der Stammverlängerung zurückschneiden, so daß die Form erhalten bleibt. Gleichzeitig starkwachsende Äste auf nach unten weisende Augen kürzen. Im Winter das Kurztriebgerüst, sofern nötig, auslichten.

Fächer, Bögen und Laubengänge

In alten Gartenhandbüchern und Gärten kann man sehen, welche Formen Apfel- und Birnbäume früher hatten. Meist handelte es sich um naturentfernte Formen, die ausschließlich Zierzwecken dienten. Die einfachsten davon sind Fächer und Schnurbäume, die man als Bogen und als Laubengänge findet.

Fächer

Fächer sind zwar hauptsächlich bei Steinobst wie Pfirsichen und Kirschen zu finden, sie sind aber durchaus auch bei Kernobst möglich. Auch bei der Veredelung auf schwach und mittelstark wachsenden Unterlagen benötigen Apfelfächer eine Mindestzaun- oder -wandhöhe von 2,10 m, Birnen auf Quitte-MA und Quitte-MC gar 2,40 m.

Der Pflanzschnitt und die anfängliche Erziehung sind den für Pfirsichfächer beschriebenen (siehe S. 168) sehr ähnlich. Im ersten Jahr wird der Stamm eines Jungbaums in der Ruhezeit auf eine etwa 40 cm über der Erde befindliche Knospe eingekürzt. Im darauffolgenden Sommer werden zwei kräftige Äste in einen Winkel von 45 Grad gebracht. Diese kürzt man im zweiten Winter. Im folgenden Sommer erziehen Sie dann ausgewählte Triebe zu Fächerrippen. Es bedarf jedoch einiger zusätzlicher Jahre des Rückschnitts und der Erziehung, um einen vollständigen Fächer zu schaffen.

Beim Sommerschnitt wird jede einzelne Rippe wie ein Schnurbaum behandelt (siehe S. 145). So wird das Fächerwachstum gesteuert und die Bildung von neuem Fruchtholz gefördert.

Bögen und Laubengänge

Ein fruchtender Bogen ist sicher die einfachste Möglichkeit, ein Baumpaar in einen sehr kleinen Garten einzupassen. Wenn für andere Obstgehölze kein Platz ist, müssen für die Befruchtung geeignete Pollenspender ausgewählt werden. Beide Bäume werden ganz einfach als senkrechte Schnurbäume gezogen, die oben in einem Bogen aneinanderstoßen.

Von Anfang an ist eine stabile und dauerhafte Stützvorrichtung aus Holz oder Metall notwendig, auf der die Schnurbäume erzogen werden können. Da man Bögen unter anderem wegen ihres hübschen Aussehens erzieht, sollte auch die Stützvorrichtung gut zur Geltung kommen.

Mit einer Reihe von Bögen läßt sich leicht ein Laubengang schaffen. Die Laube oder der Laubengang werden jedoch weniger dicht, wenn man auf beiden Seiten vielarmige Spalierbäume setzt.

Oben links und oben: Äpfel und Birnen können als Fächerspaliere auf einem Drahtgerüst entweder an Wänden (siehe oben) oder auf offener Fläche erzogen werden. Sie nehmen jedoch viel Raum in Anspruch und sind daher für kleine Gärten ungeeignet.

Links: Einen Laubengang aus Obstgehölzen kann man aufbauen, indem Apfel- oder Birnschnurbäume in zwei Reihen über ein bogenförmiges Gerüst geleitet werden.

Links: Die Erziehung einer Wechselpalmette, bei der die Bäume eine Abfolge von Bögen bilden, ist nicht mehr sehr verbreitet, stellt aber eine interessante Variante zum Schnurbaum dar.

Links und oben: Statt eines Laubengangs aus Obstschnurbäumen kann man auch Apfel- bzw. Birnenspaliere in zwei Reihen über ein Gerüst wachsen lassen.

Mitte oben: Im 19. Jahrhundert wurden Äpfel und Birnen oft nach einer mit Schnurbaum- und Spaliererziehung verwandten Erziehungsmethode geschnitten. Das Resultat waren verschiedene Hohlkronen. Die hier abgebildete Form 'Le Bateau' sieht aus wie die Spanten eines Boots.

PFLAUMEN

Unten: Pflaumen, z. B. die beliebte 'Königin Victoria', benötigen nach Erziehung des Astgerüsts als Busch- oder Hochstammformen nur noch geringe Schnitteingriffe.

Auch wenn Pflaumen, Renekloden, Zwetschgen und Mirabellen eine wichtige, zum Steinobst gehörende Gruppe bilden, finden sie beim Hobbygärtner nur recht wenig Beachtung. Das liegt vor allem daran, daß bis vor kurzem nur die starkwachsenden Unterlagen Brompton und Myrobalane erhältlich waren. Durch die Entwicklung der mittelstark wachsenden Unterlage St.-Julien-A sind nun auch kleinere Bäume möglich geworden. Eine weitere, Pixy, befindet sich noch in der Anbauprüfung. Pixy könnte auf fruchtbaren Böden als schwachwachsende Unterlage sicherlich eine interessante Alternative zu den bisher vorhandenen Unterlagen sein.

Durch die Einführung dieser neuen Unterlagen erhält man leichter zu pflegende und widerstandsfähigere Bäume. Auch andere bei Pflaumen auftretende Probleme könnten ausgeräumt werden, vor allem, daß Vögel im Winter Blütenknospen abpicken oder die Blüte im Frühling erfriert.

Bleiglanz und Bakterienbrand sind zwei schwerwiegende Pflaumenkrankheiten. Das Infektionsrisiko wird verringert, wenn der Schnitt statt im Herbst oder Winter gegen Ende des Frühlings und im Sommer vorgenommen wird und Schnittwunden sofort mit Wundverschlußmittel behandelt werden. Der Aufbauschnitt erfolgt jedoch zu Frühjahrsbeginn, damit die Wachstumszeit so lang wie möglich ist.

Die hier beschriebenen Schnittmethoden gelten für Pflaumen, Zwetschgen, Renekloden und Mirabellen. Einmachpflaumen tolerieren zwar einigen Schatten, Tafelpflaumen, vor allem Renekloden, benötigen jedoch Wärme und Sonne für die Entwicklung ihres vollen Aromas. Es ist günstig, sie als Fächer an einer sonnenbeschienenen Wand zu erziehen.

VOGELSCHÄDEN
Sprosse, deren Knospen abgefressen sind, im Frühling auf ein intaktes Auge zurückschneiden (siehe links), da ungeschnittene Triebe ansonsten verkahlen.

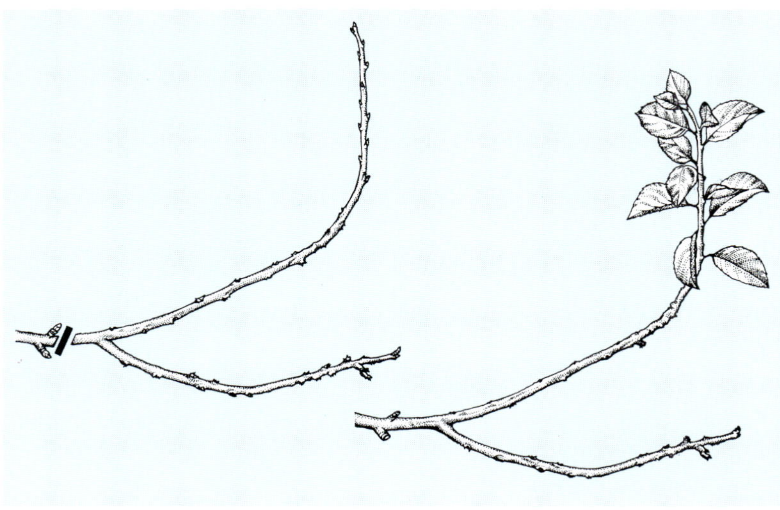

BÜSCHE UND HOCHSTÄMME

Der Schnitt dieser Baumformen zur Schaffung einer kelchförmigen Krone ähnelt dem oben beschriebenen. Unterschiede gibt es nur in der Stammhöhe: Der Stamm eines Buschs ist 70 bis 90 cm hoch, der eines Halbstamms etwa 1,40 m, der eines Hochstamms ca. 1,80 m.

Alle diese Formen müssen mindestens während der ersten vier, fünf Jahre gestützt werden. Büsche auf St. Julien A oder Pixy benötigen nur einen Pfahl, Bäume mit größeren Kronen, vor allem wenn sie auf einer starkwüchsigeren Unterlage wachsen, versieht man am besten mit zwei senkrechten Pfählen samt einer Querverstrebung. In jedem Fall sollten der Einzelpfahl und die Querstrebe direkt unterhalb den untersten Ästen enden. Die Pfähle vor dem Pflanzen anbringen!

Erziehungsschnitt

Bäume kann man zwischen Spätherbst und Frühjahrsanfang einsetzen, je früher, desto besser. Egal, wann der Baum gepflanzt wird, den Schnitt sollten Sie erst zum Frühlingsanfang vornehmen, wenn die Knospen aufbrechen. Jungbäume muß man unter Umständen ein Jahr wachsen lassen, bis ihr Stamm so hoch ist, daß sie einen Halb- oder Hochstamm abgeben.

Die Abbildung zeigt den Aufbau eines Halbstamms aus einem schwachverzweigten Jungbaum. Beginnen Sie mit einer unverzweigten Pflanze und schneiden Sie sie oberhalb von vier bis fünf gesunden Knospen auf die gewünschte Höhe zurück (bei Büschen etwa 90 cm). Bei garnierten Jungbäumen gibt es vielleicht Seitentriebe, die man als Basisäste erziehen kann. In diesem Fall muß aber der Trieb direkt oberhalb des obersten gewählten Seitentriebs abgeschnitten und jeder für die Krone benötigte Seitentrieb um etwa ein Drittel zurückgenommen werden, wobei auf eine nach außen weisende Knospe eingekürzt wird. Der darauffolgende Schnitt entspricht mehr oder weniger dem von Halbstämmen.

Erhaltungsschnitt

In den darauffolgenden Jahren sind, bis auf das Auslichten, nur geringe Schnitteingriffe nötig. Pflaumen wachsen von Natur aus dichter als Äpfel und Birnen. Wenn ihre Baumkrone sehr breit wird oder die Äste hängen, kann man durch einen leichten Rückschnitt zwischen Spätfrühjahr und Frühsommer einen aufrechteren Wuchs fördern.

Triebe, bei denen Vögel die Knospen abgefressen haben, sollten im Frühjahr auf eine gesunde Knospe zurückgenommen werden.

ERZIEHUNG EINES HALBSTAMMS

1 Pflaumen pflanzt man am besten während der Vegetationsruhe, der Schnitt erfolgt jedoch nicht vor Frühlingsanfang. Einen schwach garnierten Jungbaum an einem Stützpfahl festbinden und auf das oberste von vier bis fünf gutentwickelten Augen zurückschneiden. Vorübergehend andere Seitentriebe belassen, die erst später auf ca. 8 cm eingekürzt werden.

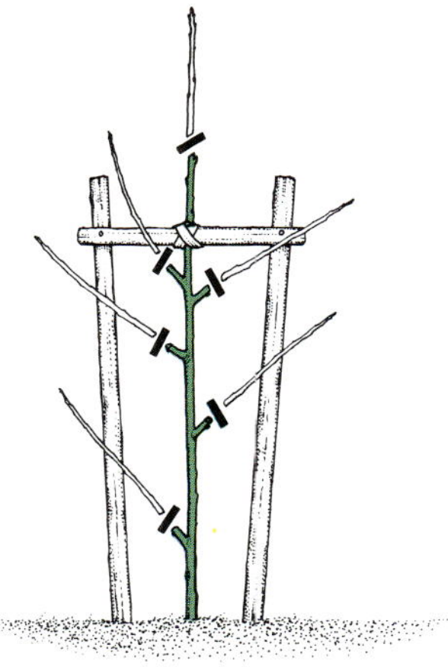
1

4

4 Im zweiten Sommer überflüssige Seitentriebe entfernen, damit sich eine ausgewogene Krone entwickeln kann.

2 Im ersten Sommer sollten sich vier bis fünf Basisäste entwickeln. Diese nicht schneiden, aber die Seitentriebe, welche zu Frühjahrsanfang gekürzt wurden, und solche, die sich unterhalb der Krone entwickeln, auf maximal vier bis fünf Blätter pinzieren.

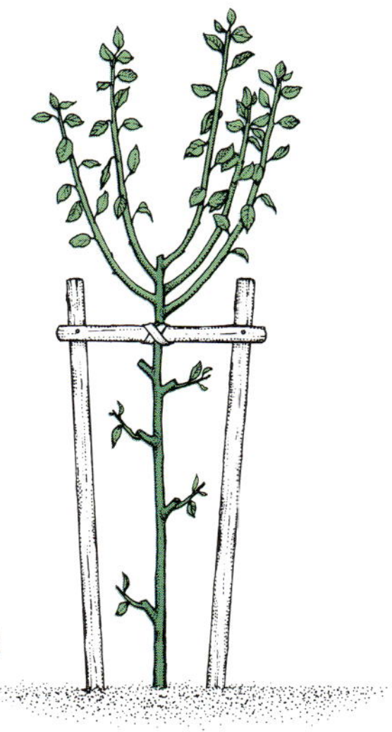
2

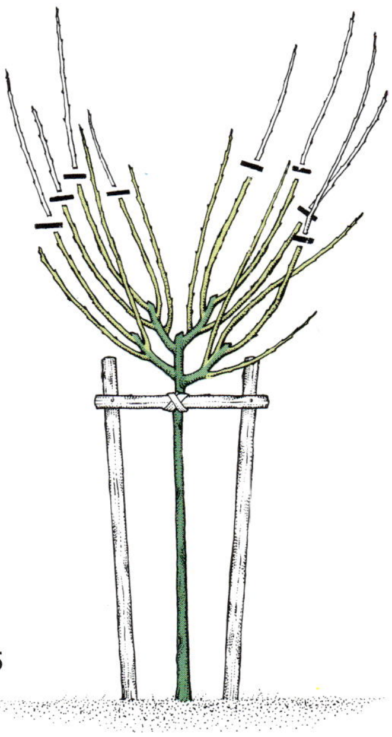
5

5 Im dritten Standjahr gleich zu Beginn des Frühjahrs bis zu acht kräftige, nach außen wachsende Triebe zweiter Ordnung für eine gleichmäßige Krone auswählen. Bei diesen die Hälfte bis zwei Drittel des Vorjahreszuwachses auf nach außen weisende Augen zurücknehmen.

3 Zu Beginn des Frühjahrs des zweiten Jahrs vier gutbeabstandete Äste mit flachen Abgangswinkeln für das Astgerüst auswählen. Jeden einzelnen auf ein nach außen weisendes Auge um die Hälfte bis zwei Drittel kürzen. Sämtliche weiteren Seitensprosse entfernen, auch diejenigen, die zur Kräftigung des Stamms im Vorjahr erhalten wurden.

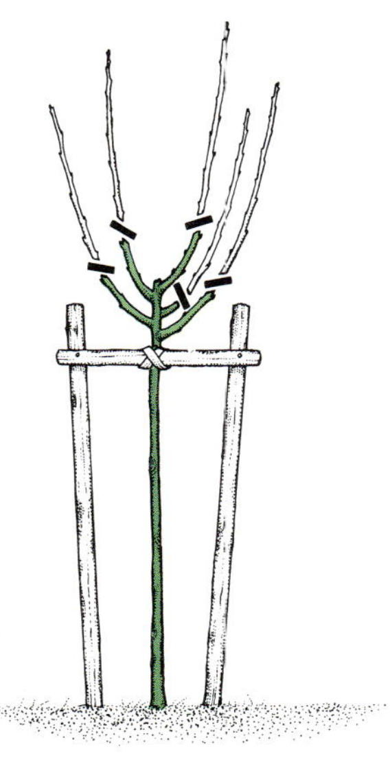
3

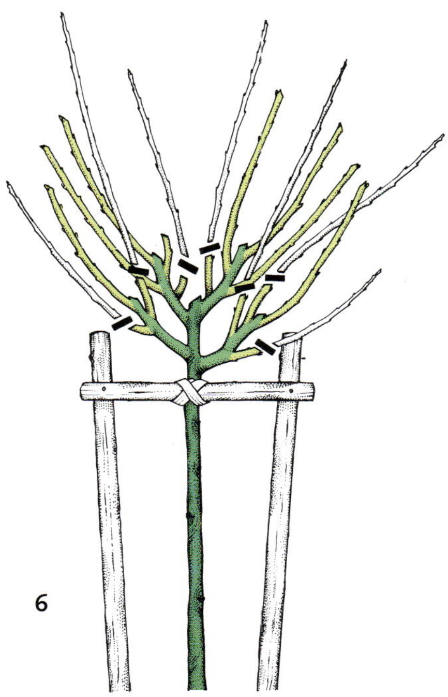
6

6 Gleichzeitig alle Seitentriebe auf der Bauminnenseite auf etwa 10 cm kürzen. Für das Gerüst nicht notwendige Triebe an der Peripherie können belassen werden. Diese blühen im nachfolgenden Jahr. Bei schwachwachsenden Sorten kann es notwendig sein, die Leittriebe im Spätfrühjahr während ein, zwei weiteren Jahren zurückzuschneiden. Um zu verhindern, daß die Krone des ausgewachsenen Baums zu dicht wird, die Triebe in der Krone kürzen.

Pyramidenkrone bei Pflaumen

PYRAMIDENFORM BEI PFLAUMEN
1 Beim Aufbrechen der Knospen die Stammverlängerung eines garnierten Jungbaums in etwa 1,50 m Höhe oder drei bis vier Augen oberhalb des obersten Seitentriebs kürzen. Unverzweigte Jungbäume auf eine etwa 90 cm über dem Boden befindliche Knospe schneiden. Bis in 50 cm Höhe sämtliche stammbürtigen Triebe beseitigen, verbleibende Triebe um etwa die Hälfte auf nach unten weisende Augen kürzen.

Auf der mittelstark wachsenden St.-Julien- oder der schwachwachsenden Pixy-Unterlage lassen sich Pflaumen gut zu relativ kompakten Pyramiden erziehen. Durch den Erziehungsschnitt entsteht ein 1,80 – 2,40 m hoher, kegelförmiger Baum mit einer Hauptachse. Die Form bleibt auch durch den späteren Sommerschnitt erhalten. In den ersten fünf Jahren ist ein 2 m hoher Stützpfahl erforderlich.

Schnitt und Erziehung

Möglichst einen garnierten Jungbaum zwischen Spätherbst und Frühlingsanfang pflanzen. Es ist ratsam, den Baum früh zu setzen, der Schnitt sollte allerdings erst vorgenommen werden, wenn die Knospen zu Frühjahrsbeginn aufbrechen. Gehen Sie bei der Erziehung einer Pyramidenkrone Schritt für Schritt so vor, wie unten beschrieben. Alle Triebe auf nach unten gerichtete Knospen zurückschneiden, damit sich annähernd horizontale Äste entwickeln können. Äste, die steil nach oben wachsen, müssen nach unten gebunden werden.

Der Mitteltrieb muß jährlich angeschnitten werden, damit sich in gleichmäßigen Abständen über die gesamte Pyramidenhöhe verteilt Seitentriebe bilden. Durch Umsetzen, das heißt indem man in einem Standjahr auf eine Knospe auf der einen Seite des Stamms und im darauffolgenden auf eine gegenüberstehende Knospe zurückschneidet, erreicht man, daß die Leittriebe gerade und aufrecht wachsen. Neben dem regelmäßigen Sommerschnitt werden unter Umständen sich kreuzende Äste noch etwas ausgelichtet.

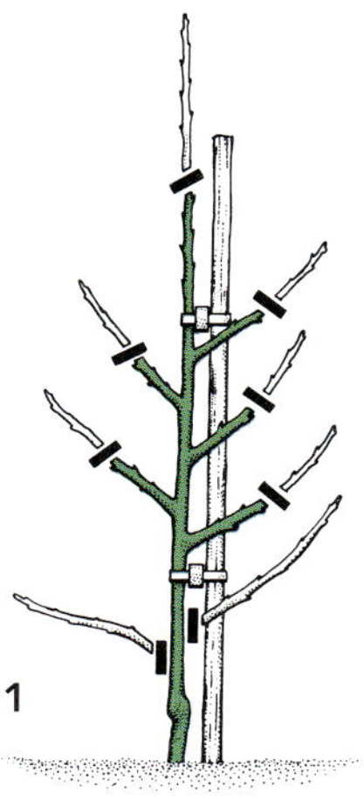
1

2

2 Im Hochsommer außer beim Mitteltrieb neues Wachstum zurücknehmen. Stammbürtige Äste auf 20 cm und Seitenäste zweiter Ordnung auf 15 cm einkürzen.

3 Die Stammverlängerung jährlich zu Frühjahrsanfang auf ein Drittel des letztjährigen Zuwachses zurückschneiden, bis der Baum die gewünschte Höhe erreicht hat. Wenn er über eine bestimmte Höhe nicht hinauswachsen soll, den Mitteltrieb jährlich im späten Frühjahr zurücknehmen.

4 Der bereits eingespielte Sommerschnitt wird auch am erwachsenen Baum fortgesetzt: Leitäste auf 20 cm und Seitenäste auf 15 cm kürzen.

3

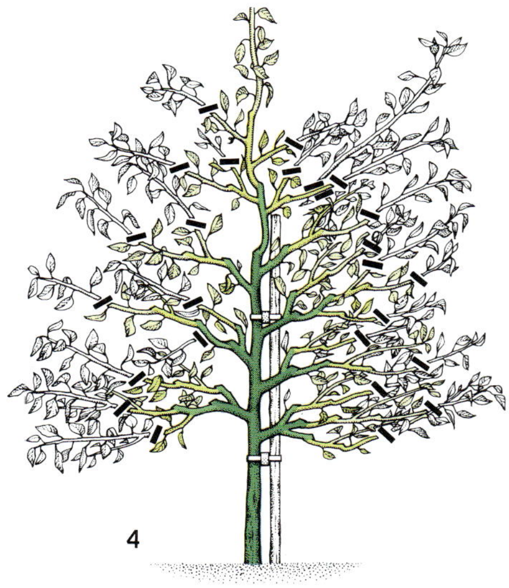
4

Links: Es ist nicht einfach, auf der mittelstark wachsenden Unterlage 'St. Julien A' veredelte Pflaumen als Spalierformen zu erziehen. Naturentfernte Formen haben mehr Aussicht auf Erfolg, wenn Pflaumensorten auf der schwächer wachsenden 'Pixy' veredelt werden.

Fächerspaliere und Pflaumen

Links und unten: Pflaumen blühen früh und sind daher frostgefährdet. Fächerspaliere an Wänden oder Zäunen kann man leichter schützen als Bäume auf offener Fläche. 'St. Julien A' ist die hierfür am besten geeignete Unterlage.

Tafelpflaumen, vor allem Renekloden, sind auf gute Wachstumsverhältnisse angewiesen, wenn die Früchte ihren vollen Geschmack entwickeln sollen. In kühlerem, gemäßigtem Klima werden solche qualitativ hochwertigen Früchte am besten als Fächerspalier an einer warmen, sonnigen Wand erzogen.

St. Julien A hat sich als gute Unterlage für Fächerspaliere bewährt. Auf ihr veredelte Bäume benötigen eine Wand oder einen Zaun von ca. 2 m Höhe und 4,50 – 5,50 m Breite.

Erziehungsschnitt

Im Anfangsstadium wird die Fächererziehung bei der Pflaume genauso durchgeführt wie beim Pfirsich. Es soll eine sternförmige Rippenkonstruktion aufgebaut werden, die gleichmäßig verteiltes Fruchtholz trägt. Hierfür ist ein Gerüst aus horizontal verlaufenden Drähten notwendig, der unterste 40 cm über der Erde, die anderen darüber in Abständen von jeweils 15 cm. In einigen Baumschulen erhält man teilweise erzogene Bäume, deren Erziehung dann entsprechend dem Stadium, in dem sich der Baum befindet, fortgesetzt werden kann.

Einen Jungbaum setzt man zwischen Spätherbst und Frühlingsanfang, je früher, desto besser. Mit dem Schnitt warten Sie allerdings bis zum Frühlingsbeginn. Den Jungbaum dann auf einen Seitentrieb zurückschneiden. Wenn er unverzweigt ist, auf eine Knospe etwa 60 cm oberhalb des Bodens. Unterhalb dieser Seitensprosse oder Knospe müssen sich entweder zwei gesunde, entgegengesetzt gerichtete Knospen oder zwei gutplazierte Seitenzweige befinden. Diese bilden dann die ersten beiden Fächerrippen. Die Seitentriebe um zwei Drittel bis auf eine nach oben weisende Knospe zurücknehmen, alle anderen Seitentriebe entfernen.

Im Frühsommer zwei Stäbe an den zu beiden Seiten des Haupttriebs verlaufenden Drähten in einem Winkel von 45 Grad festbinden. Die Triebe aus ausgewählten Knospen oder Seitentriebe zweiter Ordnung anbinden. Wenn diese Sprosse etwa 50 cm lang sind, den Mitteltrieb bis zur Verzweigung zurückschneiden und andere Triebe auf ein Blatt einkürzen.

Zum Frühjahrsbeginn des zweiten Standjahrs oberhalb von Knospen, die sich in 30 – 50 cm Abstand vom Stamm befinden, die beiden Rippen kürzen. Durch den Schnitt wachsen nun Seitentriebe, die sich zu weiteren Fächerrippen ausbilden. Im Sommer auf beiden Seiten vier kräftige Triebe auswählen: einer soll die Verlängerung der bereits vorhandenen Rippe bilden, der andere auf der Unterseite fast horizontal geführt werden, und zwei sollen schließlich auf der Oberseite in gleichmäßigem Abstand verlaufen. Jeden einzeln an Stäben festbinden, die wiederum an den Drähten befestigt sind. Jetzt sollte der Fächer insgesamt acht Rippen aufweisen. Zusätzliche Triebe werden auf ein Blatt eingekürzt.

AUFBAU EINES FÄCHERS
Zunächst den garnierten Jungbaum auf einen etwa 60 cm über dem Boden befindlichen Seitenast, unter dem sich zwei weitere Seitenäste oder Augen befinden, die jeweils in entgegengesetzte Richtungen, nach rechts und links, weisen, zurückschneiden. Sie bilden die beiden ersten Fächerrippen.

1 Im Hochsommer die Fächerarme an Bambusstäbe binden, die im 45-Grad-Winkel angebracht werden. Wenn die Arme etwa 50 cm lang sind, den Mitteltrieb auf den obersten Seitentrieb einkürzen und alle anderen Triebe auf ein Blatt zurücknehmen.

2 Im zweiten Standjahr zu Beginn des Frühjahrs die beiden Rippen auf 30 – 50 cm vom Stamm entfernte Augen einkürzen.

3 Im Sommer vier kräftige Triebe auf jeder Seite auswählen und als Fächerrippen in gleichmäßigen Abständen sternförmig verteilen; diese an Bambusstäbe binden, die wiederum an den Drähten befestigt sind. Andere Sprosse auf ein Blatt zurücknehmen. Im darauffolgenden Frühling die Rippen um ein Drittel kürzen und in der Vegetationsperiode die neuen Triebe anbinden.

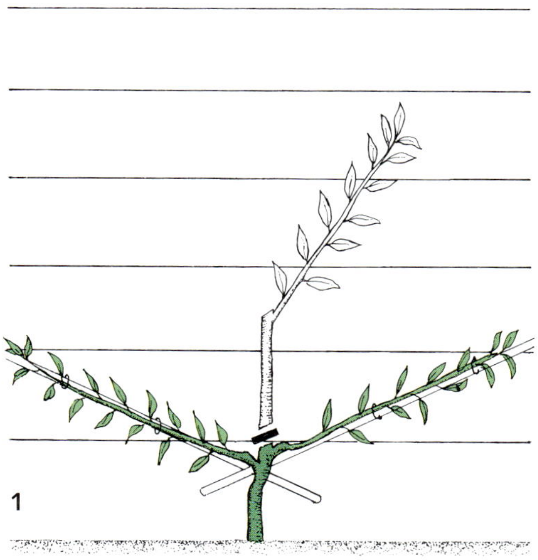
1

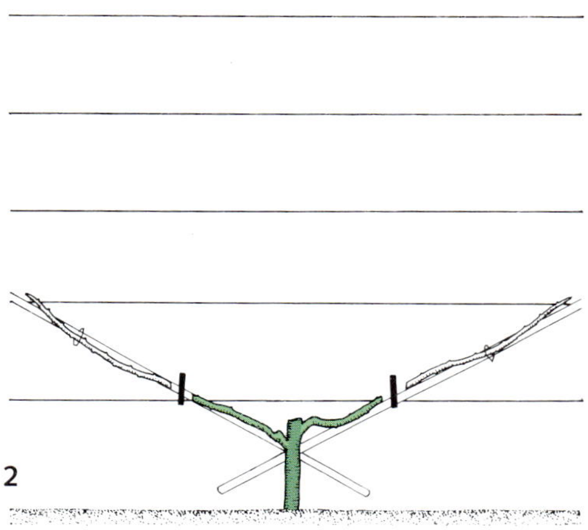
2

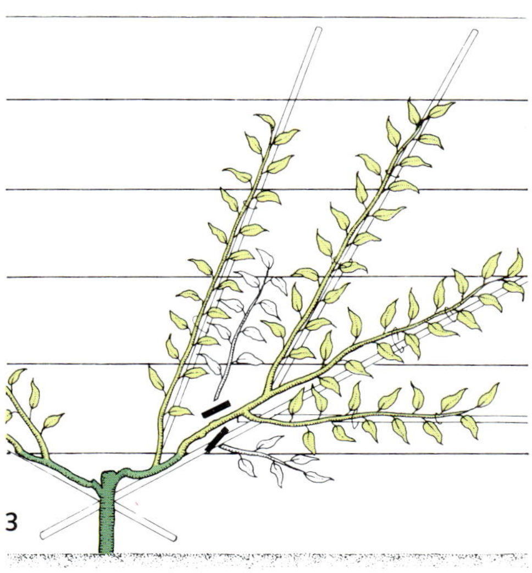
3

Im dritten Frühjahr die acht Rippen um ein Drittel auf nach oben weisende Knospen zurückschneiden. Im Sommer müssen die Langtriebe an Stäben festgebunden werden.

In diesem und den darauffolgenden Sommern die neu entstandenen Triebe überall dort, wo genügend Raum zur Verfügung steht, an den Drähten festbinden. Es kann sich auch als notwendig erweisen, die Rippen zu ergänzen.

Erhaltungsschnitt
Pflaumen blühen an einjährigen Trieben und an Kurztrieben, die an älterem Holz wachsen. Doch je älter der Sproßteil ist, desto eher neigt er zum Verkahlen. Daher wird beim Schnitt am fruchtenden Pflaumenfächer versucht, gleichermaßen die Kurztriebbildung zu fördern und kahle Äste zugunsten anderer zu beseitigen.

Zu Frühlingsbeginn alle Triebe, die in Richtung Wand oder Zaun wachsen, entfernen. Der ideale Abstand zwischen den Seitentrieben beträgt 10 cm. Lichten Sie daher auf diesen Abstand aus, wenn die Triebe zu eng beieinanderstehen. Die Entwicklung von Fruchtholz wird im Sommer eingeleitet, wenn neue Triebe auf sechs bis sieben Blätter entspitzt werden. Nach der Ernte wird der Sekundärwuchs ein weiteres Mal gekürzt, diesesmal auf drei Blätter.

Unfruchtbares Holz und sehr starkwüchsige, aufrechte Triebe am besten unmittelbar nach der Ernte entfernen, spätestens aber gegen Ende der Vegetationsperiode.

KURZTRIEBSYSTEME
Junge, für das Gerüst überflüssige Sprosse im Hochsommer auf sechs bis sieben, nach der Ernte auf drei Blätter reduzieren.

SÜSS- UND BASTARDKIRSCHEN

Oben: Süßkirschen, als Büsche, Halb- oder Hochstämme erzogen, werden zu stattlichen Bäumen, die nicht in kleine Gärten passen.

Süßkirschen werden zu großen Bäumen. Da die meisten selbstunfruchtbar sind (es gibt nur wenige selbstfruchtbare Sorten, wie 'Stella' und 'Lapins'), fruchten sie nur, wenn mindestens zwei geeignete Pollenspender nahe beieinander wachsen. Bastardkirschen werden genauso behandelt wie Süßkirschen, liegen in ihrer Wüchsigkeit aber zwischen ihnen und den schwächer wachsenden Sauerkirschen.

Die mittelstark wachsende Unterlage Colt hat die starkwachsende F 12/1 weitgehend verdrängt. Sie eignet sich zur Erziehung von Süß- und Bastardkirschen zu Büschen, Halb- und Hochstämmen sowie Fächern. Die naturentfernten Formen, wie Zwergpyramiden und Schnurbäume, findet man nur selten, denn selbst bei konsequentem Schnitt bleibt es schwierig, ihre Form aufrechtzuerhalten. Die Entwicklung der schwachwachsenden Unterlage GM 9, die sich noch im Versuchsstadium befindet, wird vielleicht eine leichtere Pflege von Kirschbäumen ermöglichen.

Man kann der Gefahr, daß sich der Baum über Schnittwunden an Bleiglanz oder Bakterienbrand infiziert – zwei schwerwiegende Erkrankungen –, begegnen, indem man nicht im Winter, sondern im Spätfrühling und im Sommer schneidet und zudem die Wunden sofort mit Wundwachs versorgt. Der Erziehungsschnitt erfolgt dennoch üblicherweise zu Frühjahrsbeginn.

BÜSCHE UND HOCHSTÄMME

Der Schnitt bei Büschen, Hoch- und Halbstämmen unterscheidet sich nicht von dem der Hochstämme. Süß- und Bastardkirschen werden mehr oder weniger wie Pflaumen behandelt (siehe S. 154). In den ersten vier, fünf Jahren müssen alle gestützt werden, wobei der Stützpfahl bis unmittelbar unter den Ansatz der Krone reichen sollte.

Erziehungsschnitt

Kirschen erhält man beim Kauf meistens als garnierte Jungbäume, die zwischen Spätherbst und Spätwinter gesetzt werden sollten. Auch hier gilt: je früher, desto besser. Mit dem Schnitt wartet man bis zum Frühlingsanfang, wenn die Knospen gerade aufbrechen.

Für die Erziehung eines Buschbaums wird der Jungbaum auf die obersten von vier bis fünf kräftigen Seitentrieben in etwa 80 cm Höhe gekürzt. Bei Halbstämmen den Schnitt in etwa 1,40 m Höhe, bei Hochstämmen in etwa 1,90 m Höhe ansetzen. Jungbäume, die zu Halb- oder Hochstämmen werden sollen, müssen unter Umständen ein weiteres Jahr wachsen, bis sie die gewünschte Höhe erreicht haben.

Damit sich ein in der Mitte luftiger Baum entwickelt, muß jeder der ausgewählten Seitentriebe um etwa die Hälfte auf nach außen gerichtete Knospen eingekürzt werden. Alle weiter unten inserierten Seitentriebe sollten auf vier Blätter reduziert werden. Sie werden von Jahr zu Jahr gekürzt und im dritten Jahr dann vollständig entfernt.

Die Leittriebe, die die Krone bilden, müssen im zweiten Frühling um etwa die Hälfte zurückgeschnitten werden, ab dem dritten Frühling ist nur noch ein leichter Schnitt nötig. Aufrechte, starkwachsende Seitentriebe in der Baummitte entfernen und mit den Leittrieben konkurrierende Triebe auf drei Knospen einkürzen.

Schnitt des fruchtenden Baums

Der Schnitt von erwachsenen Bäumen beschränkt sich auf das Auslichten von zu dicht oder über Kreuz wachsenden Ästen sowie auf das Entfernen von abgestorbenem, beschädigtem oder krankem Holz.

FÄCHERERZIEHUNG

Um Süßkirschen als Fächerspalier zu erziehen, benötigt man eine 5–6 m breite und 3 m hohe Wand oder einen Zaun entsprechender Größe. Vor dem Pflanzen werden waagerechte Drähte, die den Fächer stützen sollen, in Abständen von je 15 cm gezogen.

EINEN FÄCHER AUFBAUEN

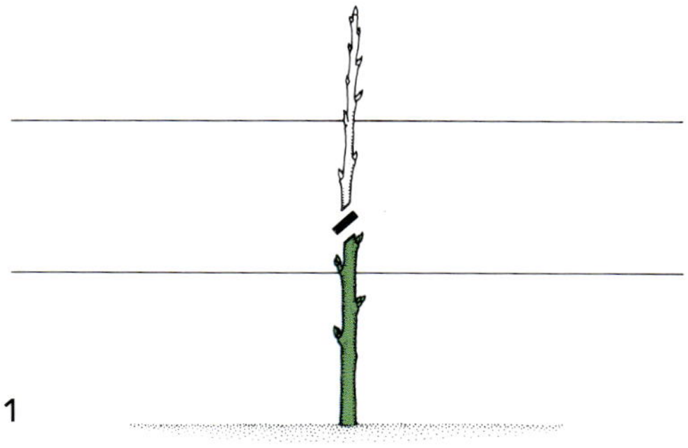

1

1 Zu Frühjahrsbeginn einen unverzweigten Jungbaum auf ein etwa 40 cm über dem Boden befindliches Auge zurückschneiden. Direkt unter diesem Auge sollte sich ein dazu entgegengesetzt gerichtetes befinden.

2

2 Wenn die ausgewählten Augen austreiben, die Triebe an Stäben festbinden, die im 45-Grad-Winkel an den Drähten fixiert sind. Alle anderen stammbürtigen Sprosse beseitigen.

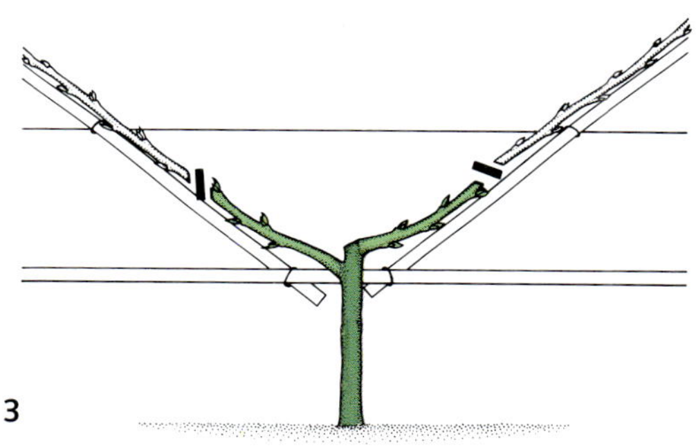

3

3 Im zweiten Standjahr zu Beginn des Frühjahrs die Arme auf etwa 30 cm vom Stamm entfernte Augen einkürzen.

4

4 Im Sommer des zweiten Standjahrs vier bis sechs kräftige, aus dem gekürzten Arm sprießende Triebe – die Fächerrippen – an Bambusstäbe binden, die an Drähten befestigt sind. So ist gewährleistet, daß sie in gleichmäßigen Abständen sternförmig nach außen verlaufen.

Erziehungsschnitt

Der Erziehungsschnitt gleicht dem von Pfirsich-Fächern (siehe S. 168). Durch den Rückschnitt des Mitteltriebs wird die Entwicklung von kräftigen Seitentrieben gefördert. Diese bilden dann die Fächerrippen.

Aus den Abbildungen ist zu entnehmen, wie man aus einem unverzweigten Jungbaum einen Fächer erzieht. Garnierte Jungbäume weisen im allgemeinen ein gutplaziertes Seitentriebpaar auf, und es kommt durchaus vor, daß auf beiden Seiten in gewissem Abstand voneinander zwei Seitenäste vorhanden sind, die dann für die Bildung der Primärrippen verwendet werden können. Den Mitteltrieb auf den obersten der Seitentriebe zurückschneiden und alle Seitentriebe, die nicht zu Fächerrippen werden sollen, entfernen. Anschließend alle Seitentriebe, die erhalten werden sollen, in 50 – 60 cm Entfernung vom Mitteltrieb auf eine nach außen weisende Knospe zurückschneiden.

Der darauffolgende Schnitt und die Erziehung erfolgen im großen und ganzen wie hier dargestellt. Wenn man mit zwei Rippen auf jeder Seite beginnt, sollten an jedem nur zwei Seitentriebe zweiter Ordnung stehenbleiben.

Schnitt des fruchtenden Baums

Richtung Wand wachsende und aus der Standardform herauswachsende Triebe sollten Sie im Frühjahr ausreißen oder abschneiden.

Das Ziel dieser Schnittmaßnahmen ist die Bildung von Fruchtholz durch die Einschränkung des vegetativen Wachstums im Sommer. Die Triebe daher auf fünf bis sechs Blätter (etwa 15 cm) und im Frühherbst erneut auf drei Knospen (etwa 10 cm) einkürzen.

Außer den bereits geschilderten Maßnahmen sind nicht viel mehr Schnitt- und Erziehungsmaßnahmen notwendig. Bei ausgewachsenen Bäumen kann es sich als notwendig erweisen, Fruchtholz auszulichten. Dies sollte im Frühjahr erfolgen. Wenn nach einigen Jahren der Fächer über die Wand hinauswachsen sollte, müssen die Rippen auf weiter unten sitzende, schwächere Seitentriebe zurückgenommen werden. Überprüfen Sie die Befestigungen am Ende der Vegetationsperiode und lockern Sie die Bindungen, wenn Äste zu sehr eingeengt sind.

FRUCHTHOLZ-FÖRDERUNG
Wenn das vegetative Wachstum eingeschränkt wird, entwickelt sich Fruchtholz. Im Sommer daher die Seitentriebe zweiter Ordnung auf fünf bis sechs Blätter, d. h. etwa 15 cm, kürzen. Im Frühherbst dieselben Sprosse erneut kürzen, diesmal auf drei Augen, also etwa 10 cm.

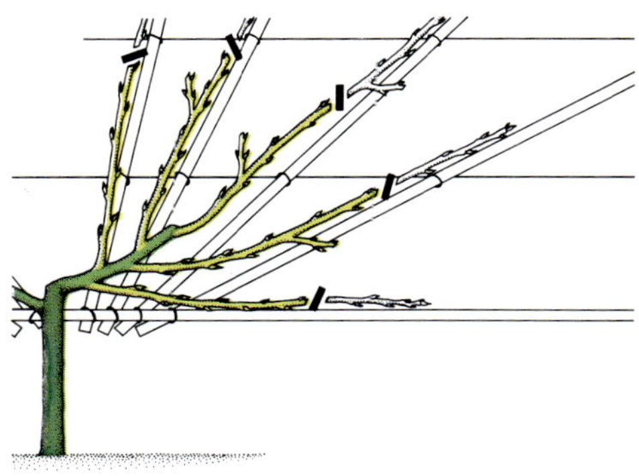

5

6

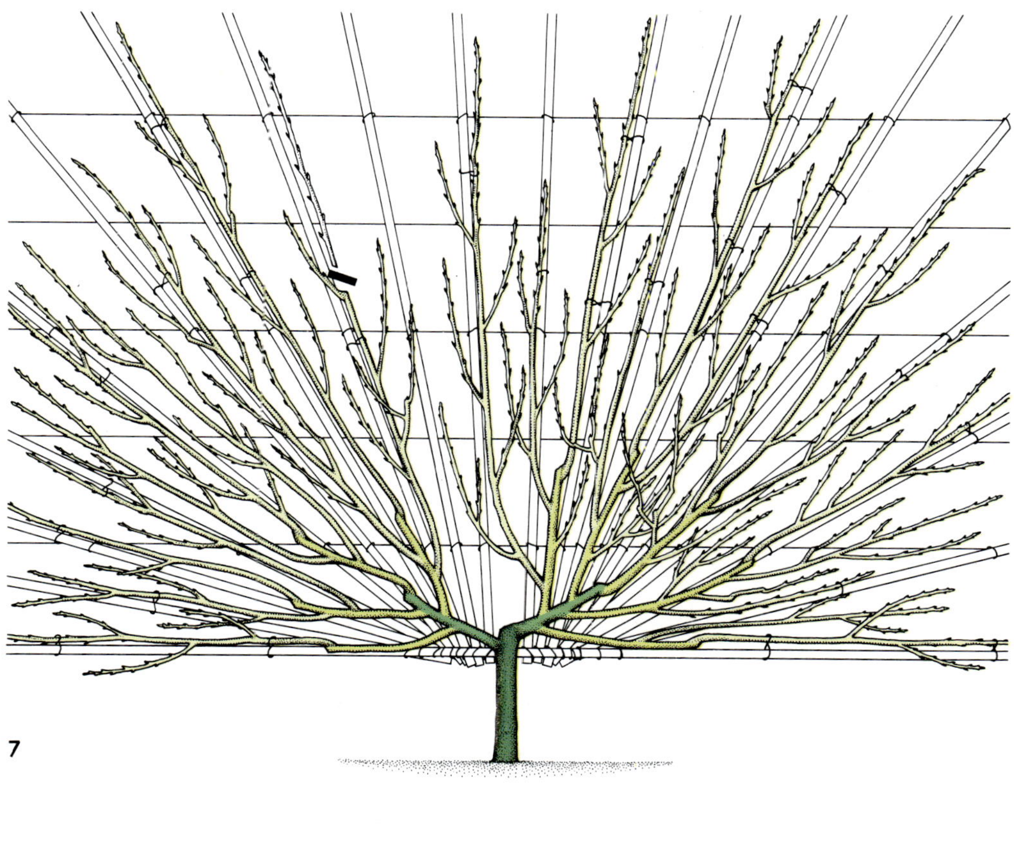

7

5 Im dritten Standjahr zu Frühlingsbeginn alle Leittriebe auf eine Knospe zurücknehmen, wobei 40 – 50 cm des vorjährigen Zuwachses stehenbleiben.

6 Im Sommer des dritten Standjahrs den Fächer weiter auffüllen, wobei drei bis sechs Sprosse aus jeder zurückgeschnittenen Rippe festgebunden werden. Überflüssige Triebe entfernen und Seitentriebe zweiter Ordnung auf etwa 10 cm kürzen.

7 Sollte der Fächer im vierten Standjahr zu Frühjahrsbeginn noch nicht vollständig sein, ausgewählte Leittriebe zurückschneiden, um das Wachstum von Seitentrieben zu stimulieren. Diese können dann in Lücken gebunden werden.

SAUERKIRSCHEN

Rechts: Die Sauerkirsche wächst schwächer wie die Süßkirsche. Oft wird sie als Fächer an einer Wand oder einem Zaun erzogen, man findet sie jedoch auch als Busch oder mit Pyramidenkrone.

Die am weitesten verbreitete Sauerkirsche ist die selbstfruchtbare Schattenmorelle. Sie ist schwachwüchsiger als die Süß- und Bastardkirschen. Wenn sie auf der mittelstark wachsenden Unterlage Colt wächst, erreicht sie als Busch eine Höhe von 3 – 4 m. Die schwachwachsende GM 9 befindet sich noch im Versuchsstadium.

Der Aufbauschnitt erfolgt zu Frühjahrsbeginn. Wenn aber die Gefahr einer Bleiglanzinfektion so gering wie möglich gehalten werden soll, schneidet man im Spätfrühling oder Sommer und behandelt alle Schnittwunden mit mehr als 6 mm Durchmesser umgehend mit Wundwachs.

BUSCHBÄUME

In Gärten findet man die Sauerkirsche häufiger als Busch denn als Halb- oder Hochstamm. Durch den Schnitt möchte man eine ausgewogene Krone am fruchtenden Baum erreichen und altes, abgetragenes Holz stets durch junges ersetzen. Die ersten vier oder fünf Jahre müssen die Bäume gestützt werden. Das obere Pfahlende sollte bis direkt unterhalb des Kronenansatzes reichen.

Erziehungsschnitt

Am idealsten ist es, mit einem garnierten Jungbaum zu beginnen, der über vier bis fünf kräftige, gutplazierte Seitentriebe verfügt, die zu Primärästen werden können.

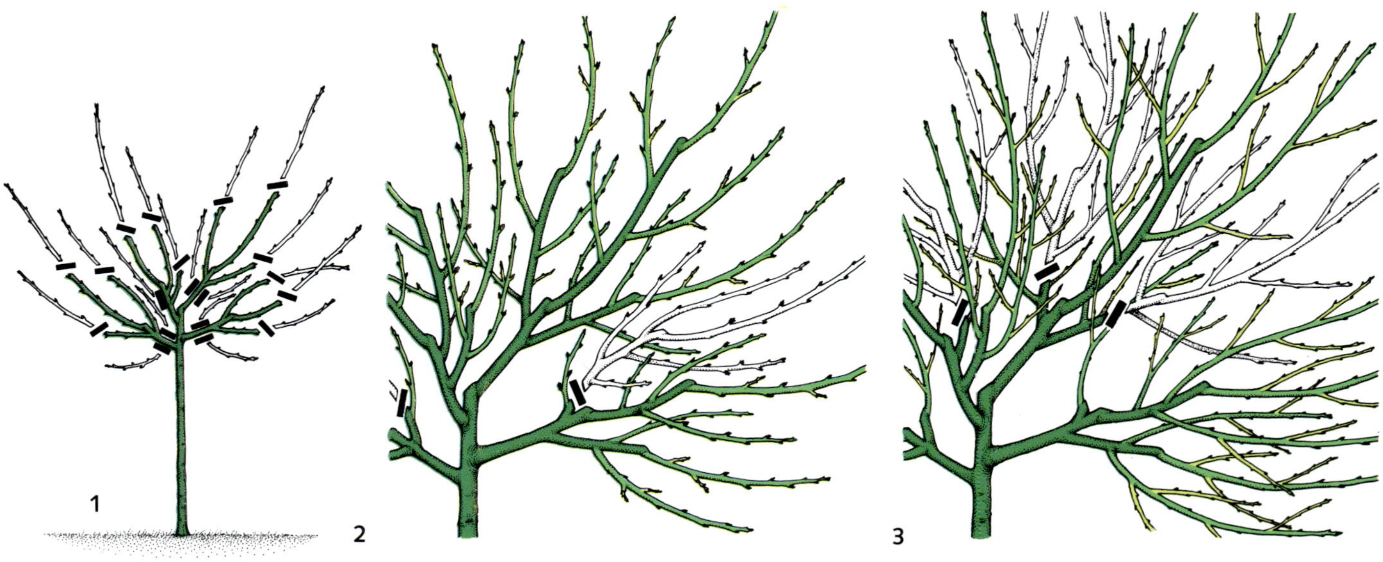

1 2 3

BÜSCHE

1 Nach der Bildung der Primäräste im ersten Jahr beläßt man im zweiten Standjahr drei bis vier Sprosse an jedem Primärast, damit sich eine gleichmäßige Krone entwickeln kann. Die ausgewählten Triebe zurückschneiden: schwachwüchsige um zwei Drittel, starkwüchsige um die Hälfte.

2 Im Spätsommer des dritten Standjahrs wird das abgetragene Holz unmittelbar nach der Ernte um ein Viertel auf starkwüchsige Ersatztriebe gekürzt.

3 Bei älteren Bäumen können drastischere Schnitteingriffe notwendig werden. In diesem Fall im Spätsommer drei oder vier Jahre altes Holz auf starkwüchsige junge Sprosse zurücknehmen.

Den Mitteltrieb direkt oberhalb des obersten gewählten Seitentriebs, der etwa 1,10 m hoch liegen sollte, abschneiden. Weiter unten ansitzende, für den Kronenaufbau nicht benötigte Seitentriebe entfernen. Schneiden Sie die ausgewählten Seitentriebe oberhalb von nach außen weisenden Knospen auf etwa ein Drittel zurück.

Die nächsten zwei bis drei Jahre wird nun die Krone aufgebaut, indem Sie zu Frühjahrsbeginn die Triebe des vorherigen Sommers um die Hälfte bis zu zwei Drittel kürzen. Damit die Krone luftig und ausgewogen wird, sollte in den meisten Fällen auf nach außen gerichtete Knospen geschnitten werden.

Schnitt des fruchtenden Baums

Da fast alle Früchte an im vorigen Sommer entstandenen Trieben wachsen, sollte man die Entwicklung junger Triebe durch den Schnitt fördern. Im Spätsommer werden nach der Ernte die Äste etwa um ein Viertel des abgetragenen Holzes auf starkwüchsige Ersatztriebe eingekürzt. Damit auch bei älteren Bäumen der Anteil an jungem Holz ausreichend hoch ist, sind unter Umständen schärfere Schnitteingriffe erforderlich: drei- bis vierjähriges Holz wird dann auf starkwüchsige, im Sommer entstandene Triebe zurückgeschnitten. Diese größeren Wunden sollten mit Wundwachs behandelt werden.

PYRAMIDENKRONEN

Im Garten ist die Pyramidenkrone durchaus eine Alternative zum Busch. Der Mitteltrieb wächst hier bis zu einer Höhe von 1,80 – 2,70 m. Damit der Baum kompakt bleibt, ist ein Sommerschnitt notwendig. Er dient auch der Erhaltung der Pyramidenform, wobei die unteren Äste länger sein müssen als die oberen. In den ersten fünf bis sechs Jahren muß die Pyramide gestützt werden.

Erziehungsschnitt

Zu Beginn ist der Schnitt von Pyramidenkronen bei Sauerkirschen mit dem von Pflaumenpyramiden vergleichbar. Zu Frühjahrsbeginn wird der Mitteltrieb eines garnierten Jungbaums in etwa 1,50 m Höhe abgeschnitten. Alle Seitentriebe unterhalb 50 cm Höhe werden entfernt; die, die stehenbleiben, um etwa die Hälfte zurückgenommen. Zwischen Hoch- und Spätsommer desselben Standjahrs werden Langtriebe, die sich in der Wachstumsperiode entwickelt haben, auf 20 cm eingekürzt, wobei auf nach unten weisende Knospen geschnitten wird. Seitentriebe, die aus den Leitästen wachsen, bis auf sechs Blätter einkürzen.

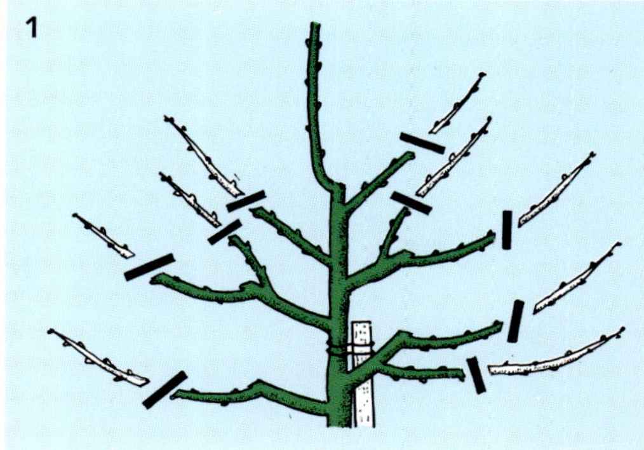

PYRAMIDENKRONE
1 In den ersten drei Jahren die Leittriebe zu Frühlingsbeginn auf nach unten weisende Augen einkürzen.

2 Bei erwachsenen Bäumen älteres Holz ersetzen, indem man zu Beginn des Frühjahrs auf einjährige Seitentriebe oder sich gerade entwikkelnde Sprosse zurückschneidet.

3 Wenn der Baum verkahlt und keinen Ertrag mehr bringt, sollte nach der Ernte altes Holz teilweise auf kräftige junge Triebe zurückgenommen werden.

Kürzen Sie zu Frühjahrsbeginn des zweiten Standjahrs am Mitteltrieb zwei Drittel der im letzten Jahr entstandenen Triebe. In den darauffolgenden Jahren weiter auf diese Art schneiden, bis der Baum die gewünschte Höhe erreicht hat. Diese Höhe wird aufrechterhalten, indem das jährliche Wachstum des Mitteltriebs im Spätfrühling regelmäßig bis auf 3 cm zurückgenommen wird.

Ab dem Spätsommer des dritten Standjahrs, in dem der Baum die erste Ernte bereits gebracht haben sollte, wird ein jährlicher Verjüngungsschnitt vorgenommen. Abgetragene Seitenäste, die für die Erweiterung des Astgerüsts nicht gebraucht werden, schneidet man auf kräftige junge Triebe der laufenden Vegetationsperiode zurück.

Schnitt am fruchtenden Baum

Durch den späten Sommerschnitt, der unmittelbar nach der Ernte ab dem dritten Jahr erfolgt, wird dafür gesorgt, daß sich immer ausreichend junges Holz bildet. Bei geringen Ernteerträgen muß schärfer geschnitten werden.

Dieser Schnitt, bei dem bis zu einem Drittel der Hauptäste um ein Viertel bis ein Drittel auf junges Holz zurückgenommen wird, sollte im Spätsommer erfolgen.

FÄCHERERZIEHUNG

Die Erziehung von Sauerkirschen als Fächer ist weit verbreitet. So ist es leichter, die Früchte vor Vogelfraß zu schützen, als wenn sie auf freier Fläche wachsen. Fächerspaliere benötigen eine ca. 3,50 – 4,50 m breite und mindestens 2 m hohe Wandfläche. Vor dem Pflanzen die Drähte horizontal übereinander befestigen, den untersten etwa 30 – 40 cm über dem Boden, alle anderen darüber in Abständen von jeweils 15 cm.

Erziehung und Erziehungsschnitt

Der Pflanzschnitt gleicht dem von Pfirsichfächern (siehe S. 168), bei denen ein Gerüst von Rippen in gleichmäßigem Abstand aufgebaut werden soll. Die Jungbäume sind meist garniert, und zwei gutplazierte, Seitentriebe in 30 – 40 cm Höhe können für den Aufbau der ersten Rippen verwendet werden.

Zu Frühlingsbeginn den Mitteltrieb über dem obersten Seitentrieb abschneiden und alle unerwünschten Seitentriebe entfernen. Wenn die beiden ausgewählten Seitentriebe um etwa ein Drittel auf eine nach oben weisende Knospe gekürzt worden sind, müssen sie in einem 45-Grad-Winkel erzogen und an Bambusstäben festgebunden werden, die wiederum am Gerüst fixiert sind. Am Ende der Wachstumsperiode sollte jede Rippe einen Verlängerungstrieb und drei weitere Seitentriebe hervorgebracht haben, so daß sich schließlich auf jeder Seite vier Rippen befinden. Zu Beginn des darauffolgenden Frühjahrs werden diese um etwa ein Drittel gekürzt und in der Vegetationsperiode neue, gutplazierte Seitentriebe angebunden, die den an der Wand verfügbaren Raum ausfüllen. Sollte der Jungbaum am Anfang nicht genug verzweigt sein, ist die auf den Abbildungen dargestellte Technik anzuwenden.

Oben links und oben: Sauerkirschen kann man an Wänden oder auf freier Fläche an Drahtgerüsten wachsen lassen. Die besten Ergebnisse lassen sich erzielen, wenn ein garnierter Jungbaum zurückgeschnitten wird, um das Wachstum kräftiger Basisäste zu fördern.

FÄCHERERZIEHUNG

1 Zu Frühjahrsbeginn erfolgt der Rückschnitt auf einen etwa 60 cm über dem Boden befindlichen Seitenast, unter dem sich zwei weitere Seitenäste befinden. Im Sommer die obersten Triebe vertikal erziehen und die beiden Seitenäste an Bambusstäbe binden, die im 45-Grad-Winkel an den Drähten fixiert sind. Im Hochsommer auf den obersten Leittrieb zurückschneiden.

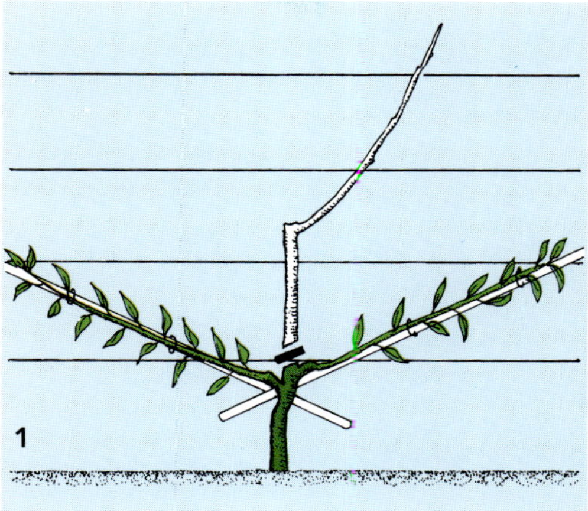

2 Im zweiten Jahr zu Frühlingsbeginn die Seitensprosse auf 30 – 50 cm Länge zurücknehmen.

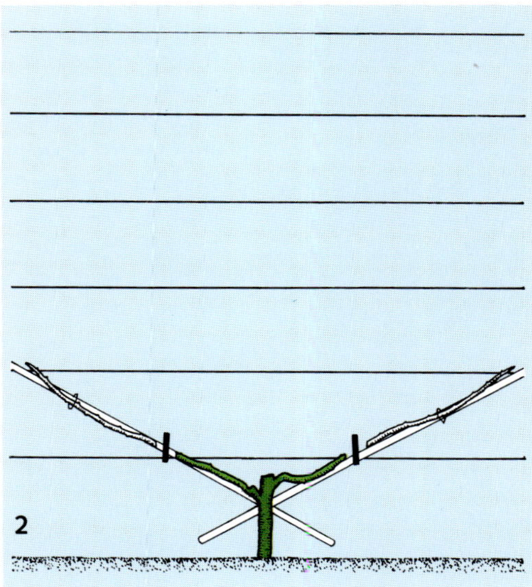

3 Im Sommer des zweiten Jahrs vier Triebe an jedem Arm, einschließlich der Langtriebe, an den ursprünglichen Rippen als Zusatzrippen auswählen. Wenn sie länger werden, diese an vom Stamm sternförmig nach außen gerichteten Bambusstäben festbinden. Im darauffolgenden Frühling diese Rippen um etwa ein Drittel auf nach unten weisende Augen kürzen. In der Wachstumszeit neue, günstig plazierte Seitensprosse anbinden, die dann den Fächer ausfüllen.

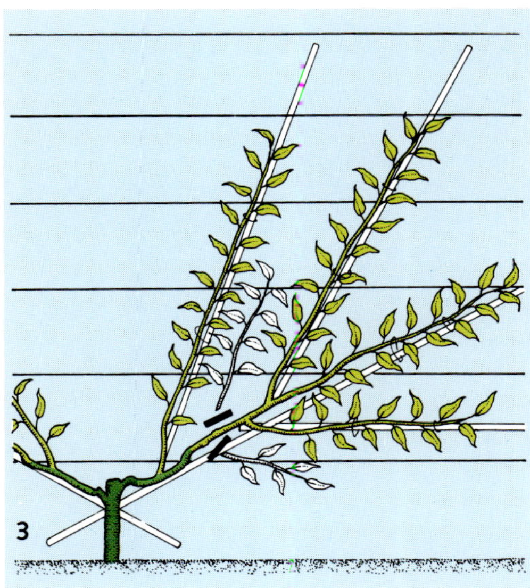

Schnitt am fruchtenden Baum

Wie bei Büschen gilt es auch hier, ständig dafür zu sorgen, daß altes, bereits abgetragenes Holz durch junges ersetzt wird. Im Frühjahr und Frühsommer daher die jungen, auf den Gerüstästen wachsenden Triebe auslichten, bis sie untereinander einen Abstand von 10 – 15 cm haben. Die biegsamen jungen Sprosse, die belassen werden, sollten Sie an den Drähten festbinden und in der Vegetationsperiode weiterwachsen lassen. Von jedem Seitentrieb bleibt ein Basaltrieb stehen. Er bringt dann im Sommer den Ertrag. Nach dem Ernten die abgetragenen Äste bis zu den Ersatztrieben an der Basis zurückschneiden.

Ältere Bäume tragen manchmal spärlicher, außer an den äußeren Fächerenden. In diesem Fall schneidet man im Spätsommer oder zu Frühlingsbeginn am besten die drei- oder vierjährigen Triebe auf junge Seitentriebe zurück. Bei starkwüchsigen, gesunden Bäumen kann jedes Jahr bis zu einem Viertel des älteren Holzes ersetzt werden.

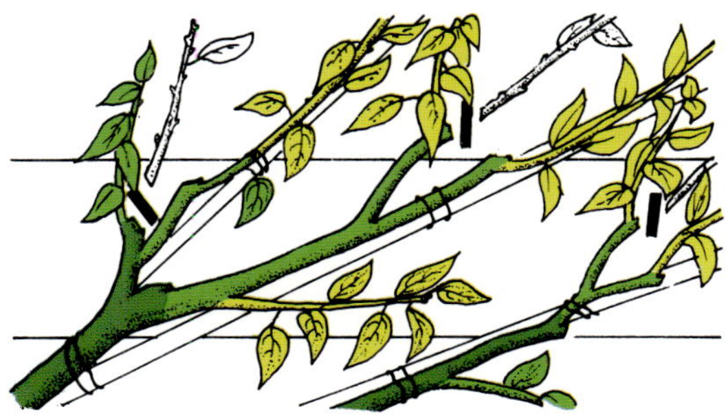

SCHNITT AM FRUCHTENDEN FÄCHER

Nach der Ernte erfolgt im Spätsommer der Rückschnitt der abgetragenen Seitenäste auf junge, an ihrer Basis sitzende Ersatztriebe.

PFIRSICHE

Oben: In den kühlen und gemäßigten Breiten werden Pfirsiche oft an einer sonnigen Wand erzogen. So kann die Blüte gegen Frost geschützt werden, und die von der Wand abstrahlende Wärme unterstützt den Reifeprozeß.

Ganz rechts: Die dichten kugeligen Kronen von Zwergpfirsichen kommen ohne Schnitt aus.

Bei Pfirsichen, Nektarinen (glattschalige Pfirsichsorten) und Mandeln wird der gleiche Schnitt angewendet. Sie alle blühen zu Frühjahrsbeginn. In gemäßigten Zonen werden sie gerne zu Fächerspalieren an sonnigen Wänden oder Zäunen erzogen, wo sie von der abstrahlenden Wärme profitieren und weniger frostgefährdet sind als auf freier Fläche.

Vor der Züchtung genetisch kompakter Pfirsichbäume eignete sich im Treibhaus lediglich das Fächerspalier für den Anbau von Pfirsichen und Nektarinen.

Mandeln werden im gemäßigten Klima hauptsächlich wegen ihrer wunderschönen Blüte angepflanzt.

Die mittelstark wachsende Pflaumenunterlage St. Julien A ist am gebräuchlichsten, denn Pfirsichunterlagen sind starkwachsend. Bei einigen Baumschulen sind auch zwischenveredelte Bäume auf der schwachwachsenden Unterlage Pixy erhältlich.

Genetisch kompakte, in etwa 1,10 m Höhe auf Pfirsichunterlagen veredelte Pfirsiche bilden eine schwachwachsende Krone. Bei ihnen ist kein Schnitt erforderlich. Wenn Sie sie in Kübeln pflanzen, können sie zwischen Spätherbst und Frühling untergestellt werden.

Bakterienbrand und Bleiglanz sind schwere Erkrankungen des Pfirsichs, der Nektarine und der Mandel. Das Entfernen von schwachen Trieben, zum Beispiel beim Aufbauschnitt, wird im allgemeinen zu Frühjahrbeginn durchgeführt. Am geringsten ist das Infektionsrisiko jedoch beim Sommerschnitt. Schnittwunden, die über 6 mm Durchmesser haben, umgehend mit Wundwachs behandeln!

BÜSCHE

Nur in warmen Regionen ist mit einer regelmäßigen Ernte zu rechnen. Nektarinen entwickeln sich in gemäßigten Breiten als Buschformen eher schlecht.

Erziehungsschnitt

Der Erziehungsschnitt ist dem der Buschpflaumen sehr ähnlich (siehe S. 154). Ziel ist, durch den Rückschnitt des Mitteltriebs und durch den über mehrere Jahre fortgesetzten Schnitt der Leittriebe ein Gerüst aus Primär- und Sekundärästen aufzubauen.

Ein garnierter Jungbaum sollte möglichst zu Beginn der Vegetationsruhe gepflanzt werden. Mit dem Schnitt wartet man bis zum Frühjahrsanfang. Den Mitteltrieb dann 60 – 80 cm über der

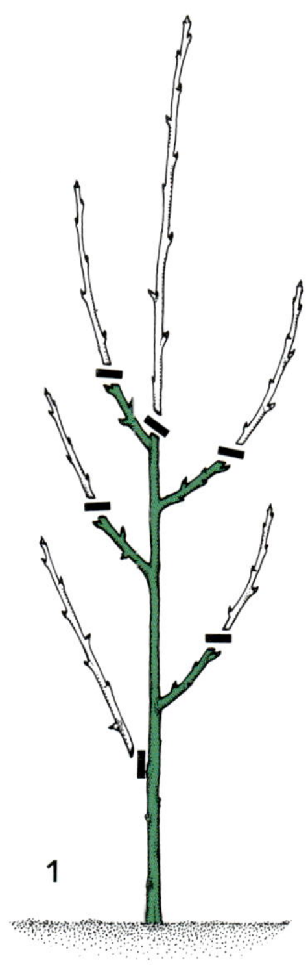

BUSCHERZIEHUNG

1 Zu Frühjahrsbeginn die Hauptachse eines garnierten Jungbaums 60 – 80 cm über dem Boden, direkt oberhalb des obersten Seitentriebs, abschneiden. Ausgewählte Seitentriebe um zwei Drittel kürzen, unerwünschte Triebe entfernen.

2 Zu Beginn des zweiten Frühjahrs acht bis zehn Leittriebe für die Bildung des Astgerüsts bestimmen. Diese um die Hälfte auf nach außen weisende Augen kürzen. Schlechtplazierte Sprosse entfernen und alle übrigen auf 10 cm kürzen.

3 Im dritten Standjahr zu Früjahrsbeginn krankes, totes und schadhaftes Holz beseitigen sowie dünne, zu dicht wachsende Sproßsysteme auslichten. Leittriebe um etwa die Hälfte auf nach außen weisende Augen zurücknehmen. Unterhalb der Krone wachsende Sprosse entfernen.

Erde abschneiden, und zwar direkt über dem obersten von vier bis sechs als Primäräste geeigneten Seitentrieben.

Diese Seitentriebe sollten Sie um zwei Drittel auf nach außen weisende Augen einkürzen und unerwünschte Seitentriebe vollständig entfernen. Durch diese Schnittmethode entwickeln sich Verlängerungs- und Seitentriebe.

Im darauffolgenden Frühling acht bis zehn Seitentriebe für den Gerüstaufbau auswählen. Diese um die Hälfte auf nach außen weisende Augen kürzen.

Schnitt des fruchtenden Baums

Durch den Schnitt soll der Ersatz des alten Holzes durch starkwüchsige neue Triebe gefördert werden. Dennoch müssen große Schnitte vermieden werden, da durch sie Krankheitserreger in die Pflanze eindringen können. Jedes Frühjahr einen allgemeinen Erhaltungsschnitt durchführen, bei dem zu dicht und über Kreuz wachsende Seitentriebe sowie totes oder schadhaftes Holz beseitigt werden. Anschließend einige der älteren verkahlten Äste auf gutplazierte Seitentriebe zurücknehmen. Die anderen Äste benötigen keinen Schnitt, außer diejenigen, die durch das Gewicht der vorherigen Ernte nach unten gebogen worden sind.

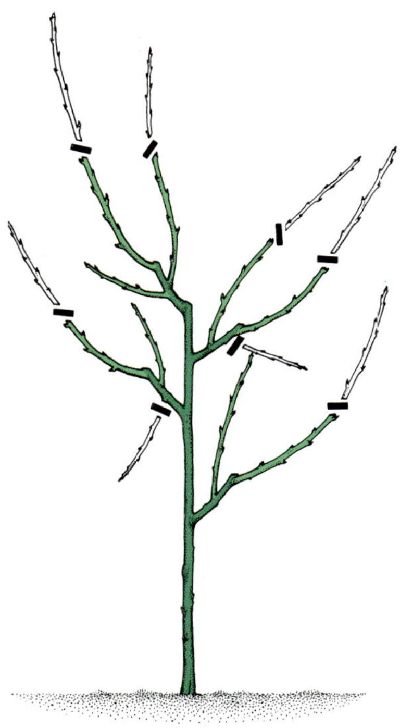

2

3

DER FRUCHTENDE BAUM
Zu Frühjahrsbeginn werden schadhafte, kranke, abgestorbene, sich kreuzende und zu dicht wachsende Äste entfernt. Ein bis zwei ältere Äste auf starkwüchsige junge Triebe zurücknehmen. Nicht zuviel schneiden!

Pfirsiche als Fächerspaliere

Bei Pfirsich- oder Nektarinenspalieren möchte man erreichen, daß auf einem kurzen Stamm gleichmäßig sternförmig verteilte Rippen wachsen. Mit der Unterlage St. Julien A benötigt man hierfür eine Wand von mindestens 1,80 m Höhe und 4,50 m Breite. Vor dem Pflanzen waagerecht verlaufende Drähte ab 40 cm über dem Boden in jeweils 15 cm Abstand voneinander befestigen. Manchmal sind Pfirsiche und Nektarinen bereits als teilweise erzogene Fächer im Handel erhältlich.

Erziehungsschnitt

Zunächst wird ein Jungbaum zu Beginn des Frühjahrs zurückgeschnitten, damit sich in angemessener Höhe Seitenverzweigungen entwickeln, die dann die Fächerrippen bilden. In den darauffolgenden Jahren entstehen durch Kürzung der Rippen oder Leittriebe weitere Verzweigungen. Diejenigen, die benötigt werden, um den Fächer auszufüllen, werden innerhalb der Vegetationsperiode an Bambusstäben festgebunden, die in einem 45-Grad-Winkel an den Drähten befestigt sind.

Pfirsiche pflanzt man am besten früh innerhalb der Vegetationsruhe, der Pflanzschnitt erfolgt allerdings erst zu Frühlingsbeginn. Wenn ein Jungbaum zwei kräftige Seitentriebe rechts und links neben dem untersten Draht aufweist, wird der Mitteltrieb auf den obersten eingekürzt. Aus diesen Seitentrieben können sich die ersten Rippen bilden, die an Bambusstäben geführt werden.

EINEN FÄCHER AUFBAUEN

Einen garnierten Jungbaum zu Frühjahrsbeginn auf einen Seitentrieb in etwa 60 cm Höhe zurückschneiden. Unter diesem sollten sich auf beiden Seiten des Stamms Seitensprosse oder Augen befinden, die zu Fächerrippen erzogen werden können. Alle anderen Seitensprosse auf ein Auge kürzen.

1 Den obersten Seitentrieb vertikal erziehen und im Hochsommer auf den obersten Seitensproß zurücknehmen. Den Neutrieb von Seitenästen nach und nach an Bambusstäben festbinden.

2 Im zweiten Standjahr erfolgt zu Beginn des Frühjahrs der Rückschnitt der beiden Arme auf 30–50 cm vom Stamm entfernte Holz- oder Dreifachknospen.

3 In der Wachstumsperiode vier Sprosse an jedem Arm auswählen, die die Rippen bilden sollen. Diese an den Bambusstäben festbinden. Alle anderen Triebe auf ein Blatt kürzen.

4 Im dritten Standjahr zum Frühlingsanfang die Leittriebe um ein Drittel auf nach unten weisende Augen kürzen. Dies wiederholen und neue Sprosse einerziehen, bis der Fächer vollständig ist.

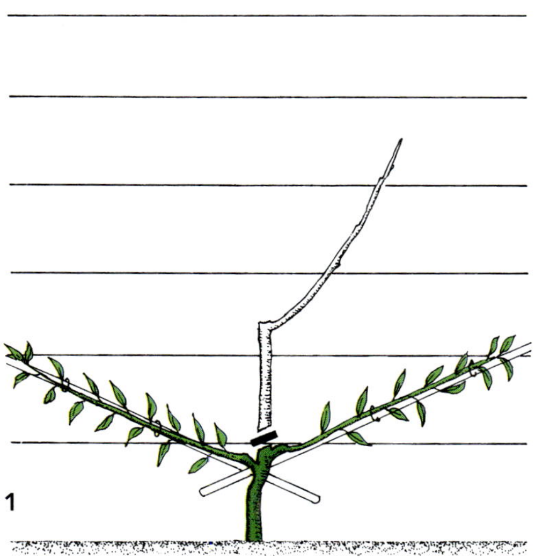
1

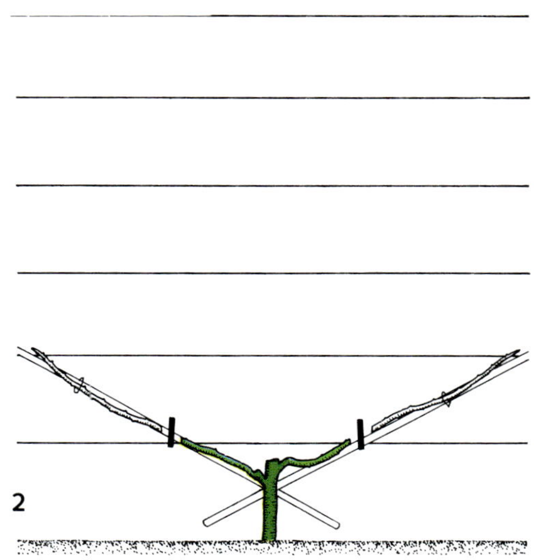
2

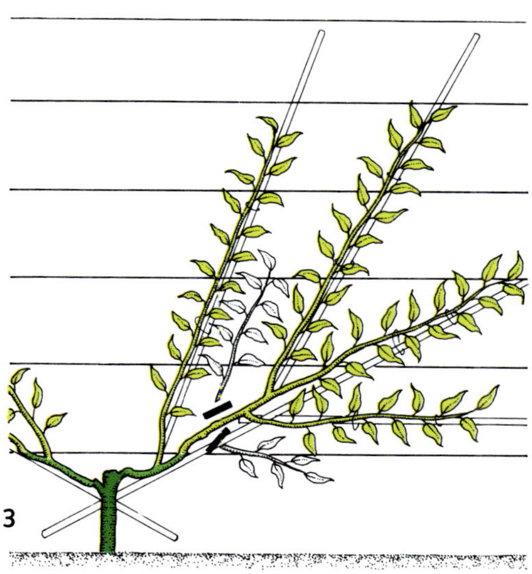
3

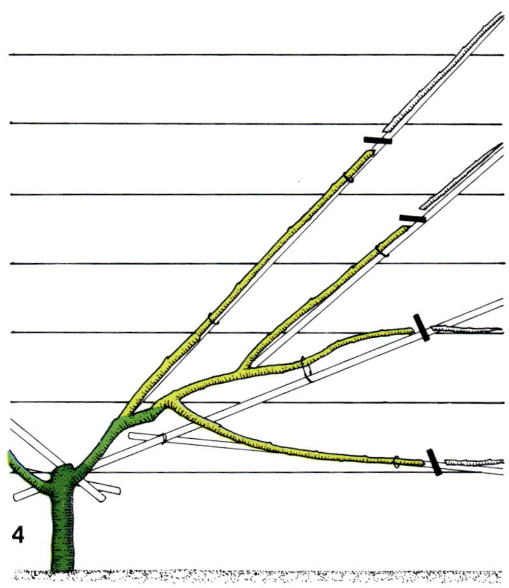
4

Den Stamm schwachverzweigter Jungbäume möglichst auf einen in etwa 60 cm Höhe abgehenden Seitentrieb einkürzen. Unterhalb dieses Seitentriebs sollten sich zwei weitere Seitentriebe oder Blattknospen befinden, die rechts und links vom Stamm erzogen werden können und die ersten Rippen bilden. Blattknospen sind schlank und spitz, Blütenknospen hingegen dick und rund. Manchmal kann es notwendig sein, auf eine aus einer Blatt- und zwei Blütenknospen bestehende Dreifachknospe zurückzuschneiden.

Am Anfang dürfen sich drei Triebe entwickeln, einer auf jeder Seite und einer senkrecht in der Mitte. Im Frühsommer wird der vertikale Trieb auf den obersten der lateralen Langtriebe zurückgenommen. In der ersten Vegetationsperiode die zwei Seitentriebe an den schräg angebrachten Bambusstäben anbinden, sobald sie eine Länge von etwa 50 cm erreicht haben. Im Frühling des zweiten Standjahrs die beiden Seitenäste jeweils auf 30 – 50 cm vom Stamm entfernte Blatt- oder Dreifachknospen einkürzen. Man wählt von denjenigen Trieben, die sich während der Wachstumsperiode entwickeln, von jedem Seitenast vier als Fächerrippen aus. Sie dürfen nicht zu nahe beieinanderstehen und werden an Bambusstäbe gebunden. Einer bildet die Verlängerung des Seitenasts, zwei darüber verlaufen steiler und einer darunter fast ganz flach. Andere Triebe, die sich entwickeln, werden auf ein Blatt gestutzt.

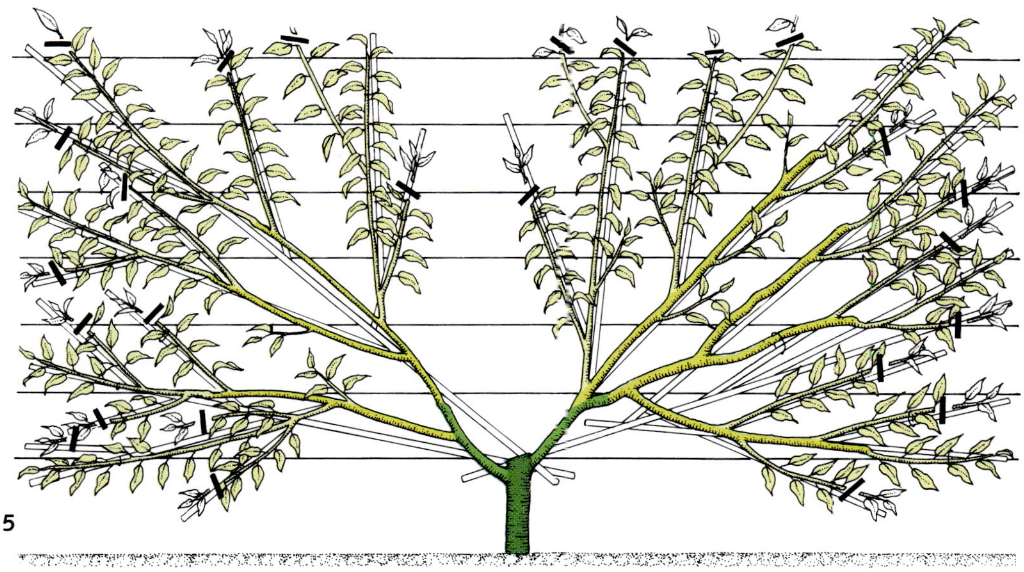

5

5 Im Sommer des dritten Jahrs Langtriebe und dort, wo Platz vorhanden ist, junge Triebe einerziehen, die den Fächer ausfüllen. Im Spätsommer alle jungen Seitentriebe, die nicht als Rippen benötigt werden, auf etwa 50 cm kürzen und festbinden. Im Jahr darauf entwickeln sich dort Blüten.

1

2

ERNEUERUNGSSCHNITT AM FÄCHER

1 Im Spätfrühling ein Ersatztriebpaar an jedem fruchtenden Seitentrieb auswählen, eines nahe der Basis und einen Reservetrieb nahe der Mitte. Bei diesen sowie am Zuwachs der fruchtenden Seitentriebe erfolgt kein Schnitt. Alle anderen Seitenäste jedoch bis auf zwei Blätter kürzen.
Wenn die Ersatz- und Reservetriebe 50 cm lang sind und der Neutrieb sechs Blätter hat, bei allen die Triebspitzen pinzieren.

2 Unmittelbar nach der Ernte erfolgt der Rückschnitt jedes abgetragenen Seitentriebs bis auf den basalen Ersatz- oder den Reservetrieb.

Im Sommer dürfen die Seitentriebe ungestört wachsen, und wo Platz ist, werden neue Triebe sternförmig nach außen geführt und an Bambusstäben festgebunden. Die Bäume beginnen im darauffolgenden Jahr an den Trieben zu fruchten, die sich entlang der Rippen entwickelt haben. Diese Seitentriebe sollten auf der Rippenober- und -unterseite in Abständen von 10 – 15 cm verlaufen. Die überflüssigen Seitenzweige auf ein Blatt kürzen und diejenigen, die zur Wand hin wachsen und nicht parallel zur Rippe zurückgebunden werden können, entfernen. Im Spätsommer neue Seitentriebe pinzieren, die für die Fächerrippen nicht benötigt werden.

Schnitt des fruchtenden Baums

Damit der Fächer auch weiterhin gut trägt, muß ein jährlicher Schnitt erfolgen, bei dem abgetragenes Seitenholz entfernt und durch neue Triebe ersetzt wird. Im Spätfrühling werden Sprosse, die zur Wand oder aus dem Fächer hinauswachsen, entfernt. Wenn es nur wenige Seitentriebe gibt, kann man diese manchmal auch stehenlassen und parallel zu den Rippen binden. Die meisten davon müssen dennoch entfernt werden, aber wenn sich an ihrer Basis Blütenknospen befinden, kann man auf ein bis zwei Blätter zurückschneiden und so die Blütenknospen erhalten.

Die Seitentriebe, die im Sommer Früchte tragen, blühen und bilden Seitensprosse. Wählen Sie einen Seitensproß an der Basis als Ersatz- und einen anderen in der Mitte als Reservetrieb aus. Diese beiden Triebe sowie die Triebe an der Spitze des fruchtenden Seitenzweigs können Sie wachsen lassen, die anderen Seitensprosse werden jedoch auf zwei Blätter gekürzt. Wenn der Ersatz- und der Reservetrieb ca. 50 cm Länge erreicht haben und der fruchtende Seitentrieb sechs Blätter aufweist, können Sie alle drei pinzieren.

Damit die Früchte schön groß werden, muß auf jeden Fall ausgedünnt werden. Dies erfolgt in zwei Arbeitsschritten: im Frühsommer, wenn die Früchte etwa haselnußgroß sind, werden dort, wo mehrere Früchte beieinanderhängen, alle bis auf eine ausgebrochen, damit diese genügend Platz hat, sich zu entwickeln. Die Früchte sollten etwa 10 cm voneinander entfernt hängen. Wenn die Früchte etwa walnußgroß sind, wird erneut ausgelichtet. Der endgültige Abstand der Nektarinen untereinander sollte etwa 15 cm, bei Pfirsichen ca. 20 cm betragen.

Die abgetragenen Seitenzweige werden sofort nach der Ernte entfernt und bis auf die Ersatztriebe zurückgenommen. Sollte der basale Ersatztrieb beschädigt oder schwach sein, auf den Reservetrieb zurückschneiden.

Oben und ganz oben: Pfirsichfächer im Freien oder im Gewächshaus bleiben nur dann fruchtbar, wenn jährlich ein Teil des alten Holzes entfernt wird. Um qualitativ hochwertige Früchte zu erhalten, sollte man Anfang und Ende Juni einen Teil der Früchte in zwei Arbeitsgängen entfernen.

APRIKOSEN

Die Aprikose ist ein robuster, sommergrüner Baum, der einen frostfreien Frühling und warme Sommer braucht, um hochwertige Früchte hervorzubringen. In geeigneten Regionen, wie etwa den Mittelmeerländern, werden sie erfolgreich als Büsche oder Hochstämme kultiviert. In kühleren Klimazonen erzielt man mit an Wänden erzogenen Fächerspalieren die besten Ergebnisse. Diese Methode erleichtert es außerdem, die Blüte vor Frost zu schützen.

Im Handel sind Unterlagen unterschiedlicher Wuchsstärke erhältlich. Eine bei mittelgroßen Bäumen am weitesten verbreitete ist die mittelstark wachsende St. Julien A.

Aprikosen können leicht von Rindenbrand und Bleiglanz befallen werden. Das Infektionsrisiko kann verringert werden, indem der Schnitt im späten Frühjahr oder im Sommer erfolgt und sofort mit Wundwachs abgedeckt wird. Der Erziehungsschnitt wird normalerweise zu Beginn des Frühjahrs durchgeführt.

BUSCHBÄUME

Aprikosen mit etwa 70 – 90 cm Stammhöhe, kelchförmiger Krone und astfreiem Stamm werden im Prinzip wie Pflaumen behandelt (siehe S. 154). Sie müssen die ersten vier bis fünf Jahre gestützt werden, wobei der Stab sich bereits vor dem Pflanzen an Ort und Stelle befinden sollte und so angebracht sein muß, daß er direkt unterhalb der Krone endet.

Erziehungsschnitt

Unabhängig davon, ob der Jungbaum garniert ist oder nicht, soll der Rückschnitt der Stammverlängerung im Frühling die Entwicklung kräftiger Seitentriebe fördern, die zu Primärästen werden sollen. Für die Bildung einer ausgewogenen Krone wählt man vier gleichmäßig verteilte Äste aus, die zu Frühjahrsbeginn des zweiten Standjahrs um die Hälfte eingekürzt werden. Wie in allen Stadien des Erziehungsschnitts wird auch hier auf nach außen gerichtete Augen eingekürzt, damit die Krone in der Mitte locker wird. Zu Beginn des dritten Frühjahrs wählen Sie etwa acht kräftige, nach außen wachsende Sekundäräste aus, die dann das erweitere Astgerüst bilden sollen. Zwischen der Hälfte und zwei Dritteln des Zuwachses vom Vorjahr werden dabei zurückgeschnitten. Die Seitentriebe an der Peripherie des Baumes, die für das Astgerüst nicht benötigt werden, tragen im darauffolgenden Jahr Blüten und müssen nicht geschnitten werden. Diejenigen im Inneren der Krone sollten Sie jedoch auf etwa 10 cm kürzen.

Schnitt des fruchtenden Baums

Blühende Kurztriebe entwickeln sich ohne Schnitt an zwei- bis dreijährigem Holz. Bei erwachsenen Bäumen kann es daher nötig sein, alle zwei bis drei Jahre im Spätsommer einen Teil der älteren Seitentriebe herauszuschneiden, um die Bildung von vergreistem, unproduktivem Holz zu vermeiden. Dies geschieht in der Regel im Spätsommer, unmittelbar nach der Ernte, oder zu Beginn des Frühjahrs beim Aufbrechen der Knospen.

FÄCHERSPALIERE

Für Fächeraprikosen auf der Unterlage St. Julien A benötigt man eine mindestens 2,40 m hohe und 3,50 – 4,50 m breite Wand. Das sternförmige Rippenmuster, welches sich auf einem kurzen Stamm entwickelt, muß durch ein Drahtsystem gestützt werden, das vor dem Pflanzen an eine Wand oder einen Zaun montiert wird. Der unterste Draht sollte in 40 cm Höhe verlaufen, die anderen in Abständen von je 15 cm darüber.

Erziehungsschnitt

Der hier abgebildete Erziehungsschnitt eines Aprikosenfächers ähnelt dem für den Pfirsich beschriebenen (siehe S. 168).

Unten: In warmen, gemäßigten Klimazonen kann man Aprikosen als Busch in den Garten pflanzen. In kühleren Gegenden ist es jedoch angebracht, sie an einer sonnigen Wand als Fächer zu erziehen.

EINEN FÄCHER ERZIEHEN
Im ersten Standjahr wird zu Beginn des Frühjahrs ein unverzweigter Jungbaum über einer Holz- oder einer Dreifachknospe in etwa 40 cm Höhe abgeschnitten. Innerhalb der Vegetationsperiode den obersten Seitentrieb vertikal und einen Seitentrieb auf jeder Seite im 45-Grad-Winkel führen.

1 Zu Frühjahrsbeginn die Arme losbinden und auf 30 – 50 cm auf eine nach oben weisende Knospe kürzen. Die Stäbe um 5 – 10 Grad senken und daran erneut festbinden, nachdem die Seitenäste um die Hälfte gekürzt worden sind. Alle anderen Sprosse entfernen.

2 Im zweiten Sommer an jedem Arm vier kräftige Triebe zu Rippen erziehen, eine als Verlängerung des ursprünglichen Arms, zwei darüber und einen darunter. Diese Seitensprosse an Bambusstäbe binden, die anderen Sprosse wegschneiden.

3 Zu Beginn des dritten Standjahrs sollte der Fächer acht Rippen aufweisen. Zu Frühlingsbeginn jeden Leittrieb um etwa ein Drittel kürzen. Im Sommer dann neue Sprosse an den Leittrieben auswählen, aus denen zusätzliche Rippen werden sollen.

4 Im vierten Standjahr zu Frühjahrsbeginn die Leittriebe um etwa ein Viertel reduzieren. In der Wachstumszeit neue Triebe soweit nötig zur Vervollständigung des Fächers einbinden. Seitenäste, die nicht für das Rippengerüst benötigt werden, bleiben stehen, werden aber in einem Abstand von 10 – 15 cm ausgelichtet.

Schnitt am fruchtenden Baum

Aprikosen werden wie Pflaumen geschnitten (siehe S. 158). Zu Beginn des Frühjahrs alle Sprosse, die in Richtung Wand oder Zaun wachsen, sowie aus der allgemeinen Form wachsende Triebe ausbrechen. Die meisten Früchte wachsen an Kurztrieben auf ein- bis zweijährigem Holz. Um die Entwicklung dieses Fruchtholzes zu fördern, müssen Sie die Spitzen neuer Triebe im Spätfrühling oder Frühsommer abschneiden.

Große Schnitteingriffe sind nicht notwendig, aber da altes Holz verkahlen und unproduktiv werden kann, wird im Spätsommer, am besten alle zwei bis drei Jahre, ein Teil der älteren Seitentriebe erster und zweiter Ordnung entfernt.

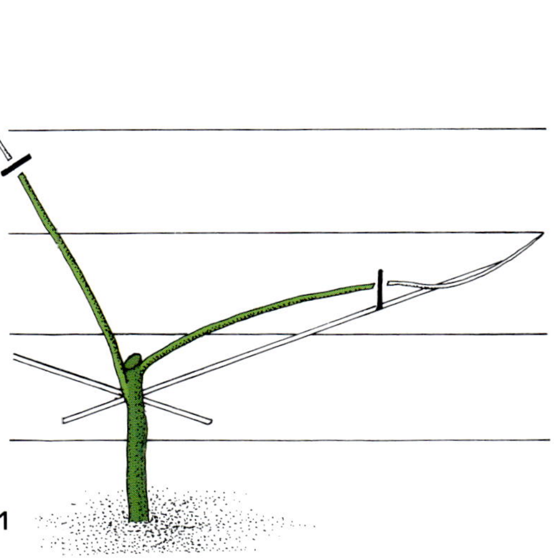
1

2

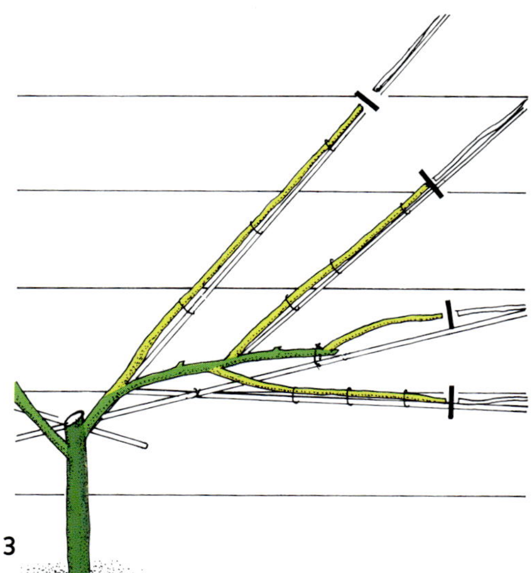
3

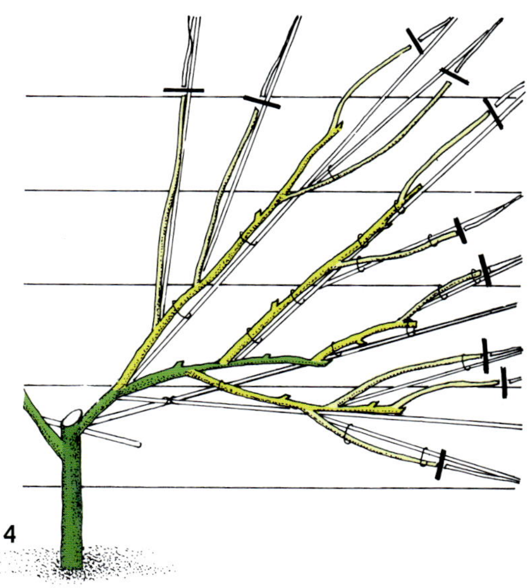
4

FEIGEN

Die Feige ist ein laubabwerfender Baum, der in gemäßigten Zonen ebenso wächst wie in tropischen und subtropischen Regionen der Welt. In warmen Regionen können zwei oder gar drei Ernten pro Jahr anfallen, in kühleren gemäßigten Zonen trägt der Feigenbaum nur im Weinbauklima oder bei entsprechendem Frostschutz. Der üblicherweise verwendete Feigentyp trägt auch als Einzelbaum ohne Bestäubung Früchte.

Ohne Wurzeleinengung wachsen Feigenbäume stark, werden groß und tragen wenig Früchte.

BÜSCHE UND HOCHSTÄMME

Büsche können Sie ohne weiteres in Kübel pflanzen, so daß die Pflanze im Winter untergestellt werden kann. Wenn Sie Feigenbüsche im Garten pflanzen wollen, achten Sie darauf, daß die entsprechende Stelle sonnig und geschützt ist. Die Wurzeleinengung, bei Fächern nur eine Empfehlung, ist hier unerläßlich, wenn der Baum eine moderate Größe behalten soll. Halbstämme und Hochstämme, bei denen sich in der Baumschule schon ein Teil des Astgerüsts gebildet hat und die manchmal als zwei- oder dreijährige Pflanzen im Handel sind, eignen sich nur für größere Gärten. Höherwüchsige Formen müssen gestützt werden.

Erziehungsschnitt

Ziel des Pflanzschnitts ist es, ein ausgewogenes Astgerüst von gewünschter Höhe zu schaffen. Beim Busch wären das etwa 90 cm, bei Halbstämmen 1,30 m, bei Hochstämmen 1,80 m. Im Fall eines jungen, nichterzogenen Baums werden alle Triebe bis auf einen starken entfernt, der dann zum Stamm wird. Binden Sie die Sprosse im Sommer an einen Stab oder an eine Bambusrute und erziehen Sie sie senkrecht. Zu Beginn des folgenden Frühjahrs wird die Stammverlängerung auf die gewünschte Höhe gekürzt. Einen Hochstamm, der nach einem Jahr noch nicht die gewünschte Höhe erreicht hat, sollte man noch ein weiteres Jahr wachsen lassen, bevor er angeschnitten wird. Unterhalb des Schnitts entwickeln sich Seitentriebe, von denen vier bis sechs nahe dem Stammende zu Primärästen erzogen werden sollten. Alle anderen Sprosse sind während der Vegetationsperiode zu entfernen. Zum Frühjahrsanfang des folgenden Jahres alle Leittriebe um etwa die Hälfte auf nach außen weisende Augen zurückschneiden.

Erhaltungsschnitt

Ist das Hauptgerüst einmal gebildet, muß nur noch wenig geschnitten werden. Am Anfang des Frühjahrs sollten Sie alle frostgeschädigten Triebe herausschneiden und zu dichte und sich kreuzende Triebe auslichten. Bei erwachsenen Bäumen wird jedes Jahr ein Teil des älteren Holzes entfernt und auf junge, kräftige Knospen zurückgeschnitten. Dort, wo potentielle Ersatztriebe nicht vorhanden sind, lassen Sie einen 2,5 cm langen Stummel stehen. Neue Triebe wachsen dann im Sommer.

Fächererziehung

Um eine gute Ernte zu erzielen, erzieht man Feigen in den kühleren und gemäßigten Zonen am besten als Fächerspaliere an sonnigen Wänden.

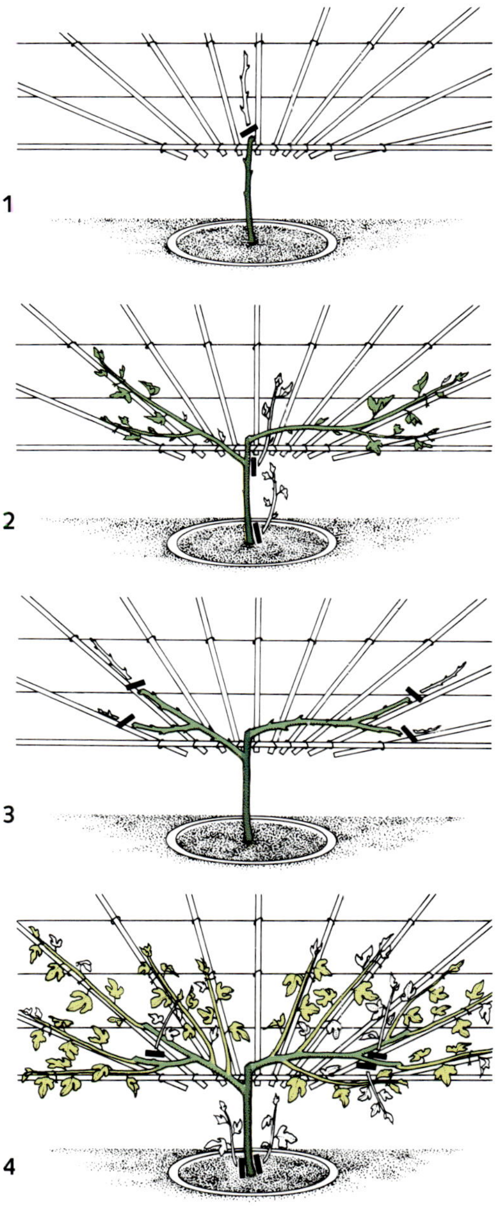

1

2

3

4

ERZIEHUNG EINES FÄCHERS

1 Drähte an einer sonnenbeschienenen Wand oder an einem Zaun in Abständen von 30 cm montieren und die Stäbe daran fächerförmig befestigen. Zwischen Spätherbst und Frühjahrsbeginn wird eine junge Feige in einen ins Erdreich versenkten Kübel oder in eine Grube gesetzt, die mit Betonplatten ausgelegt ist, was eine Wurzelbeschränkung nach sich zieht. Zu Beginn des Frühjahrs erfolgt der Rückschnitt der Stammverlängerung auf etwa 40 cm.

2 In der ersten Vegetationsperiode zwei gutplazierte Seitentriebe als erste Rippen an den Bambusstäben festbinden. Die Sprosse darunter entfernen.

3 Zu Frühlingsbeginn im zweiten Jahr die Rippenzweige etwa auf die Hälfte zurücknehmen.

4 In der nächsten Vegetationsperiode gutplazierte junge Triebe festbinden, die den Fächer ausfüllen sollen. Sprosse, die zur Wand hin wachsen, ausbrechen und aus der normalen Form herauswachsendes Holz auf drei Blätter reduzieren. Basistriebe sowie überflüssige Seitentriebe vollständig enfernen. Im folgenden Jahr diesen Vorgang wiederholen, um den Fächer zu vervollständigen.

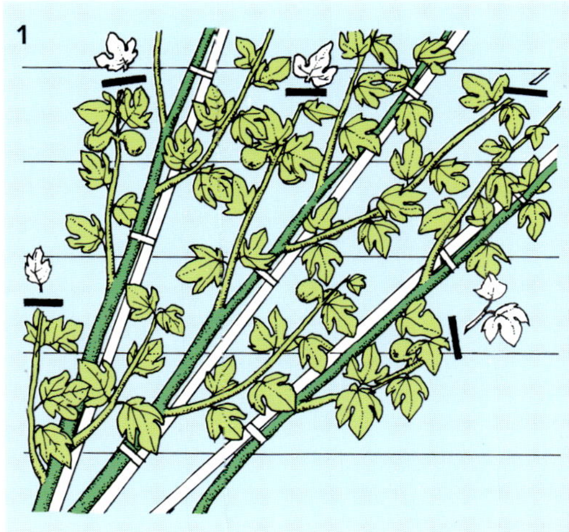

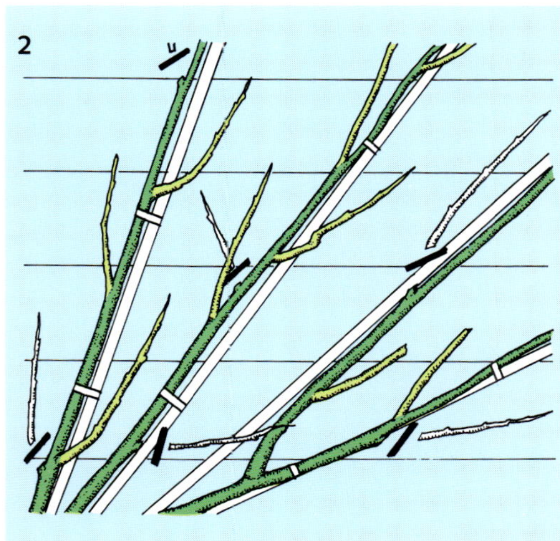

SCHNITT EINES AUSGEWACHSENEN FÄCHERS
1 Zwischen Früh- und Hochsommer bei etwa der Hälfte der aus den Rippen wachsenden Sprosse die Triebspitzen pinzieren. Triebe unterhalb der Schnittstelle nach und nach an den Drähten festbinden.

2 Im Spätherbst etwa die Hälfte der Sprosse, die im Sommer gefruchtet haben, auf 3 cm kürzen. Von den übrigen Trieben so viele stehenlassen, daß sie in Abständen von 20 – 30 cm voneinander festgebunden werden können. Überflüssige Triebe entfernen.

Unten: In kühlen, gemäßigten Breiten tragen Feigen zweimal, aber nur eine Ernte wird reif. Die Früchte bleiben den Winter über an der Pflanze hängen und entwickeln sich im darauffolgenden Sommer. Die Feigen, die auf jungem Holz entstehen, im Spätsommer entfernen!

Vor dem Pflanzen sollten Sie ein Drahtgerüst anbringen, wobei die Drähte mit Abständen von je 30 cm bis in mindestens 2,40 m Höhe reichen. Zur Wurzelbeschränkung wird ein Loch mit einer Kantenlänge von etwa 60 cm und 60 cm Tiefe gegraben, bis 2,5 cm über die Erde mit Betonplatten oder Steinen ausgekleidet und 20 – 25 cm tief mit Kies gefüllt. Eine andere Möglichkeit ist es, den Baum in einen Topf oder eine Betonröhre mit 50 – 60 cm Durchmesser zu pflanzen, die im Boden versenkt wird.

Erziehungsschnitt

Feigenfächer benötigen etwa drei bis vier Jahre, bis sie eine Wand bekleiden, und werden fast genauso aufgebaut wie Pfirsichfächer (siehe S. 168). Der Schnitt erfolgt zu Frühlingsbeginn, wenn die Frostgefahr gebannt ist. Im ersten Standjahr wird der Stamm, solange noch keine Seitentriebe vorhanden sind, auf ein Auge in 40 cm Höhe zurückgeschnitten. Wenn die Feige ein gutplaziertes Seitentriebpaar aufweist, wird es bis auf den obersten Trieb eingekürzt. Entfernen Sie alle anderen Seitensprossen und schneiden Sie die Rippen um maximal ein Viertel auf nach oben weisende Knospen zurück.

Zu Frühjahrsbeginn der folgenden Jahre werden die Leittriebe um etwa die Hälfte gekürzt, bis die Wand gänzlich bedeckt ist. Auf nach oben weisende Knospen schneiden und im Sommer die Sprosse an Stäben entlang erziehen, die an den Drähten befestigt sind.

Schnitt des fruchtenden Fächers

Ziel des Schnitts ist die Bildung junger Triebe, allerdings nur so vieler, daß Holz und Früchte nicht durch zu dichtes Wachstum beschattet werden und so nicht mehr ausreifen. Die Schnittmethode hängt von der Zahl der möglichen Ernten pro Jahr ab.

In kühlen, gemäßigten Breiten entwickeln sich im Spätsommer kleine Früchte an oder in der Nähe der Spitze junger Sprosse. Wenn diese erbsengroßen Früchte den Winter überleben, haben sie gute Chancen, bis zum Spätsommer oder Frühherbst des darauffolgenden Jahrs zu reifen. Die zweite Ernte, die sich im Frühling an neuen Trieben entwickelt, reift im allgemeinen nicht mehr und sollte im Spätherbst enfernt werden. Wenn Sie zwischen Früh- und Hochsommer die Triebspitzen aller jungen Sprosse des Rippengerüsts pinzieren, werden tiefersitzende Knospen dazu angeregt, auszutreiben. Bei Feigen, die im Kalthaus gepflanzt werden, sollten Sie die Sprosse bis zum vierten Blatt kürzen. Die Triebe, die sich aufgrund des Pinzierens entwickeln, müssen nach und nach an den Drähten festgebunden werden.

Durch das Auslichten unfruchtbarer Äste im Hochsommer erhalten die anderen Pflanzenteile mehr Licht, so daß Holz und Früchte reifen können. Damit sich im nächsten Frühling neue Triebe bilden können, wird im Spätherbst die Hälfte der abgetragenen Äste auf 2,5 cm zurückgeschnitten. Die verbleibenden Triebe sollten etwa 25 – 30 cm voneinander entfernt sein. Alle überflüssigen Triebe entfernen und die anderen an den Drähten festbinden.

In warmen Klimaten oder in beheizten Treibhäusern, in welchen Feigen zwischen Hochsommer und Herbst bis zu drei Ernten hervorbringen können, kürzen Sie die Hälfte der abgetragenen Triebe nach der ersten Ernte auf zwei Blätter. Diesen Vorgang wiederholen Sie nach jeder Ernte.

Sollte bei erwachsenen Feigenfächern ein Gerüstast unfruchtbar werden, muß dieser zu Frühjahrsbeginn herausgeschnitten und ein starkwüchsiger junger Trieb nahe der Basis als Ersatz gezogen werden.

OBSTGEHÖLZVERJÜNGUNG

Auch wenn es oft am besten scheint, alte, ungepflegte und verstümmelte Obstgehölze ganz zu entfernen, ist eine Verjüngung manchmal möglich und lohnenswert. Jeder Fall muß individuell beurteilt werden. Hohes Alter, Befall mit Krankheiten wie Bleiglanz und Rindenbrand sowie kümmerliches Wachstum aufgrund schlechter Wachstumsbedingungen sind Gründe, drastische Maßnahmen zu ergreifen. Der Schnitt ist in Verbindung mit Schädlings- und Krankheitsbekämpfung sowie guter allgemeiner Pflege ein Teil der Verjüngung. Es gibt auch noch immer Situationen, in denen sich die traditionellen Techniken des Ringelns und des Wurzelschnitts bewähren.

Schnitte an überalterten Bäumen

Bäume, bei denen nie oder über mehrere Jahre hinweg kein Schnitt vorgenommen wurde, blühen unter Umständen reichlich, tragen aber nur kleine, von Schädlingen und Krankheiten befallene Früchte. Schädlings- und Krankheitsbekämpfung sollten in den Schnitt überalterter Bäume mit einbezogen werden. Zunächst totes, krankes und beschädigtes Holz sowie sich kreuzende oder aneinanderreibende Äste entfernen. Auch Äste, die die Baumform stören oder zu dicht stehen, werden beim Auslichten entfernt. Bei Äpfeln oder Birnen können Sie diesen Schnitt im Winter vornehmen. Bei Pflaumen und Zwetschgen, die wahrscheinlich auf starkwachsenden Unterlagen veredelt sind, und bei jedem anderen Steinobst sollte der Schnitt nur im Frühling oder im Sommer erfolgen, da Bleiglanzinfektionen dann am unwahrscheinlichsten sind.

Links: Verjüngungsschnitte an vernachlässigten Fruchtgehölzen sollten über mehrere Jahre verteilt werden. Der scharfe Rückschnitt dieses alten Apfelbaums in einem einzigen Sommer führt wahrscheinlich zur Produktion einer großen Zahl unbrauchbarer Triebe.

Schnitt zur Wiederherstellung verkümmerter Bäume

Fruchtgehölze verkümmern häufig, wenn ihnen andere konkurrierende Pflanzen Wasser und Nährstoffe streitig machen. Zur Vorbeugung beseitigen Sie diese Pflanzen und bringen Dünger bzw. eine Mulchschicht auf. Dies ist bereits der erste Schritt zur Wiederherstellung des Baums und zur Anregung eines gesunden Wachstums. Der Schnitt selbst beschränkt sich auf das Auslichten von zu dicht wachsendem Fruchtholz und auf den drastischen Rückschnitt von Jungholz. Der Baum sollte mit einem neuen Stützpfahl versehen und ein, zwei Jahre alle oder die meisten kleinen Früchte entfernt werden. Auf diese Art kann sich die Energie des Baums auf die vegetative Entwicklung konzentrieren. Sobald der Baum wieder normales Triebwachstum aufweist, kann man zum normalen Schnitt zurückkehren.

PFLAUMEN VERJÜNGEN
Entfernt werden:
1 überproportional große Äste, Äste, die sich kreuzen oder die schlecht plaziert sind,

2 verbleibendes abgestorbenes, krankes oder beschädigtes Holz sowie Stockausschläge und Austriebe am Stamm,

3 zu dichte Äste und Zweige. Alle Maßnahmen im nächsten Jahr wiederholen.

1

2

3

RINGELN
1 Mitte bis Ende Frühjahr (zwischen dem Ballonstadium und Blütenblattfall) an der Rinde einen fast ganz um den Stamm herumreichenden, etwa 2 cm breiten Ring herausschneiden. Ein gut 3 cm langes Stück Rinde bleibt stehen.

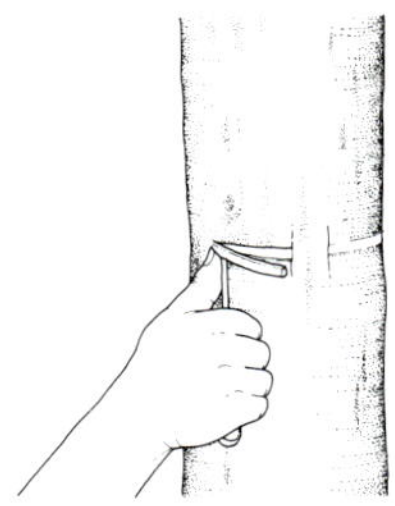

1

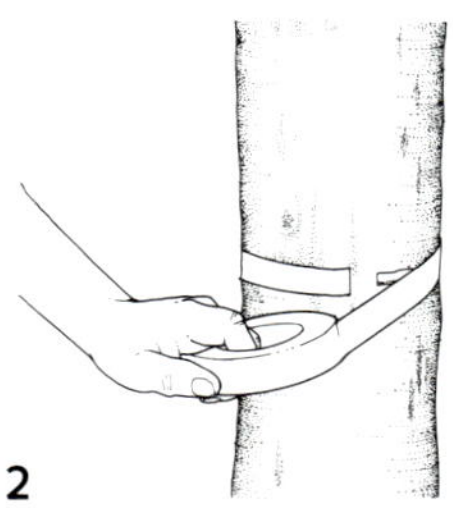

2

2 Den Schnitt sofort mit Wundwachs verschließen. Diese Wunde bildet in der folgenden Vegetationsperiode einen Kallus.

WURZELSCHNITT
Im Spätherbst oder Winter einen 50–60 cm breiten und 50 cm tiefen Graben innerhalb des Kronenbereichs ausheben. Dicke und holzige Wurzeln durchschneiden, die Faserwurzeln jedoch belassen und den Graben wieder zuschütten. Bei erwachsenen Bäumen den Vorgang über zwei Jahre ausdehnen.

Schnitt extrem starkwüchsiger Bäume
Eine einfache Maßnahme um das Wachstum starkwachsender Bäume zu bremsen ist, um den Baum herum Gras zu säen. Einer der Hauptgründe für übermäßiges Triebwachstum ist übrigens eine Folge scharfer Rückschnitte.

Bei Äpfeln und Birnen, die am häufigsten betroffen sind, muß sich daher der in diesem Fall notwendige Schnitt über zwei bis drei Jahre verteilen. Im ersten Winter kann totes, krankes und beschädigtes Holz beseitigt werden. Gleichzeitig beginnen Sie mit dem Wiederherstellungsschnitt: Gesundes Holz wird teilweise weggeschnitten, sich kreuzende und zu dicht stehende Äste bis auf einen kräftigen Hauptast zurücknehmen.

Sie sollten die Äste stehenlassen, die nach außen wachsen, denn waagerecht wachsende Äste tragen früher Früchte als senkrechte. In den darauffolgenden Jahren kann dann im Winter wieder mehr geschnitten werden, was allerdings das Wachstum fördert, während Sommerschnitte es weniger anregen. Die Seitentriebe der laufenden Vegetationsperiode, die an der Basis verholzen und mindestens 30 cm lang sind, können Mitte August auf fünf Blätter reduziert werden.

Ringeln bei extrem starkwüchsigen Bäumen
Das Ringeln ist einer der letzten Auswege, um extrem starkwüchsige Apfel- oder Birnbäume in Ertrag zu bringen. Diese Technik läßt sich zum Beispiel für Bäume verwenden, bei denen die Veredelungsstelle zwischen Edelsorte und Unterlage unter der Erde verschwunden ist, mit der Folge, daß die Edelsorte Wurzeln getrieben und die Unterlage dadurch ausgeschaltet hat. Einen Baum über seinen gesamten Umfang zu ringeln, kann allerdings zum Absterben desselben führen!

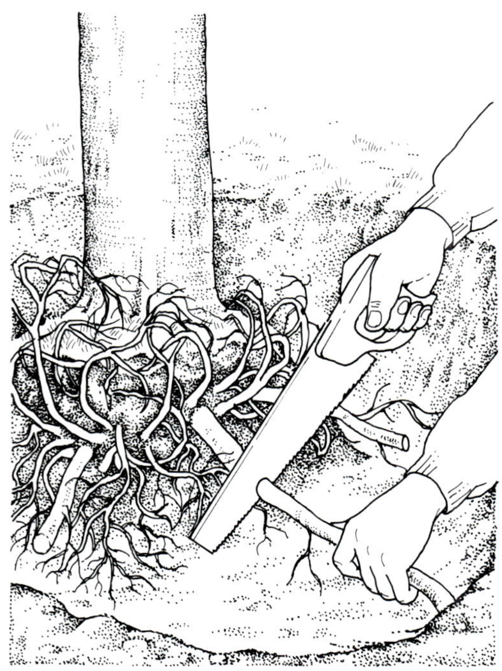

Wurzelschnitt an extrem starkwüchsigen Bäumen
Vernünftigerweise sollte man es tunlichst vermeiden, sich am Wurzelsystem von Obstgehölzen zu vergreifen. In der Vergangenheit war jedoch der Wurzelschnitt eine weitverbreitete Technik, die sehr stark wachsende Bäume zur Bildung von Blütenknospen anregen sollte. Mittlerweile verfügt man aber über schwachwachsende Unterlagen, was zur Folge hat, daß diese Methode nicht mehr gebräuchlich ist, aber dennoch von Zeit zu Zeit und hauptsächlich bei Pflaumen und Feigen Anwendung findet.

Wenn der extrem starkwüchsige Baum weniger als fünf Jahre alt ist, empfiehlt es sich, ihn im Winter aus der Erde auszugraben und gleich darauf an derselben oder an anderer Stelle wieder einzusetzen, wobei seine Ausrichtung zur Sonne nicht verändert werden sollte. Die Faserwurzeln können Sie lassen, aber alle dicken Wurzeln sind mit dem Spaten oder der Gartenschere durchzutrennen. Der wieder eingepflanzte Baum muß neu gestützt und in trockenen Phasen des folgenden Frühlings und Sommers gut gewässert werden.

Ältere Bäume schneidet man, ohne sie aus der Erde zu nehmen. Bei gesunden, starkwachsenden Bäumen kann diese Aktion in einer Vegetationsperiode durchgeführt werden, allerdings sollte man sie bei älteren Bäumen auf zwei Jahre verteilen. Für den Fall, daß der Wurzelschnitt innerhalb einer Vegetationsperiode erfolgen soll, wird um den Baum herum eine Kreis mit einem Radius von 1,50 m gezogen. Die Kreisgröße muß eventuell der Baumgröße angepaßt werden: Der Umfang sollte nur wenig geringer sein als der Umfang der Krone. Innerhalb des Kreises heben Sie nun einen Graben von 50–60 cm Breite und 50 cm Tiefe aus und holen die sichtbar werdenden Faserwurzeln heraus. Soll der Schnitt in zwei Stufen erfolgen, heben Sie die erste Kreishälfte im ersten Jahr und die zweite im darauffolgenden Jahr aus. Den Graben anschließend wieder mit Erde zuschütten und eine Mulchschicht gutverrotteten Komposts oder Dünger aufbringen. Es ist ratsam, den Baum erneut zu stützen und dafür zu sorgen, daß er im darauffolgenden Frühling und Sommer gut gewässert wird.

ANDERE OBSTGEHÖLZE

In den gemäßigten Zonen der Welt beschränkt sich der Anbau von Obst auf einige wenige Arten. Erwerbsobstbauern und Hobbygärtner konzentrieren sich auf Äpfel und Birnen und, in geringerem Maße, auf Steinobst. Da es hiervon viele Sorten gibt, vor allem bei Äpfeln und Birnen, kann der Anbauer Pflanzen auswählen, die den jeweiligen Wachstumsbedingungen optimal angepaßt sind. Er ist so in der Lage, die Erntezeit zu verlängern und kann Früchte unterschiedlichster Aussehens und Geschmacks ernten.

Dennoch sind es nur sehr wenige der üblichen Bäume wert, aufgrund des besonderen Charakters ihrer Früchte angebaut zu werden. Hierzu gehören die pikant-aromatische Quitte, die herbe Maulbeere und verschiedene Nüsse. Einige dieser Früchte findet man nur noch in Privatgärten. Erwerbsobstbauern kultivieren sie nicht mehr, und es ist fast unmöglich, sie auf Märkten oder im Handel zu entdecken. Die meisten dieser für das gemäßigte Klima geeigneten Früchte sind aber dankbare Gartenpflanzen: sie müssen nur relativ wenig geschnitten werden und sind zudem eine Zierde für den Garten.

Die Beschreibung des Schnitts und der Erziehung tropischer Früchte würde den Rahmen dieses Buchs sprengen, aber neben den weniger üblichen Obstarten gemäßigter Zonen werden einige Bäume besprochen, die in gemäßigten oder subtropischen Klimaten wachsen können. Einige davon, darunter auch Wildarten, Hybriden und Sorten von Zitrusbäumen, werden gerne in kühlen und gemäßigten Breiten unter Glas angepflanzt. In der Regel liefern diese Bäume, auch ohne komplizierte Schnitteingriffe und Erziehung, eine gute Ernte, und es lohnt sich daher, sie in Gärten zu pflanzen, die die entsprechenden Wachstumsbedingungen erfüllen.

Unten: Der Ölbaum toleriert heiße und trockene Sommer und ist daher im Mittelmeerraum und in anderen Regionen mit ähnlichem Klima häufig anzutreffen. Wenn der Schnitt früh erfolgt und sich ein kräftiges Astgerüst bilden kann, sieht er ausgesprochen dekorativ aus.

Oben: Die Quitte wird hauptsächlich wegen ihrer aromatischen Früchte angebaut. Sie entwickelt sich zu interessanten Bäumen, die nur geringer Pflege bedürfen.

Rechts: Zitruspflanzen müssen von Beginn an geschnitten und formiert werden, sonst entwickeln sie sich zu unübersichtlichen, vielachsigen Sträuchern.

Zitrusfrüchte

Oben: In den meisten gemäßigten Klimazonen gedeihen Zitrusfrüchte nur dann, wenn sie zwischen Herbst und Spätfrühling im Treibhaus untergestellt werden. Unter günstigen klimatischen Bedingungen wird aus der Zitrone, wie auch aus anderen Zitrusfrüchten, ein kleiner Baum, der das ganze Jahr über blüht.

Rechts: Die meisten Zitrusfrüchte, so auch die Pomeranze oder Bitterorange *(C. aurantium)*, blühen gegen Ende Winter oder Anfang Frühjahr an einjährigen Trieben. Die Früchte benötigen etwa 12 Monate zur Reife.

Apfelsinen und Pomeranzen (*Citrus sinensis* und *C. aurantium*), Zitronen *(C. limon)*, Mandarinen *(C. reticula)* und Saure Limetten *(C. aurantiifolia)* gehören zu dem guten Dutzend der aus Ostasien stammenden Zitrusarten. Sie und ihre Hybriden sowie zahlreiche Sorten sind immergrüne, manchmal dornige Sträucher, die nur im subtropischen Bereich und in warmen gemäßigten Zonen auch im Freien gepflanzt werden können.

Die Tradition, sie in vielen Regionen, in denen sie nicht das ganze Jahr im Freien stehen können, unter Glas wachsen zu lassen, ist alt. Viele vornehme Landgüter besitzen noch heute ihre Orangerie, auch wenn sie inzwischen oft einen anderen Zweck erfüllt als den Anbau von Zitrusfrüchten. Gewächshauspflanzen dienen in erster Linie Zierzwecken, wobei die Bäume auch problemlos fruchten, sobald sie genügend Licht und Wärme erhalten. In Kübel gepflanzt, können sie ins Freie gestellt werden, sobald keine Frostgefahr mehr besteht. Gegen Ende des Sommers werden sie dann wieder untergestellt.

Obwohl es einfach ist, Zitrusfrüchte aus Kernen zu ziehen, stellt dies keine Garantie für eine hochwertige Pflanze dar, denn die Sämlinge sind selten mit der Qualität ihrer Eltern vergleichbar. Wenn man Zitrusfrüchte ernten möchte, sollte man mit ein- bis zweijährigen veredelten Exemplaren bekannter Sorten beginnen.

Erziehung und Erziehungsschnitt

Zitrusfrüchte, die sich selbst überlassen bleiben, entwickeln sich zu wuchernden Büschen mit mehreren Hauptachsen. Durch den Erziehungsschnitt soll erreicht werden, daß auf einem astfreien Stamm eine gutgeformte Buschkrone sitzt. Die beste Schnittzeit ist der Frühlingsanfang oder, bei Pflanzen, die umgetopft werden müssen, der Winter, sobald sich die Pflanze im neuen Topf befindet.

Beim Pflanzen im Spätwinter oder zu Beginn des Frühjahrs werden bei veredelten Pflanzen alle Sprosse unterhalb der Veredelungsstelle und schwache Sprosse oberhalb der Veredelungsstelle entfernt. In den ersten Jahren läßt man einen astfreien Stamm bis zur gewünschten Höhe wachsen. Beseitigen Sie bei Kübelpflanzen die Sprosse bis in 30 – 50 cm Höhe. Zitrusbäume, die im Freien wachsen, können, je nach Wuchskraft der Sorte, mit einem 60 – 120 cm hohen, astfreien Stamm erzogen werden. Falls nötig, schneiden Sie starkwachsende Triebe, die die ausgewogene Pflanzenform stören, zurück. In heißen Regionen werden die Stämme alter Zitrusbäume oft getüncht, um das „Sonnenbrandrisiko“ zu reduzieren.

Erhaltungsschnitt
Die meisten Zitrusbäume, die in der Regel als einjährige, veredelte Pflanzen eingesetzt werden, beginnen ab dem vierten oder fünften Standjahr zu fruchten. Die Blüten entwickeln sich im Winter oder zu Frühjahrsbeginn in der Blattachsel von Trieben des vorigen Sommers. Doch einige Zitrusarten, vor allem Zitronen, blühen das ganze Jahr hindurch sporadisch.

Da die Frucht etwa 12 Monate, manchmal auch länger, zum Reifen benötigt, kann man an einem Baum gleichzeitig Blüten und Früchte finden. Die erste Ernte ist wahrscheinlich qualitativ minderwertig, da die Bäume noch zu jung sind. Man entfernt die Früchte am besten, solange sie noch unreif sind. In den darauffolgenden Jahren kann es notwendig sein, bei Kübelpflanzen die Zahl der Früchte zu reduzieren.

Erwachsene Pflanzen müssen nur wenig geschnitten werden. Allgemein gilt: je weniger, desto besser. Wenn Pflanzen nicht verzweigt sind, kann man den Mitteltrieb und die Seitenäste kürzen, um zur Verzweigung anzuregen. Ein weitverbreitetes Problem, vor allem in der Anfangszeit, ist das Sprießen von starkwachsenden vertikalen Trieben aus den Hauptästen, auch Wasserschosse genannt. Diese müssen entfernt werden, da sie ansonsten zu groß werden und die Form der Pflanze stören.

Im Freien wachsende Zitrusbäume sind bei plötzlichen Temperaturstürzen viel frostgefährdeter als bei langsam fallenden Temperaturen. Mit dem Schnitt geschädigter Zitrusbäume sollten Sie warten, bis neue Triebe entstehen, erst dann kann das Ausmaß des Schadens richtig beurteilt werden. Bei ernsthaften Schäden sollte man mit dem Schnitt sechs Monate warten.

Links: Die Grapefruit oder Pampelmuse *(C. x paradisi)* wächst schnell zu einem dichten Busch heran. Der Reifeprozeß der Früchte dauert meist über ein Jahr, so daß an einem Baum oft gleichzeitig zwei Ernten hängen.

1

2

SCHNITT VON ZITRUSPFLANZEN
1 Zitruspflanzen einstämmig erziehen, das heißt alle tiefsitzenden Sprosse an jungen Pflanzen entfernen, bei veredelten Pflanzen auf jeden Fall alle Sprosse unterhalb der Veredelungsstelle, da diese sich ansonsten auf Kosten der Edelsorte entwickeln würden.

2 Zitrusfrüchte erzeugen oft starkwüchsige, aufrecht wachsende Triebe aus Hauptästen (Wasserschosse). Diese entfernen, damit die gleichmäßige Pflanzenform erhalten bleibt.

Quitten und Mispeln

Unten: Die Quitte ist selbstfruchtend, und einige Sorten, auch die hier abgebildete 'Champion', beginnen früh zu fruchten. Bei erwachsenen Bäumen ist nur ein leichter Schnitt notwendig, um die Hohlkrone luftig zu halten.

Die Echte Quitte *(Cydonia oblonga)* ist ein sommergrüner Baum, der wegen seiner verwertbaren Früchte gepflanzt wird und zudem sehr dekorativ wirkt. Die Quitte ist selbstfruchtbar, und so tragen auch Solitäre Früchte. Am besten gedeiht sie als Hochstamm mit einer Hohlkrone. In Zonen mit kühlen Sommern werden Quitten manchmal wie Birnen als Spalier oder Fächer an einer sonnigen Wand erzogen. Sie wachsen jedoch eher gekrümmt und vertragen den scharfen Schnitt naturentfernter Formen nicht besonders gut.

Die Mispel *(Mespilus germanica)* findet man in Gärten seltener, sie kann jedoch zu einer attraktiven Zierpflanze werden. Auch sie ist selbstfruchtend. Die Früchte, die aussehen wie große braune Hagebutten, müssen nach dem Pflücken erst nachreifen, bevor sie gegessen oder zu Gelee verarbeitet werden können. Mispeln werden im allgemeinen als Hoch- oder Halbstämme kultiviert. Die Sorten 'Nottingham' und 'Royal' wachsen aufrecht, 'Dutch' hat einen Trauerhabitus.

Erziehungsschnitt bei Quittenhochstämmen

Pflanzen Sie Quitten im Winter und sorgen Sie in den ersten ein, zwei Jahren für eine Stütze. Wenn ein Jungbaum gesetzt wird, sollte der Mitteltrieb direkt oberhalb des obersten von drei bis fünf Augen in 60 – 90 cm Höhe abgeschnitten werden. Im Sommer den neuen Leittrieb an einem kräftigen Stab anbinden. Die Seitensprosse auf etwa 15 cm einkürzen und im zweiten Winter den Leittrieb auf ein in etwa 1,80 m Höhe sitzendes (bei Halbstämmen auch tiefer) Auge zurückschneiden. Mindestens vier gesunde Augen, aus denen dann die Primäräste entstehen, sollten sich direkt unterhalb der Schnittstelle befinden. Im folgenden Jahr dann alle weiter unten sitzenden Sprosse entfernen, damit ein etwa 1,50 – 1,80 m hoher, astfreier Stamm entsteht. Bei Halbstämmen ist er nur 1,20 – 1,30 m hoch.

Die ersten drei oder vier Jahre erfolgt ein Winterschnitt, bei dem der Leittrieb um etwa die Hälfte des Vorjahreswachstums zurückgeschnitten wird. Schwache und schlechtplazierte Triebe sowie diejenigen, die mit dem Leittrieb konkurrieren, sollten auf zwei bis drei Augen gekürzt werden. Bei Quitten sind Stockausschläge häufig. Wenn sie sich an der Baumbasis bilden, müssen sie stets herausgebrochen werden. Alle Triebe, die sich unterhalb der Krone am Stamm entwickeln, sollten Sie ebenfalls vollständig beseitigen!

Erhaltungsschnitt bei Quitten

Ab dem fünften Jahr muß nur noch wenig geschnitten werden. Die Früchte entwickeln sich an den Spitzen der vorjährigen Langtriebe und an den Kurztrieben. Beim Schnitt von Seitentrieben geht somit auch ein Teil der Blütenknospen verloren. Entfernen Sie totes oder schadhaftes Holz im Winter, ansonsten kann der Schnitt aber darauf beschränkt werden, starkwüchsige oder schlechtplazierte Seitentriebe zurückzuschneiden und, vor allem in der Baummitte, zu dichtes Astwerk auszulichten. Obwohl weit ausladende und herabhängende Zweige der Krone für den Baum typisch sind, müssen lange, stark hängende Äste bisweilen weggeschnitten werden.

Schnitt bei Mispelhochstämmen

Mispelhochstämme und Quitten werden mehr oder weniger gleich erzogen und geschnitten. Beim Pflanzen sollte man sie stützen. Die ersten drei bis vier Jahre erfolgt der Schnitt im Winter. Hierbei müssen die Hauptäste um etwa ein Drittel auf nach außen weisende Augen eingekürzt werden. Schneiden Sie schwache Seitentriebe auf zwei oder drei Augen zurück.

Bei erwachsenen Bäumen sind nur geringe Schnitteingriffe nötig. Damit die Sorten mit hängendem Wuchs attraktiv bleiben, sollten hier die Äste natürlich wachsen dürfen. Im Winter totes oder schadhaftes Holz herausschneiden, aber ansonsten nur leicht auslichten und dem Baum etwas Form geben.

Links und unten: Mispeln sind wie Quitten kleine, selbstfruchtbare Bäume, die sehr attraktiv aussehen. Einige Sorten haben einen aufrechten Habitus, 'Dutch' hingegen ist ausladend oder hat einen Trauerwuchs. An ausgewachsenen Bäumen sind nur geringe Schnitteingriffe erforderlich.

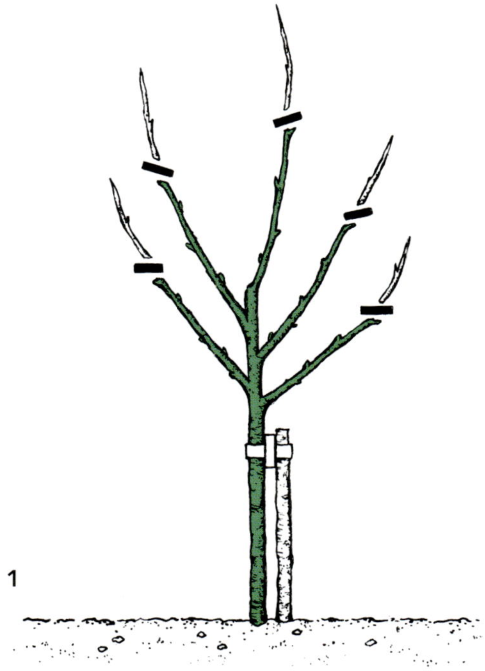

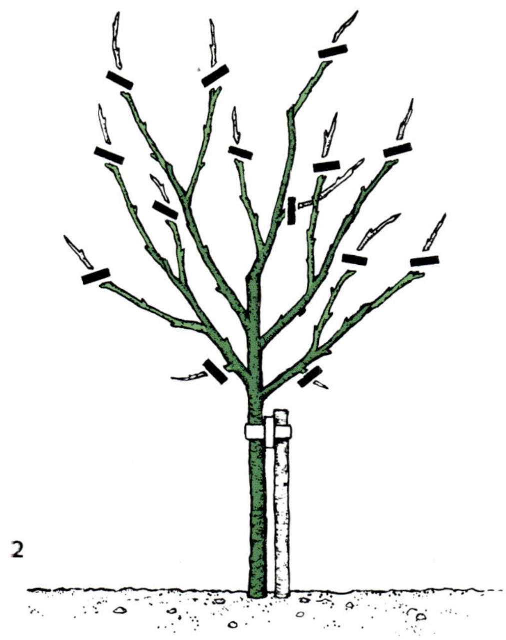

ERZIEHUNGSSCHNITT

1 Im ersten Winter bei den Leittrieben einer zweijährigen Quitte die Hälfte des vorjährigen Zuwachses auf nach außen weisende Augen kürzen (bei der Mispel etwa ein Drittel). Schlechtplazierte und schwache Seitentriebe auf zwei bis drei Augen reduzieren.

2 Im Winter des zweiten oder dritten Standjahrs den Zuwachs der Leittriebe um ein Drittel bis um die Hälfte zurücknehmen. Im ersten Winter schlechtplazierte und schwache Seitentriebe wegschneiden.

Maulbeeren

Die Schwarze Maulbeere *(Morus nigra)* ist ein dekorativer Baum, der bis zu 9 m hoch werden kann und dunkelrote Früchte trägt. Die Früchte werden gern von Vögeln gefressen. Bäume, die nicht vor ihnen geschützt werden, verlieren oft einen Großteil der Früchte. Trotzdem findet man Maulbeeren meist als Hochstämme, die, wenn sie einmal ausgewachsen sind, nur noch schwer mit Netzen geschützt werden können. Die Maulbeere fruchtet erst nach acht bis zehn Standjahren. Daher ist es sinnvoll, einen drei- bis fünfjährigen Baum zu kaufen, der bereits Form hat. Wenn man die Früchte ernten will, ist es in Regionen mit kühlen Sommern sinnvoll, Maulbeerbäume an sonnigen Wänden zu erziehen. Schnitte an Maulbeeren neigen zum Bluten. Große Wunden sollten daher vermieden, Schnitte in den Frühwinter oder Sommer gelegt werden.

Hochstammerziehung

Beim Pflanzen im Winter den Baum unbedingt stützen. Ein gutgeformter Baum aus der Baumschule braucht unter Umständen keinen Schnitt. Beseitigen Sie abgestorbenes und schadhaftes Holz; über 30 cm lange Seitentriebe, die zum Gerüst gehören sollen, sollten Sie auf vier bis fünf Augen zurückschneiden. In diesem und den darauffolgenden Jahren alle Sprosse, die schlecht plaziert sind oder die Baumform stören, beseitigen oder kürzen.

Erhaltungsschnitt

Bei vielen Bäumen muß über viele Jahre hinweg nur abgestorbenes und beschädigtes Holz entfernt werden. Bei älteren Exemplaren ist das Holz oft brüchig. Schwere Äste können daher leicht vom Wind abgeknickt werden. Durch sorgfältiges Auslichten kann das Risiko reduziert werden, die einzige Lösung aber ist oft, bruchgefährdete Äste abzustützen.

Erziehung von Maulbeerbäumen an Wänden

Die Erziehung von Maulbeerbäumen an Wänden ist eine ungewöhnliche Methode und wohl nur in kühlen Regionen in Betracht zu ziehen, wenn eine sonnige Wand zur Verfügung steht.

Vor dem Pflanzen horizontal, in Abständen von 40 – 50 cm, verlaufende Drähte an der Wand befestigen. Die geeignetste naturentfernte Form ist das Spalier. Der Erziehungsschnitt wird entsprechend dem beim Apfel durchgeführt (siehe S. 148). Sobald die Astarme die gewünschte Länge erreicht haben, werden sie im Frühsommer zurückgeschnitten, wobei ein Blatt des in der vorherigen Wachstumsperiode gewachsenen Triebes stehenbleibt. Kürzen Sie die Seitensprosse gegen Anfang August auf vier bis fünf Blätter, damit sich Fruchtholz bilden kann.

Oben und ganz rechts: Die Schwarze Maulbeere wird wegen ihrer leicht säuerlichen Früchte angebaut (ganz rechts), ist aber auch ein dekorativer mittelgroßer Baum. Dieses junge Exemplar (oben) muß noch zum Hochstamm erzogen werden. Schnitte sollten sich auf ein Minimum beschränken, da diese Bäume stark bluten.

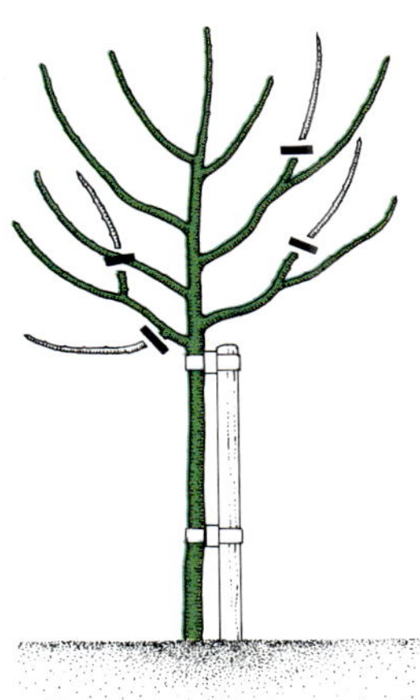

ERZIEHUNGSSCHNITT
Bäume aus der Baumschule benötigen oft keinen Schnitt. Alle über 30 cm lange Seitentriebe neu gepflanzter Bäume, die fürs Astgerüst nicht benötigt werden, im frühen Winter auf vier bis fünf Augen einkürzen.

Holunder

Links: Holunder kann auch als Hochstamm erzogen werden, im allgemeinen zieht man ihn jedoch als großen Busch. Durch den Erhaltungsschnitt bildet sich ein kräftiges Astgerüst.

Der Schwarze Holunder *(Sambucus nigra)* und der Kanadische Holunder *(S. canadensis)* sind laubabwerfende Sträucher oder kleine Bäume, an denen eßbare Beeren wachsen. Der Schwarze Holunder, der aus Europa, Westasien und Teilen Nordafrikas stammt und auch in Nordamerika wild wächst, wird nur selten kultiviert. Obwohl er als starkwüchsiges „Unkraut" gilt, werden seine Blüten und Beeren oft gesammelt. Sie lassen sich unter anderem zu Wein, Säften oder Konfitüre verarbeiten.

Holunder können Sie zu Hochstämmen mit einem 75–120 cm hohen, astfreien Stamm erziehen. Verbreiteter sind jedoch Büsche.

Erziehungsschnitt bei Büschen

Am besten pflanzt man Holunder zwischen Mitte Herbst und Frühlingsanfang. Wählen Sie verzweigte Pflanzen und setzen Sie diese so tief in die Erde, wie sie in der Baumschule standen, aus der sie stammen. Zunächst nur dünne, schwache Triebe und beschädigte Sprosse entfernen und eventuelle Stockausschläge bis zum Boden zurückschneiden.

Durch den Hauptschnitt soll kurz über dem Boden ein ausgewogenes Astgerüst entstehen. Dies erreicht man, indem die Haupttriebe 5 bis 15 cm auf ein gut ausgebildetes Knospenpaar zurückgenommen werden (Holunder hat gegenständige Knospen und Blätter). Im ersten Jahr setzen die Büsche nur wenig oder gar keine Blüten an. Anschließend sollten sie jedoch gut tragen.

Erhaltungsschnitt

Der Erhaltungsschnitt erfolgt ab dem zweiten Jahr im Winter. Er soll helfen, die Form zu erhalten und die Triebbildung zu fördern. Entfernen Sie zunächst totes oder schadhaftes Holz. Etwa ein Viertel des alten Holzes kann problemlos jährlich weggeschnitten werden. Beginnen Sie immer dort, wo der Wuchs zu dicht ist, und nehmen Sie als erstes die ältesten Äste heraus. Immer an der Basis oder oberhalb von jungen, starkwüchsigen Trieben direkt über dem Boden schneiden. Unerwünschte Stockausschläge sollten völlig entfernt werden.

Schnitt von Hochstämmen

Beim Pflanzschnitt von Holunderhochstämmen alle Triebe, bis auf den kräftigsten, entfernen und diesen bis unterhalb der Stelle stützen, an der sich die Krone bilden soll (70–120 cm über der Erde). Alle Triebe auf dem Stamm unterhalb der Krone beseitigen und die verbleibenden um 5–10 cm reduzieren. In den folgenden Jahren führen Sie den Schnitt wie bei den Büschen empfohlen aus – in der Frühphase zunächst die Krone aufbauen und erst später altes Holz teilweise wegschneiden.

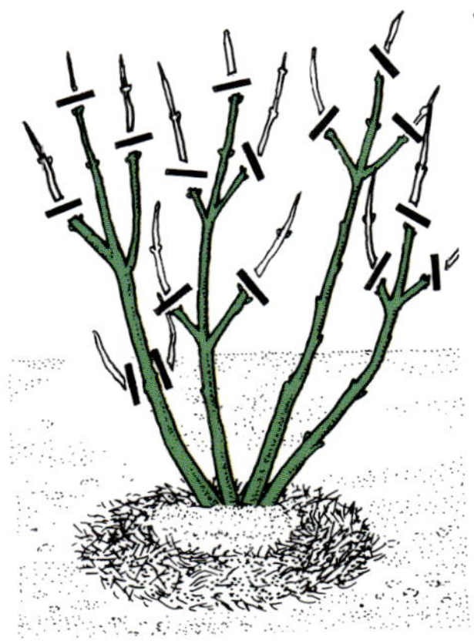

1

2

SCHNITT

1 Nach dem Pflanzen schwache Triebe entfernen und Haupttäste um 5–15 cm auf nach außen weisende Augen kürzen.

2 Ab dem zweiten Standjahr im Winter totes und schadhaftes sowie ein Viertel des alten Holzes herausschneiden, vor allem bei zu dichtem Wuchs.

Hasel- und Lambertsnüsse

Die Haselnuß *(Corylus avellana)* und die Lambertsnuß *(C. maxima)* sind kleine, sommergrüne Bäume oder große Sträucher, die in den gemäßigten Zonen der Welt wegen ihrer eßbaren Früchte angepflanzt werden. Jeder Baum trägt männliche und weibliche Blüten: die weiblichen sind unauffällig, die männlichen oder die sogenannten Kätzchen, produzieren die Pollen.

Allgemeine Pflege- und Schnittmaßnahmen sind für Hasel- und Lambertsnüsse identisch. Sie werden am besten auf einem kurzen, 40 – 50 cm hohen Stamm erzogen und bilden 1,80 – 2,10 m hohe Büsche mit einer offenen Krone. Wenn man regelmäßig ernten möchte, sind scharfe Schnitte notwendig. Die Nüsse entwickeln sich auf hellen, zarten Trieben, die durch den Schnitt gefördert werden, während starkwüchsige entfernt werden müssen.

Unten: Hasel- und Lambertsnüsse fruchten an hellen kleineren Zweigen.

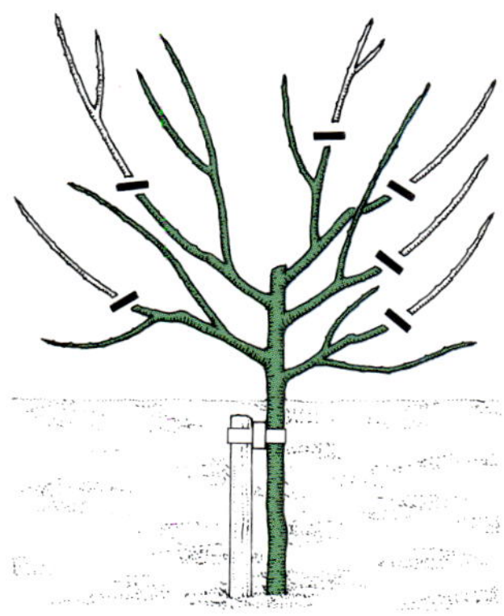

1

2

3

SCHNITT

1 In den ersten vier bis sechs Jahren im Spätwinter schneiden. Die Leittriebe um etwa die Hälfte auf nach außen weisende Augen, starkwachsende Seitentriebe auf drei bis vier Augen kürzen.

2 Sobald die Pflanze Nüsse trägt, im Spätsommer kräftige Seitentriebe etwa sechs bis acht Blätter über der Basis von Hand abbrechen. Die abgebrochenen Enden hängenlassen.

3 Im Spätwinter die abgebrochenen Sprosse auf drei oder vier Augen zurücknehmen. Diejenigen Seitentriebe, welche die kleinen weiblichen Blüten tragen, nicht schneiden.

Erziehungsschnitt

Hasel- und Lambertsnüsse sollten zwischen Spätherbst und Frühjahrsanfang eingepflanzt werden. Einige Pflanzen müssen in den ersten ein, zwei Jahren eventuell mit einem Pfahl gestützt werden. Wenn man ein- bis zweijährige Pflanzen setzt, sollten Sie diese in 40 – 50 cm Höhe abschneiden und alle Triebe oder Stockausschläge am Stamm oder der Basis beseitigen. Dadurch wird die Entwicklung von drei bis vier Trieben in gleichmäßigem Abstand voneinander gefördert. Wenn die Pflanzen beim Setzen zwei oder drei Jahre alt sind, sollten Exemplare mit 40 – 50 cm hohen, astfreien Stämmen gewählt werden, bei denen sich bereits eine Krone gebildet hat. Diese Äste müssen Sie unmittelbar nach dem Pflanzen schneiden.

In den ersten vier bis sechs Jahren erfolgt der Schnitt im Spätwinter. Die Leittriebe werden auf nach außen weisende Augen etwa um die Hälfte gekürzt, so daß sich eine kelchförmige Krone mit etwa acht Leittrieben bilden kann. Starkwüchsige Seitentriebe müssen auf drei bis vier Blätter zurückgeschnitten werden. Die Bäume sollen eine Höhe von 1,80 – 2,10 m erreichen können. Um sie auf dieser Höhe zu halten, kann es notwendig sein, starkwüchsige Seitentriebe auf einen weiter unten sitzenden Seitentrieb zurückzunehmen.

Erhaltungsschnitt

Einjährige Bäume bilden in der Regel erst vier bis sechs Jahre später Blüten. Es ist sinnvoll, im Spätwinter oder zu Beginn des Frühjahrs zu schneiden, so daß die Kätzchen durch den Arbeitsvorgang bewegt werden, was zu einer guten Verteilung der Pollen führt. Schadhaftes Holz entfernen und altes Holz herausschneiden, wo es zu dicht ist. Starkwüchsige Seitentriebe sollten auf drei bis vier Augen gekürzt werden. Die Seitentriebe, auf denen die kleinen roten weiblichen Blüten sitzen, nicht schneiden.

Zusätzlich empfiehlt es sich, im Spätsommer zu schneiden. Hierbei werden von Hand alle kräftigen Seitentriebe, etwa sechs bis acht Blätter vom Hauptast entfernt, angebrochen und hängengelassen. Würde man sie mit einem sauberen Schnitt abtrennen, hätte dies nur eine Förderung der Triebbildung zur Folge. Die so angeknickten Sprosse werden im Spätwinter oder zu Beginn des Frühjahrs auf 5 – 8 cm gekürzt.

Walnüsse, Pekannüsse, Edelkastanien

Aus Walnüssen, Pekannüssen und Edelkastanien werden große Zierbäume. Unter günstigen Bedingungen bringen sie jedoch auch gute Ernten. Am besten gedeihen sie als Hochstämme mit einer Hauptachse (siehe S. 49), wenn sie dort gepflanzt werden, wo sie sich ungehemmt entwickeln können. Ausgewachsene Bäume müssen nur wenig geschnitten werden. Entfernen Sie nur totes und schadhaftes Holz, zu dichte oder sich kreuzende Triebe sowie Äste mit spitzem Abgangswinkel!

WALNÜSSE

Zwei Walnußarten werden hauptsächlich wegen ihrer Nüsse angepflanzt: die Walnuß *(Juglans regia)*, die aus dem Mittleren Osten und Nordasien stammt, und die Schwarznuß *(J. nigra)*, eine amerikanische Art. Innerhalb von 20 Jahren können sie eine Höhe von bis zu 8 m erreichen, ausgewachsen gar eine Höhe von mehr als 18 m mit einem Kronendurchmesser von mindestens 9 m.

Erziehung und Schnitt

Walnüsse kann man zwar aus Nüssen ziehen, aber ein mit einer namhaften Sorte veredelter Baum ist vorzuziehen, da die Sämlinge meist qualitativ schlechte Früchte tragen. Walnüsse pflanzt man im Winter und stützt sie die ersten ein, zwei Jahre. Wenn der Leittrieb verlorengeht, was manchmal bei Frostschäden der Fall ist, sollte ein Ersatztrieb gezogen werden. Insgesamt sind nur sehr geringe Schnitteingriffe nötig; man kann sich auf die wichtigsten beschränken, denn die Wunden bluten stark.

PEKANNÜSSE

Die Pekannuß *(Carya illinoinensis)*, eine Art der Gattung Hickorynuß, wächst in heißen, feuchten Regionen mit einem ihrer Heimat im Südosten der Vereinigten Staaten vergleichbaren Klima. Einige Sorten sind jedoch auch unter trockeneren Bedingungen ertragreich und werden beispielsweise in Mittel- und Westtexas angepflanzt. Es gibt auch Sorten, die noch weiter nördlich wachsen.

Schnitt und Erziehung

Im allgemeinen kauft man einjährige Bäume bekannter Sorten. Sie sind dann 1,20 – 1,80 m hoch. Beim Pflanzen im Winter wird die Stammverlängerung auf etwa 90 cm zurückgeschnitten und so das Wachstum eines starken Leittriebs gefördert. Stützen Sie den jungen Baum und wickeln Sie den Stamm in Jute oder Papier, um ihm so einen Sonnenschutz zu verschaffen. Dieser Schutz sollte zwei Jahre bestehen bleiben.

In der folgenden Vegetationsperiode müssen die obersten Sprosse unter Umständen als Ersatzleittriebe einerzogen werden. Die Triebe, die sich aus diesen entwickeln, bilden die Primäräste. Es ist nur ein geringfügiger Schnitt nötig, außer was das Entfernen der unteren Zweige bis in etwa 1,80 m Höhe betrifft, wodurch sich ein astfreier Stamm ergibt. Diese Arbeit sollte über zwei bis drei Jahre gestreckt werden, wobei Sie unmittelbar nach dem Pflanzen damit beginnen können.

EDELKASTANIEN

Die Edel- oder Eßkastanie *(Castanea sativa)* stammt aus Südeuropa und aus Nordafrika. Sie kann über 20 m hoch werden; in den ersten 25 Jahren erreicht sie durchschnittlich eine Höhe von etwa 10 m.

Erziehungsschnitt

Wenn Sie Wert auf qualitativ hochwertige Früchte legen, empfiehlt es sich, einen mit einer Edelsorte veredelten Baum einem Sämling vorzuziehen. Pflanzen Sie grundsätzlich im Winter und stützen Sie den Baum die ersten ein bis zwei Jahre. Ein Schnitt ist kaum erforderlich, außer zum Aufasten des Stammes bis in 1,50 – 1,80 m Höhe. Die obersten Sprosse bleiben ungeschnitten, doch wenn weitere Sprosse, die sich in der ersten Wachstumsperiode bilden, 20 – 30 cm lang sind, werden sie um die Hälfte gekürzt. Im Spätsommer diese abgeschnittenen Sprosse bis auf den Stamm kürzen und den Vorgang in den folgenden Jahren solange wiederholen, bis ein astfreier Stamm entstanden ist.

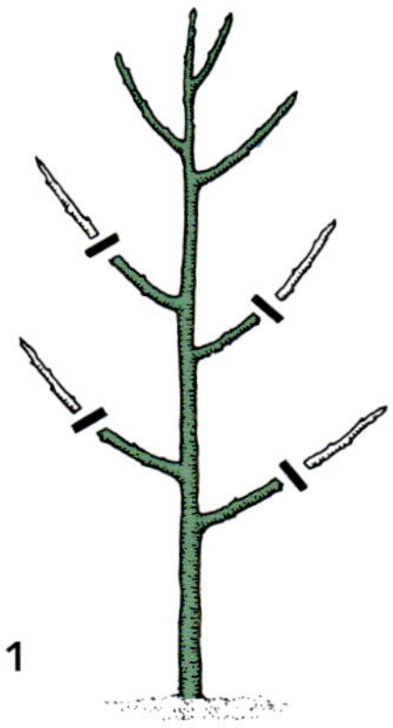

1

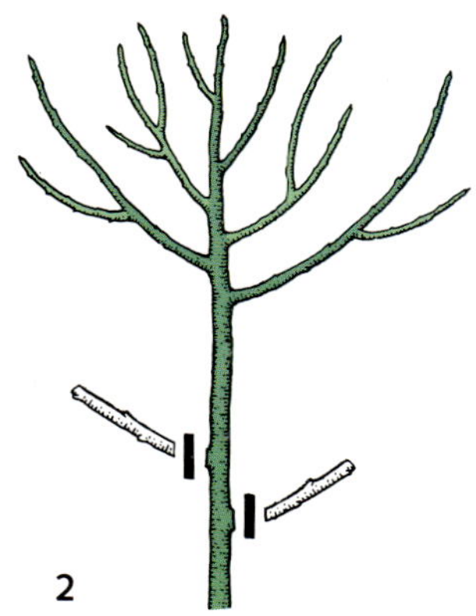

2

ERZIEHUNGSSCHNITT VON EDELKASTANIEN

Der Schnitt von Walnüssen ist diesem ähnlich, erfolgt allerdings im Spätsommer.

1 Im ersten Standjahr die unteren Seitentriebe etwa um die Hälfte kürzen, sobald diese 20 – 30 cm lang sind.

2 Im zweiten Standjahr im Spätherbst oder frühen Winter die zuvor gekürzten Seitentriebe bis zum Stamm zurückschneiden.

Links: Der Walnußbaum kann bis zu 20 m hoch werden.

Ölbäume

Unten: Ausladende Ölbäume kann man besser abernten als solche mit aufrechtem Habitus. Es kann etwa 20 Jahre dauern, bis die Bäume im Vollertrag sind.

Rechts: Die Oliven werden im Spätherbst geerntet. Wenn sehr viele Früchte am Baum hängen, muß deren Zahl im Hochsommer reduziert werden, da sie sonst klein bleiben und der Baum unter Umständen nur noch alle zwei Jahre trägt.

Der Ölbaum *(Olea europaea)* wird schon seit Tausenden von Jahren im Mittelmeerraum kultiviert. Seine Früchte, die Oliven, werden eingelegt oder zu hochwertigem Speiseöl verarbeitet. Auch in vielen anderen Teilen der Welt ist dieser immergrüne Baum ertragreich, darunter in Kalifornien und im Landesinneren von Australien, wo warme Sommer sich mit kühlen Wintern abwechseln. Kalte Winter sind notwendig, damit sich die Blüten bilden, bei Temperaturen von unter –10 Grad sind allerdings Frostschäden wahrscheinlich. Obwohl Ölbäume Trockenperioden ertragen können, ist mit einer guten Ernte nur zu rechnen, wenn man sie regelmäßig wässert. Ölbäume leben sehr lange und brauchen ausgesprochen lange, bis sie in Ertrag kommen, oft muß man bis zu acht Jahre warten, bevor wirtschaftlich geerntet werden kann. Die volle Produktivität wird oft erst nach 20 Jahren erreicht.

Als Zierpflanze müssen Ölbäume kaum geschnitten und erzogen werden, der Mitteltrieb kann sich vielmehr natürlich entwickeln. Zur Fruchtproduktion gepflanzte Bäume sollten Sie am besten als Buschbaum mit offener Krone und flachen, ausladenenden Ästen auf einem 90 bis 150 cm hohen Stamm erziehen. Hierdurch soll der Baum zum Fruchten angeregt werden, gleichzeitig sich die Erntearbeit erleichtert. Eine Erkrankung des Ölbaums, der Bakterienkrebs, tritt in einigen Regionen häufiger auf, doch läßt sich das Infektionsrisiko erheblich reduzieren, indem im Sommer geschnitten wird.

Erziehung und Erziehungsschnitt

Setzen Sie im Winter einen garnierten Baum, bei dem im Frühsommer der Stamm auf den obersten von drei bis vier gutplazierten Trieben zurückgeschnitten wird. Diese werden um 5 – 8 cm auf nach außen weisende Augen zurückgeschnitten und bilden die Leitäste des Baums. Entfernen Sie alle anderen stammbürtigen Triebe! Bei ballenlosen Bäumen wird der Stamm in etwa 90 – 120 cm Höhe abgeschnitten und alle Seitensprosse entfernt. Der Stamm sollte zudem getüncht werden, um ihn gegen Sonnenbrand zu schützen.

Im Frühsommer des folgenden Jahrs (bei ballenlosen Bäumen ein Jahr später) wird die Zahl der Sprosse pro Leitast auf zwei bis drei reduziert und jeder um etwa 10 cm auf nach außen weisende Augen gekürzt.

Erhaltungsschnitt

Entfernen Sie im Frühsommer starkwüchsige, aufrecht wachsende Triebe und Stockausschläge, sobald sie auftreten (durch scharfen Schnitt wird ihre Entwicklung gefördert). So ist gewährleistet, daß die Krone offen bleibt. Bei tragenden Bäumen muß oft eine Fruchtausdünnung erfolgen, damit die Oliven ausreichend groß und schön werden. Wenn zu viele Oliven am Baum hängen, fruchtet er oft nur noch alle zwei Jahre. Reduzieren Sie die Fruchtzahl zwischen Früh- und Hochsommer und lassen Sie maximal fünf Oliven pro 30 cm Astlänge hängen. Einige Äste mit starkem Fruchtbesatz können herausgeschnitten werden.

Kaki und Granatäpfel

Die amerikanische und asiatische Kakipflaume (Gattung *Diospyros*) sowie der Granatapfel *(Punica granatum)* wachsen und fruchten nur in warmen Klimazonen. Die amerikanische Kaki ist frosthart bis –21 Grad und wächst in den Vereinigten Staaten vor allem zwischen Ostkansas und Connecticut. Bei den asiatischen Kakis sollte die Temperatur nicht unter –18 Grad sinken. Zur Fruchtproduktion sind ein warmer Sommer und Wintertemperaturen nicht unter –12 Grad erforderlich. In unseren Breiten eignen sich diese Gehölze für die Kultur in Treibhäusern.

KAKI

Kaki sind laubabwerfende Bäume. Die asiatischen Arten werden etwa 9 m hoch, die amerikanischen noch einmal um die Hälfte höher. Einige Sorten asiatischen Ursprungs sind selbstfruchtbar, andere, wie die amerikanischen Kaki, benötigen einen Bestäuber zum Fruchtansatz. Wenn die Bäume wegen der Früchte gepflanzt werden, sollten Sie nur Exemplare bekannter Sorten kaufen.

Erziehung und Erziehungsschnitt
Pflanzen Sie zwischen Spätherbst und Frühlingsbeginn. Der Baum sollte die ersten ein, zwei Jahre gestützt werden. Ziel ist ein etwa 1,50 m hoher, astfreier Stamm und drei bis vier kräftige Primäräste mit flachen Astabgangswinkeln. Der Mitteltrieb darf sich frei entwickeln, und Sprosse am Stamm, die für das Grundgerüst nicht benötigt werden, müssen im Spätwinter entfernt werden.

Erhaltungsschnitt
Kakis tragen im allgemeinen ab dem vierten oder fünften Standjahr. Beim jährlichen Schnitt muß nur totes und beschädigtes Holz entfernt und die Baummitte ausgelichtet werden. Schwache Triebe einkürzen, damit das fruchtende Holz gekräftigt wird.

GRANATÄPFEL

Auch wenn ihre blattlose Zeit nur kurz ist, zählen die selbstfruchtenden Granatäpfel zu den laubabwerfenden Bäumen oder großen Sträuchern. In der Regel werden sie mit einer offenen Krone auf einem Stamm gezogen; so können sie bis zu 4,60 m hoch werden. Man findet sie auch als Strauch mit nach unten gebogenen Ästen. In diesem Fall erreichen sie eine Höhe von etwa 3 m.

Erziehung und Erziehungsschnitt
Pflanzen Sie im Spätwinter und stützen Sie den Baum in den ersten ein, zwei Jahren. Bevor der Stamm im fortgeschrittenen Winter oberhalb des obersten von vier bis fünf Seitentrieben zurückgeschnitten wird, sollte man ihn bis in eine Höhe von ca. 1,50 m wachsen lassen. Alle darunter befindlichen Sprosse am Stamm entfernen.

Erhaltungsschnitt
Erwachsene Pflanzen müssen nur wenig geschnitten werden. Lediglich schadhaftes Holz sowie sich kreuzende Äste sollten Sie entfernen. Stockausschläge sind ebenfalls zu beseitigen.

Unten links: Die reifen Früchte der orientalischen Kaki sind intensiv orange. Das Holz ist brüchig, so daß Äste mit steilem Abgangswinkel leicht unter dem Gewicht der Früchte abbrechen.

Unten: Der Granatapfel ist ein beliebtes Zier- und Obstgehölz. Er hat dekorative rote Blüten, leuchtendorange oder tiefrote Früchte und im Herbst herrlich buntes Laub.

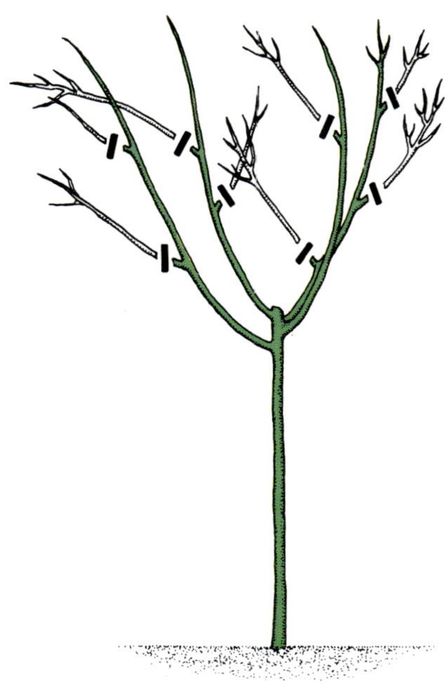

ERZIEHUNGSSCHNITT VON GRANATÄPFELN
Einen astfreien Stamm bis in etwa 1,50 m Höhe wachsen lassen und im Winter so schneiden, daß sich eine Hohlkrone bildet. Sich kreuzende und nach innen wachsende Sprosse entfernen.

BEERENOBST UND WEIN

Sträucher und mehrjährige Pflanzen, die zu der umfassenden Gruppe des Beerenobsts gehören, eignen sich vor allem für kleine Gärten, da sie viel weniger Platz in Anspruch nehmen als Obstbäume. Wie der Name schon sagt, tragen Beerensträucher schon bald nach dem Pflanzen Früchte, die meist weich und saftig sind. Bis auf wenige Ausnahmen, so die Heidelbeere, gehören die meisten Beerenobstarten zur Familie der Stachelbeergewächse *(Grossulariaceae)* oder zur Familie der Rosengewächse *(Rosaceae)*. Zur ersten Familie zählen die Stachelbeere selbst, die Rote, Schwarze und Weiße Johannisbeere und die Josta. Zur zweiten Familie gehören Brombeeren, Erdbeeren, Himbeeren und diverse Beerenkreuzungen (so zum Beispiel die Loganbeere). Von den Reben, die im gleichen Kapitel behandelt werden, ist die bei weitem am häufigsten anzutreffende die Weinrebe.

Die allgemeine Pflege, der Schnitt und die Erziehung sorgen dafür, daß die Pflanze gesund bleibt, leicht zu pflegen und abzuernten ist. Hierbei ist die Verwandtschaft zwischen den Pflanzen manchmal entscheidend. Beerenhybriden beispielsweise werden mehr oder weniger wie Brombeeren behandelt.

Die Familienzugehörigkeit ist aber nicht immer ausschlaggebend, da für eine Beere eine oder mehrere Schnittmethoden anwendbar sein können. In der Regel sind die möglichen Abweichungen von Standardtechniken erwähnt, doch bei der Weinrebe sind sie zu zahlreich, als daß alle aufgeführt werden können.

Rechts: 'Thornless Evergreen' mit ihren tiefgeschlitzten Blättern kann über einen Bogen, als Schlingwand oder als Fächer erzogen werden.

Oben rechts: Schwarze Johannisbeeren tragen am besten auf jungem Holz. Durch den jährlichen Rückschnitt eines Drittels des Buschs wachsen regelmäßig neue Triebe nach.

Unten rechts: Die Rote Johannisbeere, hier in Blüte, wächst mit Astgerüst als luftiger Busch, als Schnurbaum oder Fächer. Der Schnitt unterstützt die Fruchtholzbildung.

Links: Die Schnittmethoden an Reben sind zwar nicht zahlreich, aber es gibt viele Variationen davon. Bei an Wänden erzogenen Weinstöcken erfolgt im allgemeinen ein Zapfenschnitt.

Unten links: Sommerfruchtende Himbeeren erzeugen jeden Sommer neue Ruten, die im folgenden Jahr fruchten. Abgetragene Ruten werden herausgeschnitten.

Unten: Die Kiwi oder Chinesische Stachelbeere ist eine starkwüchsige Kletterpflanze und kann als Spalier oder über Pergolen wachsen.

STACHELBEEREN

Rechts: Wenn Stachelbeeren mit einem permanenten Astgerüst auf einem kurzen Stamm kultiviert werden, sollte man so schneiden, daß ein in der Mitte luftiger Busch entsteht und der natürlichen Tendenz der Äste, nach unten zu hängen, entgegengewirkt wird.

Unten: Aus Stachelbeeren entwickeln sich schöne kleine Hochstämmchen, die genauso geschnitten werden wie Büsche.

Die Stachelbeere ist ein sommergrüner stacheliger Strauch, der vor allem in kühlen, gemäßigten Regionen gut wächst. Dem Hobbygärtner stehen wesentlich mehr Tafel- und Einmachsorten zur Verfügung, als er im Handel finden würde, wo nur eine verhältnismäßig kleine Auswahl angeboten wird.

Stachelbeeren besitzen ein permanentes Astgerüst. Sie fruchten an der Basis der im vorigen Sommer entstandenen neuen Seitentriebe und auf Kurztrieben, die auf altem Holz entstehen.

Die Josta, die ursprünglich in Deutschland gezüchtet wurde und gegen den Amerikanischen Stachelbeermehltau *(Sphaerotheca mors-uvae)* resistent ist, gleicht einer starkwüchsigen Stachelbeere. Sie ist eine Kreuzung zwischen der Stachelbeere und der Schwarzen Johannisbeere und wird so behandelt wie die Stachelbeere.

STACHELBEEREN ALS BÜSCHE

Stachelbeeren fruchten zwar auch ohne regelmäßigen Schnitt relativ gut, doch unkontrolliert wachsende Exemplare sind nur schwer zu pflegen. Die meisten haben hängende Äste, und wenn diese den Boden berühren, schlagen sie dort leicht Wurzeln. Das daraus entstehende Gestrüpp erschwert die allgemeine Pflege. Auch das Ernten wird so mühsam und schmerzhaft, abgesehen davon, daß zu dichter Wuchs in der Pflanzenmitte zu Krankheitsbefall führen kann.

Durch vorsichtigen Schnitt kann man erreichen, daß die Äste nicht nach unten hängen. Äste, die dennoch nach unten ragen, sollten nicht auf nach außen weisende, sondern vielmehr auf nach innen beziehungsweise oben weisende Augen oder auf aufrecht wachsende Sprosse zurückgeschnitten werden.

STACHELBEERBÜSCHE

1 Beim Pflanzschnitt unter dem ersten in 10 – 15 cm Höhe abgehenden Zweig ein astfreies Stämmchen lassen. Das Gerüstästchen um die Hälfte und Triebe in der Buschmitte auf ein Auge kürzen.

2 Im zweiten Herbst oder Winter die Leittriebe sowie alle Sprosse, die für das Astgerüst benötigt werden, um die Hälfte zurücknehmen. Stockausschläge und am unteren Stamm sprießende Triebe entfernen.

1

2

Erziehung und Erziehungsschnitt

Pflanzen Sie zwischen Spätherbst und Frühlingsanfang. Vor dem Einsetzen der einjährigen Pflanze werden die untersten Sprosse und Stockausschläge an der Pflanzenbasis entfernt. Ziel ist ein 10 – 15 cm hoher, astfreier Stamm unterhalb der Basisäste. Auch später sollten alle Stockausschläge sowie aus dem Stamm wachsende Triebe umgehend beseitigt werden. Nach dem Pflanzen schneiden Sie die Gerüstäste um die Hälfte, Triebe in der Pflanzenmitte auf eine Knospe zurück.

Der Aufbau des Astgerüst dauert einige Jahre. Im Spätherbst oder Winter, wenn der Busch zweijährig wird, werden alle Leittriebe oder gutplazierten Sprosse, die später das Gerüst bilden sollen, um die Hälfte gekürzt. Im folgenden Herbst sollte der Busch zwischen sechs und acht gleichmäßig verteilte Äste aufweisen, die genügend Abstand voneinander haben. Nehmen Sie die Leittriebe um die Hälfte auf diejenigen Augen zurück, die in die gewünschte Wuchsrichtung weisen. Triebe, die für das Gerüst nicht benötigt werden, auch diejenigen, die die Krone zu dicht werden lassen, sollten Sie bis auf 5 cm einkürzen. Im darauffolgenden Jahr beginnt der Busch zu tragen und erhält von da an nur einen Sommer- und einen Winterschnitt.

Wenn Sie zwei- oder dreijährige früher fruchtende Pflanzen setzen, dann wählen Sie Büsche, bei denen kräftige Triebe eine ausgewogene Krone auf einem astfreien Stamm in der gewünschten Höhe bilden. Der Schnitt erfolgt entsprechend dem Alter der Pflanze.

Erhaltungsschnitt

Der Sommerschnitt ist zwar nicht unerläßlich, aber dennoch sinnvoll: hierdurch können Licht und Luft an den Busch gelangen, die Infektionsgefahr wird eingedämmt und die Schädlings- und Krankheitsbekämpfung erleichtert. Hierzu zählt auch die Entfernung der Sproßspitzen, die von Mehltau oder Blattläusen befallen sind.

Beim Sommerschnitt werden die in der laufenden Wachstumsperiode entstandenen Triebe auf fünf Blätter gekürzt, nicht zu früh, um einen Wiederaustrieb unwahrscheinlich zu machen, aber früh genug, damit die Pflanze noch Nutzen daraus zieht. Die Zeitplanung hängt in gewissem Maße von den Wachstumsbedingungen ab, es wird aber am besten drei Wochen vor dem Hochsommer geschnitten. Entfernen Sie bei von Mehltau befallenen Leittrieben nur die Spitzen.

Im Winter sollte an Leittrieben das Wachstum des vorigen Sommers um die Hälfte gekürzt werden. Bei älteren Büschen kann man die Leittriebe schärfer schneiden. Durch das Auslichten bleiben die Büsche wüchsiger. Alle abgestorbenen, kranken und schwachen Triebe sowie unproduktive oder sich kreuzende Zweige werden entfernt. Nehmen Sie diejenigen Seitentriebe, die im Sommer geschnitten wurden, zurück. Wenn Sie unproduktive Zweige herausschneiden, lassen Sie junge, kräftige Triebe als Ersatz stehen. Sollten Sie aber Wert auf große Früchte legen, dann lassen Sie nur zwei Knospen stehen, soll die Ernte hingegen ergiebiger ausfallen, schneiden Sie weniger.

SCHNURBÄUME

Kordons oder Schnurbäume, die an Kurztriebsystemen fruchten, sind leicht zu pflegen. Mehrere Pflanzen können so auf beschränktem Standraum wachsen. Die üblichste Form ist der senkrechte Schnurbaum, der etwa 1,80 m hoch wird. Schnurbäume müssen gestützt werden: Jede Pflanze

Unten: Bei Schnurbäumen wird ein Sommer- und ein Winterschnitt zur Förderung der Fruchtholzbildung vorgenommen.

3

4

3 Bei erwachsenen Büschen die jungen Seitentriebe Anfang Juni auf fünf Blätter kürzen.

4 Im Spätherbst oder Winter das neue Wachstum der Leittriebe auf die Hälfte kürzen. Krankes, abgestorbenes oder zu dicht stehendes Holz entfernen. Seitentriebe, die im vorigen Sommer geschnitten worden waren, auf zwei Augen einkürzen.

Rechts: Stachelbeeren findet man meist als senkrechte, manchmal aber auch als mehrarmige Schnurbäume.

Unten: Das Kurztriebgerüst wird bei Schnurbäumen durch einen Sommer- und einen Winterschnitt aufgebaut.

wächst an einem Bambusstab, der wiederum an in 60 und 120 cm Höhe montierten Drähten befestigt ist.

Erziehung und Erziehungsschnitt

Schnurbäume sollten wie auch Büsche auf einem 10 – 15 cm hohen Stämmchen gezogen werden. Kürzen Sie beim Pflanzen zwischen Spätherbst und Frühjahrsbeginn die Leittriebe um etwa die Hälfte sowie Seitentriebe auf drei Augen. In der folgenden Vegetationsperiode wird der Leittrieb am Bambusstab angebunden und in den nächsten zwei bis drei Wintern leicht geschnitten, wobei etwa ein Viertel des letztjährigen Zuwachses entfernt wird.

Erhaltungsschnitt

Durch das Vermindern des Seitentriebwachstums entstehen fruchtende Kurztriebe. Ein Sommerschnitt sollte ab dem zweiten Jahr erfolgen. Im Hochsommer wird der Neutrieb auf fünf Blätter zurückgeschnitten, der Leittrieb wird jedoch nicht

geschnitten. Kürzen Sie sommergeschnittene Seitentriebe im Winter auf eine etwa 7,5 cm vom Stamm entfernte Knospe. Kurztriebe bei alten Schnurbäumen nur dort wo nötig schneiden. Wenn der Schnurbaum die gewünschte Höhe erreicht hat, sollten Sie im Winter einen Rückschnitt vornehmen, bei dem der Zuwachs auf ein bis drei Knospen zurückgenommen wird.

FÄCHER UND HOCHSTÄMMCHEN

Diese Formen sind ausgesprochen dekorativ und vor allem für kleine Ziergärten geeignet. Fächer können an Wänden oder Zäunen hinaufwachsen, die viel Licht bekommen, aber nur wenig direkter Sonneneinstrahlung ausgesetzt sind. In dieser Form wachsende Stachelbeeren werden wie Fächer und Hochstämmchen von Roten und Weißen Johannisbeeren behandelt (siehe S. 194).

Rechts: Stachelbeerschnurbäume sind hinsichtlich der Ernte, des Pflanzenschutzes und des Schutzes durch Netze leichter zu pflegen.

Ganz rechts: Das Fruchtholz von Stachelbeerfächern entsteht wie bei einem Schnurbaum. Die Seitentriebe werden im Sommer pinziert und im Winter zusätzlich gekürzt.

JOHANNISBEEREN

Rote und Weiße Johannisbeeren benötigen die gleichen Wachstumsbedingungen wie Stachelbeeren. Im Gegensatz zu Schwarzen Johannisbeeren weisen sie ein Astgerüst auf. Die Fruchttrauben wachsen an Kurztrieben auf älterem Holz und an der Basis einjähriger Triebe.

JOHANNISBEERBÜSCHE

Der Schnitt von Johannisbeerbüschen gleicht im wesentlichen dem von Stachelbeerbüschen. Ziel ist ein kelchförmiges Gerüst aus acht bis zehn Ästen. Ein kurzer, astfreier Stamm von 10 – 15 cm Höhe sorgt für den nötigen Abstand der Früchte zum Boden. Die endgültige Buschhöhe und -breite liegt bei ca. 1,50 – 1,80 m.

Erziehungsschnitt

Beim Pflanzen zwischen Herbstmitte und Anfang Frühjahr werden alle Sprosse bis zu einer Höhe von 10 cm vom Boden aus entfernt, wodurch ein astfreier Stamm geschaffen wird. Leittriebe und andere Äste kürzen Sie um die Hälfte, wobei auf Augen zurückgeschnitten wird, die in die gewünschte Richtung weisen. Bei Roten und Weißen Johannisbeeren hängen die Äste weniger weit herunter als bei Stachelbeeren. Der Schnitt erfolgt auf Knospen, die in die gewünschte Richtung austreiben werden. Sprosse in der Pflanzenmitte werden auf eine Knospe gekürzt.

In den ersten Jahren kann es nötig sein, der Pflanze zusätzlich Form zu geben. Im Winter sollten Leittriebe und andere für das Gerüst notwendige Äste etwa um die Hälfte reduziert werden. Schneiden Sie stets auf nach außen weisende Knospen! Zur Kurztriebförderung werden alle nicht für das Gerüst benötigten Seitentriebe bis auf ein Auge gekürzt. Beseitigen Sie daher alle Stockausschläge und Sprosse am astfrei gehaltenen Abschnitt des Stamms.

Erhaltungsschnitt

Sobald das Astgerüst steht, wird beim Winterschnitt schadhaftes Holz entfernt und die Haupttriebe zurückgeschnitten, wobei etwa 8 cm des vorjährigen Zuwachses entfernt werden. Wenn ein alter Ast herausgenommen werden muß, der nicht mehr trägt, sollte ein starkwüchsiger junger Seitenast als Ersatz erhalten bleiben. Die anderen Seitentriebe auf eine Knospe einkürzen.

Der Sommerschnitt ist nicht unbedingt notwendig. Durch ihn reifen die Beeren jedoch gleichmäßiger, und auch die Verholzung der Triebe wird beschleunigt. Im Hochsommer sollten alle Triebe der Vegetationsperiode, außer den Leittrieben, auf fünf Blätter gekürzt werden.

JOHANNISBEERBÜSCHE

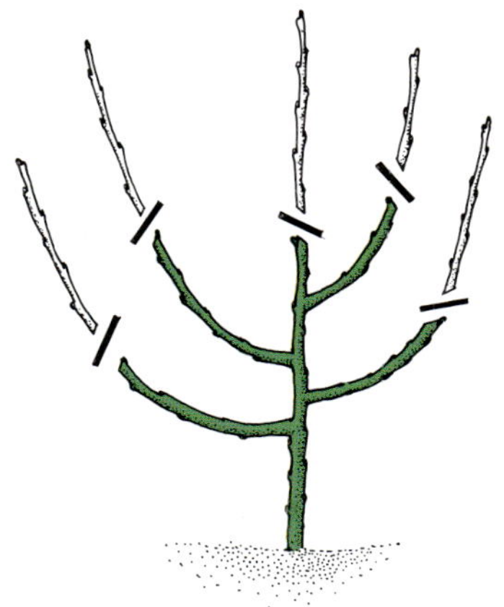

1

1 Beim Pflanzschnitt zwischen Mitte Herbst und Frühling die Äste um die Hälfte auf nach außen weisende Augen reduzieren. Bis in 10 cm Höhe sämtliche Sprosse entfernen.

2 Ab dem zweiten Winter die Leittriebe und für das Astgerüst benötigte Triebe um die Hälfte auf nach außen weisende Augen reduzieren. Andere Seitenäste auf ein Auge zurücknehmen und die Stockausschläge bis in 10 cm Höhe entfernen.

Oben links. Durch den Schnitt an dieser erwachsenen Johannisbeere der Sorte 'Jonkheer Van Tets' ist ein kelchförmiges Astgerüst entstanden.

Oben: Rote Johannisbeeren werden mit einem permanenten Astgerüst kultiviert. Fruchtstände entwickeln sich an Kurztrieben, die auf altem Holz sowie an der Basis einjähriger Triebe wachsen.

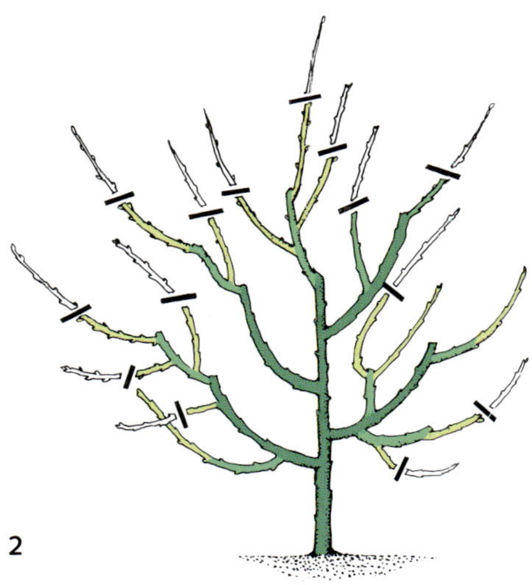

2

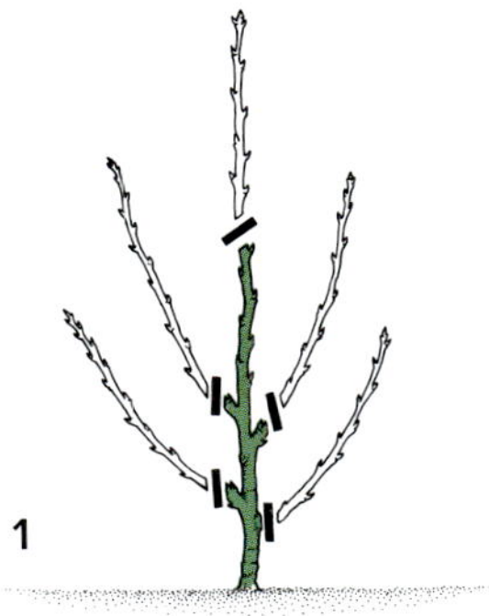

1

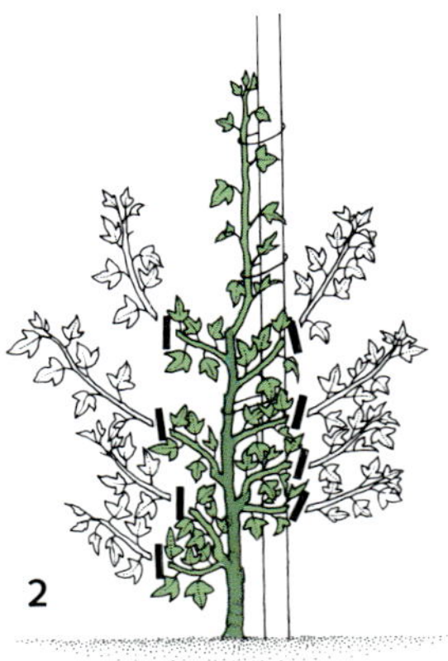

2

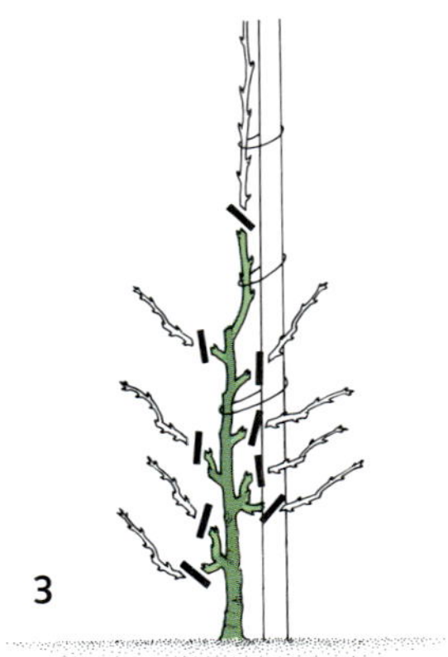

3

SCHNURBAUM

1 Beim Pflanzen zwischen Mitte Herbst und Frühlingsanfang den Leittrieb eines bewurzelten Stecklings um etwa die Hälfte kürzen. Sprosse oder Knospen bis in 10 cm Höhe beseitigen und andere Seitentriebe auf ein Auge kürzen.

2 Im ersten Sommer den Leittrieb an einem Stab anbinden, um dann im Hochsommer junge Seitensprosse auf vier bis fünf Blätter zu kürzen.

3 Jeden Winter die im Sommer geschnittenen Seitentriebe auf ein Auge zurücknehmen. Bis der Leittrieb die gewünschte Höhe erreicht hat, das Wachstum der vorigen Vegetationsperiode auf 15 cm kürzen.

SCHNURBÄUME

Einige als Schnurbäume erzogene Rote oder Weiße Johannisbeeren eignen sich ohne weiteres für kleine Gärten. Die Beschreibung des senkrechten Schnurbaums, der am häufigsten ist, erfolgt unten. Mehrarmige Schnurbäume unterscheiden sich nur dadurch, daß an der Basis der Pflanze sitzende Seitentriebe im Anfangsstadium zu Leittrieben erzogen wurden.

Erziehung und Erziehungsschnitt

Beim Pflanzen zwischen Mitte Herbst und Frühlingsbeginn sollte der Leittrieb eines bewurzelten Stecklings um etwa die Hälfte gekürzt werden. Um die Bildung eines kurzen, astfreien Stamms zu ermöglichen, alle Sprosse oder Augen bis in 10 cm Höhe entfernen sowie die anderen Seitentriebe auf eine Knospe einkürzen. Wenn die Pflanze älter und schon teilweise geformt ist, den Leittrieb um ein Drittel und junge Seitentriebe auf eine Knospe zurücknehmen.

In der folgenden Wachstumsperiode sollte der Leittrieb an einem Stab angebunden und die Seitensprosse der laufenden Wachstumsperiode auf vier bis fünf Blätter eingekürzt werden.

Erhaltungsschnitt bei Schnurbäumen

In jedem Winter sollten im Sommer gekürzte Seitentriebe weiter bis auf eine Knospe zurückgenommen werden, um so die Entwicklung von kräftigem Fruchtholz zu fördern. Über einige Jahre hinweg den Leittrieb auf eine Knospe zurückschneiden, so daß ungefähr 15 cm des Zuwachses erhalten bleiben. Sobald die Pflanze die gewünschte Höhe erreicht hat, kann man sie auf eine Knospe des vorjährigen Zuwachses zurücknehmen.

Auch der Leittrieb kann im Sommer gekürzt werden. Schneiden Sie ihn hierzu im Hochsommer wie die Seitensprosse der laufenden Vegetationsperiode auf fünf Blätter zurück. Alle Stockausschläge und Bodentriebe sind umgehend zu entfernen.

JOHANNISBEERHOCHSTÄMMCHEN

In Baumschulen werden ausgewählte Sorten in etwa 1,10 m Höhe auf geeignete Unterlagen veredelt. Rote Johannisbeeren sind jedoch kräftig genug, um auf eigenem Wurzelwerk Hochstämme zu bilden und können auch vom Hobbygärtner so erzogen werden. Weiße Johannisbeeren, die schwächer wachsen, bringen nur auf sehr fruchtbaren Böden gute Ergebnisse.

Erziehung und Erziehungsschnitt

Wählen Sie einen bewurzelten Steckling oder einen zweijährigen Busch mit gutplaziertem, aufrechtwachsendem Ast aus. Am Anfang sind Schnitt und Erziehung wie bei einer Schnurbaumerziehung durchzuführen, wobei der Leittrieb an einem Stab hochgebunden wird. Eine zweijährige Pflanze benötigt etwa zwei Jahre, um einen Stamm zu entwickeln, der in der Lage ist, die Krone zu tragen. Wenn dieses Stadium erreicht ist, sollte der Leittrieb im Winter auf eine Knospe in etwa 1,10 m Höhe eingekürzt werden. Suchen Sie in der nächsten Vegetationsperiode vier bis fünf Seitentriebe an der Spitze für die Erziehung der Gerüstäste aus. Während des Kronenaufbaus ist es wichtig, die Pflanze zu stützen. Vorzugsweise verwendet man dabei zwei Stäbe, einen an jeder Seite des Stamms, die durch eine Querstrebe miteinander verbunden werden. Entfernen Sie im nächsten Winter alle Triebe unterhalb der Krone, so daß der Stamm astfrei bleibt.

Erhaltungsschnitt

Die Krone von Hochstämmchen wird genauso geschnitten wie diejenige von Büschen, allerdings ist hier die Ausgewogenheit der Form noch mehr von Bedeutung. Da bei Hochstämmchen die Früchte nicht den Boden berühren oder die Pflegearbeiten um die Pflanze erschweren können, kann man herabhängende, aber dekorativ wirkende Äste ruhig so belassen. Bodentriebe oder Sprosse am Stamm sind jedoch umgehend zu entfernen.

FÄCHER

Fächer können an Wänden oder Zäunen erzogen werden oder im Garten als Abtrennung dienen. Sie wachsen 1,80 – 2,40 m in die Breite und benötigen horizontale Stützdrähte bis zu einer Höhe von 1,80 m.

Rechts: Als Unterstützungsgerüst für Rote Johannisbeeren, zum Beispiel der Sorte 'Rondom', eignen sich am besten zwei Pfähle mit einer Querstrebe.

Erziehung und Erziehungsschnitt

Es ist zwar nicht schwierig, einen bewurzelten Steckling zum Fächer zu erziehen, doch können Sie viel Zeit sparen, indem Sie einen zweijährigen geeigneten Busch auswählen. Pflanzen mit zwei kräftigen Ästen rechts und links auf einem etwa 15 cm hohen astfreien Stamm eignen sich geradezu ideal für diesen Zweck.

Beim Pflanzen zwischen Mitte Herbst und Frühjahrsbeginn werden alle anderen Triebe und Zweige entfernt und die Rippen um die Hälfte oder zwei Drittel auf nach oben weisende Augen zurückgeschnitten. Binden Sie im folgenden Sommer die Rippen und andere gutplazierte Sprosse an.

Erhaltungsschnitt am Fächer

Der Aufbau des Astgerüsts für einen Fächer dauert mehrere Jahre. Die Rippen werden hierbei wie einzelne Schnurbäume behandelt, die sternförmig von einem Punkt ausgehen. Im Sommer müssen Seitentriebe, die sich auf den Rippen entwickeln, auf vier bis fünf Blätter gekürzt werden. Im Winter sollten sie auf eine Knospe zurückgeschnitten werden, wodurch die Bildung von fruchtenden Kurztrieben angeregt wird. Wenn Fächer an einem stabilen Zaun oder an einer Wand erzogen werden, könnte es unter Umständen nötig sein, die Triebe auf der Rückseite zu entfernen.

Unten: Die Weiße Johannisbeere ist etwas schwachwachsender als die Rote. Sie wird aber als Schnurbaum, Busch, Hochstämmchen oder Fächer gleich behandelt.

Links: Die Fächererziehung läßt sich beschleunigen, indem man einen zweijährigen Busch wählt, der günstige Verzweigungen aufweist. Aus den Seitentrieben können die ersten Rippen erzogen werden. Die Bildfolge links zeigt den Pflanzschnitt der Johannisbeersorte 'Jonkheer van Tets'. Beim Pflanzen während der Vegetationsruhe werden die überflüssigen Triebe vollständig entfernt. Die vier restlichen Triebe, welche die Rippen bilden, werden etwa um die Hälfte auf nach oben weisende Knospen gekürzt.

Unten: Das Astgerüst von Johannisbeerfächern besteht aus Rippen mit fruchtenden Kurztrieben.

Rechts: Durch einen kombinierten Sommer- und Winterschnitt wird die Bildung von Fruchtholz gefördert.

SCHWARZE JOHANNISBEEREN

SCHWARZE JOHANNISBEEREN
1 Zwischen Spätherbst und Frühlingsanfang den Busch 5 cm tiefer pflanzen als zuvor in der Baumschule. Alle Triebe ca. 5 cm über dem Boden abschneiden.

Unten: Beim Schnitt Schwarzer Johannisbeeren während der Vegetationsruhe muß altes, d. h. dunkleres Holz entfernt werden.

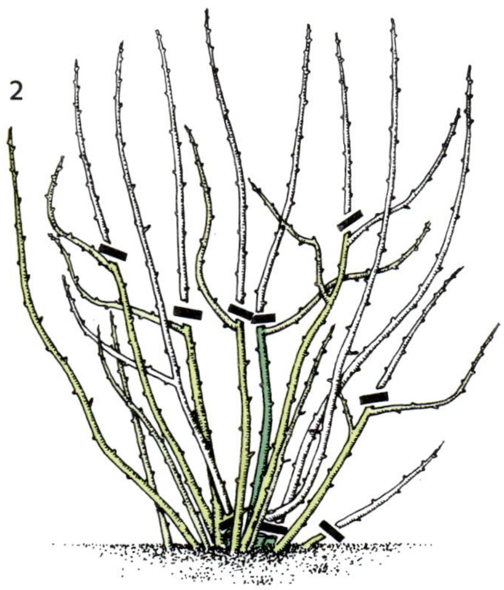

2 Nach der ersten Ernte beginnt nun der regelmäßige Schnitt. Direkt nach der Ernte werden zuerst kranke, beschädigte, schwache und nahe am Boden wachsende Triebe entfernt. Der Hauptschnitt zwischen Spätherbst und Frühlingsanfang besteht darin, ein Drittel des ältesten Holzes an der Basis zu entfernen oder auf einen starkwüchsigen Trieb einzukürzen.

Obwohl Schwarze mit Roten und Weißen Johannisbeeren nahe verwandt sind, unterscheiden sie sich im Schnitt doch deutlich voneinander. Am besten fruchten sie an vorjährigen Seitentrieben dreijähriger Gerüstäste. Zunächst gilt es, eine gute Bestockung zu erreichen, wobei die Sprosse besser aus dem Wurzelstock als aus Ästen treiben sollten. Jedes Jahr wird ein Teil des älteren Holzes entfernt, und es wird reichlich gedüngt, wodurch die Entwicklung von jungen, kräftigen Trieben gefördert wird.

Die Johannisbeergallmilbe ist der bedeutendste Schädling. Von ihr befallene Knospen treiben nicht mehr aus und verursachen so starke Ertragsausfälle. Außerdem ist sie Überträger einer Viruserkrankung, der sogenannten Brennesselblättrigkeit. Zur Vorbeugung ist es wichtig, Pflanzen zu wählen, die nicht älter als zwei Jahre und garantiert gesund sind.

Erziehungsschnitt

Durch große Pflanztiefe erreicht man eine gute Bestockung. Zwischen Spätherbst und Frühlingsanfang werden die Jungpflanzen etwa 5 cm tiefer gesetzt als zuvor in der Baumschule (an Erdspuren am Stamm kann man die ursprüngliche Pflanztiefe erkennen). Sofort nach dem Pflanzen erfolgt ein strenger Rückschnitt aller Sprosse bis 5 cm über dem Boden. Dadurch fällt zwar im ersten Sommer die Ernte aus, aber langfristig entwickelt sich eine starkwüchsige Pflanze mit kräftigen jungen Trieben. Die geschnittenen Sprosse lassen sich problemlos bewurzeln.

Wenn die Pflanze einmal kräftige Triebe entwickelt hat, ist im Winter kein Schnitt mehr erforderlich, und der Busch trägt im darauffolgenden Jahr Früchte. Bildet er allerdings nur schwache Triebe, muß im Winter erneut ein drastischer Rückschnitt erfolgen und ein weiteres Jahr auf die Ernte verzichtet werden.

Erhaltungsschnitt

Beginnen Sie mit dem regelmäßigen Erhaltungsschnitt, sobald die Pflanze zum ersten Mal gefruchtet hat. Der Hauptschnitt erfolgt dann zwischen Spätherbst und Fühjahrsanfang. Zur Verbesserung der Luftzirkulation lohnt es sich, weiter unten wachsende, schadhafte, kranke oder schwache Triebe unmittelbar nach der Ernte zu entfernen. Der Hauptschnitt besteht darin, etwa ein Drittel des ältesten Holzes auszulichten, entweder bis zur Basis oder bis zu einem kräftigen basalen Trieb. Die Farbe der Rinde ist dabei ein Hinweis auf das Alter. Junge Sprosse sind deutlich heller als dreijährige.

HIMBEEREN

Himbeeren haben ein winterhartes Wurzelsystem, das jedes Jahr neue Wurzelschößlinge hervorbringt. Bei den sommerfruchtenden Himbeeren tragen die Schößlinge im zweiten Jahr Früchte und sterben dann ab. Bei herbstfruchtenden Pflanzen hingegen wachsen die Beeren im Spitzenbereich junger Ruten. Das Ziel der Schnittmaßnahmen ist daher der Ersatz aller abgetragenen Ruten durch neue Triebe; bei den Erziehungsmaßnahmen steht hingegen die Errichtung zweckmäßiger Stützen im Vordergrund.

Unterstützungseinrichtungen

Himbeeren müssen gestützt werden, damit ihre hohen Ruten nicht vom Gewicht der Früchte heruntergezogen werden. Die am weitesten verbreitete Methode besteht darin, die Himbeeren an einem Drahtrahmen mit waagerechten Drähten, die in 75, 105 und 170 cm Höhe gespannt sind, zu erziehen. Die fruchtenden Ruten werden in größeren Abständen an den Drähten festgebunden, so daß eine gute Belichtung gewährleistet ist. Bei ausreichender Belüftung sinkt zudem das Risiko von Pilzerkrankungen. Junge Ruten können Sie an die unteren Drähte binden, damit sie vor Windschäden geschützt sind.

Beim doppelten Drahtrahmen werden zweimal zwei parallel verlaufende Drähte in 75 und 150 cm Höhe mit je 60 cm Abstand voneinander gespannt. Die Triebe werden nicht festgebunden, sondern durch im Abstand von 60 cm querverlaufendem Bast oder Drähten aufrecht gehalten.

Das sogenannte V-System besteht aus zwei 90 cm voneinander entfernten und 90 cm über der Erde parallel zueinander verlaufenden Drähten. Fruchtende Ruten wachsen in einer Reihe zwischen den Drähten und werden zu beiden Seiten hin erzogen. Von der Seite gesehen bilden sie so ein V. Es ist von Vorteil, sie um die Drähte zu winden, statt sie an ihnen festzubinden.

SOMMERFRUCHTENDE HIMBEEREN

Diese Himbeeren haben bis zu 2,40 m lange Ruten. Auf deren Seitentrieben entwickeln sich zwischen Früh- und Hochsommer im zweiten Jahr Früchte. Danach sterben sie ab.

Pflanzschnitt

Pflanzen Sie im Winter, wobei die Ruten nicht tiefer als 8 cm in den Boden gesetzt werden sollten. Breiten Sie zudem die Wurzeln aus, damit sich Wurzelschosse bilden können. Nach dem Pflanzen sollte jede Rute in 20 – 30 cm Höhe auf ein Auge zurückgeschnitten werden. In der ersten Saison trägt die Pflanze noch keine Beeren.

STÜTZVORRICHTUNGEN: Einzelpfähle

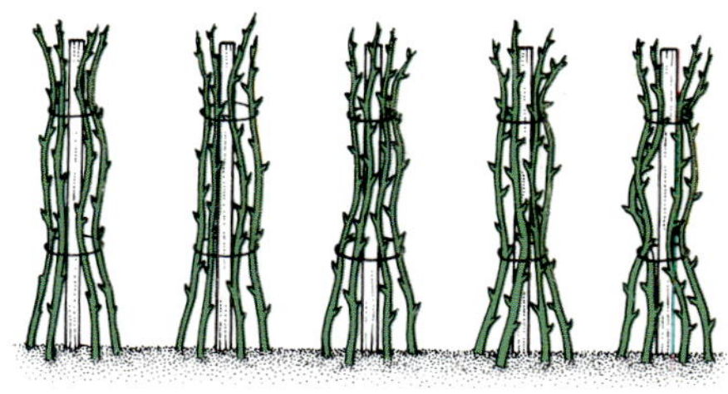

Einfacher Drahtrahmen

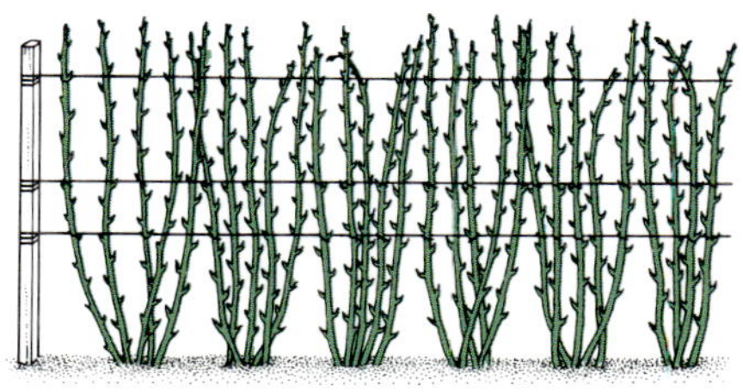

Doppelter Drahtrahmen

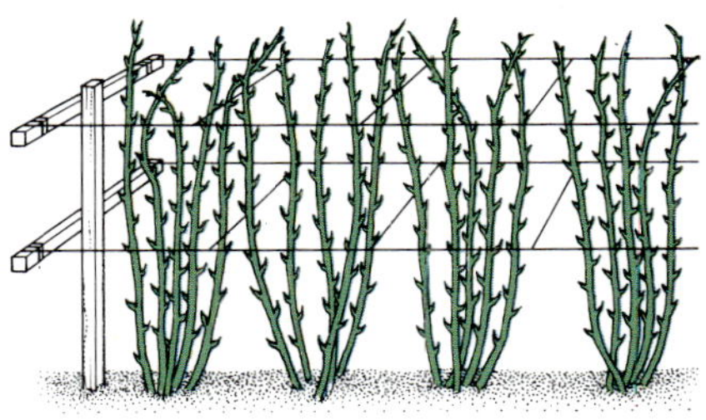

Links: Beim Schnitt von sommerfruchtenden Himbeeren sollten abgetragene Ruten beseitigt und Platz für neue Ruten geschaffen werden. Auf diesem Foto sind die jungen Ruten rechts im Bild zu sehen.

Oben: Starkwüchsige Ruten, die umgebogen und am obersten Draht festgebunden werden, sollten beim einfachen Drahtrahmen im Spätwinter etwa 15 cm über dem obersten Draht abgeschnitten werden. Auf diese Art werden tote Spitzen entfernt und der Wuchs weiter unten begünstigt.

1

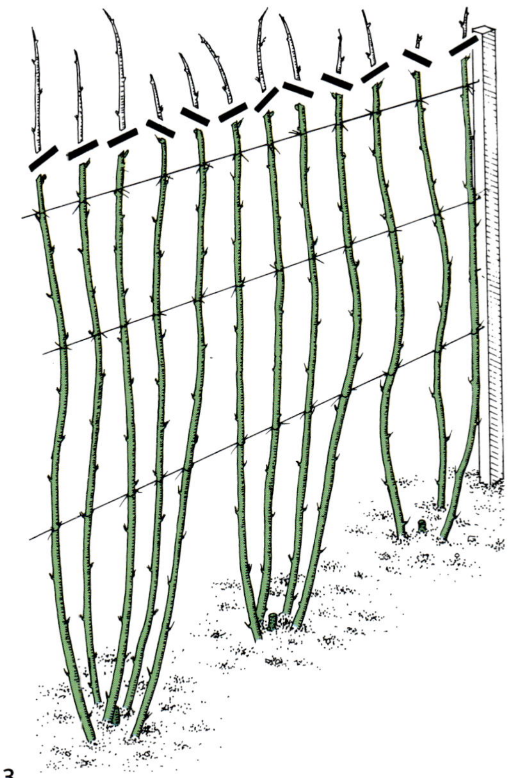

3

EINFACHER DRAHTRAHMEN

1 Zwischen Spätherbst und Frühlingsbeginn pflanzen. Die Ruten höchstens 8 cm tief setzen und die Wurzeln gut ausbreiten. Nach dem Pflanzen jede Rute oberhalb einer Knospe in 20 – 30 cm Höhe abschneiden.

2 Im ersten Sommer die Ruten 8 – 10 cm voneinander entfernt an die Drähte binden. In der ersten Vegetationsperiode gibt es noch keinen Ertrag.

2

4

3 Im späten Winter des zweiten Jahres abgestorbene und schwache Triebe in 1,50 m Höhe abschneiden.

4 Ab dem zweiten Sommer entwickeln sich junge Ruten, während die alten blühen und Früchte tragen. Im Hochsommer überflüssige junge Ruten entfernen, so daß die verbleibenden voneinander 10 cm Abstand haben.

5 Ab dem zweiten Jahr Mitte Herbst alle abgetragenen Ruten herausschneiden. Junge, lange Ruten umbiegen und am obersten Draht festbinden.

5

Rechts: Himbeeren, die an einem einfachen Drahtgerüst wachsen, werden dort ebenfalls festgebunden. Junge, sich an der Basis entwickelnde Ruten müssen später ausgelichtet werden, damit in der nächsten Saison die Ernte an Ruten hängt, die nicht zu eng beieinanderstehen.

Erhaltungsschnitt und Erziehung von erwachsenen Pflanzen

Bei der Erziehung am einfachen Drahtrahmen werden die Ruten, wenn sie lang genug geworden sind, mit 7 – 10 cm Abstand voneinander an den Drähten festgebunden. Wenn fortlaufend gebunden wird, sollten ab und zu für den Fall Knoten gemacht werden, daß der Bast an irgendeiner Stelle bricht. Damit die Ruten nicht über den obersten Draht hinauswachsen und im Winter beschädigt werden, biegt man sie oben um und bindet sie dann erneut am obersten Draht fest. Im Spätwinter werden diese Ruten auf 15 cm über dem obersten Draht zurückgeschnitten. Bei allen Systemen, außer dem V-System, ist es ratsam, die Ruten etwas einzukürzen, da hierdurch alle im Winter geschädigten Triebe entfernt werden und sich die unteren Knospen besser entwickeln können.

Beim V-System werden im Spätsommer oder Frühherbst vier bis sechs junge Triebe zusammengefaßt und, solange sie noch biegsam sind, in Büscheln um die Drähte gewunden. Sie sollten gleichmäßig zwischen den beiden Drähten aufgeteilt und alle in dieselbe Richtung erzogen werden. Ersatztriebe müssen sich frei entwickeln können, bis die, die gefruchtet haben, entfernt worden sind. Beim V-System sollten die verwundenen Triebe keine zusätzliche Stütze benötigen. Neue Ruten werden, sobald sie sich entwickeln, bei normalen Drahtrahmen einfach angebunden.

Bei jeder Erziehungsmethode müssen Sie alte, abgetragene Ruten direkt nach der Ernte ebenerdig entfernen. Oft ist es nötig, die Jungruten auszulichten, um etwa 10-cm-Abstände zwischen den Trieben zu erhalten.

HERBSTFRUCHTENDE HIMBEEREN

Herbstfruchtende Himbeeren sind wesentlich kompakter im Wuchs als die meisten sommerfruchtenden Sorten und bringen geringere Erträge. Ihr Vorteil liegt jedoch darin, daß sie spät reifen, nämlich zwischen dem Frühherbst und den ersten Frösten. Die Früchte hängen an der Spitze junger Triebe. Am besten eignen sich hier doppelte Drahtrahmen.

Schnitt und Erziehung

Gehen Sie zunächst wie bei sommerfruchtenden Himbeeren vor. Die Triebe würden nur wenige Früchte tragen, wenn im zweiten Jahr kein Schnitt erfolgt. Schneiden Sie sie deshalb im Spätwinter bis auf den Boden zurück. Die Ruten so auslichten, daß sie in ca. 5 cm Abstand voneinander stehen.

BROMBEEREN

Die wilde Brombeere ist ein starkwüchsiges kletterndes Beerenobst mit kräftigen Stacheln. Seit sie kultiviert wird, wurde die Qualität der Früchte zusehends verbessert und sogar einige stachellose Sorten gezüchtet. Es gibt eine Reihe von Beerenkreuzungen zwischen Brombeeren und anderen *Rubus*-Arten, wie die Logan- und die Taybeere. Im allgemeinen sind diese nicht so starkwüchsig und weniger bestachelt als die Brombeere. Dennoch empfehlen sich auch hier Gartenhandschuhe!

ERZIEHUNGSMETHODEN

Die meisten Beerenkreuzungen werden geschnitten wie die Brombeere. Entfernen Sie die Triebe, nachdem sie im zweiten Jahr gefruchtet haben. Die Erziehung ist sehr wichtig, um Schnitt und Ernte zu erleichtern und um die Pflanzen unter Kontrolle zu halten. Bleiben sie einmal sich selbst überlassen, bilden Brombeeren und Beerenkreuzungen bald ein undurchdringliches Gestrüpp.

Die Wahl der Erziehungsmethode hängt von der Wüchsigkeit der Pflanze und der Biegsamkeit der Triebe ab. Immer aber werden alte Ruten von den jungen, die erst ein Jahr später fruchten, getrennt gehalten. Diese Trennung hat zwei Vorteile: Pilzerkrankungen, die von alten auf junge Triebe übergreifen könnten, werden eingedämmt, und das Ernten der Beeren wird erleichtert.

Bei jedem System müssen die Ruten ausreichend gestützt werden. Drähte zur Stützung der Triebe können Sie an Wänden oder Zäunen befestigen oder aber zwischen Pfosten spannen.

SCHLINGWAND-ERZIEHUNG

1 Im ersten Sommer die Ruten nach links und rechts erziehen und in die untersten drei Drähte einweben.

2 Ab dem zweiten Sommer, während die einjährigen Ruten blühen und fruchten, junge Ruten in der Mitte nach oben leiten und am obersten Draht festbinden.

1

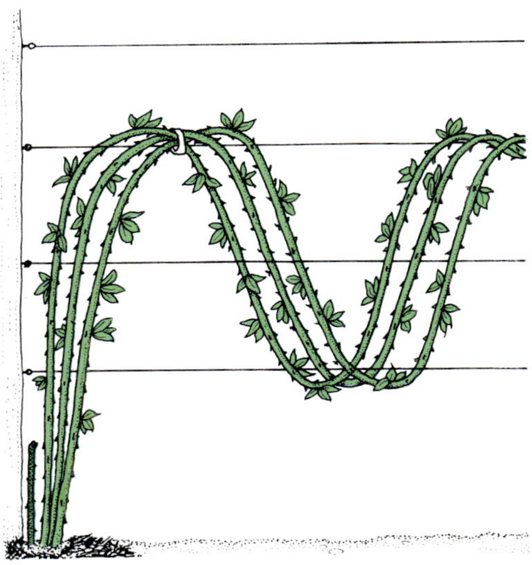

2

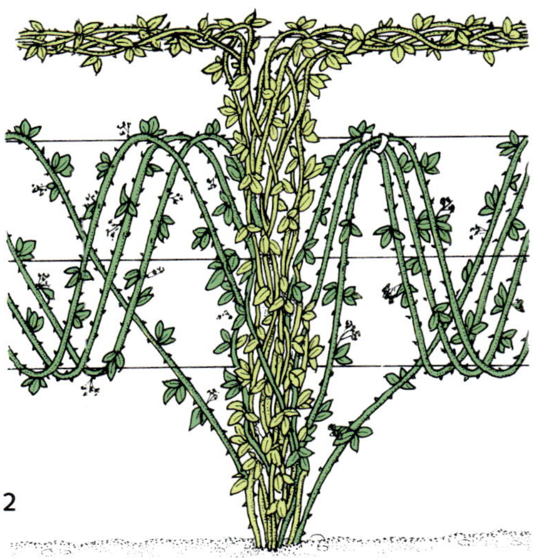

3 Mitte Herbst, nach der Ernte, die abgetragenen Ruten am Boden abschneiden. Wenn nur eine geringe Zahl junger Ruten zur Verfügung steht, kann man auch die kräftigsten alten Ruten stehenlassen.

4 Nach dem Entfernen alter Ruten die jungen losbinden und in die untersten drei Drähte einweben und festbinden.

3

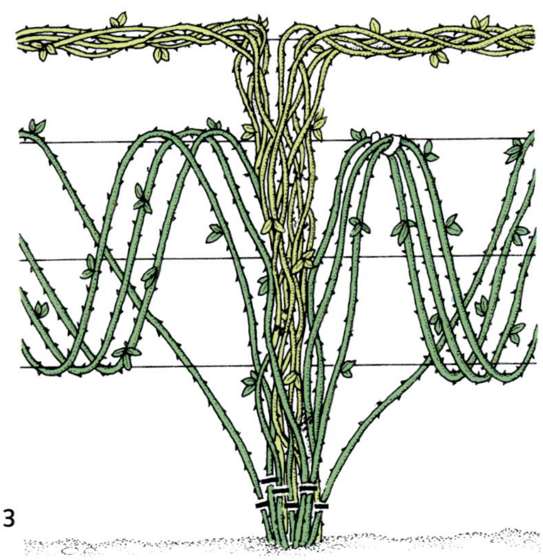

4

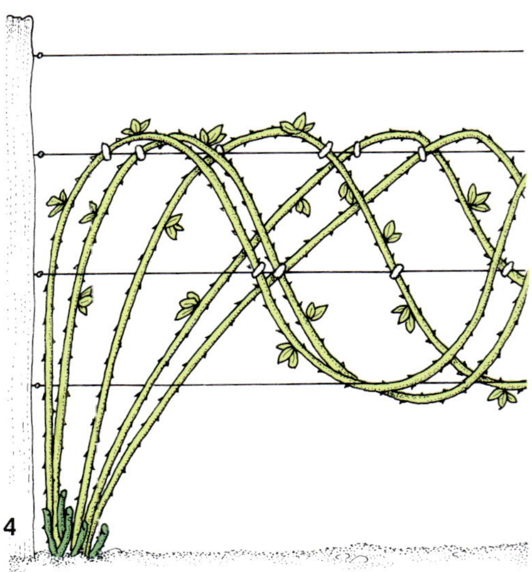

Ziehen Sie den untersten Spanndraht in 90 cm Höhe, darüber dann drei weitere in je 30 cm Abstand. Es gibt verschiedene Variationen der genannten Erziehungsmethoden. Stachellose Brombeeren und Beerenkreuzungen sind auch als Bogenspaliere sehr attraktiv. Der Schnitt bleibt jedoch im wesentlichen gleich.

Pflanzschnitt
Schneiden Sie beim Pflanzen zwischen Spätherbst und Frühlingsanfang alle Triebe in 25 cm Höhe ab. Erst im zweiten Sommer beginnen die Pflanzen zu fruchten.

Schlingwanderziehung
Die Schlingwanderziehung ist ausgesprochen arbeitsintensiv und eignet sich am besten für Sorten mit langen, biegsamen Ruten wie die dornenlose Boysenbeere und die sehr starkwüchsigen Brombeeren wie 'Bedford Giant' und 'Theodor Reimers'. Weniger starkwüchsige Sorten benötigen in der Breite 2,40 m Platz, starkwüchsige mindestens 5 m.

Jede Pflanze erzeugt im ersten Sommer mehrere Ruten. Nach und nach sollten sie nach links und rechts erzogen und durch die untersten drei Drähte wellenförmig durchgezogen werden. Im zweiten Sommer, wenn die einjährigen Triebe fruchten, wachsen neue Ruten, die durch die Pflanzenmitte nach oben geführt und am obersten Spanndraht befestigt werden sollten. Schneiden Sie nach der Ernte abgetragene und alte Triebe am Boden ab. Junge Triebe werden dann vom obersten Draht gelöst, in die untersten Drähte eingeflochten und dort erneut befestigt. Wenn nicht genügend neue Ruten zur Verfügung stehen, kann man ein oder zwei alte stehenlassen. Im Spätwinter und zu Beginn des Frühjahrs sollten Sie schwache Triebe am Rutenende ausgeizen.

Fächererziehung
Fächerspaliere sind für weniger starkwüchsige Beerenkreuzungen geeignet, vor allem für solche mit starren Ruten wie 'Smoothstem'. Sie nehmen relativ wenig Platz ein, benötigen aber 2,50 – 3 m in der Breite.

Im ersten Sommer werden die Ruten gleichmäßig rechts und links verteilt und bilden so einen in der Mitte offenen Fächer. Im Spätherbst oder zu Beginn des Frühjahrs sollten Sie sie dann auf etwa 1,70 m über dem dritten Draht kürzen (dadurch bleiben 15 cm der Rute über dem Draht fürs Festbinden stehen).

Wenn alte Triebe im zweiten Sommer blühen, führen Sie die neuen Ruten durch die mittlere Lücke säulenförmig hindurch und binden sie rechts und links entlang dem obersten Spanndraht an. Nach dem Ernten dann die alten, abgetragenen Ruten am Boden abschneiden.

Die jungen Triebe, die erst im zweiten Jahr Ertrag bringen, kann man nun losbinden und zu einem V-förmigen Fächerspalier formieren.

Eine Spielart der Fächererziehung kann bei Sorten mit dünnen, biegsamen Ruten, wie der Taybeere, eingesetzt werden. Die Ruten werden hierbei in ihrer Endposition nach außen, an den untersten drei Drähten des Gerüsts, entlanggeleitet, allerdings nicht fächerförmig, sondern pro Draht mit drei bis vier Ruten. Wie beim Fächer werden die jungen Triebe zunächst säulenförmig erzogen.

Links: 'Theodor Reimers' ist eine sehr starkwüchsige, stachelbewehrte Brombeere. Sie kann durch die Schlingwanderziehung relativ kompakt gehalten werden, welches aber eine sehr arbeitsaufwendige Methode ist. Die Palmettenerziehung ist wesentlich einfacher, benötigt aber viel Platz.

Links: Die Taybeere, eine der Beerenkreuzungen mit der Brombeere, hat helle, biegsame Ruten und wird oft als Fächer erzogen.

DER FÄCHER
1 Im ersten Sommer die Ruten als in der Mitte offenen Fächer oder V-förmig gleichmäßig rechts und links verteilen. Im Spätherbst oder zu Beginn des Frühjahrs alle Ruten auf etwa 1,70 m Höhe über dem Draht abschneiden.

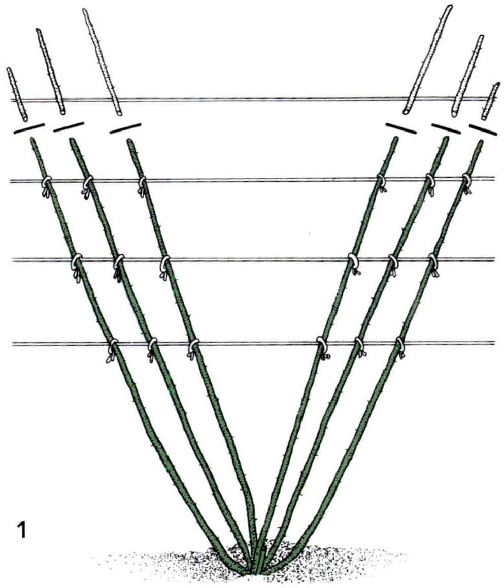
1

2

2 Ab dem zweiten Sommer, wenn die alten Ruten blühen und fruchten, junge Ruten in der Mitte hocherziehen und rechts und links entlang des obersten Drahts festbinden.

3 Im Herbst nach der Ernte abgetragene Ruten entfernen. Junge Ruten in der Mitte losbinden und erneut V-förmig befestigen.

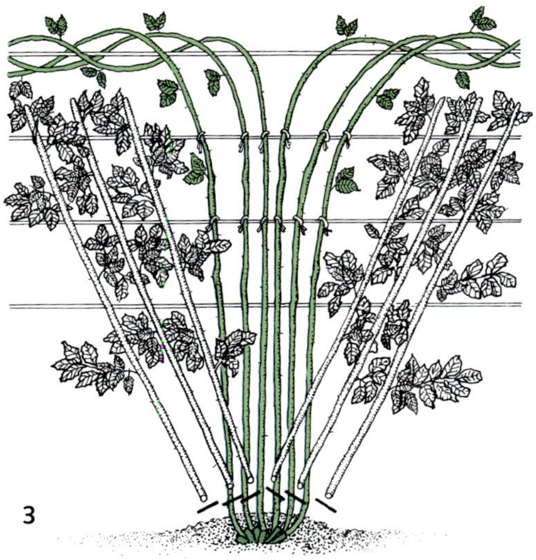
3

Palmettenerziehung
Bei der Palmettenerziehung sind nur wenig Handgriffe nötig. Dies prädestiniert sie für stark bestachelte Arten wie 'Theodor Reimers'. Im ersten Jahr werden alle Ruten auf der einen Seite an einer imaginären, vertikalen Linie entlang der Drähte angebunden. Im folgenden Sommer, wenn diese Ruten fruchten und blühen, sollten von den neuen Ruten entlang jeden Drahtes drei oder vier in der entgegengesetzten Richtung festgebunden werden. Dadurch vermeiden Sie es, die Ersatztriebe neu festbinden zu müssen, vorausgesetzt, daß Sie die abgetragenen alten Ruten Mitte Herbst wegschneiden.

Wenn man zwei Pflanzen nebeneinandersetzt, sollten jeweils die jungen Triebe aufeinander zu wachsen, so daß sie mit den alten, die Pilzerkrankungen übertragen könnten, nicht in Berührung kommen.

PALMETTENERZIEHUNG
Hierbei werden alle Ruten eines Jahrs auf die eine Seite und die des nächsten Jahrs auf die andere Seite gebunden. Dieses System hat den Vorteil, daß die Ruten nur einmal festgebunden werden müssen, da man sie nach der Ernte wegschneidet. Die Palmettenerziehung benötigt allerdings sehr viel Platz.

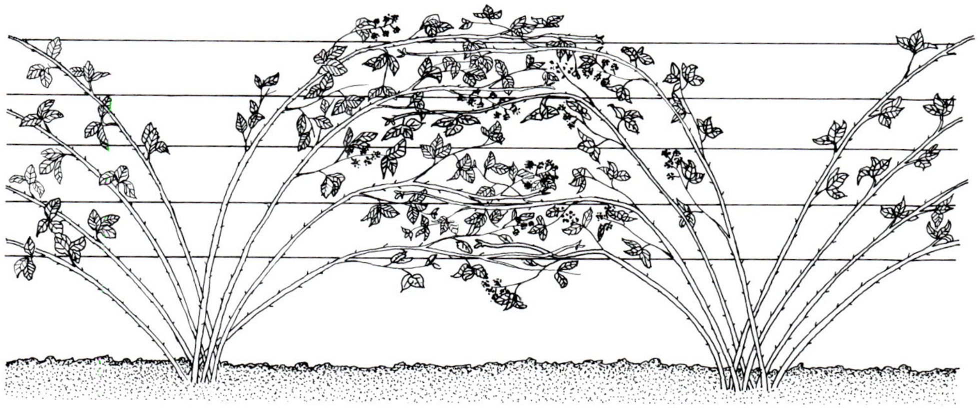

HEIDEL- UND PREISELBEEREN

Eine Reihe von Heidekrautgewächsen der Gattung *Vaccinum* trägt eßbare Beeren, die roh oder gekocht verarbeitet werden. Auch wenn viele Leute die Früchte einiger Wildarten, wie der Waldheidelbeere *(V. myrtillus)*, sammeln, gilt ihr Ertrag als zu gering, um einen Anbau zu rechtfertigen. Kleinwachsende Wildarten wie die *V. angustifolium* gehören ebenfalls dazu. Im Osten der USA und in Kanada gibt es jedoch Regionen, in denen die Wildheidelbeere erwerbsmäßig abgeerntet wird. Alle zwei bis drei Jahre werden die alten Sträucher sowie Konkurrenzpflanzen durch Brandrodung beseitigt, damit sich neue Bodentriebe entwickeln können. In Kultur erfolgt alle zwei bis drei Jahre ein strenger Rückschnitt, um neues Wachstum zu stimulieren. Allerdings wird abwechselnd nur je die Hälfte der Pflanzen geschnitten, um einen regelmäßigen Ertrag zu gewährleisten.

Hochwachsende Heidelbeeren (vor allem *V. corymbosum*) und Kulturpreiselbeeren, besonders Sorten der aus Amerika stammenden Art *V. macrocarpum (Oxycoccus macrocarpus)*, werden am häufigsten angebaut und entwickeln sich wie viele andere Heidekrautgewächse am besten auf sauren Böden.

SCHNITT VON KULTURHEIDELBEEREN
Ab dem dritten Jahr die Büsche jährlich zwischen Spätherbst und Ende Winter schneiden. Abgestorbenes, krankes oder beschädigtes Holz herausnehmen und zwei bis drei der ältesten Triebe über dem Boden oder auf junge, starkwüchsige Sprosse zurückschneiden.

Oben: Kulturheidelbeeren brauchen saure Böden. Sie fruchten auf einjährigen Seitentrieben.

HOCHWACHSENDE HEIDELBEEREN

Diese Pflanzen wachsen auf feuchten, allerdings gut entwässerten und sehr sauren Böden im Garten oder in großen Kübeln problemlos. Sie entwickeln sich zu ausladenden, mindestens 1,80 m hohen Büschen.

Erziehungsschnitt

Im allgemeinen sind die Sträucher zwei- oder dreijährig als Containerpflanzen erhältlich. Beim Pflanzen, vorzugsweise zwischen Herbst und Frühling, müssen lediglich beschädigte Triebe gekürzt werden. In den nächsten zwei bis drei Jahren sollte nur geschnitten werden, wenn sich die Pflanzen nicht genügend verzweigen. In diesem Fall kürzen Sie die längsten Triebe Mitte Frühling um etwa ein Drittel.

Erhaltungsschnitt

Je älter die Gerüstäste, desto geringer ist die Qualität des Ertrags. Lichten Sie die Sträucher ab dem dritten Jahr jährlich aus. Zwischen Spätherbst und Spätwinter zwei bis drei der ältesten Gerüstäste auf starkwüchsige junge Triebe einkürzen oder, wenn keine vorhanden sind, direkt über dem Boden abschneiden. Gleichzeitig alle toten, kranken und schadhaften Äste wegschneiden.

KULTURPREISELBEEREN

Kulturpreiselbeeren werden auf saurem Boden maximal 5 cm hoch, aber bis zu 50 cm breit. Obstbauern ziehen sie oft in einem künstlich angelegten Moor.

Schnitt

Beim Pflanzen zwischen Mitte Herbst und Frühjahrsanfang ist in der Regel kein Schnitt erforderlich. Die Triebe sollten nicht abgeschnitten, sondern teilweise mit Erde bedeckt und nach unten fixiert werden, damit sie über ihre gesamte Länge Wurzeln bilden können. Aufrechte und dünne Triebe erwachsener Pflanzen sollten Sie jedes Jahr stutzen.

REBEN

Oben: Die Rebe, eine der am weitesten verbreiteten Kulturpflanzen überhaupt, kann auf die verschiedensten Arten erzogen werden. Oben sieht man ein schönes Exemplar von *Vitis vinifera*, an dem ein Zapfenschnitt durchgeführt wurde.

Reben sind außerordentlich anpassungsfähig, weshalb sie in vielen Regionen der Welt angebaut werden können. In Europa und in anderen Kontinenten handelt es sich bei den angebauten Arten fast ausschließlich um Sorten von *Vitis vinifera*. In den gemäßigten und kühleren Breiten müssen die Bedingungen für Edelreben allerdings außerordentlich günstig sein, damit sie gedeihen können, zum Beispiel an geschützten, sonnenbeschienenen Wänden.

Vor allem in Nordamerika werden auch Reben kultiviert, die nicht von *V. vinifera* abstammen, sondern aus den *Euvitis*-Arten, hauptsächlich *V. labrusca*, und den Muscadinia-Arten, wie *V. rotundifolia*, gezüchtet wurden.

Bei allen Reben handelt es sich um mehr oder weniger starkwüchsige, sommergrüne Kletterpflanzen, die auf einjährigen Trieben Ertrag bringen. Wenn Weinreben nicht regelmäßig geschnitten und erzogen werden, verwildern sie zu einem Gestrüpp aus jungen, holzigen und abgestorbenen Trieben, die nur noch eine geringe Zahl armseliger Früchte bilden. Es gibt viele Schnittmethoden, die alle zum Ziel haben, ein Astgerüst zu schaffen und die jährliche Produktion jungen Holzes, das im darauffolgenden Jahr fruchtet, zu fördern.

Der Hauptschnitt der *V. vinifera*-Sorten erfolgt am besten im frühen Winter. So bluten sie weniger, das heißt es fließt nicht übermäßig viel Pflanzensaft aus der Schnittwunde. Die Pflanze wird nicht unnötig geschwächt und bleibt gegen Schädlinge und Krankheiten widerstandsfähiger. Der Hauptschnitt bei *Euvitis*-Arten wird vorzugsweise zu Beginn des Frühlings vorgenommen, wenn die Vegetationsruhe noch andauert, aber das Frostrisiko gering ist. Muscadinerreben schneidet man im Winter. Bei all diesen Weintrauben ist die Schnittintensität der Wuchskraft der jeweiligen Sorte anzupassen.

Weinreben wachsen auch auf eigenen Wurzeln, doch ist es durchaus üblich, Sorten von *V. vinifera* auf Unterlagen zu veredeln, die resistent gegen die Reblaus *(Phylloxera)* sind, ein zu den Blattläusen gehörendes Insekt, welches im 19. Jahrhundert die Weinanbaugebiete Europas heimsuchte. Beim Pflanzen veredelter Weinstöcke darf die Veredelungsstelle nicht eingegraben werden.

VITIS VINIFERA: DIE RUNDBOGENERZIEHUNG

Eine der am weitesten verbreiteten und erfolgreichsten Anbaumethoden der Sorten von *V. vinifera* im Freien ist die einfache und doppelte Rundbogenerziehung. Die doppelte Rundbogenerziehung findet am häufigsten Anwendung: hierbei erzieht man die fruchtenden Seitentriebe von zwei Jahre alten, etwa 60 cm langen, rechts und links von einem kurzen Stamm wachsenden Triebarmen aus vertikal. Oberhalb der Stelle, an der sich die Triebe gabeln, läßt man jedes Jahr drei Sprosse stehen. Zwei davon werden im Herbst nach unten gebogen und ersetzen so die abgetragenen Seitentriebe. Der dritte wird gekürzt, wobei Augen für die Bildung von Trieben im nächsten Jahr verbleiben.

Die einfache Rundbogenerziehung gleicht mehr oder weniger der doppelten, allerdings wird nur ein Arm mit einbezogen. Oft werden beide Formen miteinander kombiniert, wobei durch die einfache Rundbogenerziehung eine Reihe abgeschlossen wird. Auf freier Fläche verwendet man Pfähle und Spanndrähte, Einzeldrähte in 40 und 60 cm und Doppeldrähte in 90, 120 und 150 cm Höhe. Auch bei an Wänden oder Zäunen hinaufwachsenden Solitären sind diese Drahtabstände zu wählen.

Erziehung und Erziehungsschnitt

Ein scharfer Pflanzschnitt fördert starkes Wachstum. Beim Pflanzen zwischen Mitte Herbst und Frühlingsanfang wird die Weinrebe 15 cm oberhalb der Veredelungsstelle abgeschnitten, bei wurzelechten Reben hingegen 15 cm über dem Boden und oberhalb von mindestens zwei gesunden Augen.

DIE RUNDBOGEN-ERZIEHUNG

1 Beim Pflanzschnitt zwischen Mitte Herbst und Frühlingsanfang den Rebstock ca. 15 cm oberhalb der Veredelungsstelle auf zwei gutentwickelte Knospen zurückschneiden. In der folgenden Vegetationsperiode darf sich nur ein Trieb entwickeln, der an einem Stab hochgebunden wird. Alle anderen Sprosse auf ein Blatt kürzen.

1

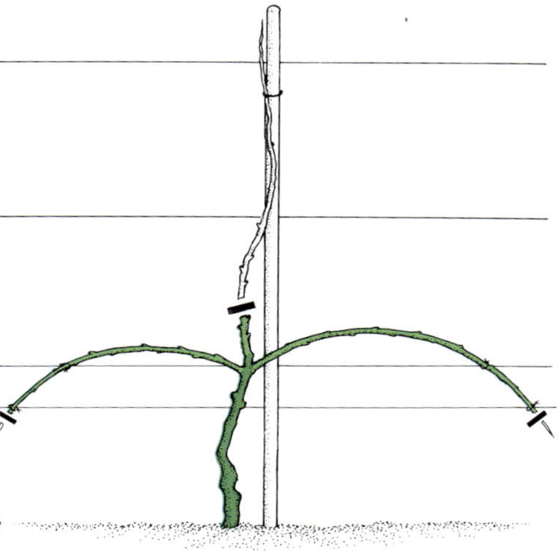

4

4 Im Spätherbst des zweiten Jahrs zwei der vertikal erzogenen Triebe zwischen dem untersten und dem zweiten Draht von unten nach rechts und links herunterbinden. Auf 60 – 80 cm einkürzen und gleichzeitig die verbleibenden Triebe bis auf drei gutentwickelte Knospen zurückschneiden.

2 Im Spätherbst die Rebe etwa 40 cm über dem Boden abschneiden. Mindestens drei gutentwickelte Knospen stehenlassen.

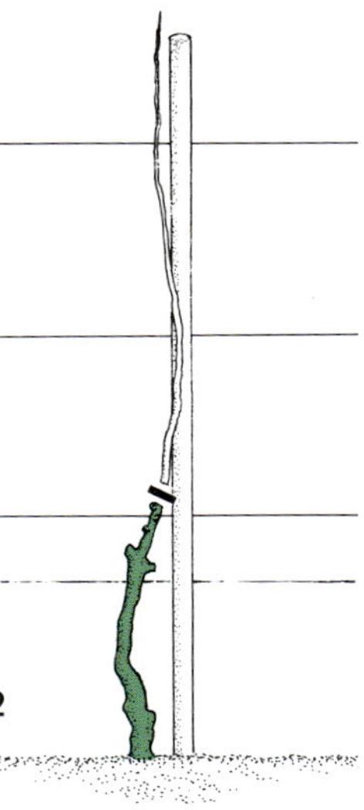

2

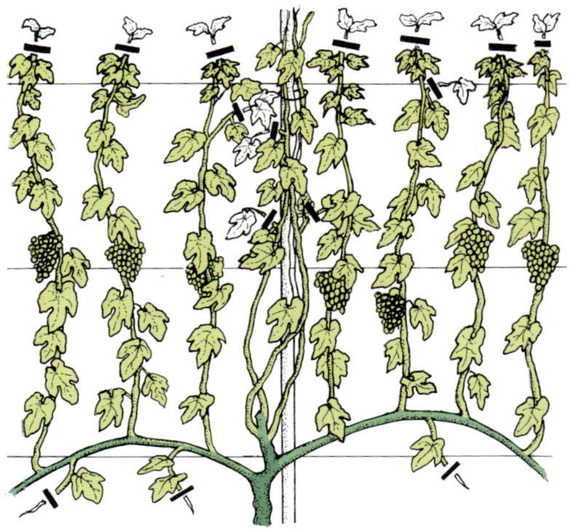

5

5 In der Wachstumsperiode des dritten und der darauffolgenden Jahre tragen die von den zwei Ruten aus vertikal erzogenen Sommertriebe Trauben. Während ihres Wachstums die Sommertriebe durch die Doppeldrähte stecken und drei Blätter über dem obersten Draht abschneiden. Drei Ersatzruten in der Mitte vertikal erziehen; dabei die Seitentriebe auf ein Blatt kürzen.

3 Zwischen Frühling und Sommer des zweiten Jahres drei Sprosse vertikal erziehen, Seitentriebe und alle überflüssigen Sprosse auf ein Blatt kürzen.

3

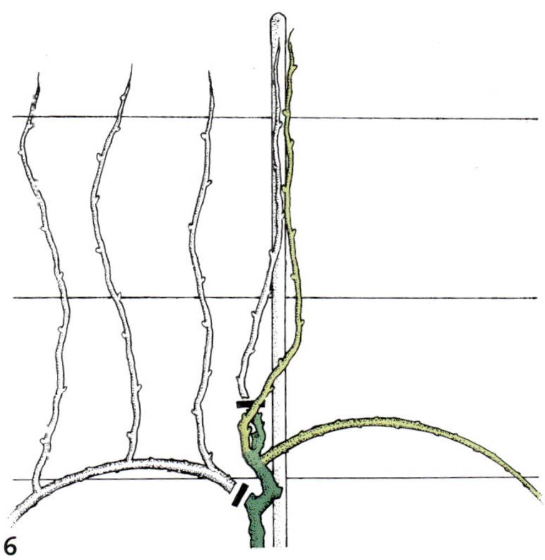

6

6 Im Spätherbst die zwei waagerechten fruchtenden Ruten entfernen und Ersatzruten rechts und links festbinden. Diese auf etwa 60 – 80 cm kürzen und den dritten, vertikal erzogenen Trieb oberhalb von drei gutentwickelten Knospen abschneiden.

Lassen Sie im ersten Sommer nur einen Trieb stehen, der dann an einen Stab gebunden wird. Andere Sprosse auf ein Blatt einkürzen. Im Spätherbst desselben Jahrs den Weinstock auf eine knapp über dem untersten Draht befindliche Knospe zurückschneiden und dabei beachten, daß mindestens noch zwei gesunde Augen erhalten bleiben.

Im zweiten Sommer dann insgesamt drei Sprosse vertikal erziehen und alle Seitentriebe auf ein Blatt einkürzen. Zwei der Sprosse bilden die ersten Ruten, werden aber erst im Spätherbst an den unteren Drähten festgebunden. Wenn sie jedoch in einem Bogen zwischen dem untersten und zweituntersten Draht befestigt sind, werden sie bis auf etwa 80 cm gekürzt. Verbleibende Sprosse jetzt zurückschneiden und drei gesunde Augen stehenlassen, aus denen sich im folgenden Jahr Ersatzruten entwickeln.

DIE RUNDBOGEN-ERZIEHUNG
Beim Schnitt der erwachsenen Rebe im Spätherbst werden die fruchtenden Triebe, die zwischen dem untersten und dem zweituntersten Draht einen Bogen bilden, bis zur Mitte zurückgeschnitten.

Zwei der in der Mitte in der Wachstumszeit vertikal erzogenen Triebe werden bogenförmig zwischen dem untersten und dem zweituntersten Draht nach rechts und links festgebunden. Sie sollen die waagerechten fruchtenden Ruten ersetzen.

Den dritten Trieb, der in der vorigen Vegetationsperiode senkrecht erzogen wurde, bis auf drei gutentwickelte Knospen zurücknehmen.

Erhaltungsschnitt und Erziehung am erwachsenen Rebstock
Unter normalen Voraussetzungen beginnen Weinreben im dritten Jahr zu fruchten. Die Trauben wachsen an Sommertrieben (Lotten) der an den unteren Drähten befestigten Ruten (einjährige Triebe). Die Sommertriebe werden zwischen die Doppeldrähte geschoben. Entfernen Sie die sich aus den Blattachseln der Sommertriebe entwickelnden Geize und schneiden Sie die fruchtenden Seitentriebe schließlich auf drei Blätter über dem obersten Draht zurück. Die Ersatzruten werden auf drei beschränkt und müssen ebenfalls senkrecht erzogen werden. Blüten, die auf ihnen wachsen, werden entfernt und Geiztriebe auf ein Blatt gekürzt.

Reben können auf jedem Sommertrieb eine oder mehrere Trauben tragen, junge Stöcke werden jedoch geschwächt, wenn sie zuviel tragen. Im ersten Ertragsjahr läßt man nur zwei bis drei Trauben stehen, im Jahr darauf vier bis fünf.

Im Spätherbst werden jährlich die beiden Ruten auf die jungen, kräftigen Ersatztriebe oder bis nahe der Pflanzenmitte zurückgeschnitten. Dann beginnen Sie wieder von vorne, das heißt zwei Sprosse als Ersatztriebe nach unten binden und, wie oben beschrieben, aufrechte Triebe um ein Drittel kürzen.

VITIS VINIFERA: DER ZAPFENSCHNITT
Diese Technik ist die im Treibhaus für die Sorten der *V. vinifera* am weitesten verbreitete. Das Astgerüst wird dabei von einem Stämmchen getragen. Fruchtende Sommertriebe wachsen aus stammbürtigen, in etwa 25 cm voneinander stehenden Zapfen. Der Schnitt und die Erziehung, die nachfolgend beschrieben werden, gelten für Einzelstämmchen, doch gibt es hiervon verschiedene Varianten, beispielsweise daß eine Pflanze zwei oder mehrere Stämmchen oder ein verästeltes Stämmchen aufweist.

Um die Pflanze oder die Pflanzen zu stützen, ist ein Drahtgerüst nötig. In großen Gewächshäusern, in denen mehrere Weinreben nebeneinander wachsen und parallel zu den Scheiben hochgezogen werden, verlaufen die Drähte etwa 50 cm von der Scheibe entfernt entlang des Astgerüsts, so daß die Luft dazwischen gut zirkuliert und Blattschäden vermieden werden. Die Drähte in Abständen von 25 cm verlaufen lassen, den untersten 90 cm über der Erde. In kleinen Gewächshäusern kann man vermutlich nur eine

Weinrebe pflanzen. Man setzt sie am besten an der von der Tür am weitesten entfernten Stelle und zieht den Wein in 30 cm Abstand vom Glas den First entlang.

Erziehung und Erziehungsschnitt

Wein kann sowohl im Gewächshaus als auch daneben ins Freie gepflanzt oder ganz einfach durch eine Öffnung nahe der Erde ins Gewächshaus hinein erzogen werden. Containerpflanzen können Sie zwar zu jeder Jahreszeit pflanzen, doch das Pflanzen im Spätherbst oder im frühen Winter hat den Vorteil, daß der scharfe Pflanzschnitt sofort vorgenommen werden kann. Kürzen Sie die Triebe des vorigen Sommers um etwa zwei Drittel, damit die Rebe im folgenden Sommer kräftig wächst. Verbleibende Seitentriebe müssen auf ein Auge reduziert werden. Reben, die in der Vegetationsperiode gesetzt worden sind, sollten Sie erst beim Laubfall schneiden, denn der Verlust von Pflanzensaft würde sie nur schwächen.

In der folgenden Wachstumsperiode läßt man die Stammverlängerung wachsen, bindet sie und ihre Seitentriebe locker an den Drähten fest oder, noch besser, führt sie an einem auf der Unterseite der Drähte befestigten Stab entlang. Eine starkwüchsige Pflanze kann oft 3 m lange Triebe entwickeln, die über ihre gesamte Länge Seitentriebe tragen. Diese auf fünf oder sechs Augen sowie Triebe zweiter Ordnung auf ein Auge kürzen. Am Ende der Vegetationsperiode, nach dem Abfallen des Laubs, die Stammverlängerung um zwei Drittel kürzen und von den übriggebliebenen Seitentrieben nur Zapfen mit einem gutentwickelten Auge stehenlassen.

Im zweiten Jahr entwickelt sich aus dem obersten Auge des Stamms ein neuer Langtrieb. Diesen und seine Seitentriebe behandeln Sie wie im Vorjahr, allerdings dürfen jetzt zwei Seitentriebe fruchten. Diese Seitentriebe auf zwei Blätter oberhalb des Blütenstandes kürzen, andere Seitentriebe aber zurückschneiden, sobald sie fünf Blätter entwickelt haben.

Links: Zapfenschnitt bei *Vitis vinifera*.

Erhaltungsschnitt und Erziehung der ausgewachsenen Weinrebe

Der regelmäßige Schnitt erwachsener Weinreben beginnt bereits im dritten Jahr. Ziel sollte es sein, das Gewächshaus nach der Lese kühl und luftig zu halten, damit das Holz reifen kann.

Nachdem die Blätter gefallen sind, können Sie das Stämmchen im dritten Jahr um etwa die Hälfte und in den darauffolgenden Jahren auf 2,5 cm ins alte Holz kürzen, außer wenn Wachstum für die Bildung des Langtriebs oder von Ersatztrieben nötig ist. Gleichzeitig alle Seitentriebe auf zwei Augen zurücknehmen.

DER ZAPFENSCHNITT

1 Im späten Herbst oder frühen Winter zwei Drittel der in der vorigen Vegetationsperiode gewachsenen Triebe zurückschneiden. Seitentriebe auf eine Knospe kürzen.

2 Im ersten Sommer wächst die Stammverlängerung ohne Schnitteingriff und wird wie die Seitentriebe nach und nach festgebunden. Die Seitentriebe auf fünf bis sechs Blätter kürzen und Seitentriebe zweiter Ordnung auf ein Blatt reduzieren.

3 Im späten Herbst oder frühen Winter erfolgt der Rückschnitt des Stamms um zwei Drittel. Die Seitentriebe auf eine gutentwickelte Knospe zurücknehmen.

4 In der zweiten Vegetationsperiode den Zuwachs der Mitte und die Seitentriebe wie im Vorjahr schneiden. Wenn die beiden Seitentriebe fruchten, sollte man sie auf zwei Blätter hinter den Blütenständen zurückschneiden. Andere Seitentriebe auf fünf Blätter kürzen. Im frühen Winter den Leittrieb um die Hälfte und die Seitentriebe auf Zapfen mit zwei Augen zurückschneiden. (Fortsetzung nächste Seite)

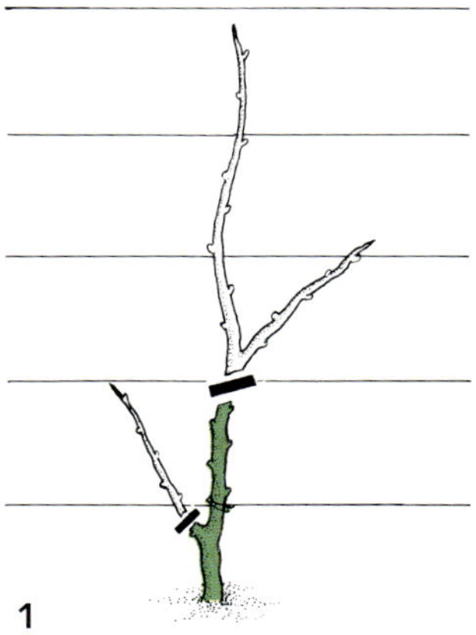

1

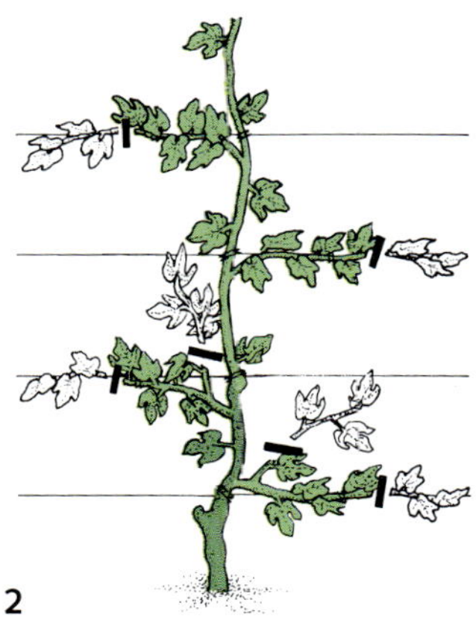

2

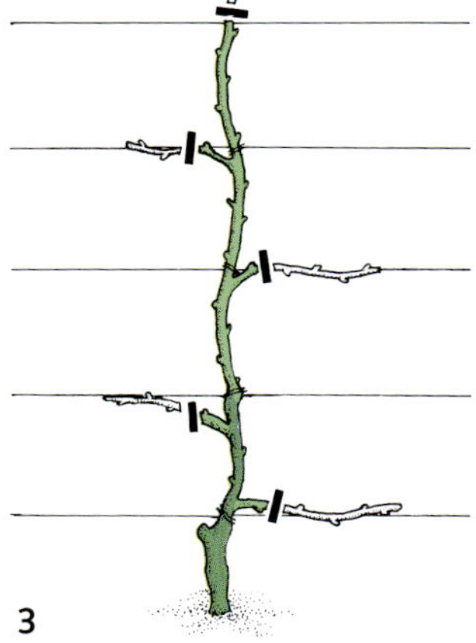

3

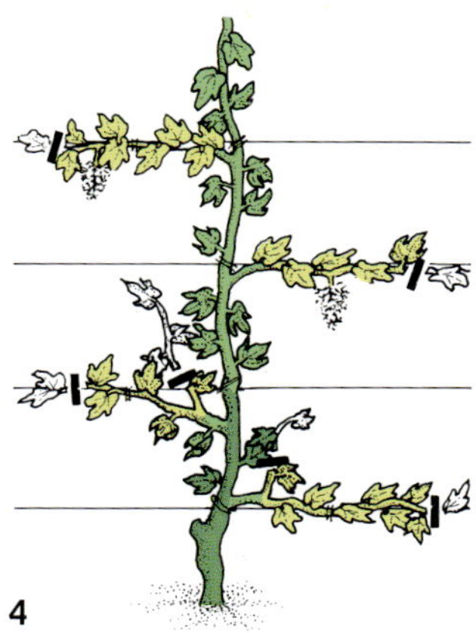

4

5 Ab dem Ende des zweiten Jahrs im Spätwinter immer den Bindebast im obersten Drittel lösen und die Rebe nach unten hängen lassen. Wenn die Augen an den Zapfen austreiben, die Rebe wieder festbinden.

5

6 Beim erwachsenen Weinstock nur einen Sommertrieb auf jedem Zapfen wachsen lassen, wobei die schwächeren auf zwei bis drei Blätter gekürzt werden. Den geschnittenen Sommertrieb vorsichtig nach unten binden. Sommertriebe auf zwei Blätter hinter den Blütenständen kürzen, unfruchtbare auf sechs bis acht Blätter. Geize auf ein Blatt zurückschneiden und alle Ranken entfernen.

6

7 Im frühen Winter die Stammverlängerung kürzen, wobei 2,5 cm des Neuzuwachses stehenbleiben. Alle Sommertriebe am Zapfen auf zwei Augen einkürzen.

7

Rechts: Dieser Zapfen an einer im Gewächshaus gezogenen Rebe wurde bis auf zwei gutentwickelte Knospen zurückgeschnitten.

Lösen Sie im Spätwinter oberhalb des untersten Drittels die Befestigungen, so daß der Stamm nun fast bis zum Boden herunterhängt. Wenn die Rute nicht abgesenkt würde, könnten sich die oberen Knospen auf Kosten der unteren entwickeln. Sollten alle Zapfen mit dem Wachstum beginnen, können Sie die Rute wieder an den Drähten befestigen.

Kürzen Sie die schwächeren Zapfen an jedem Kurztrieb auf zwei bis drei Blätter, sobald sie die Länge von etwa 10 cm erreicht haben. Der nichtgeschnittene Seitentrieb wächst senkrecht, außer man bindet ihn nach unten, doch sollten Sie darauf achten, daß krautige, junge Austriebe nicht abbrechen. Ziehen Sie den Seitentrieb, sobald er leicht faserig geworden ist, mit einer Schlinge Stück für Stück nach unten. Wenn der Trieb größer wird, vorsichtig jeden zweiten Tag absenken.

Die Blütenstände (Gescheine) werden deutlich sichtbar, sobald die Sommertriebe etwa 50 cm Länge erreicht haben. Sie werden dann auf zwei Blätter über den Blüten und wenn keine Blüten mehr vorhanden sind auf sechs bis acht Blätter gekürzt. Alle Geize sind bis auf ein Blatt zurückzunehmen, und alle Ranken sollten entfernt werden, sobald sie sich entwickeln.

Unter Umständen kann es nötig sein, die Zahl der Trauben zu reduzieren. Als Faustregel gilt, daß pro 30 cm Stammlänge 500 g Trauben wachsen dürfen. Sie sollten in den beiden ersten Ertragsjahren mit zwei bis drei Trauben beginnen; die volle Ernte liegt später bei vier bis fünf Trauben.

Wenn der Stamm die maximale Gewächshaushöhe erreicht hat, können die Triebspitzen ausgebrochen und nach der Lese die Seitentriebe um etwa die Hälfte gekürzt werden.

VITIS VINIFERA: ZAPFENSCHNITT UND SCHNURBAUMERZIEHUNG

Der Zapfenschnitt kann bei Sorten von *V. vinifera* im Freiland eingesetzt werden. Er erlaubt zahlreiche Varianten bei der Erziehung. Eine einfache Lösung ist es, eine Reihe von senkrechten Schnurbäumen zu setzen, die auf freier Fläche von Pfosten und Drähten oder an Zäunen oder Wänden von Spanndrähten getragen werden. Anspruchsvoller ist es, mehrarmige Schnurbäume mit zwei, vier oder sechs aufrechtwachsenden Armen pro Rebe zu ziehen, wobei die Ruten etwa 1,20 m voneinander entfernt sind. Des weiteren gibt es waagerechte Schnurbäume und sogar Spaliere. Der Zapfenschnitt von senkrechten und waagerechten Schnurbäumen ermöglicht einen großen Handlungsspielraum. Weinreben, die sich an einer Hauswand hinaufranken, können um Türen und Fenster herum erzogen, aber auch auf einem astfreien Stamm nach oben und dann über einen Rahmen geführt werden, so daß sie im Freien einen Blätterhimmel bilden. Der Zapfenschnitt für Reben im Gewächshaus und im Freien ist weitgehend identisch.

VITIS VINIFERA: HOCHSTÄMMCHEN

Bei nur geringem Platz empfiehlt es sich, *V. vinifera*-Reben zu Hochstämmchen zu erziehen. Hierbei trägt der Stamm ein Kronengerüst, bei dem man einen einfachen Zapfenschnitt vornimmt. Reben können auf diese Weise entweder im Kübel oder direkt in den Boden gepflanzt werden und draußen wachsen. Als Topfpflanzen sind sie besonders für kleine Gewächshäuser gut geeignet. Der Wein kann nach dem Fruchten ins Freie gestellt werden, damit das Holz reift und sich durch die Kälteeinwirkung eine ausreichende Wachstumsruhe einstellt. Die folgende Schnitt- und Erziehungstechnik bezieht sich auf Kübelhochstämmchen, kann aber auch problemlos auf Pflanzen im Freien angewendet werden.

Erziehung und Erziehungsschnitt

Eine einjährige Weinrebe wird im ersten Jahr in einen Topf mit 18 cm Durchmesser gesetzt. Im Spätherbst oder Frühwinter den Stamm auf eine etwa 15 cm über dem Boden oder, bei veredelten Reben, auf eine oberhalb der Veredelungsstelle befindliche gutentwickelte Knospe kürzen. In der folgenden Wachstumsperiode binden Sie den Wein an einem Stab fest und reduzieren die Seitenaustriebe bis auf ein Blatt.

Nach dem Abfallen des Laubs wird der Stamm auf ein 90 – 150 cm hoch liegendes Auge gekürzt, je nachdem, wie hoch der Stamm werden soll. Setzen Sie die Pflanze in einen Topf mit 38 cm Durchmesser um und entfernen Sie alle Seitensprosse.

In der zweiten Wachstumsperiode sollten sich vier bis fünf Sprosse zu einer Krone entwickeln, die aber gestutzt werden, sobald sich an ihnen fünf bis sechs Blätter gebildet haben. Alle anderen stammbürtigen Triebe und eventuelle Blütenstände entfernen. Letztere sind jedoch eher unwahrscheinlich.

Im Spätherbst oder Frühwinter beginnt man damit, durch den Rückschnitt jedes Seitentriebs auf ein Auge ein Kurztriebgerüst aufzubauen. Setzen sie die Rebe in einen 46-cm-Topf um, der dann viele Jahre nicht gewechselt werden muß, vorausgesetzt, es wird regelmäßig gedüngt. Das Gerüst, welches den Wein trägt, sollte entsprechend stabil sein.

Oben: Im Freien wachsende Reben, an denen der Zapfenschnitt vorgenommen wird, müssen durch ein Gerüst aus Spanndrähten und senkrechten Pfählen gestützt werden.

Erhaltungsschnitt

Im dritten Sommer darf die Rebe zwei Trauben entwickeln. Die Triebe auf zwei Blätter hinter den Trauben kürzen. Andere Sommertriebe auf fünf und Geiztriebe auf ein Blatt zurücknehmen. In den folgenden Jahren kann der Weinstock auch mehr Trauben tragen, ohne dabei geschwächt zu werden. Der Routineschnitt bleibt der gleiche.

EUVITIS-SORTEN: DIE FLACHBOGENERZIEHUNG

Die doppelte Flachbogenerziehung ist vor allem bei *Euvitis*-Sorten weit verbreitet. Es werden vier Arme gebildet, die von zwei zwischen stabile Pfosten in 80 cm und 1,50 m Höhe gespannten Drähten gestützt werden. Der Draht sollte 2 mm stark sein.

Erziehung und Erziehungsschnitt

Beim Pflanzen zu Beginn des Frühjahrs bleiben nur die kräftigsten Triebe stehen und werden auf zwei gutentwickelte Augen gekürzt. Binden Sie sie am untersten Draht fest oder, wenn sie nicht lang genug sind, an einem 1,80 m langen Stab. Wenn die Sprosse, die sich aus diesen Augen entwickeln, etwa 2,5 cm lang sind, alle anderen Sprosse ausbrechen und die beiden verbleibenden am Stab anbinden. Am Frühjahrsanfang des zweiten Jahrs den kräftigeren der beiden Triebe am obersten Draht befestigen. Direkt über dem Draht abschneiden, den zweiten ganz entfernen.

Wählen Sie zu Beginn des Frühjahrs des dritten Jahrs vier kräftige Sprosse als Fruchtruten aus. Diese werden so erzogen, daß zu beiden Seiten des Stamms einer entlang des unteren und entlang des oberen Drahts geführt wird. Diese Ruten sollten auf etwa 10 Augen gekürzt und an den Drähten befestigt werden. Um im folgenden Jahr für diese Arme Ersatzruten zu bilden, muß einer der Triebe, der nahe bei ihnen sitzt, auf zwei bis drei Augen zurückgeschnitten werden. Alle anderen Sprosse ausbrechen!

Erhaltungsschnitt und Erziehung der erwachsenen Rebstöcke

Zu Beginn des Frühjahrs werden abgetragene Triebarme entfernt und die Ersatzruten festgebunden. Schneiden Sie einen zweiten Trieb aus den gekürzten Trieben auf zwei Augen zurück. Hierdurch bilden sich Ersatzruten für das folgende Jahr. Alle anderen Sprosse entfernen.

Eine Möglichkeit, um die Zahl der Augen zu berechnen, die an den Trieben verbleiben sollten, ist, das Schnittholz zu wiegen. Erst schneiden und ein paar Augen mehr stehenlassen als notwendig, zum Beispiel 12 bis 15 pro Arm, dann für die ersten 500 g entfernten Holzes 30 bis 40 Augen am Stock stehenlassen, und zwar gleichmäßig auf die vier Arme verteilt. Addieren Sie für jedes weitere halbe Kilogramm Schnittholz acht Augen hinzu.

Pendelbogenerziehung

Als Variante der Flachbogenerziehung wird der Stamm bis zum oberen Draht geführt, trägt aber nur zwei Arme, die bis über den unteren Draht herabhängen, an dem sie fest angebunden werden. Der Verjüngungsschnitt ist der gleiche wie auch bei der Flachbogenerziehung.

MUSCADINIA-SORTEN

Muscadinia-Sorten sind ausgesprochen starkwachsend und werden daher oft für Lauben verwendet. Stamm und Arme müssen gut gestützt werden. Der Stamm wird bis auf 1,80 – 2,10 Höhe gezogen, die Arme breiten sich nach oben horizontal aus. Ein Drahtgerüst mit etwa 60 cm voneinander entfernten Drähten kann als Laubendach dienen. Sobald der Stamm die gewünschte Höhe erreicht hat, die Fruchttriebe nach außen erziehen, so daß sie ausreichend Abstand voneinander haben. Die Beeren wachsen an kleinen Trauben auf Fruchtholz. Für hohe Erträge ist daher eine große Menge Fruchtholz notwendig.

Muscadinia-Reben können ebenfalls nach der Flachbogenerziehung geformt werden. Bei allen Methoden sollten jedoch jährlich abgestorbenes Holz und überflüssige Sprosse entfernt werden. Verjüngen Sie zudem systematisch die Fruchtarme, um so die Wuchskraft der Reben zu erhalten. Sie sollten höchstens ein bis zwei im Jahr entfernen und einen jungen, starkwüchsigen Trieb als Ersatz erziehen.

AUSDÜNNEN DER TRAUBEN

Vor allem bei *V. vinifera*-Tafeltrauben ist es unerläßlich, auszudünnen, wenn die Beeren von guter Qualität, sprich groß sein sollen. Dies sollte zwischen Früh- und Hochsommer geschehen. Man verwendet hierfür Scheren mit langen Schneiden und vermeidet es tunlichst, die Beerchen zu verletzen. Nach dem Ausdünnen müssen die Trauben regelmäßig kontrolliert und alle beschädigten oder kranken Beeren entfernt werden.

DIE DOPPELTE FLACHBOGENERZIEHUNG
Eine kräftige Stammverlängerung wird senkrecht erzogen und im zweiten Frühling direkt über dem obersten Draht abgeschnitten.

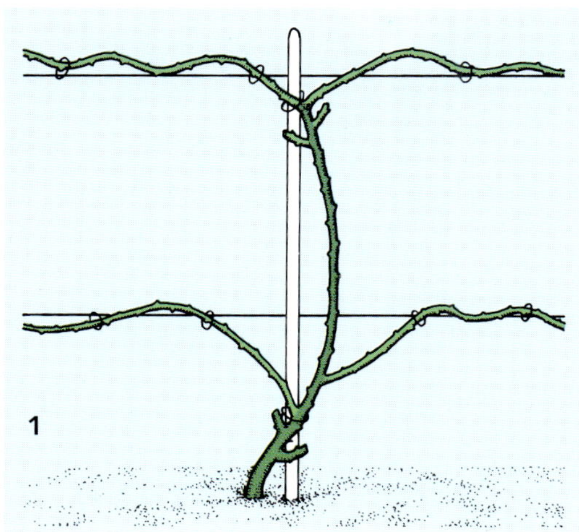

1

1 Im Frühling des dritten Jahrs vier kräftige Triebe auswählen, die zwei Rutenpaare bilden sollen. Diese bis auf etwa zehn Augen kürzen und rechts und links vom Stamm erziehen. Zur Bildung von neuen Ruten die alten nahe der Ruten auf zwei bis drei Augen kürzen. Alle anderen Sprosse entfernen.

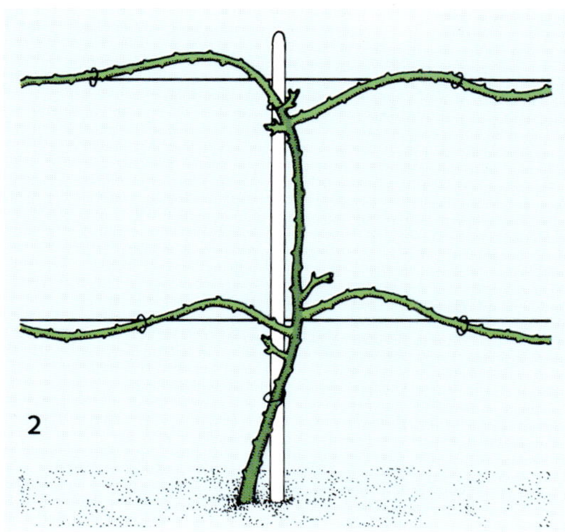

2

2 Ab dem vierten Jahr im Frühling die abgetragenen Ruten wegschneiden. Triebe, die sich aus den Zapfen entwickelt haben, festbinden und auf zehn Augen kürzen. Für die Bildung neuer Ruten die alten samt Sommertrieben auf zwei bis drei Augen zurückschneiden. Alle anderen Sprosse entfernen.

PASSIONSFRUCHT

Die Passionsfrucht *(Passiflora edulis)* ist eine starkwüchsige, immergrüne Kletterpflanze, die aus Südbrasilien stammt. Sie wird in erster Linie wegen ihrer schmackhaften Früchte angebaut, die ein leicht säuerliches Aroma haben. Am bekanntesten ist die dunkelrote Passionsfrucht, doch gibt es auch eine gelbe Sorte.

In den Tropen und Subtropen wächst sie im Freien, in gemäßigten Klimazonen ist sie jedoch im Treibhaus mit einer Mindesttemperatur im Winter von 7 – 10 Grad wesentlich besser aufgehoben. Sie können die Passionsfrucht direkt in die Gewächshauserde, aber auch in einen ausreichend großen Topf pflanzen. Durch frühzeitige Wurzelbeschränkung läßt sich übermäßiges Wachstum von Pflanzen auf fruchtbaren Böden verhindern; doch der Topfdurchmesser sollte mindestens 25 cm betragen.

Eine solide Kletterhilfe ist wichtig und sollte vor dem Pflanzen angebracht werden. Kunststoffnetze mit 5 cm großen Maschen sind ideal, da die Pflanze sie leicht erklettern kann. Die Netze sollten im Gewächshaus vom Boden bis 15 cm unterhalb des Dachs reichen. Man kann auch das für Treibhausreben verwendete System, nämlich horizontale, in 25 cm Abstand voneinander verlaufende Drähte verwenden. Bei Topfpflanzen sollten Sie drei bis vier etwa 1,80 – 2,40 lange Stäbe in gleichmäßigen Abständen um den Topfrand herum einsetzen und die Passionsfrucht spiralförmig herumführen.

Erziehung und Erziehungsschnitt

Beim Pflanzen Anfang Frühling sollten Sie die Triebspitze von einstämmigen Pflanzen ausbrechen, damit diese sich verzweigen können. Wenn zwei Sprosse am Gerüst befestigt sind, darf sich die Pflanze natürlich weiterentwickeln, wobei wegragende Triebe so geführt werden, daß sich die Ranken an der Kletterhilfe festhalten können. Wenn die Langtriebe zu stark wachsen, aber keine Seitentriebe mehr produzieren, sollten ihre Triebspitzen ausgebrochen werden, sobald sie eine Länge von 60 – 90 cm erreicht haben. Gewöhnlich fruchten Passionsfrüchte im ersten Jahr nur wenig oder gar nicht.

Erhaltungsschnitt und Erziehung erwachsener Pflanzen

Erwachsene Pflanzen müssen zurückgeschnitten werden, damit sich junges Holz bildet. Bei scharfem Schnitt entwickeln die Pflanzen fast nur Blätter, aber kaum noch Blüten und Früchte. Erst im zweiten Sommer kann mit einem zufriedenstellenden Ertrag gerechnet werden. Im folgenden Winter sollten Sie alle abgetragenen Äste an einer Verzweigung abschneiden. Junge Triebe, die im Frühjahr entstehen, müssen am Gerüst entlanggeführt werden, ansonsten können Sie die Pflanze weitgehend sich selbst überlassen.

Unten: Die Passionsfrucht ist eine starkwüchsige, immergrüne Kletterpflanze, die sich mit Ranken am Klettergerüst festhält.

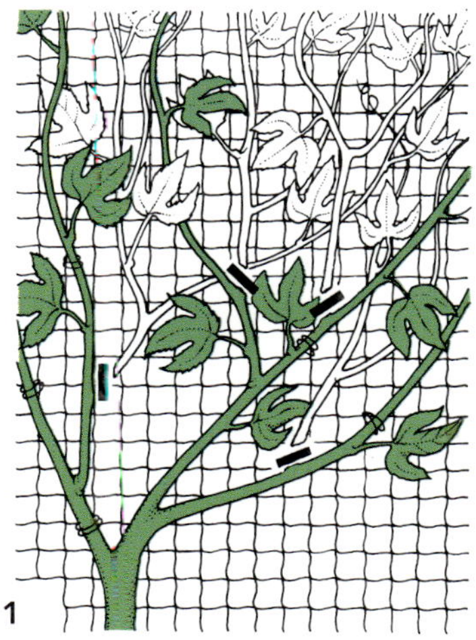

1

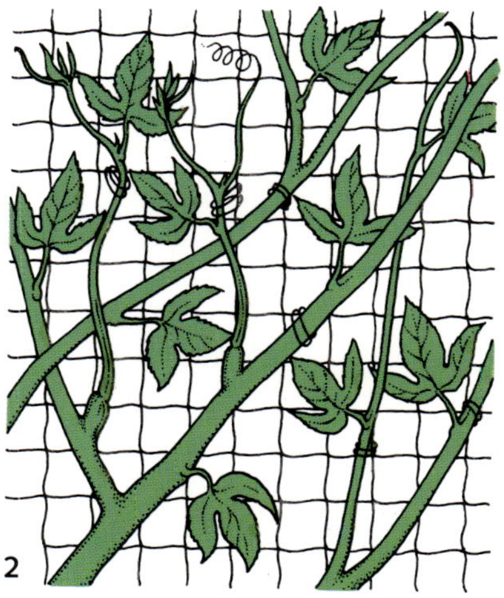

2

ERZIEHUNG
Als Klettergerüst für Passionsfrüchte im Gewächshaus eignen sich Kunststoffnetze.

1 Im Winter abgetragene Äste bis aufs Astgerüst zurückschneiden.

2 Im Frühjahr junge Triebe befestigen, allerdings ohne ihre natürliche Entwicklung einzuschränken.

DIE KIWI

Oben: Die Kiwi ist eine starkwüchsige Kletterpflanze. Sie sollte von einer stabilen Pergola oder Spanndrähten gestützt werden. Die meisten Fruchtsorten müssen durch eine männliche Pflanze bestäubt werden.

Die Kiwi *(Actinidia deliciosa)*, die auch Chinesische Stachelbeere genannt wurde, bevor neuseeländischen Obstbauern sie geschickt vermarkteten, ist eine sehr starkwüchsige Kletterpflanze, die in warmen gemäßigten Breiten häufig angebaut wird. Sie kann zwar in den meisten Weinregionen angepflanzt werden, aber die Jungtriebe sind sehr frostempfindlich, und die Früchte, die eine lange Reifezeit haben, können bei Kälteeinbrüchen im Herbst leicht erfrieren.

Die Hauptschwierigkeit beim Anbau von Kiwis ist der Platzbedarf der Pflanze. Erstens ist sie sehr starkwüchsig, und zweitens ist sie zweihäusig, das heißt die männlichen und weiblichen Blüten wachsen auf verschiedenen Pflanzen. Die neueste Entwicklung von selbstfruchtbaren Sorten ist ausgesprochen vielversprechend, aber weibliche Sorten wie 'Hayward' können nur dann fruchten, wenn sich in der Nähe eine männliche Pflanze, z. B. der Sorte 'Matua', befindet. In Erwerbsplantagen ist das normale Verhältnis von männlichen zu weiblichen Pflanzen 1 : 7. Der Schnitt und die Erziehung männlicher entspricht dem von weiblichen Pflanzen. Sie werden lediglich im Sommer nach der Blüte stärker zurückgeschnitten.

SPALIERERZIEHUNG

Diese Technik ist für Hobbygärtner leichter durchführbar als das von Obstbauern angewandte Erneuerungssystem.

Erziehung und Erziehungsschnitt

Kiwis werden zwischen Spätherbst und Frühjahrsbeginn im Abstand von 3 – 4,50 m gesetzt. Neben jeder Pflanze sollte ein Bambusstab senkrecht an den Drähten befestigt sein. Um das Wachstum anzuregen, muß die Pflanze beim Pflanzen in etwa 30 cm Höhe abgeschnitten werden.

In der ersten und zweiten Wachstumsperiode wird ein Leittrieb vertikal erzogen und an dem Stab so befestigt, daß er sich nicht um ihn herumwinden kann. Rechts und links vom Stamm sollen an jedem Draht kräftige Sprosse entstehen, überflüssige Triebe werden entfernt. Wenn der Stamm über den oberen Draht hinausgewachsen ist und die Horizontalsprosse etwa 90 cm lang sind, sollten die Triebspitzen pinziert werden, um den Austrieb von Seitentrieben zu fördern.

Die Fruchtholzbildung wird gefördert, indem die Seitentriebe, die aus den Horizontalästen wachsen, auf fünf Blätter gekürzt werden. Seitentriebe zweiter Ordnung sollten Sie vollständig ausbrechen.

Erhaltungsschnitt

Im allgemeinen beginnt die Pflanze im dritten Standjahr zu fruchten. Das starke Wachstum muß gebremst werden, damit die Pflanze handhabbar bleibt und die Früchte gut reifen können. Alle fruchtenden Seitentriebe sollten auf sieben Blätter nach der letzten Frucht gekürzt werden. Nichtfruchtende Seitentriebe auf fünf Blätter zurücknehmen, so daß sich Fruchtholz bilden kann. Entfernen Sie außerdem alle überflüssigen Seitentriebe erster und zweiter Ordnung.

Der Winterschnitt sollte ein Verjüngungsschnitt sein, der das Wachstum von Ersatzseitentrieben fördert, aber das Kurztriebsystem dabei nicht zerstört. Alle starkwüchsigen Kurztriebe werden hinter dem Punkt, an dem die letzte Frucht saß, auf zwei Augen eingekürzt. Einige Kurztriebe sollten jedoch auf Adventivknospen nahe der waagerechten Triebe gekürzt werden, vor allem, wenn sie sehr dicht wachsen. Austriebe aus diesen Augen werden anschließend so geschnitten, daß sich Ersatzfruchtholz bildet.

ERNEUERUNGSSYSTEM

Wenn Kiwis an Pergolen wachsen, sollte ein einzelner Stamm bis zur Pergola hinauf erzogen werden. Er bildet dann, zusammen mit zwei waagerechten Leittrieben, die in entgegengesetzte Richtungen wachsen, das Astgerüst. Zur Erleichterung der Ernte sollte eine Höhe von 1,80 m nicht überschritten werden.

Fruchtäste, die regelmäßig ersetzt werden, sollten Sie ebenfalls horizontal im rechten Winkel zu den Leittrieben erziehen. Die Pergola hält die Fruchtäste, fruchtende Seitentriebe hängen jedoch hinunter.

Erziehung und Erziehungsschnitt

Die Pflanzen werden zwischen Spätherbst und Frühjahrsbeginn in Abständen von 6–7 m voneinander gesetzt. Eine platzsparende Alternative, die allerdings nicht so ertragreich ist, liegt darin, männliche und weibliche Pflanzen dicht nebeneinander zu setzen. Man kann die männliche Pflanze zum Beispiel als Schnurbaum etwa 30 cm oberhalb der weiblichen Pflanze setzen. Sie können aber auch bei jeder Pflanze nur einen Horizontalleittrieb stehenlassen und ihn in die jeweils entgegengesetzte Richtung wachsen lassen. Jede Pflanze wird an einem Stab zur Pergola geführt. Nach dem Pflanzen wird der Leittrieb dann in etwa 30 cm Höhe abgeschnitten, damit er kräftig wachsen kann.

In der ersten Vegetationsperiode sollte ein kräftiger Trieb den Stab hinaufwachsen, allerdings ohne sich um ihn herumzuwinden. Im jungen Stadium können einige Seitensprosse verbleiben, so daß sich das Wurzelwerk gut entwickeln kann. Bei veredelten Pflanzen sollten unterhalb der Veredelungsstelle keine Triebe entstehen. Wenn die Pflanze schließlich die Höhe der Pergola erreicht hat, wird die Triebspitze ausgebrochen. Zwei gutentwickelte Sprosse (oder nur einer, wenn männliche und weibliche Pflanzen nahe beieinander wachsen) sollten ausgewählt werden und horizontal in entgegengesetzte Richtungen wachsen. Sobald diese Leittriebe kräftig genug sind, entfernen Sie alle stammbürtigen Sprosse. Um ein gutbelichtetes Fruchtastdach zu erhalten, muß ausgelichtet werden.

Erhaltungsschnitt und Erziehung der erwachsenen Pflanze

Zur Steuerung des starken Wachstums ist es notwendig, im Sommer mehrmals zur Schere zu greifen. Gleichzeitig müssen Sie Ersatzfruchtäste auswählen, die im darauffolgenden Jahr fruchten sollen. Diese sollten aus kräftigen Trieben entstehen, die nahe den Leittrieben wachsen und bei denen im Sommer kein Rückschnitt erfolgt. Unerwünschte Triebe entfernen, aufrechte Sprosse auf einen Stummel und die fruchtenden Seitentriebe auf sechs Blätter hinter der Frucht einkürzen!

Durch den Winterschnitt, der in stark frostgefährdeten Zonen so spät durchgeführt werden sollte, daß frostgeschädigte Sproßtriebe mit entfernt werden können, kann ein lichtes Astdach aus einjährigem Holz entstehen. Die abgetragenen Äste bis auf die Ersatztriebe zurückschneiden! Die neuen Arme sollten auf beiden Seiten des Leittriebs in ca. 50 cm Abstand voneinander verlaufen.

1

SPALIERERZIEHUNG

1 In den ersten ein, zwei Standjahren wird der Stamm senkrecht erzogen. Im Frühsommer, wenn die Triebe über den obersten Draht hinausgewachsen sind, die Spitze pinzieren, so daß die Bildung von Seitentrieben gefördert wird.

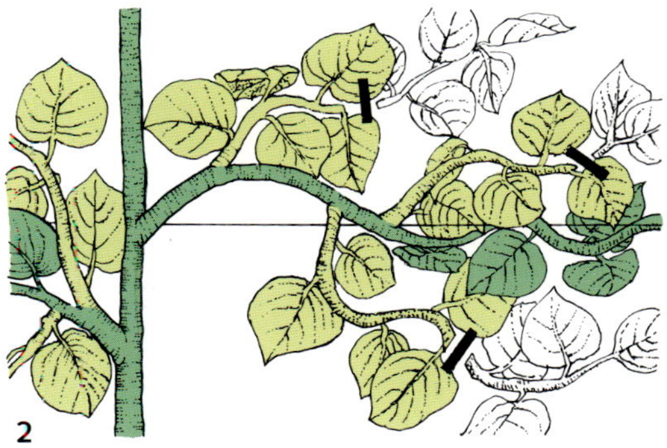
2

2 Seitentriebe horizontal erziehen und die Triebspitzen pinzieren, sobald der verfügbare Raum ausgefüllt ist. Im Sommer Seitentriebe auf fünf Blätter kürzen, damit sich Fruchtholz bilden kann.

3

3 In der Regel fruchten die Pflanzen im dritten Standjahr. Von da an fruchtende Seitentriebe auf sechs Blätter hinter der letzten Frucht zurücknehmen.

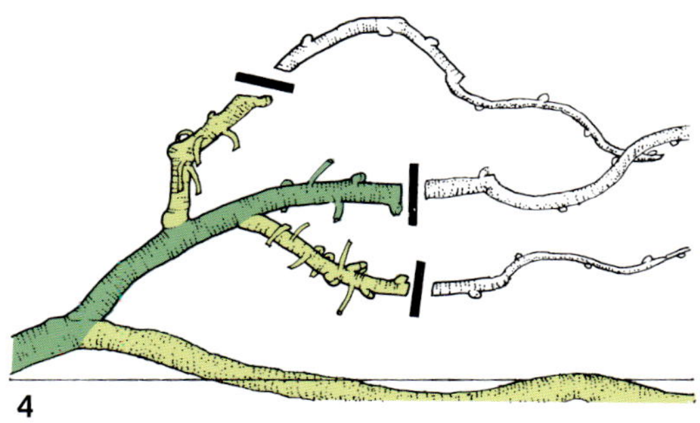
4

4 Ab dem dritten Jahr im Winter die Seitentriebe auf zwei Blätter hinter der Stelle, an der die äußerste Frucht saß, kürzen. Bei älteren Pflanzen einen Teil der dreijährigen Seitenäste auf Adventivknospen zurückschneiden.

WERKZEUG UND ZUBEHÖR

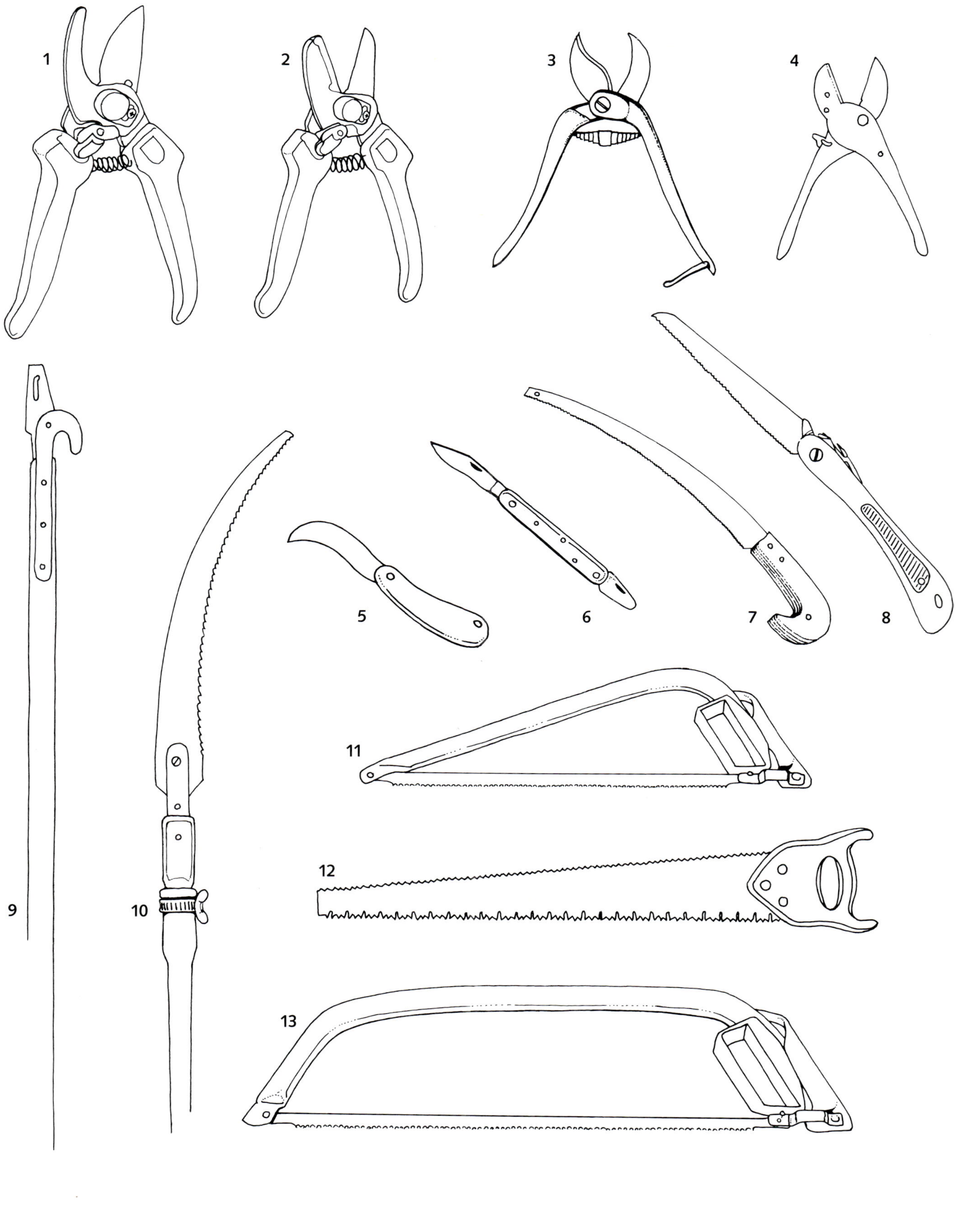

14

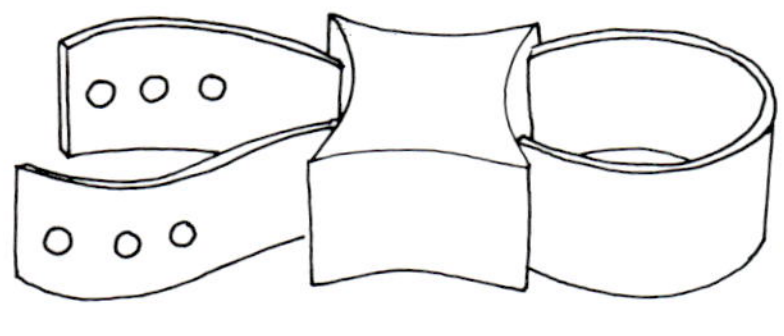

15

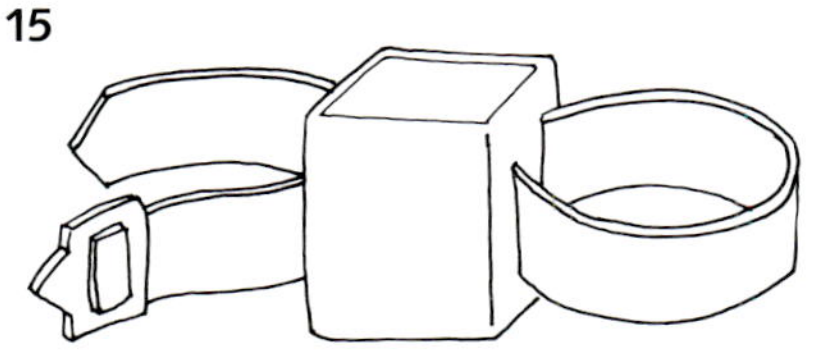

16

17

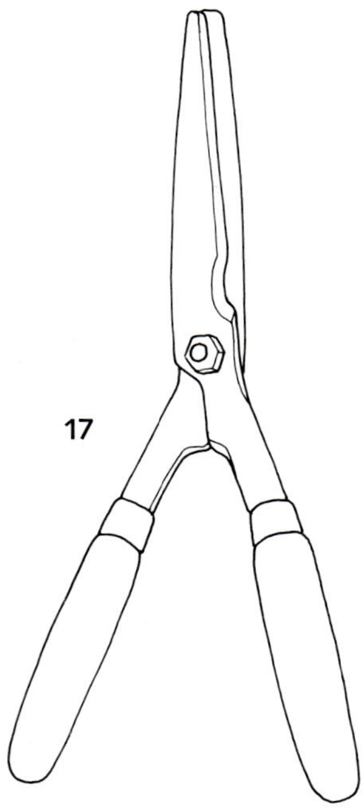

18

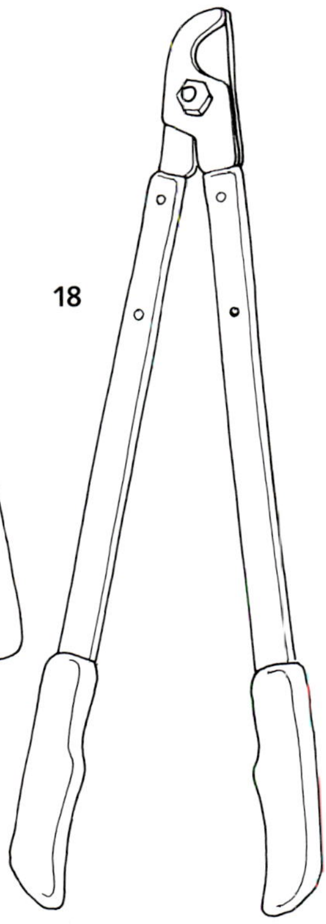

Für den normalen Pflanzenschnitt wird nur sehr wenig Werkzeug benötigt. Langfristig lohnt es sich aber, beim Kauf auf Qualität zu achten. Das Werkzeug sollte immer scharf und gut geölt sein und unerreichbar für Kinder an einem trockenen Ort aufbewahrt werden.

Am wichtigsten ist eine gute, handliche Gartenschere. Es gibt drei verschiedene Grundformen, die Amboßschere, die ein- und die doppelschneidige Schere, und von allen wiederum verschiedene Modelle mit zusätzlichen technischen Raffinessen. Alle Gartenscheren sollten einen Sicherheitsriegel haben, der die Schneiden geschlossen hält, solange man sie nicht benutzt. Die Amboßschere hat eine gerade Schneide, deren Gegenstück eine Auflage aus weicherem Metall oder Kunststoff ist. Bei der einschneidigen Schere schneidet eine nach außen gebogene Klinge gegen eine unbewegliche ebenfalls gebogene Klinge. Die doppelschneidige Schere, die vor allem für Detailarbeiten geeignet ist, verfügt über zwei geschwungene Schneiden, die sich wie bei einer normalen Schere bewegen lassen. Mit all diesem Werkzeug läßt sich gut arbeiten – wenn es geschliffen ist und für Schnitte verwendet wird, die seiner Größe entsprechen.

Astscheren sind sinnvoll, wenn man stärkere Sproßteile entfernen möchte, da die langen Arme eine zusätzliche Hebelwirkung haben. Sie ermöglichen es auch, aus einiger Entfernung zu arbeiten, was beispielsweise bei dornigen und stacheligen Pflanzen, wie Rosen, deren Äste an der Basis herausgeschnitten werden müssen, von Nutzen ist.

Hippen haben eine geschwungene Klinge. Aber auch Okuliermesser mit Rindenlöser, die eine gerade Klinge haben, können zum Schnitt vergreister Äste verwendet werden.

Sägen können für den Schnitt krautiger Triebe verwendet werden, für den Schnitt größerer Äste sind sie unerläßlich. Die Schwertsäge als Griffsäge hat ein gebogenes Blatt, während der Fuchsschwanz, der auf beiden Seiten gezahnt sein kann, sich nach vorne hin verjüngt. Besonders nützlich sind kleine Klappsägen, die auch auf beengtem Raum verwendet werden können.

Heckenscheren mit langen Schneiden werden für Hecken und für Formschnitte benötigt. Für feinere Arbeiten in diesem Bereich sind Gartenscheren sinnvoll. Wenn lange Hecken geschnitten werden sollen, ist es ratsam, sich eine elektrische Heckenschere mit Batterie- oder Netzbetrieb zuzulegen. Bei netzbetriebenen Geräten sollte ein Schutzschalter für den Fall vorhanden sein, daß das Kabel versehentlich durchtrennt wird.

Die abgebildeten Werkzeuge sind die Grundausstattung, zu der Gartenscheren, Sägen, Stielscheren und Heckenscheren gehören. Für spezielle Zwecke können Spezialwerkzeuge von Nutzen sein. Die Stielsäge kann beispielsweise zum Entfernen von hochsitzenden Zweigen ohne den Einsatz einer Leiter eingesetzt werden. Bänder, Schnüre und Gurte sollte man immer zur Hand haben, um junge, biegsame Triebe festzubinden.

Gartenscheren
1. Einschneidige Schere
2. Amboßschere
3. Doppelschneidige Schere
4. Leichte Amboßschere

Messer
5. Hippe
6. Okuliermesser mit Rindenlöser

Sägen und Erntehilfen
7. Schwertsäge als Griffsäge
8. Klappsäge
9. Stielastschere
10. Schwertsäge als Stielsäge
11. Bügelsäge
12. Fuchsschwanz
13. Bügelsäge

Weitere Ausrüstung
14. Baumband zum Annageln
15. Baumband zum Anbinden
16. Bindfaden
17. Heckenschere
18. Astschere

GLOSSAR

Abgangswinkel Der Winkel, der von einem Seitensproß und der Hauptachse eingeschlossen wird. Ein steiler Sproßabgang bedeutet, im Gegensatz zum flachen Abgang, eine schwächere Verbindung mit der Hauptachse.
Achsel Oberer Winkel, der von Blatt und Sproßachse eingeschlossen wird.
Achselknospen Knospen, die sich im Winkel von Blatt/Blattstiel und Ast befinden.
Adventiv Bezeichnung für Pflanzenteile, die sich an unerwarteten Stellen entwickeln. Eine Verletzung (z. B. Schnittwunde) ist meist die Ursache für ihre Bildung. Sie entwickeln sich nicht in Blattachseln.
Adventivsprosse Triebe aus Adventivknospen, die sich nach Verletzungen am Stamm oder an Ästen entwickeln.
Anschneiden Rückschnitt zur Verzweigungsförderung.
Astgerüst Das permanente „Skelett" aus Leitästen, welches sich entweder natürlich entwickelt oder durch die Erziehung in die entsprechende Form gebracht wird (Beispiel Fächer).
Astring Verdickung am Ursprung eines Triebes.
Auf-die-Stöcke-Setzen Verjüngungsform von Hecken, bei der die Äste oder Stämme direkt oberhalb des Bodens abgesägt werden. Aus dem Wurzelstock erfolgt dann ein Neuaustrieb.

Bakterienbrand Bakterieller Erreger bei Kern- und Steinobst. Die Krankheit tritt als Blütenwelke in Erscheinung, die Blütenstände bleiben meist noch in geschlossenem Zustand in der Entwicklung stecken und sterben samt der befallenen Triebe ab. Entfernen Sie alle abgestorbenen und befallenen Pflanzenteile.
Ballonstadium Entwicklungsstadium von Blüten kurz vor dem Aufblühen.
Basal, Basis Der unterste Teil eines Sprosses oder einer Pflanze.
Basisäste Die ersten Äste, die sich an der Stammverlängerung eines Baumes entwickeln.
Bestäuber Eine zweite Pflanze, die gepflanzt wird, um Pollen von der einen zur anderen Pflanze zu übertragen. Wird meist in Obstplantagen durchgeführt, bei denen ein guter Ertrag von der Befruchtung abhängt.
Bleiglanz Häufige Pilzerkrankung u. a. von Steinobst. Die Blätter erhalten dabei einen silbrigweißen Glanz. Die am abgestorbenen Holz gebildeten Fruchtkörper des Pilzes sind violett-bräunlich gefärbt. Bekämpfung durch rechtzeitiges Entfernen befallener Baumteile.
Blindtrieb Trieb, der sich nicht voll entwickelt; besonders bei Rosen blühen diese Triebe nicht.
Bluten Flüssigkeitsaustritt aus einer Schnittstelle oder Wunde.
Blütenstand Der Pflanzenteil, der die Blüten trägt.

Endknospe s. Terminalknospe
Entfernen verblühter Blütenstände Ist bei vielen Pflanzen notwendig, teilweise aus ästhetischen Gründen, aber auch damit die Pflanze ihre Energie nicht zur Samenbildung verbraucht. Dadurch bringt eine Pflanze im folgenden Jahr oder auch noch im gleichen mehr Blüten hervor.
Erziehung Bezeichnet alle Maßnahmen, die die Pflanze in bestimmte Formen bringt.

Fächer Erziehungsform von Sträuchern oder Bäumen, wobei die Leitäste strahlenförmig, wie die Rippen eines Fächers, erzogen werden.
Festbinden Das Befestigen von Kletterpflanzen an einer Kletterhilfe. Sollte mindestens einmal jährlich vorgenommen werden.
Fruchtholzschnitt Schnittechnik, durch welche die Fruchtholzbildung gefördert werden soll.

Garniert Gut verzweigte Jungbäume.
Gefiedert Bezeichnung für ein Blatt, das aus einem Stiel mit einander gegenüberstehenden Einzelblättchen besteht.
Gegenständig Bezeichnung für die Anordnung von Blättern oder Knospen am Sproß, die sich gegenüberstehen.

Halbimmergrün Bezeichnet eine Pflanze, die in milden Zonnen immergrün, in kälteren Zonen laubabwerfend ist.
Halbstrauch Eine mehrjährige Pflanze, deren untere Teile holzig sind und deren weiche Triebe jedes Jahr absterben.
Hohlkrone Kronenform ohne durchgehende Stammverlängerung.
Hybride Kreuzung zwischen zwei oder mehr Arten oder Formen von Arten.

Immergrün Eine Pflanze, die ihr Laub mindestens ein Jahr trägt; ist sie wintergrün, behält sie ihr Laub nur für ein Jahr.
Internodien Sproßabschnitte zwischen den Nodi (Knoten).

Kappen Nicht fachgerechte Form des Rückschnitts.
Kallus Korkiges Wundgewebe.
Klon Pflanzen, die durch vegetative Vermehrung aus ein und derselben Mutterpflanze entstanden und daher genetisch identisch sind.
Knick Traditionelle Methode der Feldheckenverjüngung. Die Leitäste werden teilweise durchtrennt, abgeknickt und miteinander verwoben.
Knospe Embryonaler Sproß. Blütenknospen sind meist dicker und runder als Blattknospen.
Konifere Jeder zapfentragende Baum; dazu gehören auch Eibe und Wacholder, die fleischige Früchte tragen. Die meisten Koniferen sind immergrün mit schuppen-, nadel- oder bandförmigen Blättern.
Köpfen Schnitt, der vor allem bei Weiden angewendet wird, um eine ständige Neubildung von einjährigen Trieben zu erreichen. Diese finden in der Korbflechterei Verwendung.
Kordon siehe Schnurbaum.
Kosmetischer Schnitt Kleine Schnitte zur Erhaltung einer gleichmäßigen Kronenform.
Kronenauslichtung Verbesserung der Lichtversorgung der Kronenmitte durch ein gezieltes Entfernen von Zweigen und Ästen.
Kronenrückschnitt Verringerung der Kronenausdehnung unter Beibehaltung der natürlichen Wuchsform.
Kronenveredelung Das Edelreis wird bei dieser Veredelungsart auf den durch die Unterlage gebildeten Stamm veredelt.
Kurztriebe Sprosse mit gestauchten Internodien.
Kübel Große Pflanzenbehälter aus Holz, Ton, Beton oder Kunststoff. Pflanzgefäße zur Anzucht von Baumschulware bezeichnet man als Container.

Containerpflanzen können das ganze Jahr über gesetzt werden.

Langtriebe Sprosse mit gestreckten Internodien.
Laube Ein kleiner überwachsener Unterstand im Garten, dessen Gerüst gewöhnlich aus Holz oder Metall besteht.
Leitast Ast, der zum permanenten Gerüst eines Baumes gehört.
Lorette-Schnitt Spezielle Form des Sommerschnitts bei Formobstbäumen. Der Lorette-Schnitt wird im Spätsommer ausgeführt, dabei werden nur abgeschlossene (die mit einer Terminalknospe endenden) Triebe geschnitten.

Mark Zylinder aus meist weichem Gewebe in einem jungen Sproß.
Monilia Zweigdürre. Pilzerkrankung, die vornehmlich an Sauerkirschen vorkommt. Der Pilz dringt über die Blütenorgane in das Fruchtholz ein und bringt diese zum Absterben. Bekämpfung: Abschneiden der erkrankten Zweige spätestens vor Beginn der Blüte.

Nodium Stelle eines Sprosses, an der Blätter, Knospen und Seitentriebe entspringen.

Okulieren Veredelungsmethode, bei der eine Knospe der Edelsorte übertragen wird.

Palmettenerziehung Erziehungsform mit einer Hauptachse und zwei Leitästen.
Pergola Ein mit Pflanzen überwachsener Gang zwischen Säulen mit Querbalken.
Pfropfen Veredelungstechnik, bei der ein Sproßstück der Edelsorte aufveredelt wird.

Ranke Umgebildetes Blatt oder Sproß, der Kletterpflanzen das Festhalten an Kletterhilfen ermöglicht.
Rindenbrand Pilzerkrankung mit krebsartigen Schäden. Rechtzeitige und gründliche Beseitigung der vorhandenen Befallstellen kann dem Befall vorbeugen.
Ringeln Entfernen eines fast vollständigen Rindenrings, um ein übermäßiges Triebwachstum eines Baumes zu bremsen und ihn in Ertrag zu bringen.

Schlafende Knospen (Augen) Minimal ausgebildete Knospen, die als Folge von Verletzungen der Äste oder Zweige austreiben.
Schnurbaum Erziehungsform von Obstgehölzen, bei der sich das Fruchtholz direkt an der Stammverlängerung befindet. Bei allen anderen Erziehungsformen ist ein permanentes Astgerüst vorhanden, welches das Fruchtholz trägt.
Schwachwachsende Unterlage Ein Wurzelstock von verminderter Wuchskraft, der das Wachstum der Edelsorte hemmt.
Selbstfruchtbar Bezieht sich auf eine Pflanze, deren Blüten von den eigenen Pollen befruchtet werden und die so lebensfähige Samen bilden kann.
Selbststeril Pflanzen, deren Samenanlagen Pollen anderer Pflanzen, der Befruchter, brauchen, um lebensfähige Samen und Früchte erzeugen zu können.
Sommergrün Laubabwerfend. Bezeichnung für Sträucher und Bäume, die jährlich am Ende der Vegetationsperiode ihr Laub verlieren.
Spalier Ein Gitterwerk aus Holz oder Drähten zum Ausrichten von Bäumen, vor allem Obstbäumen. Die seitlichen Äste werden so ausgerichtet, daß sie horizontal nach beiden Seiten wachsen.
Spindelbusch Eine kegelförmige Erziehungsform von Obstbäumen, bei der die waagerechten unteren Fruchtäste ständig erhalten bleiben.
Stammparalleler Schnitt Schnitt, der so dicht wie möglich am Stamm erfolgt und früher weit verbreitet war. Inzwischen geht man davon aus, daß durch diese Art der Schnittführung die Wundheilungsmechanismen der Pflanze gestört werden.
Strauch Gehölz dessen Äste/Stämme sich bereits am Boden verzweigen.

Terminalknospe Vegetationspunkt in der Winterruhe.

Unterlage Eine Pflanze, auf die eine andere veredelt wird.

Veredeln Technik der Vereinigung eines Sprosses oder einer Knospe einer Pflanze (Edelsorte) mit dem Wurzelsystem und Sproß einer anderen Pflanze (Unterlage).
Verjüngungsschnitt Schnitt, der für eine andauernde Versorgung mit jungen Trieben sorgt.

Wechselpalmette Naturentfernte Erziehungsform von Apfel und Birne, bei der die Stammverlängerung abwechselnd nach rechts und links erzogen wird.
Winterruhe Vegetationsruhe. Abschnitt im jährlichen Rhythmus, meist Herbst und Winter, in dem die Pflanzen nicht wachsen.
Winterhart Bezeichnet eine Pflanze, die ohne Frostschutz überleben kann. Im heißen Klima kann sich die Härte auch auf ihre Eigenschaft, Trockenheit zu ertragen, beziehen.
Wurzelschnitt Abtrennen der Hauptwurzeln eines Baumes oder Strauches, um die Wuchskraft zu schwächen; bei Obstgehölzen, um diese in Ertrag zu bringen.
Wurzelschoß Trieb, der sich aus dem Wurzelbereich entwickelt und bei veredelten Pflanzen unerwünscht ist.

Zurücknehmen Rückschnitt.
Zwergpyramide Eine naturentfernte Baumform mit einer Hauptachse.
Zwergstrauch Sträucher, die nur eine Höhe von ca. 30 cm erreichen (z. B. Moosbeere, Heidekräuter).
Zwischenveredelung Veredelungstechnik, die zur Umgehung einer Unverträglichkeit zwischen den Veredelungspartnern angewandt wird. Eine ausgewählte Sorte wird zuerst auf die Unterlage veredelt, erst danach erfolgt die Veredelung der gewünschten Edelsorte.

REGISTER

A

Abgangswinkel 155
Abkapselung von schadhaften Stellen 43
Abknicken von Hecken 110, 111
Absenken 146, 149
Absterben 59
Abwehrkräfte 13
Abwehrmechanismen 41
Acer palmatum 61
Acer palmatum dissectum 'Atropurpureum' 61
Adventivaugen 54
-knospen 213
-sprosse 42, 45, 54
Ahorn *(Acer)* 14, 44
-, Japanischer *(Acer palmatum)* 61
Albarosen 18, 27
Alleen 17, 106
Alte Rosen 26, 28
Amberbaum *(Liquidambar styraciflua)* 46
Amboßschere 214
Amerikanischer Stachelbeermehltau *(Sphaerotheca mors-uvae)* 190
Äpfel 10, 136, 137, 138, 139, 140, 141, 145, 146, 148, 151, 176, 177, 182
Apfelbaum 13, 14, 143, 152
Apfelsine 178
Apfelspalier 82, 153
Apfelspindeln 144
Aprikosen 171, 172
Astabgangswinkel 142
Äste, horizontal ausgerichtete 12
-, quirlständige 48
-, vertikal ausgerichtete 12
Astgerüst 13, 40, 59, 61, 63, 69
Astquirl 48
Astring 43
Astschere 21, 37, 214
Auf-den-Stock-Setzen 55, 72, 73
Aufbauschnitt 49, 50, 59, 60, 63, 66, 90, 110, 112, 154, 162, 166
Aufpropfen 135
Auge 20, 21, 155
Ausdünnen 210
Ausgeizen 201
Auslichten 37, 51, 62, 107, 154, 156, 158, 174, 175, 180, 182, 191, 195
'Autumnal Blue' *(Ceanothus)* 93

B

Bakterienbrand 154, 159, 166, 171
Bakterienkrebs 186
'Burkwodii' *(Ceanothus)* 93
Ballonstadium 176
Bambusstäbe 158, 164, 165
Basalrosette 151
Basistrieb 31, 46
Bastardkirschen 159
Baum, laubabwerfender 173
-, sommergrüner 171, 187
Baumbüsche 142
Bäume 12, 16, 18, 40, 44, 102, 187
- köpfen 55
- fällen 45, 52
- kappen 72
-, Schnitt 43
-, Wände 40, 41, 106
-, zwischenveredelt 166
Baumschulen, Bund Deutscher 42
'Beacon' (Fuchsie) 132
'Bedford Giant' (Brombeere) 201
Beeren 211
-, Kreuzungen 201
Beerenobst 10, 14, 188, 200
Beerensträucher 13
Beetrosen 16, 18, 26
Befestigungscraht 42
Belichtung 21
Bepflanzung, solitäre 96
-, gemischte 16
Berberis x stenophylla 110
Bestäuber 187
Betula ermanii 'Grayswood Form' 46
Birken (Betula) 14, 44, 46, 52
Birne, Weidenblättrige *(Pyrus salicifolia* 'Pendula') 51
Birnen 10, 13, 14, 136 ff., 141, 152, 176, 177, 180
-spindeln 144
-halbstämme 141
-spalier 153
Blattlausbefall 106, 191
Blattrosette 145 ff.
-, basale 150
Blattschäden 206
Blattwerk 13, 56
Blauraute 67
Blauregen 9
Bleiglanz 12, 14, 78, 137, 154, 159, 162, 166, 171, 175
Blindtrieb 20
Blumenvorhang 130
Blutbuche *(F. s. purpurea)* 104
Blüten 14, 56
Blütenflor, zweiter 20
Blütenstände (Gescheine) 208
Blütezeit 14, 18
Bodendecker 35, 59, 76
Bögen 152
Bogenspaliere 201
Bourbonrosen 18, 28
Boysenbeere, dornenlose 201
Brandrodung 203
Brennesselblättrigkeit 196
Brombeeren 70, 188, 200
-, stachellose
-, weißstämmige 70
'Brompton' (Pflaume) 154
'Brown's Superb Blush' (Teerose) 22
Buchen *(Fagus sylvatica)* 96
-hecken 96
Buchsbaum *(Buxus sempervirens)* 9, 84, 98, 99, 100, 109, 113, 115, 116, 118
- kassetten 97
Buddleja davidii 14, 66, 69
B. fallowiana 68
B. davidii nanhoensis 69
-, Triebe von 67
Buntnessel 133, 129, 133
Burnettrosen 26
Buschbaum 141, 162, 171
- mit offener Krone 186
Busch 137, 141, 143, 154, 159, 165, 162, 166, 171, 173, 183, 188, 190, 193, 194, 195, 203
-, fruchtragend 12
-erziehung 166
-formen 136
-, Kronenerziehung 142
-pflaumen 166
-rosen 18, 20, 22, 29, 34
-rosen, großblumige 22
-rosen, Moderne 38
Stammformen 154

C

Carpinus betulus 106
Carya illinoinensis 185
Ceanothus, Immergrüner 93
-, Sommergrüner
Centifoliasorten 26
Ceratostigma willmottianum 68
Chaenomeles 81, 94, 95
Chinarosen 28
Chrysanthemenarten 129
Citrus (hellgelb) 130
Citrus sinensis 178
Clematis 15, 82, 85, 86, 88
C. aurantium 178
C. impressus 93
C. Jackmanii 86
C. montana 82, 85, 87
C. orientalis 86
C. stolonifera 'Flaviramea' 57
C. tangutica 86
C. texenis 86
C. viticella 86
Coleus blumei (Halbsträucher) 132, 133
Colt (Unterlage) 159, 162
Compactarosen 24, 25, 34
Containerkulturen 20
Containerpflanzen 20, 22, 58, 203, 207
Cornus alba 'Sibirica' 72
C. stolonifera 'Flaviramea' 17, 72, 70
Corylus maxima 'Purpurea' 13
Cotinus coggygria 'Flame' 71
C. coggygria 70
Cotoneaster x simonsii 110
Crateagus monogyna 98
Culluna vulgaris 77
Cupressocyparis *(Cupressocyparis leylandii)* 98, 99, 103
Cytisus 57

D

Damaszenerrossen 18, 27
Deutzia 78
D. x elegantissima 63
Deutzie 62, 79, 110
Diospyros spec. 187
'Dollarprinzessin' (Fuchsie) 132
Drahtrahmen 197, 198
Dreibein 29, 32
Düngen 19, 37, 109, 114
Dünger 131, 175, 176
Durchbrechen 10
Durchlüftung 21
'Dutch' (Mispel) 180, 181

E

Echte Lamberthasel 13
Echte Quitte *(Cydonia oblonga)* 180
Edelkastanie *(Castanea sativa)* 72, 185
Edelpelargonien 134
Edelreben 204
Edelreis 13, 44
Edelrosen, Mutanten 22
Edelsorte 21, 176, 179
Edelweiß (weiß) 130
Efeu *(Hedera)* 80, 82, 81, 84, 115
Efeupelargonien 134
Eiben *(Taxus baccata)* 48, 96, 97, 103, 104, 105, 109, 113, 114, 115, 116, 117, 118
-, Kunstformen 82
-, Formbäume 84
-hecken *(Taxus baccata)* 96, 98
Eiche *(Quercus)* 49
Einfassungsbuchsbäume (*Buxus sempervirens* 'Suffruticosa') 96
Einmachpflaumen 154
Einpflanzen 20
Einzeldrähte 204
Einzelpfähle 197
Elaeagnus pungens 'Maculata' 59
Elektroscheren 99
'Elstar' (Apfel) 143
Entspitzen (Pinzieren) 10, 35, 129
Erdbeeren 188
Erhaltungsschnitt 19, 25, 30, 52, 59 f., 63, 70, 84, 99, 100, 102, 103, 151, 154, 158, 167, 173, 179, 182, 183, 186, 187, 191 ff., 203, 206 f., 209 ff.,
Erneuerungsschnitt 13, 169, 212
Erneuerungstriebe 30, 32, 35
Ersatzfruchtholz 212
Ersatzleittrieb 29, 43, 48, 60, 64
Ersatztrieb, basaler 169
Ertragsschnitt 138
Erziehung 16, 19, 29 f., 32, 42, 59 f., 118, 131, 148, 152, 156, 186 f., 191 f., 194 f., 199, 204, 206 f., 209
Erziehungsmethoden 40, 53, 82
Erziehungsschnitt 18, 47, 98, 119, 142 f., 145, 148, 151, 154, 156 f., 159 f., 162 ff., 166, 171, 173 f., 178, 180 ff., 186 f., 191 ff., 203 f., 207, 209, 211 ff.
Eßkastanie *(Castanea sativa)* 185
Eucalyptus gunnii 12, 73
Eukalyptus 12, 72 f.
Euvitis 204, 209

F

F 12/I (Unterlage) 159
Fächer 18, 70, 131 f., 136, 152, 159, 160, 169, 170, 172, 174 180, 193, 195
-erziehung 138, 152, 159, 164 f., 173, 201
-spalier 10, 157, 166, 168, 171, 201
-, offener 202
Fäulnis 52, 54
Feigen 137, 173, 174, 176
Feldhecken 110
Feuchtigkeit 66
Feuerdorn 94, 95, 103
Fiederblättchen 21
Figurenschnitt 118
Flachbogenerziehung 209, 210
Flächenbepflanzung 18
Flieder *(Syringa vulgaris)* 78, 85
Floribundarosen 18, 21, 24, 25, 26, 32, 36, 38
Flüssigvolldünger 131, 134
Formbaum 16, 40, 119

Formbuchsbaum *(Buxus sempervirens)* 114
-, Geometrischer 116
Formerhaltung 59
-erziehung 48
-gebung 12
-hecke 98, 99, 104
-pflanzen 9, 13
-schnitt 40, 112
Formierungsschnitt 17, 20, 33
Forsythia x intermedia 62
Forsythie 14, 62, 102
Frostgefahr 14, 174, 204
Frostschäden 20, 75, 185, 186
Frostschutz 173
Fruchtansatz 136
Fruchtausdünnung 186
Früchte 17
-, tropische 177
Fruchtholz 14, 92, 95, 136, 138, 151, 152, 157, 160, 175, 210
- auslichten 161
-, Förderung 161
-besatz 148
-bildung 191
-, Erneuerung 140
-, Schnitt 90, 91, 108, 138
-ruten 210
Frühbeetkästen 130
Frühherbstschnitt 31
Frühjahrsschnitt 14, 16, 70
Fuchsia magellanica 110
Fuchsie 10, 13, 14, 16, 66, 110, 129, 132
Fuchsienhochstämmchen 9
Fuchsschwanz 214
Führungsschiene 115

G
Gallica-Sorten 26
Garnierung 146, 156
Gartenchrysanthemen 130
Gartenhortensie 64, 65
Gartenschere 21, 214
Gärtnerchrysantheme 129, 131
Gehölze 12, 16, 40, 78, 100
-, großblättrige 114
-, immergrüne 56
Gehölzgruppen 112
Geißblatt *(Lonicera)* 82
Geize 206, 208
Geiztriebe 209
Gemeiner Buchsbaum 100
Gemeiner Judasbaum *(Cercis siliquastrum)* 108
Gemeiner Liguster *(Ligustrum vulgare)* 114
Gemeiner Weißdorn *(Crateagus monogyna)* 110
'Générale Vicomtesse de Vibraye' (Hortensie) 64
Geranien 134
Gerüst 13, 18, 31, 117, 119
-äste 16
Gestaltung von Pflanzen 10
Gesunderhaltung von Pflanzen 13
Gewächshaus 208, 209
Gewächshauspflanzen 178
Gewöhnliche Mahonie *(Mahonia aquifolium)* 76
Ginster *(Cytisus sscoparius)* 64, 65
'Glory of Luxembourg' (Buntnessel) 133
'Golden Delicious' (Apfel) 140
Glyzinen 13, 80, 82, 90, 91, 92
GM 9 (Unterlage) 159, 162
Goldeibe (*Taxus baccata* 'Aurea') 116
Goldliguster (*Ligustrum ovalifolium* 'Aureum') 101, 104, 114
Goldmarianne 130
Goldregen 17, 108
Götterbaum *(Ailantus altissima)* 72
Granatapfel *(Punica granatum)* 187
Grapefruit 179
Grundschnitt 20, 32, 34, 20
Gummi 42

H
'H. E. Beale' (Heidekrautgewächs) 77
Haftwurzeln 82
Hagebutte 20
Hainbuchen *(Carpinus betulus)* 102, 104, 109, 108
-hecke 96
-wand 106
Halbstamm 34, 133, 134, 137, 141, 155, 173, 180
Halbstrauch 10, 14, 16, 67, 76, 135
'Handsworthiensis' (Buchsbaum) 100
Hängekätzchenweide (*Salix caprea* 'Pendula') 51
Hängepflanzen 83
Hängetraueresche (*Fraxinus exclsior* 'Pendula') 51
'Hanna' (Fuchsie) 132
Hartriegel *(Cornus alba)* 70
Haselnuß *(Corylus avellana)* 184
Hauptäste 52
Hauptgerüst 47
Hauptschnitt 20, 21, 196, 204
Hauptschnittzeit 28
Haupttrieb 21, 25, 48, 54, 59, 63
Hecke 13, 16, 17, 37, 40, 82, 96, 102, 104
-, formlose 110
-, geformte 98, 109
-, naturnahe 110
Heckenpflanzen, klassische 108
Heckenschere 84, 214
-schnitt 10, 48
Hedera helix 84
Heidekraut 77
Heidekrautgewächse *(Calluna vulgaris, Daboecia cantabrica, Erica ciliaris, E. vagans)* 77, 203
Heidelbeeren 188, 203
Heiligenkraut *(Santolina)* 76
Heliotrope *(Heliotropium arborescens)* 134, 135
Hemlockstanne, Westamerikanische *(Tsuga heterophylla)* 103
Herbstpflanzung 30
Herbstschnitt 20
Herunterbinden 35
Himbeeren 188, 189, 197
-, herbstfruchtende 199
-, sommerfruchtende 197, 199
Hippen 214
Hochstämmchen 13, 34, 190, 192, 193, 195, 209
Hochstämme 49, 90 129, 131, 132, 133, 134, 137, 141, 143, 154, 159, 162, 171, 173, 180, 182, 183, 185
Hochstammfuchsien 10
-johannisbeeren
-rosen 21
Hohlkrone 153, 180, 187
Holunder 71, 183
-, Kanadischer *(Sambucus canadensis)* 183
-, Schwarzer *(S. nigra)* 70, 183
Holz, abgeblühtes 19
-, altes 10
-, einjähriges 14
-bewirtschaftung 55
-bruch bei Sturm 43
Hortensien *(Hydrangea)* 64, 65
Hybriden (Ginster) 57
Hybriden 177
Hybriden, mehrmals blühende 26
Hydrangea anomala petiolaris 81, 82
H. paniculata 67
H. paniculate 'Grandiflora' 16
H. x macrophylla 56
H. x macrophylla 64
H. x Macrophylla 65

I
'Idared' (Apfel) 143
Ilex x altaclarensis 48
I. x altaclarensis 'Camelliaefolie' 40
Immergrün 101, 109, 114
Infektionen 12
Infektionsgefahr 14, 19, 20, 191
Infektionsquelle 13, 20, 26
Infektionsrisiko 137, 154, 166, 186

J
'James Grieve' (Apfel) 140
Japanische Scheinquitte 94
Japanischer Zierapfel *(Malus floribunda)* 51
Japanischer Ahorn *(Acer palmatum)* 61
Johannisbeere
-hochstämmchen 194
-, Rote 188 ff.
-, Schwarze 188, 190, 193, 195
-, Weiße 188, 192, 193, 194, 195
Johannisbeergallmilbe 196
Johanniskraut *(Hypericum calycinum)* 76
'Jonagold' (Apfel) 140
'Jonkheer Van Tets' (Johannisbeere) 193, 195
Josta 188, 190
Jungbaum 152, 154, 157, 171, 49
-, garniert 144, 145, 151, 154, 155, 158, 160, 163
-, unverzweigter 150, 151
Jungholz 175
Jungpflanze 33, 58
Jungtriebe 55

K
Kakipflaume 187
Kallus 12, 176
Kallusgewebe, korkiges 43
Kalthaus 135, 174
Kamelien 56, 74, 75
Kappen 45, 54, 73
Kapuzinerkresse *(Tropeaolum peregrinum)* 82
Kaskade 129, 130, 131
Kaskadenchrysanthemen 14
Kegel 112
'Kermesina-Plena' (Weißdorn) 98
Kernobst 138, 141, 152
Kerria japonica 'Pleniflora' 64
Kiefern 48
Kirschen *(Prunus)* 44, 51, 152
Kirschlorbeer *(Prunus laurocerasus)* 78, 79
Kirschpflaume *(Prunus cerasifera)* 100
Kiwi *(Actinidia deliciosa)* 189, 212
Klappsäge 214
Kletterhilfe 13, 14, 18, 29, 32, 33, 82, 211
Kletterpflanze 13, 14, 16, 18, 56, 80, 82, 83, 212
-, blühende 15
-, immergrüne 211
-, sommergrüne 204
Kletterrosen 14, 18, 19, 21, 26, 27, 29, 30, 31, 32, 33, 35, 39
Klettersträucher 56, 80
Klone 98
Knick 111
Knospen 10, 20, 58
-, kerzenförmige 75
-paar 10
-ruhe 14
Knotengärten 96
'Königin Victoria' (Pflaume) 154
Kolkwitzie *(Kolkwitzia amabilis)* 63
Kompost 83, 109, 176
- auf Lehmbasis 130
Koniferen 44, 48, 96, 103
Köpfen 72
Kopfformen 72
Kopfweiden 70
Kordon (siehe auch Schnurbaum) 191
Korrekturschnitt 60, 75
Krankheiten 12, 14, 21, 59
Krankheitsbekämpfung 175, 191
- erreger 42, 43, 167
Krimlinde *(T. x euchlora)* 106
Krone 42, 131, 162
- auslichten 53, 54
- heben 52
-, kelchförmige 154, 171, 184
-, Reduzierung 52
-, Stauchen 52
- in Etagen- und Spiralform 116
- in Kugel- und Halbkugelform 116
Kronenbäume 17
Kronenerziehung 133
Kronenform, konische 151
-gerüst 42, 50
-rückschnitt 54
-, Veredelung 45, 50, 51
Kübel 166, 173, 178, 209
-pflanze 119, 179
Kugeln 112
Kulturpreiselbeeren 203
Kunstformen 99, 105
Kurztriebbildung 158
Kurztrieb 92, 138
-schnitt, jährlicher 13
-system 145, 158, 191

L
Laburnum x waterei vossii 108
Lambertsnuß *(C. maxima)* 184

'Lapins' (Kirsche) 159
Langtriebe 30, 138
-, laterale 169
Lantana camara 135
Lasurstern 88
Laubbäume, immergrüne 48
Lauben 83, 108, 210
-gang 108, 152
Laubfall 147
Laubsträucher, immergrüne 56, 75
-, sommergrüne 76
Lavandula angustifolie 'Hidcote' 77
Lavendel 13, 18, 76, 77
Leittrieb 10, 20, 31, 33, 46, 51
Libanonzeder *(Cedrus libani)* 41
Lichtansprüche 58
Liguster *(Ligustrum ovalifolium)* 99, 100, 101, 104, 114, 115
Limetten, Saure *(C. aurantiifolia)* 178
Linde *(Tilia)* 41, 45, 54, 55, 96, 97, 106
Lindenallee 13
-wände 107
Loganbeere 188, 200
Lonicera nitida 100
L. x americana 82
Lorbeer *(Laurus nobilis)* 113, 114, 115, 116
-, Hochstamm *(Laurus nobilis)* 116
Lorbeerkirsche, Portugiesische *(Prunus lusitana)* 114, 116
Lorette-Schnitt 10, 137, 138, 145, 148, 150, 151
Luftwurzeln 81

M

M 26 (Unterlage) 138, 141, 151
M 27 (Unterlage) 138, 141, 151
M 9 (Unterlage) 138, 151
Magnolia soulangeana 41
M. stellata 60, 61
M. x soulangeana 17
Magnolien 59
-hybriden 60
Mandarinen *(C. reticula)* 178
Mandeln 166
'Matua' (Kiwi) 212
Maulbeere 177, 182
-, Schwarze *(Morus nigra)* 182
Mehltau 191
Metallrahmen 32
Minaturstammrosen 34
Miniaturrosen 24, 25, 36, 38
Mirabellen 154
Mispel *(Mespilus germanica)* 180, 181
-, 'Nottingham' 180
Mitteltrieb 47, 48, 49, 148
MM 106 (Unterlage) 138, 141
MM 111 (Unterlage) 138, 141
Moniliainfektion 44
Moosrosen 26
Moschatahybride 26, 34, 37
Mostobstsorten 138
Motorwerkzeuge 10
Mulchen 37
Mulchschicht 56, 66, 109, 175, 176
Mutanten 29
Myrobalane 154

N

Nährstoffe 13, 14, 56, 66, 175
Nebelrose 130
Nektarinen 166, 170
-spalier 168
'Nelly Moser' *(Clematis)* 88, 89
Netze 192
Neuwuchs 33
Nivellierinstrumente 107
Noisette-Kletterrosen 18
Nüsse 13, 177

O

Obelisk 113, 116
Oberschnitt 44
Obstbäume 10, 12, 13, 14, 188
Obstbaumschnitt 12
Obstgehölze 108, 129, 136, 152, 175, 176, 177, 187
Obstschnurbaum 153
Okulieren 21, 34, 44
Okuliermesser mit Rindenlöser 214
Ölbaum *(Olea europaea)* 177, 186
Oliven 186
Orangerie 178
'Ortenburger Festival' (Fuchsie) 132

P

'Packham's Triumph' (Birne) 143
Palmettenerziehung 201, 202
Pampelmuse *(C. x paradisi)* 179
Pappeln *(Populus)* 45, 52
Parthenocissus 80, 83
P. tricuspidata 'Veitchii' 83
Passiflora edulis 211
Passionsfrucht 211
-, dunkelrote 211
-, gelbe 211
Pekannüsse 185
Pelargonien 14, 129, 134
Pelargonium-Zonale-Hybriden 134
Pendelbogenerziehung 210
Pergola 13, 29, 82
'Perle d'Azur' *(Clematis)* 86
Perovskia 66, 67, 68
Perückenstrauch, Rotblättriger (*Cotinus cogyrias* 'Rubrifolius') 70
Pfähle 154, 204
Pfirsich 152, 157, 166, 168, 170
-, Fächerspaliere 160
-fächer 164, 174
-unterlagen 166
Pflanzen, herbstfruchtende 197
-, immergrüne 14
-, krautige 14, 49
-, mehrjährige 16, 188
-, wildwachsende 12
-schutz 19
Pflanzschnitt 9, 14, 22, 23, 24, 25, 29, 30, 32, 50, 62, 84, 85, 100, 102, 103, 164, 168, 173, 193, 201, 204, 205, 207, 214
Pflaumen 14, 154, 156, 157, 158, 159, 172, 175, 176
-pyramiden 163
Philadelphus 78
Picea glauca 'Conica' 75
P. pungens 48
Pilzerkrankung 14, 19, 197, 200, 202
'Pineapple Beauty' (Buntnessel) 133
Pinus sylvestris 48
Pinzieren 13, 14, 16, 20, 21, 23, 75, 77, 84, 129, 130, 131, 132, 133, 135, 170, 174, 192, 213
Pixy-Unterlage 154, 156, 166
Platane *(Platanus x hispanica)* 54, 55
Polyantharose 18, 25, 38
Pomeranzen 178
Primäräste 143
Prunus 78
P. laurocerasus 79
P. subhirtella 'Pendula' 40
Pyracantha 94, 95
Pyramide 13, 42, 112, 116, 112, 132
Pyramidenform 75, 151
Pyramidenhohlkrone 49, 50, 51
Pyramidenkrone 40, 50, 156, 162, 163
-pappel, Italienische (*Populus nigra* 'Italica') 47

Q

Quercus virginiana 17
Quertriebe 62
Quitte 177, 180, 181
-, MA-Unterlage 138, 141, 145, 148, 151, 152
-, MC-Unterlage 138, 141, 145, 148, 151, 152

R

Ranunkelsträucher *(Kerria)* 64
Rebe 208, 189, 204, 209
Reblaus *(Phylloxera spec.)* 204
Rebstock 205
Referenzlinien 99
Remontantrosen 'Ulrich Brunner Fils' 23, 28, 34, 35, 37
Renekloden 154, 157
Reservetrieb 169
Rhododendren 74, 75, 78
Rhus typhia 70
Rindenbrand 78, 175
Ringeln 175, 176
Rondom 194
Rosa 'Albertine' 30
R. 'Aloha' 32
R. 'Ballerina' 34
R. 'Bobby James' 33
R. 'Buff Beauty' 37
R. 'Canary Bird' 26
R. 'Chaplins Pink' 29
R. 'Constance Spry' 27
R. 'Cornelia' 37
R. 'Essex' 28
R. filipes 'Kiftsgate' 33
R. 'Gloria Dei' 22, 23
R. moyeslii 26
R. 'Mme Julia Correvon' 15
R. 'Mrs. Oakley Fischer' 23
R. 'Nevada' 28
R. 'Penelope' 36, 37
R. 'Perle d'Or' 18
R. 'Pink Parfait' 25
R. 'Pink Perpétue' 14, 32, 33
R. pimpinellofolia (R. spinosissima) 26
R. 'Pompon de Paris' 29
R. 'Precious Platinum'
R. rugosa 26, 34, 37
R. 'Roseraie de l'hay' 37
R. 'Scabrosa' 37
R. 'Schneewittchen' 32
R. 'Wedding Day' 34
R. 'Wilhelm' 19
Rosen 13, 14, 16, 18, 19, 38 ff, 82
-, ballenlose 20, 22
-, bodendeckende 28
-hecken 37
-schnitt 20, 22
-, wildwachsende 19
-züchtungen 18
Rosengewächse (Rosaceae) 188
Rotbuche *(Fagus sylvatica)* 52, 102, 104
-, grünblättrige 104, 105
-, kupferblättrige 105
Rotbuchenhecke 99
Rotpustelkrankheit 173
Routineschnitt 60
'Royal Scot' (Buntnessel) 133
Rubus 200
R. cockburnianus 70
R. cockburnianus 71
Rückschnitt 12, 19, 24, 32, 33, 34, 52, 54, 58, 59, 66, 78, 85, 87, 90, 152, 154, 160, 165, 171, 173, 176, 192, 196, 203, 207
Rugosarosen 110
Rundbogenerziehung 204, 205, 206
Rundkrone 51, 141
Runkelstrauch 64
Ruten (einjährige Triebe) 206
-, abgetragene 199

S

Säckelblume 93
Saftverlust 14
Sägen 44, 214
Salix alba 72
S. babylonica 51
S. irrorata 73
Samenproduktion 20, 23, 75
Sämlinge 178, 185
Sandbirke *(Betula pendula)* 46
Santolina 13
Sarcococca 59
Sauerkirschen 159, 162, 164
Säulen 131
Schablone 115, 116
Schädling 42, 115, 196
Schädlingsbekämpfung 14, 19, 175, 191
Schattenmorelle, selbstfruchtbare 162
Schaurosen 36
Scheinquitte, Japanische 94
Schlehe *(P. spinosa)* 100, 110
Schlingpflanzen 80, 82, 90
Schlingwand 188
-erziehung 200, 201
Schneeschäden 52, 93
Schneiden und Erziehen 10, 12
Schneidenschutz 99
Schnitt 9, 16, 18, 42, 59, 156, 199
- am fruchtenden Baum 160, 163, 165
-, stammparallel 12, 43
-, wachstumsfördernd 75
-führung 10, 43, 58
-häufigkeit 98

-holz 210
-maßnahmen 16 53, 82
-methoden 40
-wunden an Jungpflanzen 13
-zeitpunkt 14, 16, 44, 98
Schnurbaum 13, 82, 136, 137, 138, 139, 145, 148, 151, 152, 153, 159, 188, 191, 192, 193, 194, 195, 213
-, absenken 147
-erziehung 208
Schutzmatte 59
Schwarznuß *(J. nigra)* 185
Schwertsäge 214
Seitenäste 54
Seitenholzerziehung 108
Seitentrieb 10, 21, 33, 47, 50, 53
-, blühend 19
-, pinziert 10
Sekundärtriebe 143
- Wuchs 158
Selbstfruchtbar 159, 180, 187
Selbstunfruchtbar 159
Setzlinge 104
Solanum crispum 82
Solitäre 16, 25, 48, 56, 110, 112, 113, 180, 204
Sommerschnitt 10, 13, 14, 23, 53, 94, 95, 145, 146, 147, 148, 151, 152, 156, 163, 166, 191, 192, 193
Sommertriebe (Lotten) 206
Sonnenbrand 178, 186
Sonnenschutz 185
Sorbus 47, 53
S. x thuringiaca 'Fastigiata' 49
Spalier 19, 137, 138, 180, 182, 208
-, einarmiges 148
-äpfel 149
-bäume 132, 148, 152
-erziehung 90, 91, 95, 146, 148, 148, 212
-formen 148
Spanndrähte 204
Spätsommerschnitt 31
Spindel 137
-büsche 144
-buscherziehung 144
Sporen 14
Spray-Chrysanthemen 16
Sproßspitze 12
'Stella' (Süßkirsche) 159
St.-Julien-A-Unterlage 154, 156, 157, 168, 171
Stachelbeere 188, 190, 192, 193
Stachelbeerfächer 192
-gewächse *(Grossulariaceae)* 188
-schnurbäume 192
Stacheln (Spreizklimmer), hakenförmige 82
Stadtbäume 55
Stammbüsche 42, 46, 47, 48
Stämmchen 16
Stämme, astlose 106
-, verletzte oder gequetschte 12
Stammerziehung 16
-höhe 141
-rosen 18, 22, 34
-verlängerung 50, 51, 145, 148, 151, 156, 173, 185, 208, 210
Standardhecken 96
Standort 13
-, falscher 58
Stechpalme, Gemeine *(Ilex aquifolium)* 48, 98, 103, 104, 109, 115
Stechpalmenhecke 114
-kugeln 105
Steckling 130, 132, 134, 135, 194, 195
-, bewurzelter 9
Steineiche *(Quercus ilex)* 113, 114, 48
Steinobst 137, 152, 154, 175, 177
Stickstoffdünger 133
Stockausschlag 106, 107, 111, 154, 180, 183, 184, 186, 187, 190, 191, 193
Sträucher 12, 13, 14, 16, 17, 18, 22, 40, 49, 56, 63, 64, 135, 187, 188, 190, 203
-, immergrüne 74, 78, 100
-, laubabwerfende 100, 102
-, sommergrüne 60, 78
Strauchformen 92
Strauchmargariten 14
Strauchrosen 18, 19, 20, 26, 27. 34, 36, 38
Sturmbruch 52
Sturmschäden 53
Stütze 13, 42, 185
Stützpfahl 34, 42, 155, 156, 159
Stützvorrichtung 197
Süßkirsche (*Prunus avium* 'Plena') 51, 158, 162

T

Tafelobstsorten 138
Tafelpflaumen 154, 157
Taxus baccata 104
Taybeere 200, 201
Teehybride 'Alexander' 28
Teehybriden (Edelrosen) 18, 21, 22, 23, 24, 26, 28, 32, 34, 36, 38
Teerosen, kletternde 18
Terminal- oder Endknospe 10, 48
'The President' *(Clematis)* 88
'Theodor Reimers' (Brombeere) 201, 202
Topfpflanzen 209
Topiaria 112
Trapezform 100
Trauben 205, 206. 208, 209
Trauerbäume 44, 51
Trauerhochstamm 51
-rose 34, 35
-weide (*Salix alba* 'Tristis') 51
Treibhaus 10, 130, 131, 204, 206, 207, 211, 174, 187
-pflanzen 129
Trieb 58
-, basaler 60, 69
-, flexibler 82
-, frostgeschädigter 173
-gerüste 20
-knospe 20
-reduzierung 21
-spitze 10, 13
-spitze abknipsen 129
Tulpenbaum *(Liriodendron tulpifera)* 46

U

Umpflanzen eines Baumes 42
Umsetzen 151, 156
Unkrautwuchs 58
Unterlage 44, 136, 137, 148, 152, 154, 157, 159, 162, 171, 176, 204
-, veredeln 145, 149
Unterschnitt 44
Unterseitenschnitt 44
Unterstützungsgerüst 194

V

V-System 197, 199
Vaccinum 203
V. angustifolium 203
V. labrusca 204
V. macrocarpum (Oxycoccus macrocarpus) 203
V. rotundifolia 204
Vegetationspunkt des Sprosses 10
Vegetationsruhe 102, 137, 142, 155, 168, 195
Veredeln 44, 59, 117, 144, 152, 204
Veredelungsstelle 20, 21, 34, 35, 45, 50, 51, 146, 176, 178, 179, 204, 205, 209, 213
Veredelungsunterlage 44
Verholzung 193
Verjüngung 37, 75, 77, 78
Verjüngungsschnitt 37, 63, 65, 78, 79, 88, 89, 109, 115, 138, 139, 147, 163, 175, 210, 212
Verkahlen 57, 76, 77, 78, 158, 172
Verlängerungstrieb 164
Verrier-Palmette 139
Verwundung 43
Verzweigung 10, 21
Verzweigungsdichte 47
Viburnum plicatum 'Mariesii' 61
Viertelstamm 334, 132
Viruserkrankung 196
Vitis vinifera 204, 206, 207, 208, 209
Vogelschäden 154, 164
Volldünger 56, 109
'Vyvyan Pennell' *(Clematis)* 89

W

Waldbäume 42
Waldheidelbeere *(V. myrtillus)* 203
Waldrebe 85
Walnuß *(Juglans regia)* 185
'Walter Turner' (Buntnessel) 133
Wasserschosse 21, 179
Wasserversorgung 13
Wechselpalmette 153
Weiden *(Salix)* 55, 70, 73
Weidezäune 111
Weihnachtsstern *(Euphorbia pulcherrima)* 135
Wein 188
-, Wilder *(Parthenocissus quinquefolia)* 82
Weinbauklima 173
Weinrebe 14, 188, 206, 207, 212
Weißdorn *(Crataegus monogyna)* 98, 100, 114
-hecke 101, 105
Weißweide (*Salix alba* 'Chermesina') 55
Werkzeug 12
Wiederherstellungsschnitt 176
Wildarten 177, 203
Wildkräuter 101
-pflanze 12
-rosen 18, 26
-rosen, kletternde 18, 29
-rosenhybride 26, 33
-trieb 20, 21, 44, 45, 59, 70
'Williams Christ' (Birne) 140
Windschäden 20, 23, 26, 28, 34, 69, 75, 93, 106, 197
Winkelschnitt 44
Winterlinde *(T. europaea)* 106, 107
Winterruhe 86
Winterschnitt 12, 14, 24, 86, 146, 147, 151, 191, 192, 213
Wisteria (Glyzine) 82, 90
W. floribunda 'Macrobotrys' 82, 90
W. sinensis 90
W. venusta 83
Wucherblume *(Chrysanthemum frutescens)* 135
Wuchsform, natürliche 54
Wuchskraft 13
Wunden 42
Wundverschlußmittel 14, 43
Wundwachs 162, 163, 166, 171, 176
Würfelform 112
Wurzelbeschränkung 211
-einengung 173
-schnitt 175, 176
-schosse 197
-stock, eigener 59
-system, winterhartes 197
-werk 51

Z

Zapfen 207, 208
-schnitt 189, 204, 206, 207, 208, 209
Zaubernuß *(Hamamelis)* 59
Zedern *(Cedrus)* 48
Zierapfel *(Malus)* 49
-, Japanischer *(Malus floribunda)* 51
Zierbäume 12, 13, 40, 185
-garten 49
-gehölz 14, 17, 40, 80, 129, 187
-kirschen *(Prunus)* 12, 49, 51
-pflanzen 10, 12, 16, 18, 22, 135
-pflanzen von A bis Z 120 ff.
-quitte *(Chaenomeles)* 82, 85, 94
-sträucher 12, 13
Zitrone *(C. limon)* 178, 179
Zitrusbäume 179
Zuchtrosen 19
Zweihandscheren 37, 99
Zwergbüsche 137
-koniferen 75
-pfirsich 166
-pyramide 137, 150, 151, 159
-rosen 18
-stamm 132, 134
-strauch 13, 129
-sträucher, Immergrüne 134
Zwetschgen 136, 154, 175
Zylinderscheibe 113
Zypresse, Italienische 114
-, Mittelmeer *(Cypressus sempervirens)* 96, 114

WEITERFÜHRENDE LITERATUR

Bärtels, Andreas: Schöne Clematis. Kletterpflanzen für jeden Garten. Ulmer, 1989.

Boisset, Caroline: Blühende Mauern – Kletternde Gärten. Otto Maier, 1990.

Fretwell, Barry: Clematis. Stedtfeld, 1990.

Gallup, B. & D.: Geformte Pflanzen. Eine Anleitung zum Formschnitt an Hecken und Büschen. DuMont, 1989.

Gottschalk, Werner: Ratschläge für den Rosenfreund. Sortenwahl, Pflanzung, Schnitt, Veredelung, Pflege. Neumann, 1990.

Haase, M.: Schöne Gartenelemente nach klassischen Beispielen. Ulmer, 1991.

Keipert, Konrad: Beerenobst. Angebaute Arten und Wildfrüchte. Ulmer, 1981.

Klock, Peter: Orangen, Zitronen und andere Citruspflanzen. So gedeihen sie am besten. Gräfe und Unzer, 1990.

Kreuzer, Johannes: Kreuzers Gartenpflanzen-Lexikon Bd. I – IV. Thalacker, 1989.

Krüssmann, Gert: Rosen, Rosen, Rosen. Unser Wissen über die Rose. Parey, 1986.

Metzner, Rudolf: Das Schneiden der Obstbäume und Beerensträucher. Ulmer, 1991.

Pardatscher, Günther: Hecken im Garten. Ulmer, 1988.

Pardatscher, Günther: Schöne Blütengehölze. Zierkirschen, Zieräpfel, Flieder und Magnolien. Ulmer, 1990.

Scheerer, G. & H.: Fruchttragende Hecken, Büsche und Bäume. Patzer, 1980.

Schmid, Heiner: Obstbaumwunden versorgen, pflegen, verhüten. Ulmer, 1992.

Schmid, Heiner: Obstbaumschnitt. Ulmer, 1989.

Schroeder, Arthur: Spalierobst. Kern- und Steinobst am Haus und im Garten. Fischer, 1992.

Shigo, Alex: Die neue Baumbiologie (2 Bde.). Thalacker, 1990.

Vogt, Ernst und Götz, Bruno: Weinbau. Ulmer, 1987.

Winter, Fritz; Janssen, Helmut; Kennel, Winfried; Link, Hermann; Scherr, Franz; Silbereisen, Robert und Streif, Josef: Lucas' Anleitung zum Obstbau. Ulmer, 1992.

Woessner, Dieter: Schneiden der Rosen. Ulmer, 1992.

Woessner, Dieter: Rosenkrankheiten. Erkennen und Behandeln von Wachstumsstörungen, Krankheiten und Schädlingen. Ulmer, 1987.

BILDNACHWEIS

o = oben; u = unten; m = Mitte; l = links; r = rechts

Fotos von:
Andrew Lawson: 4 – 5, 6 r, 14 r, 17 u, 21, 26 o, 27 (Titel links unten), 33 u, 34 u, 42, 43 ol, 43 ul, 44 or, 44 orm, 44 urm, 44 ru, 45 ol, 45 or, 45 ul, 45 ur, 47, 52 o, 52 u, 53 ol, 53 or, 53 ul, 53 um, 53 ur, 54 o, 54 m, 54 u, 55, 57 o, 61 ol, 61 or, 63 l, 63 r, 65 l, 65 m, 65 r, 67 o, 67 u, 68 l, 69 l, 69 ml, 69 mr, 69 r, 72 o, 72 ml, 72 mr, 72 u, 73 o, 73 m, 73 u, 84 l, 89 ul, 89 ur, 92 ur, 93, 95 r, 96, 103, 105 o, 106 – 7, 107 o, 107 u, 109 o, 112 ul, 114 o, 116 r, 129, 129 ur, 129 ul, 130, 131, 133, 137 r, 140 o, 140 m, 142, 148 o, 157 u, 162, 164 l, 175 ol, 175 or, 192 m, 192 l, 192 r, 193 l, 193 r, 195 r, 195 ul, 195 o, 196, 198, 206 o, 206 m, 206 u.
A – Z Botanical Collection: 13 l; **Heather Angel:** 94 o, 167; **Paul Barker:** 56 – 7/75 o/95 l (York Gate), 83 o (Stockeld Park); **Peter Blackburn:** 153 om; **Boys Syndication:** 23 o/26 u/104 u/137o/152 u/153 u/166/189 o (Jacqui Hurst), 28 u, 110 – 11, 114 u; **Eric Crichton:** 6 l, 12, 15, 16 o, 17o, 25, 29 o, 29 ur, 40 o, 40 ur, 40 l, 43 r, 46, 48 l, 48 r, 50 – 1, 51 u, 56 o, 57 u, 59, 61 u, 64 l, 64 r, 66 – 7, 71 r, 80, 80 – 1, 82, 85, 86, 94 u, 97o, 98 r, 99 o, 100, 101 or, 101 u, 105 ul, 105 ur (National Trust), 109 u, 110, 111, 112 o, 113, 115, 132, 134 o, 134 u, 135 ul, 135 ur, 145 ol, 148 u, 149, 152 – 53, 156, 157o, 180, 181 r, 183, 184, 187 l, 188 o, 189 ul, 190 o, 192 u, 193 r; **Garden Picture Library:** 135 o (Brian Carter), 16 u (Derek Fell), 98 l (Vaughan Fleming), 8 (John Glover), 54 – 5/55 (M. Heuff), 204 (Lamontagne), 121 (Perdereau-Thomas), 6 – 7/101 ol (Brigitte Thomas); **Michael Gibson:** 36 l; **Robert Harding Library:** 143 (Christopher Nicholson), 174 u, 182 u, 188 ur, 189 ur, 197; **Jerry Harpur:** 56 u, 81 m, 92 or/96 – 7 (Villandry), 119 (Ladew Garden, Maryland), 136 or, 153 ul (Heale House), 170 u, 190 u (Barnsley House); **Horticultural Research International:** 145 r; **Jacqui Hurst:** 41 o; **Insight:** 14 l, 33 o, 136 l (Linda Burgess), 152 o (Michelle Garrett); **Favardin C. Jacana:** 78, 171; **D.M. Joyce:** 92 or, 181 l; **Marjory Majerus:** 23 u, 44 l; **S & O Mathews:** 154; **National Trust Photographic Library:** 170 o/207o (Rob Matheson); **Phillipe Perdereau-Thomas:** 29 ul (Titel rechts unten), 34 o, 36 r, 62, 71 l, 83 r, 87, 89 o, 90, 97 u, 99 u, 102, 104 o, 108 l, 118, 136 or, 159, 186 o; **Photos Horticultural:** 11 (und Titelbild), 13 r, 49, 51 o, 68 r, 74 o, 74 u, 75 u, 81 o, 83 l, 137 m, 144, 145 u, 164 r, 166 l, 177o, 177 ur, 177 ul, 178 o, 178 u, 179, 182 o, 185, 186 ul, 186 u, 187 r, 191, 194, 195 um, 201 o, 201 u, 204, 209, 211, 212; **Hazel Le Rougete/Biofotos:** 35; **Stephen Robson:** 136; **Harry Smith Collection:** 28 o, 81 u, 92 ul, 106 ul, 106 ur, 137 u, 141, 153 or, 199, 208; **Brigitte Thomas:** 108 r, 112 ur, 116 l, 116 – 17, 117; **Wildlife Matters:** 84 r, 137 l.

Mehr Natur im Garten wagen: Dieses Arbeitsbuch bietet realistische Konzepte.

Wer schon immer etwas mehr Natur in seinem Garten haben wollte und sich nie so recht getraut hat, dem hilft dieses Buch auf die Sprünge. Konkrete praxisnahe Anleitungen helfen bei der Umsetzung des Vorhabens, die „ökologische Wende" zu vollziehen und den Garten wieder mehr zu beleben.
Dazu bietet das Buch beispielhafte Gestaltungsvorschläge ebenso wie Listen geeigneter Pflanzen. Der Leser findet zudem Anregungen, wie der Garten für Kinder zu einem Naturerlebnis werden kann.

Angesprochen sind auch Probleme, die bei der Umstellung vom englischen Rasen zum Naturgarten auftreten können. So werden auch für Reihenhausgärten oder die Kleingartenanlage realistische Lösungen, aber auch die Grenzen aufgezeigt. Zum Ausdruck kommt dabei die langjährige Erfahrung des Autors als Gartenbauingenieur und Diplombiologe.

Adalbert Niemeyer-Lüllwitz
Arbeitsbuch Naturgarten
Lebensraum für Natur und Mensch, Boden, Bodenpflege, Düngung – Lebens- und Erlebnisbereiche – Biologischer Pflanzenschutz – Hindernisse und Probleme – Gärten für Kinder.
288 Seiten.
ISBN 3-473-**46001**-X

Christopher Brickell (Hrsg.)
Das große Ravensburger Gartenbuch
Eine Einführung in die Gartenpraxis mit anschaulicher Erläuterung der wichtigsten Arbeiten in Wort und Bild. Der unentbehrliche Ratgeber für den Hobbygärtner.
256 Seiten.
ISBN 3-473-**46158**-X